GEORGIOS KYRIAZIS

Die Sozialpolitik der Europäischen Wirtschaftsgemeinschaft in bezug auf die Gleichberechtigung männlicher und weiblicher Erwerbstätiger

Schriften zum Sozial- und Arbeitsrecht

Band 102

Die Sozialpolitik der Europäischen Wirtschaftsgemeinschaft in bezug auf die Gleichberechtigung männlicher und weiblicher Erwerbstätiger

Von

Dr. Georgios Kyriazis

Duncker & Humblot · Berlin

CIP-Titelaufnahme der Deutschen Bibliothek

Kyriazis, Georgios:
Die Sozialpolitik der Europäischen Wirtschaftsgemeinschaft in bezug auf die Gleichberechtigung männlicher und weiblicher Erwerbstätiger / von Georgios Kyriazis. — Berlin: Duncker u. Humblot, 1990
(Schriften zum Sozial- und Arbeitsrecht; Bd. 102)
Zugl.: Köln, Univ., Diss., 1988
ISBN 3-428-06843-2
NE: GT

Satz: Irma Grininger, Berlin 62
Druck: Berliner Buchdruckerei Union GmbH, Berlin 61
Printed in Germany

ISSN 0582-0227
ISBN 3-428-06843-2

Für Daphné

Vorwort

Die Gleichberechtigung der beiden Geschlechter im Arbeitsverhältnis sowie im wirtschaftlichen, sozialen und politischen Leben allgemein ist ein großes Kapitel in der Thematologie der modernen Gesellschaften und des Rechts.

Die europäische Gemeinschaft und das Gemeinschaftsrecht konnten sich dieser Problematik nicht entziehen. Sie haben sie sich vielmehr zu eigen gemacht, indem sie einen Rahmen und eine stabile Grundlage für die Entrichtung des Prinzips der Gleichberechtigung von Mann und Frau zur Gewährleistung der praktischen sich daraus ergebenden Folgen geschaffen haben – mit bisher zufriedenstellenden Ergebnissen.

Die gesetzgeberische Tätigkeit und die Rechtsprechung zu den gemeinschaftsrechtlichen Normen in bezug auf die Gleichberechtigung der Geschlechter haben von Anbeginn in der Theorie einen offenen und meist begeisterten Gesprächspartner, oft auch einen enthusiastischen Vorkämpfer gefunden – in einem Bemühen, bei dem der Enthusiasmus der ursprünglichen Konzeption und die endgültige Zielvorstellung sich einen Weg durch schwierige soziale Gleichgewichte und scharfsinnige rechtsbegriffliche Klärungen bahnen müssen, um wirksam zu werden.

Der Gleichheitsforscher und -theoretiker muß von dem Enthusiasmus erfüllt sein, der auch für die Wahl dieses Themas notwendige Voraussetzung ist, muß aber auch einen modernen wissenschaftlichen Geist besitzen, der es ihm erlaubt, eines der modernen Rechtswissenschaft würdiges Instrumentarium wirksam zu handhaben, ein Instrumentarium, das sich herausbildet, wenn man den Tendenzen zu einer „empirisch-beschreibenden" Konzeption auf der einen Seite und zu einer „abstrakt-begrifflichen" Konzeption auf der anderen Seite erfolgreich ausweicht.

Georgios Kyriazis hat mit der Wahl des Gemeinschaftsrechts in bezug auf die Gleichberechtigung der beiden Geschlechter gezeigt, daß ihn jener Enthusiasmus beseelt, den dieses Thema – wie auch das umfassendere Kapitel der Theorie und Praxis der Menschenrechte, dem das Prinzip der Gleichberechtigung der Geschlechter zweifellos zuzuordnen ist – in jedem fähigen Juristen weckt.

Daß er als Jurist eine moderne und wirksame Forschungs- und Analysemethode zu handhaben versteht, zeigt seine Arbeit selbst, die ein wichtiger Beitrag zur Untersuchung und theoretischer Systematisierung des Gemeinschaftsrechts auf dem Gebiet der Gleichberechtigung von Mann und Frau ist.

Der Autor erfüllt nicht nur, was der Titel seiner Arbeit verspricht, denn schon im ersten Teil liefert er eine vollständige Bestandsaufnahme der gemeinschaftsrechtlichen Normen; er geht noch weiter und berichtet über den zeitlichen Verlauf ihrer Annahme, schildert die den Normen zugrundeliegende Problematik und analysiert darüber hinaus ihren subjektiven und objektiven Anwendungsbereich, und rundet so die inhaltliche Analyse der gemeinschaftsrechtlichen Normen und die Analyse ihrer Inkraftsetzung ab.

Die anschließend zum Vergleich herangezogenen Rechtsnormen der Mitgliedstaaten ergeben, zusammen mit den gemeinschaftsrechtlichen Normen, eine absolut funktionelle Übersicht von großem Wert für Rechtsforscher und Juristen aus der Praxis, die so über alle Elemente verfügen, die für die Lohngleichheit und Gleichbehandlung, Versorgungsgleichheit und Gleichstellung in den freien Berufen von Bedeutung sind. Die methodische Vollständigkeit der Arbeit von Herrn Kyriazis bestätigt sich in der Art und Weise, wie er alle grundlegenden begrifflichen Fragen und Probleme des Themenbereichs angeht. An zentraler Stelle steht logischerweise die Diskriminierung in allen ihren Formen: als Begriff und gleichzeitig als Anwendungsfeld für das Prinzip der Gleichberechtigung, sowohl auf Gemeinschafts- als auch auf nationaler Ebene, wobei sie in allen ihren Erscheinungsformen erfaßt wird. Die Untersuchung der Probleme bei der Anwendung einzelnen gemeinschaftsrechtlichen Vorschriften in den kritischen Bereich der Lohngleichheit und der Gleichbehandlung beim Zugang zur Beschäftigung und bei den Arbeitsbedingungen macht klar, daß es außerordentlich schwierig wäre, irgendeine andere Methode zu wählen, als diejenige, die der Autor gewählt und zum Nutzen der Leser seiner Arbeit mit Erfolg angewandt hat.

Mit dem Lob der methodischen Vollständigkeit und seiner wirksamen Arbeitsweise allein würde man dem Autor jedoch nicht voll gerecht; daneben sind auch seine – für diese Aufgabe im übrigen notwendige – gründliche Sachkenntnis und seine tiefschürfenden Analysen zu erwähnen, durch die er einen wichtigen Beitrag zur Begrifflichen Klärung des Kapitels der Gleichberechtigung von Mann und Frau leistet. Die Klärung des Begriffs der Diskriminierung aufgrund des Geschlechts in der gemeinschaftlichen Rechtsordnung – einer der Kernpunkte der vorliegenden Arbeit – ist eine für die Qualität der geleisteten Analysen kennzeichnende Stichprobe: der Autor vermittelt uns anhand der notwendigen Vergleiche eine vollständige, wenn auch – wohl unvermeidlicherweise – komplexe Begriffsbestimmung der Diskriminierung in der verschlungenen Form der „mittelbaren Diskriminierung". Er grenzt diese sowohl gegenüber der „unmittelbaren Diskriminierung" als auch gegenüber der „unmittelbaren Diskriminierung mit vorgeschobenen Gründen" ab und gibt uns so eine Definition der mittelbaren Form der Diskriminierung. Diese Definition ist ebenso wertvoll wie der Begriff funktionell. Als Begriffsbestandteile zieht der Autor das Element der „nachteiligen Auswirkungen einer Maßnahme für einen unverhältnismäßig großen Prozentsatz von Beschäftigten des einen Geschlechts" heran sowie das negative Element, daß die Maßnahme nicht durch einen legitimen Zweck gerechtfertigt und für diesen Zweck verhältnismäßig ist.

Der Beitrag der Arbeit zur Klärung des Begriffsfelds des „gleichen Arbeitswerts" und zur mühsamen Schaffung eines Systems der Arbeitsbewertung sowie zur ebenso schwierigen Abgrenzung der „zulässigen Diskriminierungen" aufgrund des Geschlechts runden eine praktisch und theoretisch wertvolle juristische Arbeit ab.

Die deutsche und gemeinschaftliche Fachliteratur wurden mit dieser Arbeit um ein wichtiges Element erweitert, das - ins Griechische übersetzt - auch im Herkunftsland des Autors eine Bereicherung wäre.

Als Verfasser des Vorworts möchte ich Herrn Kyriazis nicht nur dafür danken, daß ich das Vorwort zu seiner Arbeit schreiben durfte, sondern auch dafür, daß ich - wie jeder Leser dieser Arbeit - hiermit über ein Werk verfügen werde, auf das ich ständig Bezug nehmen kann.

Andreas Kalogeropoulos
ehem. Referent am Gerichtshof der
Europäischen Gemeinschaften

Inhaltsverzeichnis

Abkürzungsverzeichnis

a.a.O.	am angegebenen Ort
ABl.	Amtsblatt der Europäischen Gemeinschaften
Abs.	Absatz
ADPA	Anti-Discrimination (Pay) Act (IR)
AE	Applied Economics (Zs.)
AFDI	Annuaire Français du Droit International
AJCL	American Journal of Comparative Law (Zs.)
al.	alinea
AllER	All England Law Reports (Zs.)
A.N.	Assemblée National (FR)
ArbuR (AuR)	Arbeit und Recht (Zs.)
ArST	Arbeitsrecht in Stichworten (Zs.)
Art.	Artikel
Aufl.	Auflage
AVG	Angestelltenversicherungsgesetz
B	Belgien
BAG	Bundesarbeitsgericht
BB	Betriebs-Berater (Zs.)
BBG	Bundesbeamtengesetz
Bd.	Band, Bände
Bel.	Belgium
BetrAV	Betriebliche Altersversorgung (Zs.)
BGBl.	Bundesgesetzblatt
BGH	Bundesgerichtshof
BIT	Bureau International du Travail
BJIR	British Journal of Industrial Relations (Zs.)
Blg.	Beilage
BlStSozArbR	Blätter für Steuerrecht, Sozialversicherung und Arbeitsrecht (Zs.)
BMJFG	Bundesminister für Jugend, Familie und Gesundheit
BPVG	Bundespersonalvertretungsgesetz
BRD	Bundesrepublik Deutschland
BR-Drs.	Bundesratsdrucksache
BSG	Bundessozialgericht
BSGE	Entscheidungen des Bundessozialgerichts
BT-Drs.	Bundestagsdrucksache
BVerfG	Bundesverfassungsgericht
BVerfGE	Entscheidungen des Bundesverfassungsgerichts
BVerwG	Bundesverwaltungsgericht
BVerwGE	Entscheidungen des Bundesverwaltungsgerichts
c.	contre
CA	Court of Appeal (GB)
CAC	Central Arbitration Committee (GB)
Cass.	Cour de Cassation (FR)
CC	Code Civil (FR)

CdA	Cour d'Appel (FR)
CDE	Cahiers de Droit Européen (Zs.)
CdE	Conseil d'Etat (FR)
CdEB	Conseil d'Etat (B)
CDS	Chroniques de Droit Social (Zs.)
CE	Communautés Européennes
CEDE	Centre d'Etudes de Droit Européen
CEDEFOP	Centre Européen pour le Développement de la Formation Professionnelle
cert.	certiorari (Revisionsantrag)
CFDT	Confédération Française des Travailleurs
ch.	chapter, chapitre (Kapitel)
ch.	chambre (Kammer)
Cir.	Circuit Court of Appeals (Bundesberufungsgericht) (USA)
civ.	civile
CJCE	Cour de Justice des Communautés Européennes
CLJ	Cambridge Law Journal (Zs.)
CLP	Current Legal Problems (Zs.)
CMLR	Common Market Law Review (Zs.)
Cmnd.	Command Paper (GB)
col.	column
COM	Commission des CE
CPJI	Cour Permanente de Justice Internationale
CRA	Civil Rights Act (USA)
crim.	criminelle
CSS	Code de Securité Sociale (FR)
CT	Code du Travail (FR)
DAngVers	Die Angestelltenversicherung (Zs.)
DB	Der Betrieb (Zs.)
DCSI	Diritto communitario e degli scampi internationali (Zs.)
Deb.	Debates
DEE	Employment Equality Determinations of the Labour Court (IR)
Den.	Denmark
DEP	Equal Pay Determinations of the Labour Court (IR)
ders.	derselbe
dies.	dieselbe
Diss.	Dissertation
D.G.V.	Direction Générale de l'Emploi, des Affaires Sociales et de l'Education (Fünfte Generaldirektion der Kommission)
DJT	Deutscher Juristentag
DLJ	Duke Law Journal (Zs.)
DN	Dänemark
Dok.	Dokument
Dr.Ouvr.	Droit Ouvrier (Zs.)
Dr.Soc.	Droit Social (Zs.)
e.a.	et autres
EAT	Employment Appeal Tribunal (GB)
EE	Employment Equality Recommendations of the Equality Officers (IR)
EEA	Employment Equality Act (IR)
EED	Epitheorisi Ergatikou Dikaiou [Zs. für Arbeitsrecht] (Zs.)
EEOC	Equal Employment Opportunities Commission (USA)
EG	Europäische Gemeinschaften
e.g.	exempli gratia

EJ	Economic Journal (Zs.)
ELR	European Law Review (Zs.)
EMRK	Europäische Konvention zum Schutz der Menschenrechte und Grundfreiheiten
endg.	endgültig
EOC	Equal Opportunities Commission (GB)
EP	Equal Pay Recommendations of the Equality Officers (IR)
EqPA	Equal Pay Act
ESC	Europäische Sozialcharta
EuGH	Gerichtshof der EG
EuGRZ	Europäisches Grundrechten-Zeitschrift (Zs.)
EuR	Europarecht (Zs.)
EWG	Europäische Wirtschaftsgemeinschaft
EWGV	Vertrag zur Gründung der EWG
f., ff.	folgende Seite(n)
F.2d	Federal Reporter - Second Series (USA)
Fest.	Festschrift
fin.	final
FN	Fußnote (in der Quelle)
Fn.	Fußnote (in dieser Arbeit)
FR	Frankreich
Fr.	France
F.Supp.	Federal Supplement (USA)
GA	Generalanwalt
GB	Großbritannien
gem.	gemäß
Ger.F.R.	Federal Republic of Germany
GP	Gazette du Palais (Zs.)
GR	Griechenland
Gr.	Greece
Grdlfg.	Grundlieferung
H.C.	House of Commons (GB)
HEZG	Hinterbliebenenrenten- und Erziehungszeitengesetz (BRD)
Hj.	Halbjahr
H.L. (HL)	House of Lords (GB)
HLJ	Hastings Law Journal (Zs.)
HLR	Harvard Law Review (Zs.)
Hrsg., hrsg.	Herausgeber(in), herausgegeben
IAO	Internationale Arbeitsorganisation
ICLQ	International and Comparative Law Quarterly (Zs.)
ICR	Industrial Cases Reports (Zs.)
i.d.F.	in der Fassung
IJ	Irish Jurist (Zs.)
ILC	International Labour Conference
ILJ	Industrial Law Journal (Zs.)
ILM	International Legal Materials
ILO	International Labour Office
ILR	International Labour Review (Zs.)
insb.	insbesondere
INSEE	Institut National de la Statistique et des Etudes Economiques (FR)
IP	Il Politico (Zs.)
IR	Irland
Ire.	Ireland

IRLR	Industrial Relations Law Reports (Zs.)
IT	Italien
It.	Italy
JCMS	Journal of Common Market Studies (Zs.)
JO	Journal Officiel de la République Française (FR)
JT	Journal des Tribunaux (Zs.)
JTT	Journal des Tribunaux du Travail (Zs.)
JZ	Juristen-Zeitung (Zs.)
Kap.	Kapitel
KJ	Kritische Justiz (Zs.)
KOM	Kommission der EG
LegS.	Legislative Series
LIEI	Legal Issues of European Integration (Zs.)
LLJ	Labor Law Journal (Zs.)
Losebl.	Loseblattauflage
LQR	Law Quarterly Review (Zs.)
LUX	Luxemburg
Lux.	Luxembourg
MDR	Monatsschrift für deutsches Recht (Zs.)
MGS	Modern Greek Studies
mind.	mindestens
MLR	Modern Law Review (Zs.)
Mskr.	Manuskript
MuSchG	Mutterschutzgesetz
m/w	man/woman
m.w.N.	mit weiteren Nachweisen
Neth.	Netherlands
NJW	Neue Juristische Wochenschrift (Zs.)
NL	Niederlande
NLJ	New Law Journal (Zs.)
NO	Nei Orisontes [Neue Horizonte] (Zs.)
NoV	Nomiko Vima [Rechtstribüne] (Zs.)
Nr.	Nummer(n)
NYRB	New York Review of Books (Zt.)
N.Y.S.2d	New York Supplement - second series
NZA	Neue Zeitschrift für Arbeitsrecht (Zs.)
PE	Europäisches Parlament
PL	Public Law (Zs.)
PPMJ	Public Personnel Management Journal (Zs.)
RCJB	Revue Critique de Jurisprudence Belge (Zs.)
RdA	Recht der Arbeit (Zs.)
RDICL	Rivista di Diritto Internationale e Comparato del Lavoro (Zs.)
Rdnr.	Randnummer(n)
RGBl.	Reichsgesetzblatt
RHDI	Revue Héllénique de Droit International (Zs.)
Rl.	Richtlinie
RMC	Revue du Marché Commun (Zs.)
RRA	Race Relations Act (GB)
Rs. (Rsn)	Rechtssache (Rechtssachen)
RTDE	Revue Trimestrielle de Droit Européen (Zs.)
RVO	Reichsversicherungsordnung
S.	Seite(n)

s.	siehe
SABENA	Société Anonyme Belge de Navigation Aérienne
SAE	Sammlung Arbeitsrechtlicher Entscheidungen (Zs.)
SDA	Sex Discrimination Act (GB)
sec.	section
SI	Statutory Instrument (GB)
Slg.	Sammlung der Rechtsprechung des EuGH
s. o.	siehe oben
Soc.	société
soc.	sociale
St.	Stunden
s. u.	siehe unten
SWA	Social Welfare Act (IR)
Tab.	Tabelle
TLR	Texas Law Review (Zs.)
ToS	To Sintagma [Die Verfassung] (Zs.)
Trib.	Tribunal
u.	unten
u. a.	und andere, unter anderem
UK	United Kingdom
UN	United Nations
UNTS	United Nations Treaty Series
unveröff.	unveröffentlicht in der Slg.
U.S.	United States Supreme Court Reports
USA	United States of America
U.S.C.A.	United States Code of Acts
US-S.Ct.	United States Supreme Court
u. s. w.	und so weiter
u. U.	unter Umständen
v.	versus, von, vom
vervielf.	vervielfältigt
vgl.	vergleiche
vol.	volume
WGB	Wet gelijke behandeling van mannen en vrouwen (NL)
WGBO	Wet gelijke behandeling van mannen en vrouwen in de burgerlijke openbare dienst (NL)
Wis.	Wisconsin (USA)
WLR	Weekly Law Reports (Zs.)
WSA	Wirtschafts- und Sozialausschuß
YLJ	Yale Law Journal (Zs.)
z. B.	zum Beispiel
ZfS	Zeitschrift für Soziologie (Zs.)
zit.	zitiert
ZRP	Zeitschrift für Rechtspolitik (Zs.)
Zs.	Zeitschrift
ZVglRWiss	Zeitschrift für Vergleichende Rechtswissenschaft (Zs.)

Einleitung

Die Rollenteilung zwischen Mann und Frau hat seit immer die soziale Stellung der Geschlechter in der Gesellschaft bestimmt. Der Mann war derjenige, der hauptsächlich bei der Gestaltung der sozialen Bildung wirkte. Die Rolle der Frau wurde dagegen von der Fortpflanzung und der Kinderpflege geprägt. Durch die Zusammenwirkung biologischer und soziokultureller Faktoren entstehen so die stereotypen Bilder des Ehemannes-Ernährers der Familie, der außerhalb des Haushalts arbeitet und verdient, und der Ehefrau-Mutter, die mit der Hausarbeit beauftragt ist. Dieses Bild spiegelt sich in der hierarchischen Einteilung der beruflichen Rollen der Geschlechter wider: die männliche Arbeit stellt die Entwicklung der Produktionsfaktoren sicher und gilt deshalb als wichtiger, die Arbeit der Frau wird dagegen als Hilfsarbeit angesehen[1]. Die Teilnahme der Frau im Arbeitsmarkt wird von dieser Anschauung konditioniert, so daß in der beruflichen Hierarchie die Aufstiegspositionen Männern vorbehalten sind, Frauen dagegen „Sackgassen-Positionen“[2] erhalten.

Diese traditionelle Aufteilung der sozialen und beruflichen Rollen befindet sich heute in der Mitte eines tiefgreifenden Wandlungsprozesses. Das Image der Geschlechter stimmt heute mit den alten Stereotypen nicht mehr so genau überein. Entscheidender Faktor dieser Wandlung ist die konstitutionelle Anerkennung der Gleichberechtigung der Frau in den meisten staatlichen Verfassungen des zwanzigsten Jahrhunderts sowie die Tätigkeit von internationalen und regionalen Organisationen, wie die Europäische Wirtschaftsgemeinschaft, deren Beitrag zur Gleichstellung von Frauen und Männern im Rahmen dieser Arbeit dargestellt wird. Trotz aber des unbestreitbaren Fortschritts innerhalb der letzten zehn Jahren im Bereich der Gleichstellung der Geschlechter herrschen im Erwerbsleben noch immer vielfältige Vorurteile und Diskriminierungen, die das Eindringen der Frau in den Arbeitsmarkt erheblich erschweren.

Was die Berufswahl betrifft, so erhalten die Frauen in den meisten Mitgliedstaaten keine angemessene allgemeine[3] und berufliche Bildung und konzentrieren sich auf bestimmte Wirtschaftszweige[4]. Überall nehmen weniger Frauen als

[1] Vgl. im einzelnen *Koukiadis,* EED 1982, S. 369.

[2] *Pfarr/Bertelsmann,* Lohngleichheit 1981, S. 19.

[3] Besonders in der Tertiärstufe; z. B. in Ingenieurstudiengängen sind Frauen in allen Gemeinschaftsländern, außer Irland (11 %), mit weit unter 10 % der Studierenden dieser Studiengänge vertreten, EuroStat, Women 1981, Tab. 113, S. 306-307.

[4] EuroStat, Social Indicators 1980, Tab. II/1-8, S. 51-59; *Von Aleman*-Bericht, PE Dok. 1-1229/83/C, Thema Nr. 5, S. 153 ff.; *Hayes,* 1980; *S. Seeland,* 1982.

Männer an Berufsbildungsmaßnahmen teil, die von ihnen gewählten Ausbildungsgänge sind weniger anspruchsvoll und führen zu weniger hohen Qualifikationen, was auch viel begrenztere Aufstiegsmöglichkeiten zur Folge hat[5]. Die wichtigsten Ausbildungsberufe für Jungen sind Mechaniker, KFZ-Mechaniker, Elektriker, Elektroanlageinstallateur und Schlosser, für Mädchen dagegen Bürohilfskraft, Warenkaufleute, Gesundheitsdienstberufe, Körperpflege, Textilberufe[6]. Die geschlechtsspezifische Segregation des Arbeitsmarktes ist einer der wichtigsten Einflußfaktoren für die noch bestehenden Einkommensunterschiede zwischen berufstätigen Frauen und Männern[7]. Die Durchsetzung der Chancengleichheit hängt deshalb wesentlich von der Diversifizierung der Frauenbeschäftigung ab[8].

Dennoch bleibt der Zugang zu zahlreichen Berufen Frauen aus irgendwelchen Gründen noch immer gesperrt[9]. Dazu tragen zum großen Teil verschiedene Arbeitsschutzvorschriften „zugunsten" der Frau bei, die die Ausübung von bestimmten Tätigkeiten oder die Beschäftigung unter bestimmten Bedingungen Frauen aus Schutzgründen untersagen[10]. Andererseits lassen die Formulierungen der Stellenanzeigen deutlich erkennen, ob ein Mann oder eine Frau gesucht wird. Diese Praktiken sind im Fall von Tätigkeiten, die von beiden Geschlechtern ausgeübt werden können, eindeutig in allen Mitgliedsländern gesetzwidrig, kommen aber immer wieder vor.

Während des Auswahlverfahrens für die Einstellung werden Frauen häufig direkt oder indirekt benachteiligt. Grund dafür bieten zahlreiche Vorurteile oder Kalkulationen des Arbeitgebers. So geht man in der Regel davon aus, der Einsatz einer Frau sei mit höheren Kosten verbunden, eine Frau unterbreche in größeren Maße als ein Mann ihre Erwerbstätigkeit, ihre Fehlzeiten wären höher, ihre Belastbarkeit und Flexibilität geringer u.s.w. Alle diese und viele andere Denkweisen spielen auch bei der Beförderung eine Rolle und führen so zusammen mit anderen Faktoren zur mangelnden Repräsentation der Frau in Führungspositionen. Auch bei der Entlassung befinden sich aber die Frauen manchmal in einer Sonderlage. Rationalisierungsmaßnahmen oder die Einführung neuer Technologien treffen Frauen wegen der Ausübung wenig qualifizierter

---

[5] Ausführlich dazu KOM (87) 155 endg.; KOM D.G.V/1817/1/84; *Bouillaguet-Bernard/Gauvin-Ayel*, 1981; vgl. auch die Entschließung des Rates über Maßnahmen der Berufsbildung im Hinblick auf die Einführung der neuen Informationstechnologien, ABl. Nr. C 166 v. 25.6.83, S. 1.

[6] Für genaue Angaben über die Teilnahme von Jungen und Mädchen in den entsprechenden Ausbildungsgängen s. *Byrne*, 1978; EuroStat, Bildung und Ausbildung 1970/71-1977/78, Luxemburg 1980; vgl. auch *Hörburger/Rath-Hörburger*, 1983, S. 128 ff.

[7] Dazu *Däubler*, ArbuR 1981, S. 193; *Pfarr/Bertelsmann*, Lohngleichheit 1981, S. 35 f.; *Pfarr/Eitel*, in Schmid/Weitzel (Hrsg.) 1984, S. 160 f. m.w.N.

[8] Vgl. *Jancic*, ILR 1981, S. 149 ff.

[9] Einen zusammenfassenden Überblick enthält der Bericht der Kommission v. 11.2.81, KOM (80) 832 endg., S. 60.

[10] s. dazu die Mitteilung der Kommission v. 20.3.87, KOM (87) 105 endg.

oder traditioneller Tätigkeiten härter als Männer, ihre Arbeitsplätze kommen bei steigender Arbeitslosigkeit leichter in Gefahr. Bei der sozialen Auswahl zur betriebsbedingten Kündigung sind oft Frauen als Doppelverdienerinnen am wenigsten schutzwürdig.

Erwerbstätige Frauen werden auch im Rahmen der Sozialversicherungssysteme schlechter behandelt. Beispiele charakteristischer Benachteiligung bei gesetzlichen sowie betrieblichen Versorgungssystemen sind die Festsetzung unterschiedlicher Altersgrenzen für den Eintritt in den Ruhestand, die Festlegung unterschiedlicher Regeln über das Alter für den Beitritt zum System oder über die Mindestdauer der Beschäftigung oder Zugehörigkeit zum System, um einen Leistungsanspruch zu begründen, die Festlegung unterschiedlicher Leistungsniveaus und/oder unterschiedlicher Höhen für die Beiträge der Arbeitnehmer, oder die Nicht-Gewährung von Hinterbliebenenleistungen an den Witwer der versicherten Arbeitnehmerin.

Seit 1975 bemüht sich die EG eine konsequente und wirksame Sozialpolitik für die Durchsetzung der Gleichberechtigung und der Chancengleichheit der Geschlechter aufzubauen[11]. Art. 119 EWGV und die fünf darauffolgenden Richtlinien bilden das Rückgrat dieser gesetzgeberischen Tätigkeit, die im Rahmen von zwei Aktionsprogrammen[12] fortgesetzt werden wird. Eine wichtige Rolle spielt dabei die Rechtsprechung des EuGH, der bis heute rund vierzig Urteile zur Gleichberechtigung von männlichen und weiblichen Arbeitnehmern gefällt hat. Zur kritischen Vorstellung und definitorischen Erläuterung dieser Politik sowie ihrer Durchführung in den einzelnen Mitgliedstaaten will die folgende Arbeit beitragen.

Schließlich sollte man hier kurz eine Präzisierung zum Begriffsgebrauch machen. Die Begriffe „Gleichberechtigung“ und „Gleichbehandlung“ sind weit gefaßt: sie bedeuten, daß Frauen und Männer zu gleichem Lohn, gleichen Arbeitsbedingungen und gleicher Versorgung berechtigt sind und danach im Prinzip gleich behandelt werden müssen. Insofern ist der Begriff „Gleichbehandlung“ nicht geeignet, eine Abgrenzung von der Lohngleichheit zu signalisieren. Im Rahmen dieser Arbeit wird jedoch der Begriff der „Gleichbehandlung“ manchmal zum Zwecke dieser Abgrenzung verwendet, besonders wenn es durch diesen Begriffsgebrauch versucht wird, zwischen dem Anwendungsbereich der Richtlinie 76/207 (Gleichbehandlung) und dem der Richtlinie 75/117 und des Art. 119 EWGV (Lohngleichheit) zu unterscheiden[13].

---

[11] 1981 wurde die Einrichtung eines speziellen Beratenden Ausschusses für Chancengleichheit von Frauen und Männern beschlossen, der die Kommission in seiner Arbeit unterstützt, s. Beschluß der Kommission v. 9.12.81, ABl. Nr. L 20 v. 28.1.82, S. 35 ff.

[12] Erstes Aktionsprogramm 1982-1985, KOM (81) 758 endg. v. 9.12.81; Zweites Aktionsprogramm 1986-1990, KOM (85) 801 endg. v. 9.12.85.

[13] Vgl. auch die entsprechende Verwendung dieses Begriffspaars im englischen – “equal pay ⇄ equal treatment” –, französischen – „égalité de rémunération ⇄ égalité de traitement“ oder griechischen – *„ίση αμοιβή ⇄ ίση μεταχείριση“* – Begriffsgebrauch, im Gegensatz zum

Eine weitere Präzisierung betrifft den Begriff „Versorgungsgleichheit". Im Rahmen dieser Arbeit wird die Gleichberechtigung von Frauen und Männern im Bereich der sozialen Sicherheit als „Versorgungsgleichheit" bezeichnet. Zugleich dient dieser Begriff zur Abgrenzung des Anwendungsbereichs der Richtlinien 79/7/EWG (erste Versorgungsrichtlinie) und 86/378/EWG (zweite Versorgungsrichtlinie). In Betracht kämen auch die Begriffe „Sozialförderung" oder „Sozialversicherung". Traditionsgemäß wird jedoch zur Einteilung der Sozialleistungen als „allgemeine Kategorie" der Begriff der „Versorgung" verwendet[14].

generellen Begriff der Gleichberechtigung – "equal rights", „égalité des droits", „*ισότης δικαιωμάτων*"; in den Urteilen des EuGH kommt es manchmal in bezug auf die Übersetzung dieser Begriffe zu Unklarheiten.

[14] *W. Rüfner*, Einführung in das Sozialrecht, München 1977, S. 11.

Teil I

EG-Normensystem zur Gleichberechtigung erwerbstätiger Frauen und Männer

Die Beseitigung der auf dem Geschlecht beruhenden Diskriminierungen gehört zu den Grundrechten des Menschen und ist somit Bestandteil der allgemeinen Grundsätze des Gemeinschaftsrechts[1]. Zur Sicherung der Einhaltung dieses Grundrechts sowohl auf Gemeinschafts- als auch auf nationaler Ebene sind die vollziehende Gewalt, die Rechtsprechung und die Tarifvertragsparteien[2] aufgerufen. Leitmotiv der gesamten dazugehörigen Gesetzgebung der Gemeinschaft ist der europarechtliche Grundsatz der Gleichberechtigung der Geschlechter. Für seine Anwendung im EG-Bereich ist eine zweirangige Normenstruktur erforderlich. Im Vordergrund stehen Art. 119 des Vertrags zur Gründung der EWG vom 25.3.1957[3] und die fünf dazugehörigen Richtlinien, im Hintergrund die zur Durchführung der Richtlinien erlassenen innerstaatlichen Anpassungsgesetze, sowie alle einschlägigen Normen, die sich in den jeweiligen Verfassungen, Gesetzen, Verordnungen, Tarifverträgen oder Betriebsvereinbarungen befinden. Sonderausformungen des Grundsatzes der Gleichberechtigung werden in den einzelnen diesbezüglichen Vorschriften des primären und abgeleiteten[4] Gemeinschaftsrechts konkretisiert. Durch die historische Entwicklung und die systematische Gestaltung dieser Gesetzgebung lassen sich drei Ansatzbereiche deutlich umreißen: Die Lohngleichheit, die Gleichbehandlung im übrigen Erwerbsleben und die Versorgungsgleichheit.

---

[1] EuGH v. 15.6.78, Rs. 149/77 *(Defrenne-III)*, Slg. 1978, S. 1379, Nr. 26-29 der Gründe; vgl. auch *J. V. Louis*, L'Ordre Juridique Communautaire, Brüssel, 2. Aufl. 1983, S. 71; im allgemeinen *Pescatore*, CDE 1968, S. 642-644; im einzelnen über den Schutz von Grundrechten im Gemeinschaftsrecht *Dauses*, ELR 1985, S. 398; vgl. auch *Wyatt*, ELR 1976, S. 419-420.

[2] Vgl. *Wiedemann / Stumpf*, Kommentar zum TRV-Gesetz, 5. Aufl. 1977, Rdnr. 57 m. w. N.

[3] Für Kommentierungen s. *Forman*, in Groeben / Boeckh / Thiesing / Ehlermann, EWG-Kommentar, 3. Aufl. 1983, S. 2038 ff.; *ders.*, LIEI 1982, S. 17 ff.; *Jansen*, in Grabitz / EWG-Kommentar, 1. Grdlfg. Dez. 1983; *Koopmans*, in Smit / Herzog, EEC-Commentary, Bd. III (Losebl.); *Beck*, IJ 1978, S. 112 ff.

[4] Als „abgeleitetes" Recht sind alle Akten der Institutionen der EG zur Verwirklichung der Ziele der EG-Gründungsverträge angesehen; dieser funktionsbezogene Begriff ist insofern dem Ausdruck „sekundäres Recht" vorzuziehen, als die damit erfaßten Akten oft vom Vertrag Abstand nehmen und einen eher „primären" Charakter, wie z. B. die Richtlinie 76/207/EWG, zeigen können; vgl. dazu *J. V. Louis*, L'Ordre Juridique Communautaire, 1983, S. 50.

§ 1 Gemeinschaftsrechtliche Normen

A. Grundsatz der Lohngleichheit

Der Grundsatz der Lohngleichheit für männliche und weibliche Arbeitnehmer verfügt über eine lange Geschichte rechtlicher Anerkennung auf supranationalen sowie innerstaatlichen Ebenen. Forderung der Arbeiter- und Gewerkschaftsbewegung seit 1865[5], wurde er in internationalen Abkommen staatlicher Art erstmals im achten Teil des Versailler Friedensvertrags vom 28.6.1919 verkörpert[6], erneut in der Präambel der IAO-Verfassung von 1940 wiederholt[7] und in einer Reihe weiterer Pakte und Konventionen eingenommen, wie z. B. in der Allgemeinen Erklärung der Menschenrechte vom 10.12.48[8], im IAO-Übereinkommen Nr. 100 vom 29.6.51[9], in der Europäischen Sozialcharta vom 18.10.61[10] und im Internationalen Pakt über wirtschaftliche, soziale und kulturelle Rechte vom 19.12.66[11]. Keine dieser Normen kann jedoch die Auswirkungen von Art. 119 EWGV für die Gemeinschaftsregion erreichen.

I. Art. 119 EWGV — Zielsetzung und systematische Placierung im Vertrag

Die systematische Einordnung des Artikels im dritten Titel, – *„Die Sozialpolitik“* –, im ersten Kapitel, – *„Die Sozialschriften“* –, des dritten Teils des EWGV und zwar gerade nach den Art. 117 und 118, die die „Verbesserung der Lebens- und Arbeitsbedingungen der Arbeitskräfte“, ihre „Angleichung auf dem Wege des Fortschritts“, sowie die „enge Zusammenarbeit zwischen den Mitgliedstaaten in sozialen Fragen“ zum Ziel haben, läßt den tatsächlichen Grund für seine Einnahme im EWGV und ferner für seinen zwingenden Charakter[12] im Gegensatz zu den beiden vorangehenden Artikeln, die bloße Programmsätze darstellen, nicht auf einen Blick erkennen.

---

[5] Während des 3. Vereinstages Deutscher Arbeitervereine; s. *Thönnessen*, 1969, S. 58; *Twellmann*, 1972, S. 38; *Pfarr/Bertelsmann*, Lohngleichheit 1981, S. 24 m.w.N.

[6] Im Art. 427 des Vertrags als siebte der Arbeitsklauseln, RGBl. 1919, 2 Hj., S. 687 ff.; vgl. dazu *Phelan*, 1934, S. 199-220; *Godart*, 1920, S. 92-96; *Valticos*, 1983, S. 58-59; Art. 427 wurde 1946 abgeschafft.

[7] s. ILC, 29th Session, Montreal, 1946, Record of Proceedings, Appendix VI; Constitutional Questions, S. 363; vgl. *Valticos*, S. 75 ff.; BIT, Le Code International du Travail, 1951, S. 419-420.

[8] Art. (23 (2), s. *F. Schmidt*, 1978, S. 138.

[9] Art. 2 (1), BGBl. 1956 II, S. 13; UNTS, Bd. 165, S. 303; s. *Koukoulis-Spiliotopoulos*, ToS 1983, S. 131 ff.

[10] Art. 4 (3) der ESC, BGBl. 1964 II, S. 1262; vgl. *Kravaritis-Manitakis*, EED 1985, S. 321 ff.

[11] Art. 7 (a) (i), BGBl. 1973 II, S. 1569; s. auch *Zuleeg*, RdA 1984, S. 323 ff.

[12] Vgl. *Rozès*, in Verwilghen (Hrsg.), Bd. I 1986, S. 29; *Quintin*, RMC 1985, S. 309.

Ursprünglich wurde die Notwendigkeit einer gleichen Entlohnung für männliche und weibliche Arbeitskräfte für die gleiche Arbeit mit dem hauptsächlich wirtschaftlichen Charakter des „Gemeinsamen Marktes" begründet. Diese Vorschrift sollte in erster Linie durch Praktiken des „sozialen Dumpings"[13] bedingte Wettbewerbsverzerrungen unterbinden und zielte damit auf eine Unterstützung des freien Wettbewerbs zwischen den Industrien der Mitgliedstaaten ab. In der Zeit der Verhandlungen für die Unterschreibung der Römerverträge gab es merkbare Unterschiede im Bereich des Arbeits- und Sozialrechts zwischen den Mitgliedsländern. Frankreich insbesondere hatte in 1957 die Lohngleichheit für Frauen und Männer gesetzlich vorgeschrieben. Außerdem genossen französische Arbeitnehmer längeren bezahlten Urlaub (mind. 24 Tage) und leisteten Überstundenarbeit nach weniger Normalstunden (durchschnittlich 40 St.) als die Arbeitnehmer in anderen Mitgliedsländern. Die französische Delegation fürchtete damals, Frankreichs Fortschritt über seine Partner im Bereich der Lohngleichheit, besonders in der Textil-Industrie[14], wo die Entlohnung der Frauen höher als die von Männern in anderen Mitgliedstaaten war[15], und die daraus resultierenden höheren direkten und indirekten Lohnkosten, könnten einen Verlust an Konkurrenzfähigkeit für seine Industrie bedeuten, besonders gegenüber denjenigen, die über billige Frauenarbeit verfügten[16]. Sie drängte deshalb zur Aufnahme einer Bestimmung in den Vertrag, die zum Ausgleich der gesamten Sozialkosten zwischen den Mitgliedsländern beitragen würde[17]. Eine Verpflichtung dieser Weite wurde aber von der Bundesrepublik wegen der garantierten Tarifautonomie zurückgewiesen. Anstelle dieser breiten Regelung sollten die enggefaßten Art. 119 und 120 EWGV die französischen Standards bewahren[18].

Das wirtschaftliche Argument der „internationalen Konkurrenz"[19] fing jedoch bereits nach dem ersten Weltkrieg an, an Boden zu verlieren, noch vor dem Argument der „zum dauerhaften Frieden beitragenden sozialen Gerechtig-

---

[13] Vgl. die Schlußanträge von GA Dutheillet de Lamothe im ersten *Defrenne*-Urteil, EuGH v. 25.5.71, Rs. 80/70, Slg. 1971, S. 456, und von GA Trabucchi im zweiten *Defrenne*-Urteil, EuGH v. 8.4.76, Rs. 43/75, Slg. 1976, S. 484; vgl. *Van Lint*, CDE 1969, S. 383.

[14] Der Frauenlohn in der Textilindustrie machte in Frankreich 99,7 % des entsprechenden Männerlohns gegen 92,6 % in der BRD, 87,8 % in Italien, 82,7 % in Belgien und 75,7 % in den Niederlanden aus, *Sullerot*, ILR 1975, S. 96.

[15] *Arseguel/Reynes*, in Verwilghen (Hrsg.), Bd. II 1986, S. 120.

[16] *Budiner*, 1975, S. 34; trotzdem betrug nach Angaben des französischen INSEE der Abstand zwischen Männer- und Frauenlöhnen 1981 immer noch durchschnittlich 30 %, *Arseguel/Reynes*, ebenda, S. 129.

[17] Vgl. *Imbrechts*, RTDE 1986, S. 232 m.w.N.

[18] *Koopmans*, in Smit/Herzog, EEC-Commentary, Rdnr. 1 zu Art. 119-120 EWGV; die verfassungsrechtliche Garantie in Italien und der Bundesrepublik wurde als nicht ausreichend betrachtet; s. *Forman*, LIEI 1982, S. 19 (FN 13); *Jansen*, Grabitz/EWG-Kommentar 1983, Rdnr. 3 zu Art. 119 EWGV.

[19] Hauptargument für eine internationale arbeitsrechtliche Gesetzgebung seit dem XIX Jahrhundert, vgl. *Valticos*, 1983, S. 100.

keit"[20]. Im Rahmen dieser Wandlung ist die sozialpolitische Funktion der Lohngleichheit zur Besserung der Arbeitsbedingungen in den Vordergrund getreten, obwohl unlängst immer noch geltend gemacht wurde, das einzige Ziel des Art. 119 sei es, „Unterschiede in den Selbstkosten der Unternehmen durch Beschäftigung schlechtbezahlter weiblicher Arbeitskräfte zu vermeiden"[21].

Der soziale Charakter des Grundsatzes der Lohngleichheit wurde frühzeitig in der Rechtsprechung des EuGH anerkannt[22]. In seinem zweiten *Defrenne*-Urteil betont der EuGH, daß

> „... diese Bestimmung den sozialen Zielen der Gemeinschaft dient, die sich ja nicht auf eine Wirtschaftsunion beschränkt, sondern, wie die Präambel des Vertrages hervorhebt, zugleich durch gemeinsames Vorgehen den sozialen Fortschritt sichern und die ständige Besserung der Lebens- und Beschäftigungsbedingungen der europäischen Völker anstreben soll. Aus dieser doppelten, wirtschaftlichen und sozialen Zweckbestimmung folgt, daß der Grundsatz des gleichen Entgelts zu den Grundlagen der Gemeinschaft gehört"[23].

I. Entwicklung des europarechtlichen Grundsatzes der Lohngleichheit - Erste Periode: 1962-1975

Mit dem Ablauf der „ersten Stufe" am 31.12.1961[24] wurde die Anwendung des Lohngleichheitsgrundsatzes schon am 1.1.1962 für die Gründer der EG zwingend[25]. Trotz aber einer Absichtserklärung[26] der Mitgliedstaaten, die Realisierung der Sozialpolitik zu beschleunigen, ist die tatsächliche Durchsetzung des Artikels bis 1976 verzögert worden. Der Hauptgrund dafür liegt an Meinungsunterschieden innerhalb der Mitgliedstaaten, insbesondere hinsichtlich des Begriffs der „gleichen Arbeit"[27]. Keine ausreichende Klarheit schuf auch die an die Mitgliedstaaten gerichtete Empfehlung der Kommission und der beiliegende Brief ihres ehemaligen Präsidenten W. Hallstein[28], obwohl in diesem Brief von einer minimalistischen Interpretation ausgegangen wurde, die die Anwendbarkeit des Art. 119 im Bereich der Feststellung der Gleichwertigkeit von verschiedenartigen Arbeiten ausdrücklich ablehnte.

---

[20] Zugleich ein Gründungsziel der IAO, ebenda, S. 108.

[21] Erklärungen der belgischen Regierung im ersten *Defrenne*-Urteil, Slg. 1971, S. 449.

[22] Über die Sozialpolitik der EG vgl. im allgemeinen das Kommuniqué der Pariser Gipfelkonferenz v. 19./20.10.1972, VI EG-Gesamtbericht, 1972, Rdnr. 5, S. 12.

[23] EuGH v. 8.4.76, Rs. 43/75, Slg. 1976, S. 473, Nr. 8-12 der Gründe.

[24] Art. 8 EWGV.

[25] Für Großbritannien, Irland und Dänemark am 1.1.1973, für Griechenland am 1.1.1981; Portugal und Spanien konnten leider nicht berücksichtigt werden.

[26] ABl. Nr. 58 v. 12.9.1960, S. 1220.

[27] Dazu unten § 6 B.

[28] Empfehlung v. 20.7.1960 und Brief v. 28.7.1960; vgl. Bulletin EG, Nr. 6-7/1960, S. 46-48.

Jedoch beinhalteten beide Texte die ersten für eine Konkretisierung des Grundsatzes der Entgeltgleichheit brauchbaren Kriterien. Die Formulierungen der Empfehlung wurden zum großen Teil in einer Entschließung wiederholt[29], die nach der Konferenz der Mitgliedstaaten am 30.12.1961 bekanntgegeben wurde. Unter anderem enthielt sie ein Engagement, die Lohngleichheit zwischen Frau und Mann stufenweise in der nächsten drei Jahren (vom 31.12.61 bis 31.12.64) zu verwirklichen[30]. Trotz aber der Entschließung[31] und der zahlreichen Impulse des Europäischen Parlaments[32] und der Kommission selbst[33] sind zunächst keinerlei Fortschritte gemacht worden. Deshalb beabsichtigte die Kommission im Hinblick auf die erste Vergrößerung der Gemeinschaft am 1.1.1973, die Durchsetzung des Grundsatzes der Lohngleichheit zu beschleunigen. Im Rahmen dieser Bemühungen berichtete sie von der Ausarbeitung eines neuen, die Modalitäten der Anwendung konkretisierenden Rechtsinstruments[34] und teilte Luxemburg und den Niederlanden mit, daß sie die Absicht hatte, vor dem EuGH Klage gemäß Art. 169 EWGV zu erheben[35].

2. Die Periode nach 1975 und der Richtlinienvorschlag

Der Richtlinienvorschlag, der von der Kommission am 19.11.1973 vorgelegt[36] und als Richtlinie 75/117 am 10.2.1975 erlassen wurde[37], markiert den Mißerfolg der Gemeinschaft[38], die Lohngleichheit der Geschlechter planmäßig durchzusetzen und nimmt die sozialökonomischen Hindernisse für die Konkretisierung des Grundsatzes des Art. 119 zur Kenntnis. Die wirtschaftlichen und sozialen Schwierigkeiten, die von Arbeitgebern und Regierungen, manchmal aber auch von Gewerkschaften, gegen eine umfassende Lohngleichheit vorgebracht wurden, können vielleicht auch die Entscheidung des EuGH rechtfertigen, die unmittelbare Anwendbarkeit des Art. 119 im zweiten *Defrenne*-Urteil nur ex nunc zu erklären[39].

---

29 Entschließung v. 30.12.1960, Bulletin EG, Nr. 1/1962, S. 7-9.

30 *Louis*, Politique Sociale, Bd. 7, Brüssel 1974, S. 18-19.

31 Welche auf jeden Fall von den BENELUX-Staaten mit dem Vorbehalt der Gegenseitigkeit unterschrieben wurde; s. *Budiner*, 1975, S. 75.

32 Entschließung v. 28.6.1962, ABl. v. 25.7.62, S. 1806.

33 Die schon sieben diesbezüglichen Berichte dem Rat vorgelegt hatte, *Forman*, LIEI 1982, S. 20.

34 VIII EG-Gesamtbericht 1974, Rdnr. 226.

35 Die erhobenen Klagen führten zum Erlaß der luxemburgischen Verordnung v. 10.7.1974 und des niederländischen Gesetzes v. 20.3.1975 und wurden deshalb gestrichen.

36 ABl. Nr. C 114 v. 27.12.1973, S. 46-47.

37 ABl. L 45 v. 19.2.1975, S. 19-20.

38 Vgl. *Rozés*, in Verwilghen (Hrsg.), Bd. I 1986, S. 32-33.

39 Großbritannien und Irland machten geltend, daß eine Rückwirkung der unmittelbaren Geltung des Art. 119 die wirtschaftliche Lage einzelner Arbeitgeber wegen der zu erhebenden

Die Mitgliedstaaten waren verpflichtet, Art. 119 schon seit Januar 1962, bzw. Januar 1973, voll anzuwenden[40]. Daran hätte weder die Entschließung vom 30.12.1961 noch die in der Richtlinie 75/117 gesetzte Frist etwas ändern können[41]. Aufgrund „zwingender Erwägungen der Rechtssicherheit, die sich aus der Gesamtheit der beteiligten öffentlichen und privaten Interessen ergaben“[42], entschied jedoch der EuGH, daß „auf die unmittelbare Geltung von Art. 119 keine Ansprüche gestützt werden konnten, die vor dem Tag der Verkündung des Urteils liegende Lohn- und Gehaltsperioden betrafen, soweit nicht Arbeitnehmer bereits Klage erhoben oder einen entsprechenden Rechtsbehelf eingelegt hatten“[43]. Diese Entscheidung gegen eine Rückwirkung, die eine Mehrheit von Mitgliedstaaten und Arbeitgebern vor Lohngleichheitsklagen geschützt hat, wurde mehrmals scharf kritisiert[44].

II. Die Lohngleichheitsrichtlinie (75/117/EWG)

Die Lohngleichheitsrichtlinie hat die notwendigen Voraussetzungen für die Verwirklichung des Grundsatzes des gleichen Entgelts für Frauen und Männer festgelegt. Der persönliche Anwendungsbereich der Richtlinie, sowie des Art. 119, umfaßt alle Arbeitnehmer des öffentlichen[45] oder privaten Sektors. Inbegriffen sind Arbeiter sowie Angestellte oder Beamte[46]. Das bedeutendste Element der Richtlinie ist ohne Zweifel die Erläuterung des in Art. 119 EWGV beinhalteten Begriffs „gleiche Arbeit“ und infolgedessen die Erweiterung der Anwendung des Lohngleichheitsgrundsatzes auf „Arbeiten, die als gleichwertig anerkannt werden“[47]. Im übrigen, wie der EuGH im *Worringham*-Urteil erklärte,

---

Klagen erschüttern könnte; kritisch aber zu diesen Äußerungen *Stocker*, CDE 1977, S. 221; ähnlich der GA Trabucchi in seinen Schlußanträgen in *Defrenne-II*, Slg. 1976, S. 493; in dieser Richtung auch *Philip*, RTDE 1976, S. 534-535.

[40] *Defrenne-II*, Nr. 65 der Gründe.

[41] *Defrenne-II*, Nr. 66-67 der Gründe.

[42] In *Defrenne-II* spielten für die Entscheidung des EuGH, von der Rechtsobjektivität und der Rechtssicherheit die zweite zu bevorzugen und infolgedessen gegen der Rückwirkung des Art. 119 zu sprechen, eventuelle finanzielle Auswirkungen des Urteils eine wichtige Rolle, vgl. Nr. 70 der Gründe; kritisch *Philip*, RTDE 1976, S. 534; der EuGH wiederholte diese Erwägung in *Worringham*-Urteil, Nr. 32 der Gründe, ohne jedoch in diesem Fall den wirtschaftlichen Auswirkungen Bedeutung beizumessen; *Post*, LIEI 1981, S. 86.

[43] *Defrenne-II*, Nr. 75-76 der Gründe; vgl. *Louis*, EuGRZ 1976, S. 179, Rdnr. 5; einen Beispiel für die Rückwirkung in diesem Fall bietet die belgische Entscheidung der Cour de Travail Mons (2. Kammer) v. 25.4.1977, welche sich direkt auf *Defrenne-II* bezieht und Rückzahlungen aus den Jahren 1961-1965 wegen Lohndiskriminierung zuspricht, JTT v. 30.9.1977, S. 252.

[44] Vgl. *Burrows*, S. 195 "in other words the Court did in effect what it said the other institutions of the Community were not entitled to do i.e amended the Treaty by a procedure other than foreseen in Art. 236 EWGV"; vgl. auch *Louis*, ebenda.

[45] EuGH v. 9.6.82, Rs. 58/81 *(Kommission g. Luxemburg)*, Slg. 1982, S. 2181, Nr. 5 der Gründe.

[46] *Imbrechts*, RTDE 1986, S. 236.

[47] Ausführlich unten § 6 B.

„geht die Richtlinie (...) von dem Begriff des Entgelts aus, wie er in Art. 119 Abs. 2 EWGV definiert ist". Auf diesen Begriff, so der EugH weiter, „verweist implizite" Art. 1 der Richtlinie, der abgesehen von der Ausdehnung des Lohngleichheitsgrundsatzes auf gleichwertige Arbeiten „keinerlei Auswirkungen" auf den Entgeltbegriff von Art. 119 hat[48]. Ein Verstoß gegen die Lohngleichheitsrichtlinie ist somit einer Verletzung der aus Art. 119 ergebenden Verpflichtung gleichzustellen[49].

Weitere für die Beschleunigung der Durchsetzung der Lohngleichheit wichtige Elemente im ersten Artikel der Richtlinie sind:

- die Einführung der Formulierung „Beseitigung jeder Diskriminierung auf Grund des Geschlechts" in bezug auf sämtliche Entgeltbestandteile und -bedingungen, und
- die Präzisierung, daß zur Lohnfindung verwendete Systeme beruflicher Einstufung auf für Männer und Frauen gemeinsamen Kriterien beruhen und so beschaffen sein müssen, daß geschlechtsspezifische Diskriminierungen ausgeschlossen werden[50].

Die Mitgliedstaaten sind weiter durch diese Richtlinie verpflichtet:

- den Rechtsweg für eine individuelle Klage wegen Lohndiskriminierung sicherzustellen. (Art. 2)
- alle mit dem Grundsatz der Lohngleichheit unvereinbaren Bestimmungen in Rechts- oder Verwaltungsvorschriften zu beseitigen (Art. 3) und ähnliche Bestimmungen in Tarifverträgen, Lohn- und Gehaltstabellen, Vereinbarungen oder Einzelarbeitsverträgen für nichtig zu erklären. (Art. 4)
- die Arbeitnehmer vor jeder Entlassung zu schützen, die eine Reaktion des Arbeitgebers auf eine Beschwerde im Betrieb oder gerichtliche Klage auf Einhaltung des Grundsatzes des gleichen Entgelts darstellt. (Art. 5)
- eine ausreichende Informierung der Arbeitnehmer in jeder geeigneten Form über ihre Rechte vorzuschreiben. (Art. 7)

Schließlich müssen sich die Mitgliedstaaten vergewissern, daß *wirksame** Mittel vorhanden sind, um für die Einhaltung des Grundsatzes Sorge zu tragen

---

[48] EuGH v. 11.3.81, Rs. 69/80 *(Worringham und Humphreys g. Lloyds Bank)*, Slg. 1981, S. 791, Nr. 21 der Gründe; im Urteil v. 31.3.81, Rs. 96/80 *(Jenkins g. Kingsgate)*, Slg. 1981, S. 927, Nr. 22 der Gründe, hat der EuGH die Auswirkung von Art. 1 der Richtlinie 75/117 weiter eingeschränkt, indem er betonte, daß dieser Artikel, „der im wesentlichen die konkrete Anwendung des in Art. 119 des Vertrags genannten Grundsatzes des gleichen Entgelts erleichtern soll, in keiner Weise den Inhalt oder die Tragweite dieses Grundsatzes, so wie er in dieser letztgenannten Vorschrift definiert ist, berührt".

[49] *Forman*, LIEI 1982, S. 21.

[50] Vgl. das zweite *Defrenne*-Urteil, Slg. 1979, S. 478, Nr. 56-58 der Gründe.

* Hervorhebung hinzugefügt.

(Art. 6)[51]. Den Mitgliedstaaten wurde eine Frist von einem Jahr nach der Bekanntgabe der Richtlinie eingeräumt, um die erforderlichen Rechts- und Verwaltungsvorschriften in Kraft zu setzen. Bis spätestens am 12.2.1976 sollten alle geschlechtsspezifischen Diskriminierungen gemäß Art. 3 und 4 der Richtlinie beseitigt werden.

B. Grundsatz der Gleichbehandlung

I. Erforderlichkeit einer Regelung gemäß Art. 235 EWGV

Obwohl die Anwendungsmöglichkeiten von Art. 119 EWGV noch nicht erschöpft sind, kann er jedoch „nicht dahin ausgelegt werden, daß er über die Gleichheit des Arbeitsentgelts hinaus auch die Gleichheit der sonstigen Arbeitsbedingungen für männliche und weibliche Arbeitnehmer gebietet"[52]. Schon seit 1974 hat deshalb der Rat sowohl die Kommission als auch die einzelnen Mitgliedstaaten zur Durchführung von Aktionen angeregt, „um gleiche Bedingungen für Frauen und Männer hinsichtlich des Zugangs zur Beschäftigung, zur beruflichen Bildung und zum beruflichen Aufstieg sowie in bezug auf die Arbeitsbedingungen zu schaffen und ferner die familiären Verpflichtungen aller Betroffenen mit ihren beruflichen Bestrebungen in Einklang zu bringen"[53]. Diese Bemühungen sollten über die Lohngleichheit hinaus auch die Gleichbehandlung[54] der Geschlechter im EG-Bereich durchsetzen.

In dem Memorandum der Kommission von 1975[55] wurde festgestellt, daß trotz der Zunahme des Frauenanteils[56] an der Gesamterwerbsbevölkerung keine Besserung ihrer Lage hätte bisher registriert werden können. Sie waren immer

---

[51] Im Art. 6 des Vorschlags der Kommission war die Überwachung der Anwendung des Grundsatzes in den Betrieben sowie die *Bestrafung* von Zuwiderhandlungen vorgesehen. s. ABl. Nr. C 114 v. 27.12.73, S. 47; dieser Vorschlag blieb vom PE unverändert, s. ABl. Nr. C 55 v. 13.5.74, S. 47; Im Gegensatz hat der WSA Art. 6 neugefaßt, so daß nur eine Pflicht zur Überwachung der Anwendung des Grundsatzes durch eine betriebliche Kontrolle übrigblieb. s. ABl. Nr. C 88 v. 26.7.74, S. 9; obwohl der Ausschuß klarmachte, daß er auch an einer „fühlbaren Bestrafung" der Zuwiderhandlungen festhielt, gab er keine Begründung, warum diese Anforderung nicht mehr in den Vorschlag einbezogen werden durfte; auf jeden Fall ist der Rat der Stellungnahme des Ausschußes gefolgt und hat darüber hinaus die Verpflichtung zur betrieblichen Kontrolle durch diese allgemeine und sehr unbestimmte Anforderung ersetzt.

[52] EuGH v. 15.6.78, Rs. 149/77 *(Defrenne-III)*, Slg. 1978, S. 1378, Nr. 24 der Gründe und Nr. 1 des Tenors.

[53] Entschließung des Rates v. 21.1.74 über ein sozialpolitisches Aktionsprogramm, ABl. Nr. C 13 v. 12.2.1974, S. 2.

[54] In der Entschließung war mit diesem Begriff die gesamte Gleichberechtigungsproblematik angesprochen; der endgültige Text der Richtlinie 76/207 bezieht sich jedoch auf die Gleichbehandlung im engen Sinne; vgl. die Präzisierung oben S. 4-5.

[55] Memorandum über die Lage der berufstätigen Frauen in der Gemeinschaft, KOM (75) 36 endg. v. 12.2.75.

[56] Besonders deutlich war der Anteil verheirateter Frauen gestiegen.

noch in bestimmten Wirtschaftszweigen[57] und einigen typischen sog. Frauentätigkeiten konzentriert, die ein geringeres Maß an beruflicher Befähigung voraussetzten, häufig niedrig entlohnt wurden und wenige Aufstiegschancen boten. Diese Tatsache beruhte auf historischen, kulturellen und sozialen Grundlagen und wurde weiter durch ein ungeeignetes Bildungssystem noch verstärkt. Die bestehenden Systeme der Berufsberatung und Ausbildung ließen viel zu wünschen übrig[58]. Unter diesen Umständen war die Kommission zu der Schlußfolgerung gekommen, daß für die Verwirklichung des Grundsatzes der Gleichbehandlung der Geschlechter im Erwerbsleben ein spezieller Rechtsakt der Gemeinschaft notwendig wäre. Am 9.2.76 ist die Richtlinie 76/207/EWG[59] erlassen worden.

Im europäischen Rechtsgebiet wird die Gleichbehandlung der Geschlechter auch von der Europäischen Sozial-Charta[60] und dem IAO-Übereinkommen Nr. 111 v. 25.7.58 über die Diskriminierung in Beschäftigung und Beruf[61] gefordert. Was die Richtlinie 76/207 betrifft, so stützt sich ihr Erlaß nicht mehr auf Art. 100, sondern auf Art. 235 EWGV. Der Rat hat somit klargestellt[62], daß es sich bei diesem Rechtsinstrument auf keinen Fall um eine Angleichung von direkt auf die Errichtung oder das Funktionieren des Gemeinsamen Marktes auswirkenden Rechtsvorschriften der Mitgliedstaaten handelte, sondern im Gegensatz zu ursprünglichen Kommissionsvorschlag, der sich auf beide Artikel stützte[63], ausschließlich um eine notwendige gemeinschaftliche Gesetzgebungsaktion, die dazu diente, die im Vertrag zur Verwirklichung eines der Ziele des Gemeinsamen Marktes nicht vorgesehenen, aber erforderlichen Befugnisse festzulegen. Dieses Ziel ist nämlich die in der Präambel des Vertrages enthaltene Forderung zur Angleichung der Lebens- und Arbeitsbedingungen der Arbeitskräfte auf dem Wege des Fortschritts. Dadurch wurde bei der Gleichbehandlungsrichtlinie die soziale Funktion stärker als bei der Lohngleichheitsrichtlinie betont.

---

[57] Öffentlicher Dienst, Büro- und Dienstleistungsbereich.

[58] Vgl. *Quintin*, in Verwilghen (Hrsg.), Bd. I 1986, S. 112, sowie die von der Kommission eingeleiteten Studien zur Untersuchung der Erwerbstätigkeit der Frauen, insb. *Sullerot*, 1970; *Vogel-Polsky*, 1972; *Cornu*, 1974.

[59] ABl. Nr. L 39 v. 14.2.1976, S. 40-42.

[60] Nach der Stellungnahme des WSA sollte sogar Art. 1 der Rl. wie folgt lauten: „Diese Richtlinie wird erlassen in Übereinstimmung mit der Charta der Menschenrechte, die das Recht auf Arbeit festlegt, in Übereinstimmung mit der Europäischen Sozial-Charta, in der dieses Recht ebenfalls verankert ist, und in Übereinstimmung mit den Verfassungen der meisten Länder der EG, die ebenfalls das Recht auf Arbeit akzeptieren", ABl. Nr. C 286 v. 15.12.75, S. 19.

[61] BGBl. 1961 II, S. 98.

[62] Vgl. *Quintin*, in Verwilghen (Hrsg.), Bd. I 1986, S. 113.

[63] So *Quintin*, ebenda; vgl. aber KOM (75) 36 endg. v. 12.2.75; sowie ABl. Nr. C 124 v. 4.6.75, S. 2.

II. Die Gleichbehandlungsrichtlinie (76/207/EWG)

Hauptziel der Richtlinie 76/207 ist die Verwirklichung des Grundsatzes der Gleichbehandlung von Männern und Frauen im Bereich des Zugangs zur Beschäftigung, einschließlich der Auswahlkriterien bei der Einstellung, des Zugangs zur Berufsbildung, des beruflichen Aufstiegs sowie in bezug auf die Arbeitsbedingungen, einschließlich der Entlassungsbedingungen und in bezug auf die soziale Sicherheit[64]. Was die soziale Sicherheit betrifft, sieht Art. 1 (2) der Richtlinie vor, daß im Hinblick auf die schrittweise Verwirklichung der Gleichbehandlung in diesem Bereich der Rat Sonderbestimmungen erlassen muß, welche den Inhalt, die Tragweite und die Anwendungsmodalitäten des Grundsatzes konkretisieren. Weiter präzisiert Art. 2 (1), daß nicht nur unmittelbare, sondern auch mittelbare Diskriminierungen, insbesondere unter Bezugnahme auf den Ehe- oder Familienstand, beseitigt werden müssen[65].

1. Anwendungsbereich

Die Richtlinie weist auf keinerlei Beschränkungen des persönlichen Anwendungsbereichs hin. Zwar spricht die Präambel von der Gleichbehandlung „männlicher und weiblicher Arbeitnehmer", jedoch ist diese Formulierung eng gefaßt. Tatsächlich umfaßt der geschützte Personenkreis alle Erwerbstätige: Angestellte, leitende Angestellte, Arbeiter, Beamte, Angehörige der freien Berufe, sowie selbständig Erwerbstätige. Fehlende Präzisierungen über die Anwendung der Richtlinie auf selbständig Erwerbstätige und Landwirte sind durch die Richtlinie 86/613/EWG ergänzt worden[66]. Inbegriffen sind weiter Arbeitslose und Arbeitssuchende, besonders in bezug auf die angebotenen Umschulungs- und Berufsbildungsprogramme. Die Teilnahme an solchen Programmen muß Frauen und Männern unter gleichen Bedingungen offenstehen. Adressaten des Diskriminierungsverbots sind die öffentliche Hand, die Tarifpartner und alle privaten Arbeitgeber.

Ratione materiae umfaßt die Richtlinie sowohl den öffentlichen Dienst als auch die Privatwirtschaft, und zwar das gesamte Tätigkeitsspektrum in allen Wirtschaftszweigen und in allen Stufen der beruflichen Rangordnung. In *Kommission g. BRD*[67] war gerade die erste der fünf Rügen, die der Bundesrepublik erteilt wurden, an das Fehlen einer ordnungsgemäßen Umsetzung der Richtlinie in innerstaatliches Recht hinsichtlich öffentlichrechtlicher Dienstverhältnisse[68]

---

[64] Auf jedem Fall werden hier unter dem Begriff „soziale Sicherheit" sowohl die gesetzlichen als auch die betrieblichen Systeme verstanden.

[65] Der Diskriminierungsverbot ist in allen weiteren Richtlinien gleich formuliert.

[66] s.u. § 1 D II.

[67] EuGH v. 21.5.85, Rs. 248/83, DB 1985, S. 2150.

[68] Das EG-Anpassungsgesetz v. 13.8.80 findet auf Beamte und selbständig Erwerbstätige keine Anwendung; vgl. dazu *Bertelsmann/Rust*, in Verwilghen (Hrsg.), Bd. II 1986, S. 85.

gerichtet. Die Bundesregierung hatte damals bei der ursprünglichen Klagebeantwortung[69] die Anwendbarkeit der Richtlinie 76/207 auf den öffentlichen Dienst bestritten. Dieser Vorbehalt war aber, wie aus späteren Ausführungen der Regierung in der Gegenerwiderung[70] und der mündlichen Verhandlung hervorgeht, nicht weiter aufrechterhalten worden. Trotzdem hat der EuGH zu diesem ursprünglich erhobenen Einwand festgestellt, daß die Richtlinie 76/207 - wie übrigens auch die Richtlinie 75/117 - für öffentlichrechtliche Dienstverhältnisse gilt. Es dürften deshalb „keine neuen Diskriminierungen eingeführt werden, durch die bestimmte Gruppen von der Anwendung der Vorschriften ausgenommen werden, die die Gleichbehandlung von Männern und Frauen im gesamten Berufsleben gewährleisten sollen“[71]. Der EuGH wies jedoch diese Rüge zurück, einerseits weil das mit der Richtlinie verfolgte Ziel, was die öffentlichrechtlichen Dienstverhältnisse anging, in Deutschland „bereits beim Inkrafttreten der Richtlinie schon erreicht war[72], so daß zur Durchführung dieser Richtlinie insoweit keine neuen Rechtsvorschriften erforderlich waren“[73], zum anderen weil das Kriterium der „Eignung“, als solches ein objektives Kriterium sei und „keine diskriminierende Anwendung“ dieses Kriteriums in der bundesrepublikanischen Praxis von der Kommission nachgewiesen worden war[74].

Folgerichtig werden von der Richtlinie nicht nur kollektive Regelungen wie Rechts- und Verwaltungsvorschriften, Tarifvertragsbestimmungen, Betriebsvereinbarungen oder Statuten freier Berufe, sondern auch Einzelverträge inbegriffen[75]. Hinsichtlich der Statuten der freien Berufe hätte die BRD, laut der zweiten Rüge der Kommission in derselben Rechtssache, eine ordnungsgemäße Umsetzung der Richtlinie in innerstaatliches Recht nicht getroffen. Diese Rüge ist aus ähnlichen Gründen wie die erste, nämlich wegen der ausreichenden grundgesetzlichen Vorschriften[76] und des Mangels einer nachgewiesenen Diskriminierungspraxis[77], zurückgewiesen worden.

---

[69] Gemäß Art. 40 § 1 der EUGH-Verfahrensordnung.

[70] Gemäß Art. 41 § 1 der EuGH-Verfahrensordnung.

[71] *Kommission g. BRD*, Nr. 16 der Gründe.

[72] Besonders durch Art. 3 Abs. 2 und 3 GG, Art. 33 Abs. 2 GG in Verbindung mit Art. 1 Abs. 3 GG und Art. 7 des Beamtenrechtsrahmengesetzes vom 1 Juli 1957 und Art. 8 des Bundesbeamtengesetzes.

[73] *Kommission g. BRD*, Nr. 19 der Gründe.

[74] Ebenda, Nr. 22 der Gründe; ähnlich ist auch die Lage in Griechenland, das noch keine Umsetzung der Richtlinie im Bereich des öffentlichen Dienstes vorgenommen hat; angesichts der bestehenden Diskriminierungsverbote in der Verfassung und dem Beamtenrecht wurde von *Geraris* in einem Vortrag zum Athener Kolloquium für die Gleichberechtigung der Geschlechter am 12. und 13.12.86 die Meinung vertreten, eine Vertragsverletzungsklage hätte denselben Ausgang wie die Klage gegen die Bundesrepublik, S. 11 des verfielf. Mskr.

[75] Art. 3 Abs. 1, Art. 2 Abs. 1 und 2, Art. 4, Art. 5 der Richtlinie.

[76] Art. 12 GG, *Kommission g. BRD*, Nr. 30-31 der Gründe.

[77] Geprüft war insb. der Beruf der Hebamme; s.u. §7C I 2.

2. Beschränkungen der Tragweite der Richtlinie

Die Richtlinie findet keine Anwendung auf:

- solche berufliche Tätigkeiten und die dazu jeweils erforderlichen Ausbildung, für die das Geschlecht auf Grund ihrer Art oder der Bedingungen ihrer Ausübung eine unabdingbare Voraussetzung darstellt[78].
- Vorschriften zum Schutz der Frau, insbesondere bei Schwangerschaft und Mutterschaft[79]. Dagegen müssen alle andere mit dem Grundsatz der Gleichbehandlung unvereinbaren Rechts- und Verwaltungsvorschriften sowie Tarifvertragsbestimmungen, bei denen der Schutzgedanke, aus dem heraus sie ursprünglich entstanden sind, nicht mehr begründet ist, revidiert werden[80].
- Maßnahmen zur Förderung der Chancengleichheit für Männer und Frauen, insbesondere durch Beseitigung der tatsächlich bestehenden Ungleichheiten, die die Chancen der Frauen in den in Art. 1 (1) genannten Bereichen beeinträchtigen[81]. Solche Maßnahmen sind mit der Richtlinie vereinbar. Diese Bestimmung umfaßt die sog. „positive Aktionen zur Frauenförderung“[82], wie sie in den USA und Skandinavien durchgeführt werden. Diese Aktionen, die auch als „umgekehrte Diskriminierung“[83] bezeichnet werden, erstrecken sich auf den ganzen Anwendungsbereich der Richtlinie, also nicht nur auf Berufsbildungsprogramme, wie sie schon in der Praxis von manchen Mitgliedstaaten durchgeführt werden, sondern auch auf sog. Quotensysteme, die eine bestimmte Anzahl von Beschäftigungsplätzen den Angehörigen eines Geschlechts vorbehalten. Auf jeden Fall sind Maßnahmen zugunsten von Männern auch erfaßt[84].
- Schließlich wird der Zugang zu bestimmten privaten bildungseinrichtungen aufgrund der von manchen Mitgliedstaaten gewährten Autonomie von der Anwendung des Grundsatzes ausgeschlossen[85]. Diese Bestimmung bezieht sich nur auf private Bildungseinrichtungen. Solche Schulen, falls sie eine totale Autonomie genießen, können die Immatrikulation von zahlreichen Voraussetzungen abhängig machen, wie Note, Geschlecht u. s. w. Insoweit sind diese Bedingungen mit der Richtlinie vereinbar. Eine völlig andere Frage ist es dagegen, ob zum Beispiel eine Mädchenschule ausschließlich weibliche Lehrkräfte beschäftigen darf oder nicht[86].

---

[78] Art. 2 (2) der Richtlinie; s.u. §7CI.

[79] Art. 2 (3) der Richtlinie; s.u. §7BI.

[80] Art. 3 (2) (c) der Richtlinie.

[81] Art. 2 (4) der Richtlinie.

[82] *Positive* oder *affirmative action programmes;* s.u. §7BII.

[83] *Reverse discrimination* oder *preferential treatment.*

[84] *Quintin,* in Verwilghen (Hrsg.), Bd. I 1986, S. 122.

[85] Art. 4 (c) der Richtlinie.

[86] Vgl. dazu zwei Urteile des CdEB in *Storms c. Etat Belge* und *Van de Velde c. Ministre de*

3. Weitere Verpflichtungen der Mitgliedstaaten

Die Richtlinie sieht weiter in Art. 6 vor, daß die Mitgliedstaaten zum Erlaß der notwendigen innerstaatlichen Rechtsvorschriften verpflichtet sind, damit jeder, der sich durch eine Diskriminierung für beschwert hält, seine Rechte gerichtlich geltend machen kann. Wie der BGH schon in den *Von Colson*[87] und *Harz*[88] Urteilen angeführt hat, folgt aus dieser Bestimmung, daß die Mitgliedstaaten Maßnahmen ergreifen müssen, die hinreichend wirksam sind, um das Ziel der Richtlinie zu erreichen, und dafür Sorge zu tragen, daß die Betroffenen sich vor den nationalen Gerichten tatsächlich auf diese Maßnahmen berufen können.

Die Arbeitnehmer, die eine betriebliche Beschwerde oder eine gerichtliche Klage wegen Diskriminierung erhoben haben, sollten vor jeder Entlassung geschützt werden, die eine Reaktion des Arbeitnehmers auf ihrer Tat darstellt. Die Formulierung „vor jeder Entlassung" ist zu eng und mit der Zielsetzung der Richtlinie nicht vereinbar. Ein diesbezügliches „Schikaneverbot" sollte alle Formen des Arbeitgeberrückschlages unterbinden, welche zu Ungunsten des Arbeitnehmers getroffen werden können, ohne bis zu einer Entlassung zu führen[89], wie z. B. eine ungünstige Versetzung und ähnliche Maßnahmen.

Schließlich sieht die Richtlinie eine weite Informationspflicht der Arbeitnehmer über ihre spezifischen Rechte vor[90].

Die Richtlinie 76/207 wurde vom Rat am 9.2.1976 verabschiedet und den Mitgliedstaaten bekanntgegeben. Laut Art. 9 Abs. 1 Satz 1 sollten sie die erforderlichen Rechts- und Verwaltungsvorschriften in Kraft setzen, um dieser Richtlinie binnen dreißig Monaten nach ihrer Bekanntgabe nachzukommen, und die Kommission davon unterrichten. Ferner sind die Mitgliedstaaten verpflichtet, so der zweite Absatz des Artikels, eine erste Prüfung und gegebenenfalls eine Revision der Schutzvorschriften im Sinne des Art. 3 (2) (c) und Art. 5 (2) (c), bei denen der Schutzgedanke, aus dem heraus sie ursprünglich entstanden sind, nicht mehr als begründet anzusehen wäre, innerhalb von vier Jahren nach Bekanntgabe vorzunehmen[91]. Eine weitere Prüfungspflicht, und zwar in regelmäßigen Abständen, besteht nach Art. 9 (2) für die Tätigkeiten, für die das Geschlecht auf Grund ihrer Art oder der Bedingungen ihrer Ausübung eine unabdingbare Voraussetzung darstellt, um unter Berücksichtigung der sozialen Entwicklung festzustellen, ob es gerechtfertigt ist, die betreffenden Ausnahmen aufrechtzuerhalten[92]. Das

---

l'Education, die die geschlechtsbezogene Auswahl von Sportlehrern für nicht diskriminierend halten; im einzelnen dazu unten Teil III Fn. 355.

87 EuGH v. 10.4.84, Rs. 14/83 *(Von Colson und Kamann g. Land Nordrhein-Westfalen)*, Slg. 1984, S. 1881-1920.

88 EuGH v. 10.4.84, Rs. 79/83 *(Harz g. Deutsche Tradax GmbH)*, Slg. 1984, S. 1921-1944.

89 Art. 7 der Richtlinie.

90 Art. 8 der Richtlinie.

91 Vgl. ausführlich unten §7BI.

92 Dazu im einzelnen unten §7CI.

Ergebnis der Prüfung und den Text der Anpassungsvorschriften übermitteln die Mitgliedstaaten der Kommission.

C. Grundsatz der Versorgungsgleichheit

Die Entwicklung des kapitalistischen Produktionsprozesses in den nordeuropäischen Ländern bringt Systeme der sozialen Sicherung mit sich. Durch die organisierte Industriearbeit entsteht zum ersten Mal ein „öffentliches Interesse“ an der Gesundheit der abhängig Beschäftigten. Ein modernes Versorgungssystem beruht heute auf zwei sozialen und wirtschaftlichen Grundgedanken. Zum einen wird nämlich die Aufrechterhaltung des erwerblichen Einkommens, oder eines Teils davon, bei einer Angelegenheit gewährleistet, welche die Erwerbsfähigkeit des Arbeitnehmers mindert oder völlig aufhebt[93]. Zum anderen wird erstrebt, jedem Bürger eine Überlebenschance zu garantieren[94]. Die Höhe der Versorgungsleistungen sowie die Gruppe der Berechtigten sind immer das Ergebnis eines Kompromisses zwischen beiden Grundgedanken. Systeme, die den ersten zugrundelegen, sehen Sozialleistungen vor, die sich an die Höhe des tatsächlichen Erwerbseinkommens knüpfen und die sogenannte „aktive Erwerbsbevölkerung“ im weitesten Sinne erfassen. Bei Systemen dagegen, die von dem zweiten geprägt sind, wird ein biologischer oder sozialer Mindestlebensstandard garantiert. Es wird dabei versucht, die Sozialleistungen der gesamten Bevölkerung zugänglich zu machen. Der Anspruch auf Leistungen stützt sich bei Systemen der ersten „Kategorie“ meistens auf Beitragszahlungen während der Erwerbstätigkeit, bei der zweiten ist oft die Gebietsansässigkeit maßgebend[95].

Die Risiken, bei denen eine Sicherung notwendig ist, waren vorbildlich im IAO-Übereinkommen Nr. 102 von 1952 wie folgt festgesetzt: Krankheit (Krankenhilfe und Einkommensverlust wegen Krankheit), Mutterschaft, Arbeitslosigkeit, Invalidität, Alter, Tod, Arbeitsrisiken (Arbeitsunfall und Berufskrankheit) und schließlich die Familienlasten[96]. Die Versorgung der Arbeitnehmer beruht heute in den meisten Mitgliedstaaten auf dem sogenannten „Drei-Säulen-Konzept“, bestehend aus gesetzlich organisierten Systemen, aus betrieblichen Versorgungssystemen und aus privater Eigenvorsorge[97].

---

[93] Die sog. Einkommensersatzfunktion.

[94] Die Fürsorgefunktion.

[95] In den meisten Mitgliedstaaten existieren Systeme der ersten Kategorie und Mischsysteme, welche durch Frei- oder Mindestbeträge beide Funktionen zu realisieren versuchen; nur in Großbritannien und Dänemark (im allgemeinen), Italien (Krankenversicherung) und den Niederlanden (Rentensystem) gibt es zur Zeit Sozialversicherungssysteme, die die gesamte Bevölkerung einheitlich in die Leistungen einbeziehen, vgl. dazu *Sabourin*, 1984, S. 98 ff.; s. auch *Hörburger/Rath-Hörburger*, 1983, S. 161 ff. m.w.N.

[96] Im einzelnen *Laurent*, in Verwilghen (Hrsg.), Bd. I 1986, S. 155.

[97] *Ahrend/Beucher/Förster*, DB 1985, Blg. 22, S. 3.

Im Bereich der Versorgung, sowohl bei gesetzlichen als auch bei betrieblichen Systemen, ist die Ungleichbehandlung von Frauen und Männern besonders markant. Das liegt freilich an einer traditionellen, heute nicht mehr zutreffenden[98] Anschauung hinsichtlich der Funktionsverteilung bei Ehepaaren[99]. So ist die nichterwerbstätige Ehefrau meistens mitversichert. In dem Fall, daß sie erwerbstätig ist, wird ihr Beitrag als Zusatzeinkommen wahrgenommen. Deshalb ist oft eine Hinterbliebenenrente nur der Ehefrau vorbehalten – denn sie ist ja wirtschaftlich abhängig –, gewisse Zusatzrenten oder Familieneinkommenszuschläge werden an das Einkommen des Ehemannes geknüpft[100], manchmal wird der Beitritt zu einem Versorgungssystem Männern vorbehalten und das Rentenalter unterschiedlich festgestellt.

Für die Anwendung des Grundsatzes der Gleichbehandlung von Männern und Frauen im Bereich der sozialen Sicherheit wurden vom Rat zwei Richtlinien erlassen. Die Richtlinie 79/7/EWG[101], die die sog. gesetzlichen Systeme der sozialen Sicherheit sowie teilweise die Sozialhilfe erfaßt, wurde am 23.12.1978 bekanntgegeben und trat nach einer Frist von sechs Jahren[102] – die manche als zu lang kritisierten[103] – am 23.12.84 in Kraft. Formell war der Erlaß der ersten Versorgungsrichtlinie im Art. 1 (2) der Gleichbehandlungsrichtlinie vorgesehen. Rechtsgrundlage für beide Richtlinien ist Art. 235 EWGV. Jedoch, von dieser gesetzestechnischen Verbindung abgesehen, ist eigentlich diese Richtlinie sowie die zweite Versorgungsrichtlinie 86/378/EWG[104], die auf betriebliche Systeme der sozialen Sicherheit Anwendung findet, konzeptionsmäßig und historisch mehr mit der Lohngleichheitsrichtlinie und Art. 119 verwandt. Das liegt grundsätzlich an der Rechtsprechung des EuGH, der sich in einer Reihe von Urteilen bemüht hat, das Ausmaß der Diskriminierung der Frau im Bereich der sozialen Sicherheit zu begrenzen. Da die zwei diesbezüglichen Richtlinien noch nicht verabschiedet oder anwendbar waren, hat sich dabei der EuGH ausschließlich auf den Grundsatz der Lohngleichheit gestützt. Der Einfluß dieser Rechtsprechung auf die Entwicklung der gesetzgeberischen Tätigkeit der Gemeinschaft, die zum

---

[98] Vgl. BVerfG v. 12.3.75, BVerfGE 39, S. 169.

[99] Ausführlich *Gelber*, ILR 1975, S. 432-435; *Laroque*, ILR 1972, S. 1.

[100] Vgl. *Laurent*, ILR 1982, S. 376.

[101] Richtlinie 79/7/EWG v. 19.12.1978 „zur schrittweisen Verwirklichung des Grundsatzes der Gleichbehandlung von Männern und Frauen im Bereich der sozialen Sicherheit", ABl. Nr. L 6 v. 10.1.79, S. 24-25.

[102] Art. 8 (1) der Rl.; eine Richtlinie ist nach seiner Bekanntgabe erst innerhalb einer Frist nur betreffend ihrer Zielsetzungen zwingend; ist die Frist abgelaufen, so tritt die Richtlinie völlig in Kraft und wird dann, falls die Durchführungsmaßnahmen noch nicht getroffen oder mangelhaft sind, unter bestimmten Voraussetzungen unmittelbar anwendbar; s.u. §4B.

[103] Nicht zuletzt wegen des engen Anwendungsbereichs der Richtlinie und der vielen vorgesehenen Ausnahmen; auf einem Durchfürhungszeitraum von 6 Jahren haben Italien und die Niederlande bestanden, *Hörburger/Rath-Hörburger*, 1983, S. 25.

[104] Rl. 86/378/EWG v. 24.7.1986 „zur Verwirklichung des Grundsatzes der Gleichbehandlung von Männern und Frauen bei betrieblichen Systemen der sozialen Sicherheit", ABl. Nr. L 225 v. 12.8.1986, S. 40-42.

Erlaß der Richtlinien 79/7 und 86/378 geführt hat, ist unbestritten[105]. Der EuGH bemerkt in *Defrenne-I*[106], daß gemäß Art. 119 Abs. 2, „Vergütungen, die ihrer Natur nach Leistungen der sozialen Sicherheit sind, grundsätzlich nicht vom Entgeltbegriff auszuschließen sind". Anschließend hat der Gerichtshof bekanntlich die Leistungen der gesetzlichen Systeme vom Entgeltbegriff des Art. 119 EWGV ausgenommen. Aus diesem Unterschied zwischen gesetzlichen und vertraglichen Sozialversicherungssystemen[107] zog die Kommission *a contrario* die Schlußfolgerung, daß die Leistungen der betrieblichen Systeme grundsätzlich als Entgelt im Sinne von Art. 119 anzusehen sind[108]. Folgerichtig sollten gemäß Art. 3 des ursprünglichen Vorschlags der Kommission für die Lohngleichheitsrichtlinie[109] die Mitgliedstaaten alle Diskriminierungen „im Bereich der sich nach dem Einkommen richtenden gesetzlichen Leistungen" beseitigen, „die nicht unter die unmittelbar durch Gesetz geregelten Sozialversicherungssysteme fallen". Dieser Vorschlag, der nur Leistungen der betrieblichen Systeme einbezog, wurde vom Wirtschafts- und Sozialausschuß in einer Stellungnahme[110] kritisiert. Der Ausschuß bedauerte, daß der BGH im *Defrenne*-Urteil diese Entscheidung getroffen hatte, und machte dagegen geltend[111], daß es „keine Rechtfertigung für eine Diskriminierung innerhalb der einzelstaatlichen Systeme der sozialen Sicherheit" gebe, und schlug vor, diese Systeme im Anwendungsbereich der Richtlinie 75/117 aufzunehmen. Der Rat hat diesem Vorschlag nicht zugestimmt, was im Ergebnis darüber hinaus die Ausnahme der betrieblichen Systeme von der Lohngleichheitsrichtlinie bewirkte[112]. Es wäre praktisch unmöglich, wegen ihrer weitgehenden Komplementarität, die Diskriminierungen im Rahmen der betrieblichen Systeme zu beseitigen ohne zuerst die gesetzlichen Systeme zu regeln[113]. Danach legte die Kommission erneut einen einheitlichen Vorschlag für eine Richtlinie im Bereich der sozialen Sicherheit vor, der Systeme jeder Art, gesetzliche sowie betriebliche, öffentlichrechtliche und private umfaßte und ebenfalls für alle Sozialhilferegelungen galt, insoweit sie die

---

105 EuGH-urteile *Defrenne-I, Worringham, Liefting* und *Bilka-Kaufhaus;* für eine ausführliche Analyse dieser Rechtsprechung s.u. §6 A I-III.

106 EuGH-Urteil v. 25.5.71, Slg. 1971, S. 451, Nr. 7-12 der Gründe.

107 Vgl. die Schlußanträge des GA Dutheillet de Lamothe in *Defrenne-I,* Slg. 1971, S. 459; vgl. auch *Imbrechts,* RTDE 1986, S. 235.

108 Vgl. *Laurent,* in Verwilghen (Hrsg.), Bd. I 1986, S. 158; *ders.,* ILR 1982, S. 374.

109 Am 19.11.1973 vorgelegt, ABl. Nr. C 114 v. 27.12.73, S. 46-47.

110 Gemäß Art. 198 Abs. 1 und 100 Abs. 2 EWGV abgegeben, ABl. Nr. C 88 v. 26.7.1974, S. 7-9.

111 Ebenda, S. 9 der WSA-Stellungnahme.

112 In der Tat wurde die ganze Formulierung über Sozialversicherungssysteme vom Art. 3 der Richtlinie gestrichen und auf den Entgeltbegriff, wie er im zweiten Abschnitt des Art. 119 definiert ist, abgestellt; nach *Laurent,* ebenda S. 158, schien damals der Kommission preferabel, die betrieblichen Systeme in einer Sonderrichtlinie zu behandeln.

113 Damit wird stärker der Fürsorge- als der Entgeltcharakter der betrieblichen Leistungen betont; vgl. *Ahrend/Förster/Rühmann,* DB 1982, S. 1566; *Höfer/Küpper/Pisters,* BB 1980, S. 1171.

Leistungen der Sozialsysteme ergänzten oder ersetzten[114]. Auf der anderen Seite beinhaltete er zwei erhebliche Ausnahmen: das Rentenalter und die Hinterbliebenenversorgung. Schließlich war die Anpassung der innerstaatlichen Bestimmungen in drei Stufen vorgesehen: zwei Jahren für die gesetzlichen Systeme und Sozialhilferegelungen, mit Ausnahme der Zuschläge für Unterhaltsberechtigte, drei Jahren für die oben ausgenommenen Zuschläge und vier Jahre für alle übrigbleibenden betrieblichen Systeme[115].

Dieser Vorschlag wurde mit wirtschaftlichen Erwägungen vom Rat drastisch eingeschränkt. Der Anwendungsbereich sollte nur die gesetzlichen Systeme umfassen, die Ausnahmeliste wurde verlängert, die Anpassungsfrist von zwei Jahren (oder drei Jahren für die Unterhaltsberechtigtenzuschläge) auf sechs Jahre erhöht. So entstand die Richtlinie 79/7/EWG. Die ausgenommenen betrieblichen Systeme wurden von der Richtlinie 86/378/EWG erfaßt, die am 30.7.1986 bekanntgegeben wurde. Danach sind die Mitgliedstaaten verpflichtet, bis 30.7.89 die notwendigen Anpassungsvorschriften zu erlassen, um dieser Richtlinie nachzukommen. Alle diskriminierenden Bestimmungen der betrieblichen Versorgungssysteme müssen weiter spätestens bis 1.1.1993 geändert werden. Viele Bereiche sind auch hier ausgenommen, so daß manche eine dritte Richtlinie für erforderlich halten[116].

I. Die erste Versorgungsrichtlinie (79/7/EWG)

Ziel der Richtlinie 79/7 ist die schrittweise Verwirklichung des Gleichbehandlungsgrundsatzes auf dem Gebiet der „gesetzlichen" Systeme der sozialen Sicherheit und der sonstigen Bestandteile der sozialen Sicherung, nämlich der Sozialhilfe (Art. 1). Der Grundsatz der Gleichbehandlung beinhaltet, gemäß Art. 4 (1) der Richtlinie, den Fortfall jeglicher unmittelbaren oder mittelbaren Diskriminierung aufgrund des Geschlechts, insbesondere unter Bezugnahme auf den Ehe- oder Familienstand. Diese Bestimmung, die fast wortwörtlich die entsprechende Definition der Gleichbehandlungsrichtlinie (Art. 2 (1) der Richtlinie 76/207) übernimmt, bezieht sich insbesondere auf den Anwendungsbereich der „gesetzlichen" Versorgungssysteme, die Bedingungen für den Zugang zu den Systemen, die Beitragspflicht und die Berechnung der Beiträge, die Berechnung der Leistungen, einschließlich der Zuschläge für den Ehegatten und für unterhaltsberechtigte Personen[117], sowie auf die Bedingungen betreffend die Geltungsdauer und die Aufrechterhaltung des Anspruchs auf die Leistungen[118].

---

[114] Vorgelegt am 31.12.1976; ABl. Nr. C 34 vom 11.2.1977, S. 3-4.

[115] s. Art. 2 (2) und 4 der Vorschlag, ebenda S. 4.

[116] *Laurent* in Verwilghen (Hrsg.), Bd. I 1986, S. 163.

[117] Im ursprünglichen Richtlinienvorschlag war im allgemeinen von „Zuschlägen für Unterhaltsberechtigte" ohne weitere Präzisierungen die Rede, vgl. dazu Art. 3 des Vorschlags, ABl. Nr. C 34 v. 11.2.1977; die endgültige Formulierung, die zwischen Zuschlägen für den Ehegatten und Zuschlägen für andere unterhaltsberechtigte Personen unterscheidet, hat so die Frage auf-

Die auffälligsten Diskriminierungen im Bereich der „staatlichen" Sozialversicherung waren zum Zeitpunkt der Bekanntgabe der Richtlinie die Festsetzung eines unterschiedlichen Rentenalters für Männer und Frauen und die Nichtanerkennung einer Hinterbliebenenrente für den Witwer, dessen Ehefrau Beiträge gezahlt hatte. Dennoch setzten einige Systeme für Männer und Frauen ein unterschiedliches fiktives Einkommen an; einer von beiden (in der Regel der Ehemann) kam automatisch in den Genuß der von dem einen oder anderen Ehepartner erworbenen Leistungen. Die verheiratete, nicht-berufstätige Ehefrau war mit ihrem Mann hinsichtlich der Leistungen der Krankenversicherung versichert. Der umgekehrte Fall war jedoch selten und dem nicht berufstätigen Ehemann wurde nicht oder nur unter Voraussetzungen das Recht eingeräumt, sich über seine Frau versichern zu lassen[119].

1. Anwendungsbereich

Der sachliche Anwendungsbereich der Richtlinie umfaßt die gesetzlichen Systeme, die Schutz gegen Krankheit, Invalidität, Alter, Arbeitsunfall, Berufskrankheit und Arbeitslosigkeit bieten, sowie Sozialhilferegelungen, soweit sie die vorgenannten Systeme ergänzen oder ersetzen sollen[120].

Als „gesetzliches System der sozialen Sicherheit" wird in erster Linie ein gesetzlich definiertes und geregeltes Versorgungssystem angesehen, das auf keinerlei Konzertierungselementen im Unternehmen oder in dem Berufszweig eingeht, sondern vielmehr von sozialpolitischen Erwägungen abhängt. Diese Definition des EuGH im ersten *Defrenne*-Urteil diente grundsätzlich der Abgrenzung der Leistungen aus solchen Systemen vom Entgeltbegriff im Sinne von Art. 119 EWGV, verbleibt aber als Kriterium zur Unterscheidung zwischen gesetzlichen und betrieblichen Systemen durchaus gültig[121].

Laut Art. 2 der Richtlinie befindet sich innerhalb des geschützten Personenkreises nicht nur die „aktuelle Erwerbsbevölkerung – einschließlich der selbständigen, deren Erwerbstätigkeit durch Krankheit, Unfall oder unverschuldete

---

geworfen, ob möglicherweise Zuschläge für den „unterhaltsberechtigten Ehegatten" vom Anwendungsbereich der Rl. ausgenommen sind; laut Aufklärungen der Kommission ergab sich die endgültige Fassung aus dem Wunsch, nicht nur den unterhaltsberechtigten Ehegatten, sondern auch den nicht unterhaltsberechtigten Ehegatten zu erfassen, sofern Zuschläge für diesen Partner vorgesehen sind, KOM (83) 793 endg., S. 9.

[118] Art. 4 der Richtlinie 79/7/EWG wurde in den EuGH-Urteilen *Drake, Niederländischer Staat g. F.N.V., McDermott/Cotter* und *Teuling* ausgelegt; dazu s.u. §3 B III 4.

[119] Frauen Europas Nr. 12, S. 65.

[120] Art. 3 (1) der Richtlinie.

[121] Die EuGH-Rechtsprechung zur Anwendung von Art. 119 EWGV auf Systeme der sozialen Sicherheit hat in erster Linie alle brauchbaren Unterscheidungsmerkmale zwischen gesetzlichen und betrieblichen Systemen geliefert; diese Rechtsprechung ist auch für die Anwendung jeweils der ersten oder der zweiten Versorgungsrichtlinie von großer Bedeutung und wird ausführlich analysiert, s.u. §6 A.

Arbeitslosigkeit unterbrochen ist –", sondern auch die „Arbeitssuchenden sowie die im Ruhestand befindlichen oder arbeitsunfähigen Arbeitnehmer und Selbständigen". Die Breite des Anwendungsbereichs der Richtlinie ratione personae erscheint im ersten Blick unklar. Werden z. B. solche „Arbeitssuchende", die noch nie arbeitstätig gewesen sind, von der Richtlinie erfaßt? Nach Ansicht des Wirtschafts- und Sozialausschusses liegen Maßnahmen, die die „Nichtbeschäftigten" betreffen, außerhalb der Tragweite der Richtlinie. Diese Auffassung ist grundsätzlich zutreffend. Sofern der Einzelne sich im Erwerbsalter befindet und keinen Weiterbildungsvorgang durchläuft, gilt er als arbeitslos, obwohl er von keinem Sozialsystem gefördert wird. Solche Personen fallen nicht in den Anwendungsbereich der Richtlinie 79/7, die Bewerber, Stellensuchende und Arbeitslose nur insofern betrifft, als sie einem Sozialversicherungssystem angehören[122]. Weitere Förderungsmaßnahmen im Beschäftigungsbereich, die angesichts der immer größer werdenden Zahl der noch nie beschäftigten Arbeitslosen von den Mitgliedstaaten getroffen werden, fallen jedoch in den Anwendungsbereich der Richtlinie 76/207 und dürfen deshalb zwischen Männern und Frauen nicht diskriminieren.

Der EuGH hat sich mit dem Begriff der „Erwerbsbevölkerung" zum ersten Mal im *Drake*-Urteil[123] in bezug auf eine Bestimmung des britischen Social Security Act 1975 beschäftigt[124]. In dieser Rechtssache legte der Chief Social Security Commissioner dem EuGH die Frage vor, ob sich bei einer Sozialbeihilfe für die Pflege eines Schwerbehinderten um eine Versicherungsleistung im Sinne der Richtlinie 79/7/EWG handelt. Nach Ansicht des Beklagten könne von der Invalidenpflegebeihilfe nicht gesagt werden, sie biete als solche Schutz gegen das Risiko der Invalidität im Sinne des Art. 3 (1) (a) der Richtlinie. Diese Bestimmung beziehe sich ihrem Wortlaut nach auf Systeme, die Personen Schutz gegen solche Risiken bieten, die sie selbst bedrohen, nicht aber, wie dies bei der Invalidenpflegebeihilfe der Fall ist, gegen Risiken, die einen Dritten bedrohen. Danach beziehe sich Art. 2 der Richtlinie nur auf Personen, die unmittelbar von einem Schadenereignis betroffen sind, und schließe somit Vergünstigungen, die anderen Personen gewährt werden, von ihrem Geltungsbereich aus.

---

[122] ABl. Nr. C 180 v. 28.7.77, S. 37, Rdnr. 1.5.

[123] EuGH v. 24.6.86, Rs. 150/85 *(Drake g. Chief Adjudication Officer)*.

[124] Sec. 37 (1-3), welche die Gewährung einer Invalidenpflegebeihilfe für den Fall vorsieht, daß der Antragsteller, der keiner Erwerbstätigkeit nachgeht, sich regelmäßig und im wesentlichen der Pflege eines Schwerbehinderten widmet, der mit ihm verwandt ist oder zu einem gesetzlich bestimmten Personenkreis gehört; die verheiratete Frau, die mit ihrem Ehemann zusammenlebt oder zu deren Unterhalt dieser in Höhe eines wöchentlichen Betrages, der den wöchentlichen Betrag der Beihilfe nicht unterschreitet, beiträgt, sowie die Frau, die mit einem Mann in eheähnlicher Gemeinschaft zusammenlebt, hat keinen Anspruch auf Invalidenpflegebeihilfe; die unmittelbare Diskriminierung von Frauen in diesem Fall wurde auch vom beklagten Chief Adjudication Officer nicht in Abrede gestellt, s. *Drake*, Nr. 30 der Gründe; seine Verteidigung beruhte ausschließlich auf der Unanwendbarkeit der Richtlinie im vorliegenden Fall.

Nach Ansicht der Kommission gehöre dagegen eine Person zur „Erwerbsbevölkerung" im Sinne des Art. 2 der Richtlinie, wenn sie tatsächlich in einem Beschäftigungsverhältnis steht, wenn sie arbeitslos und auf der Arbeitssuche ist, wenn sie ein früherer oder im Ruhestand befindlicher Arbeitnehmer ist sowie auch wenn sie wegen Krankheit oder Invalidität verhindert ist zu arbeiten, und zwar unabhängig davon, ob es sich um ihre eigene Krankheit oder Invalidität oder diejenige einer von ihr betreuten Person handelt. Der EuGH betonte zuerst, daß „Art. 2 auf dem Gedanken beruht, daß eine Person, deren Erwerbstätigkeit durch eines der in Art. 3 aufgeführten Risiken unterbrochen worden ist, zur Erwerbsbevölkerung gehört. In dieser Lage befand sich die Klägerin, die ihre Beschäftigung nur wegen der Invalidität ihrer Mutter aufgegeben hat, und wäre somit als zur Erwerbsbevölkerung im Sinne der Richtlinie gehörend anzusehen". Eine andere Auslegung könnte wahrscheinlich den Mitgliedstaaten erlauben, an den bestehenden unter die Richtlinie fallenden Leistungen formale Änderungen vorzunehmen, um sie damit dem Geltungsbereich der Richtlinie zu entziehen[125]. Dieses Urteil stellt einen Hinweis für die Abneigung des EuGH dar, einer engen Auslegung entgegenzukommen und somit den Anwendungsbereich der Richtlinie weiter einzuschränken.

Andererseits bezwecken Art. 119 EWGV sowie die Rln 75/117 und 76/207, in deren Rahmen die Rl. 79/7 sich einfügt, nämlich die Verwirklichung der Gleichbehandlung von Männern und Frauen nicht allgemein, sondern nur in ihrer Eigenschaft als Arbeitnehmer. Deshalb hat der EuGH in den verb. Rechtssachen *Achterberg, Bernsen-Gustin* und *Egbers-Reuvers*[126] für Recht erkannt, daß

> „Art 2 der Rl. 79/7 (...) dahin auszulegen ist, daß diese weder auf Personen anwendbar ist, die keine Berufstätigkeit ausgeübt haben und nicht auf der Suche nach einem Arbeitsplatz sind, noch auf Personen, die eine Berufstätigkeit ausgeübt haben, die nicht durch eines der in Art. 3 (1) (a) der Richtlinie genannten Risiken unterbrochen worden ist, und die nicht auf der Suche nach einem Arbeitsplatz sind".[127]

Auf jeden Fall betreffen beide Versorgungsrichtlinien nur die im weiten Sinne Erwerbstätigen. Frauen, die keine Tätigkeit ausüben, sind in der Regel nicht selbst versichert. Wenn sie mit einem erwerbstätigen Mann verheiratet sind, dann gelten sie aufgrund abgeleiteter Ansprüche als „mitversichert". Der Tod des Ehepartners oder die Scheidung haben manchmal für die Versicherungsansprüche dieses Anteils der Bevölkerung gravierende Konsequenzen. Dennoch bleibt die rechtliche Lage der nicht-erwerbstätigen Ehefrauen (und Männer) von beiden Versorgungsrichtlinien unberührt[128]. Abgesehen von dem Ausschluß der

---

[125] *Drake*, Nr. 22-26 der Gründe.

[126] EuGH v. 27.6.89, verb. Rsn 48/88 *(J.E.G. Achterberg-te Riele g. Soziale Verzekeringsbank)*, 106/88 *(M.A. Bernsen-Gustin g. Soziale Verzekeringsbank)* und 107/88 *(K. Egbers-Reuvers g. Soziale Verzekeringsbank)* (unveröff.).

[127] Nr. 12-13 der Gründe und Nr. 1 des Tenors.

[128] Geschiedenen Frauen wird z.B. eine Witwenrente nach dem Tod des ehemaligen Ehemannes entweder überhaupt nicht, wie in Großbritannien, oder nur unter der Voraussetzung

betrieblichen Versorgungssysteme sieht die Richtlinie eine Reihe weiterer Beschränkungen und Ausnahmemöglichkeiten vor[129].

2. *Beschränkungen der Tragweite der Richtlinie*

Gemäß Art. 3 (2) gilt die Richtlinie nicht für Regelungen betreffend Hinterbliebenen- sowie Familienleistungen[130]. Damit sind Leistungen im Rahmen der gesetzlichen Altersversicherung, wie z.B. Witwerrenten, und selbständige Familienleistungen gemeint. Auf der anderen Seite fallen dagegen Leistungen in bezug auf tödlich verlaufende Arbeitsunfälle und Berufskrankheiten[131] sowie Familienleistungen, die als Zuschläge zu den Leistungen aufgrund anderer von der Richtlinie gedeckter Risiken gewährt werden, in den Regelungsbereich der Richtlinie.

a) Die Hinterbliebenenleistungen

Diese Einschränkung war bereits beim Richtlinienvorschlag vorgesehen[132] und betrifft alle Arten von Hinterbliebenenleistungen und -renten unabhängig davon, ob sie im Rahmen eines Alters-, Unfall-[133] oder Invaliditätsversicherungssystems gewährt werden[134]. Bezüglich der Witwerrente hat der Wirtschafts- und Sozialausschuß in seiner Stellungnahme zum Vorschlag der Gleichbehandlungsrichtlinie[135] bereits geltend gemacht, daß bei einer eventuellen Ausdehnung der in den Mitgliedsländern bestehenden Regelung der Witwenrente auch auf Witwer kaum lösbare finanzielle Schwierigkeiten auftauchen würden. Außerdem stellte sich dabei die Frage, wie bei einer solchen Änderung Alleinstehende behandelt werden sollten, die keine Rente weitergeben können, obwohl sich die Höhe ihres Beitrags zur Versicherung in gleicher Weise wie bei Verheirateten ausschließlich

gewährt, daß die geschiedene Frau einen gesetzlichen Unterhalt bezieht; vgl. z. B. in Frankreich das Gesetz Nr. 75-617 v. 11.7.75, das in dieser Richtung Art. L 351 des CSS ergänzt hat; gewährt aber ein Mitgliedstaat an Frauen solche Leistungen, so ist er zumindest aufgrund der Richtlinien 79/7 und 86/378 nicht verpflichtet, die Gewährung von entsprechenden Ansprüchen auch auf Männer auszudehnen.

129 Außerdem steht gemäß Art. 4 (2) der Grundsatz der Gleichbehandlung den Bestimmungen zum Schutz der Frau wegen Mutterschaft nicht entgegen; es handelt sich aber hier um eine spezielle Ausformung des Gleichbehandlungsgrundsatzes, im einzelnen s.u. §7BI.

130 Gemäß Art. 3 (a) des Vorschlags für eine dritte Versorgungsrichtlinie „wird die Geltung des Grundsatzes der Gleichbehandlung auf die Bestimmungen der gesetzlichen Systeme über die Leistungen für Hinterbliebene und die Familienleistungen ausgedehnt, ABl. Nr. C. 309 v. 19.11.87, S. 11.

131 Vgl. KOM (83) 793 endg., S. 11.

132 Art. 6 (1) (c), ABl. Nr. C 34 v. 11.2.1977, S. 4.

133 Wenn der Tod des Ehegatten durch einen Arbeitsunfall eintritt.

134 Vgl. *Sabourin*, 1984, S. 114 ff.

135 ABl. Nr. C 286 v. 15.12.75, S. 16.

nach der Höhe ihres Einkommens richtet[136]. Unter diesen Umständen regte der Ausschuß an, zu untersuchen, ob und unter welchen Voraussetzungen eine eigenständige partnerschaftliche Alterssicherung eingeführt werden könnte. Diesen Vorschlag wiederholte der Ausschuß in seiner Stellungnahme zur ersten Versorgungsrichtlinie (79/7)[137], in der er die vorgesehene Einschränkung erneut gebilligt hat. „Bedauerlich"[138] fand der Ausschuß jedoch, daß die in Rede stehende Einschränkung unbefristet vorgesehen war, und forderte eine entsprechende Änderung. Diese Forderung hat allerdings im endgültigen Richtlinientext keinen Niederschlag gefunden: Hinterbliebenenrenten sind weiterhin fristlos ausgenommen.

Mit der Witwerrente hat sich auch der EuGH befaßt. Nach Artikel 79 des EG-Beamtenstatuts hatte die Witwe eines EG-Beamten in der Regel Anspruch auf ein Witwengeld in Höhe von 60 % des Ruhegehalts. Dieser Anspruch bestand unabhängig von den eigenen Einkünften der Witwe, und das Witwengeld konnte sogar mit der Besoldung kumuliert[139] werden, die sie möglicherweise als EG-Beamtin erhielt. Dagegen hatte der Ehegatte einer verstorbenen Beamtin nach Artikel 23 des Anhangs VIII des Statuts nur dann Anspruch auf Hinterbliebenenversorgung, wenn er nicht über eigene Einkünfte verfügte und an einem Gebrechen oder einer schweren Krankheit litt, durch die er dauernd erwerbsunfähig war. Dennoch betrug der Prozentsatz dieser Hinterbliebenenrente nur 50 % des Ruhegehalts, statt 60 % wie beim Witwengeld. Diese Regelung, die noch heute in einer Mehrzahl der Mitgliedstaaten typisch ist[140], hat der EuGH in

---

[136] Vgl. insb. den EuGH-Urteil v. 3.12.87, Rs. 192/85 *(Newstead g. Department of Transport and Her Majesty's Treasury)*, in bezug auf die Klage eines ledigen Beamten, der keinen Beitrag für eine Witwenrente bezahlen wollte, da er keine Heiratsabsicht hatte, und seine Behandlung als Diskriminierung empfand, weil ledige Beamtinnen in der Regel keine Beiträge für eine Witwerrente leisteten, s. den Vorlagebeschluß des britischen Gerichts, IRL 1985, S. 299; und *Curtin*, CMLR 1987, S. 217, 241 m.w.N.; nach Ansicht des EuGH, Nr. 28 der Gründe „fällt, mangels spezieller Richtlinien, durch die die Geltung des Grundsatzes der Gleichbehandlung auf das Gebiet der Leistungen für überlebende Ehegatten unabhängig davon ausgedehnt wird, ob sie im Rahmen eines gesetzlichen oder betrieblichen Systems der sozialen Sicherheit vorgesehen sind, (...) dieser Fall unter die in Art. 1 (2) der Rl. 76/207 vorgesehene Ausnahme von der Anwendung des Grundsatzes der Gleichbehandlung."

[137] ABl. Nr. C 180 v. 28.7.77, S. 38.

[138] Das PE bezeichnete die Richtlinienbestimmung – Art. 3 (2) – als „schwerwiegende Lücke", zu deren Beseitigung die Kommission so rasch wie möglich für die erforderlichen weiteren Rechtsbestimmungen zu sorgen hat – s. ABl. Nr. C 299 v. 12.12.77, S. 14; diese Forderung wiederholte das Parlament in einer Sonderentschließung „zur Gleichbehandlung von Witwen und Witwern auf dem Gebiet der sozialen Sicherheit", nachdem es festgestellt hatte, daß auch beim Vorschlag der vierten Rl. eine Gleichbehandlung bei Leistungen an Hinterbliebene nur unter dem Vorbehalt vorgesehen war, daß eine Witwerrente in den gesetzlichen Versorgungssystemen der Mitgliedstaaten eingeführt wäre, s. ABl. Nr. C 117 v. 30.4.84, S. 174.

[139] Im Gegenteil wurde in den meisten Mitgliedstaaten die Gewährung einer Hinterbliebenenrente vom Alter des Hinterbliebenen, von der Dauer der Ehe sowie von der gesamten finanziellen Lage des Hinterbliebenen abhängig gemacht; eine Rentenkumulation war meistens unmöglich; vgl. z.B. Art. 351 des französischen CSS (vor dem Gesetz v. 3.1.1975).

[140] Vgl. z.B. § 28 (6) (a) des griechischen Gesetzes 1846/1951 in bezug auf die Voraussetzungen für die Gewährung einer Witwerrente und die dazugehörige Rechtsprechung in *Libero-*

seinem *Razzouk/Beydoun*-Urteil[141] für unanwendbar erklärt. Danach verstoßen solche Bestimmungen gegen ein Grundrecht, weil sie die überlebenden Ehegatten der Beamten je nach ihrem Geschlecht ungleich behandeln[142]. Abgesehen von Angehörigen der EG-Beamtinnen bleibt dennoch die Gewährung einer Witwerrente einem Teil der übrigen Gemeinschaftsbürger vorenthalten. Die Gleichbehandlung von Witwen und Witwern bezüglich der Hinterbliebenenleistungen obliegt ausschließlich der Kompetenz der Mitgliedstaaten[143]. Diese Regelung ist im Rahmen der Sozialpolitik der Gemeinschaft nicht zufriedenstellend. Die Einschränkung von Art. 3 (2) betrifft auf jeden Fall nur solche Leistungen, die den überlebenden Ehegatten gewährt werden. Weitere abgeleitete Ansprüche der Ehefrau auf Leistungen wegen Alter oder Invalidität des Ehemannes werden in Art. 7 (c) geregelt.

---

poulos-Trifon, Vortrag zum Athener Kolloquium für die Gleichberechtigung v. 12./13.12.86, S. 3 ff. des vervielf. Mskr.; der italienische Verfassungsgerichtshof hat eine ähnliche Regelung als verfassungswidrig angesehen; vgl. Corte Constitutionale v. 25.1.80, *T. Ritterspach,* Rechtsprechungsbericht 1980, Nr. 1-4, EuGRZ 1980, S. 464, 465; ferner *von Maydell,* DAngVers 1981, S. 223; in dieser Richtung auch das „Witwerrentenurteil" des BVerfG v. 12.3.1975, BVerfGE 39, S. 169; vgl. auch früher § 1266 Abs. 1 RVO und § 43 Abs. 1 AVG.

[141] EuGH v. 20.3.84, Rsn 75 und 117/82 *(Razzouk und Beydoun g. Kommission),* Slg. 1984, S. 1509, Nr. 16-18 der Gründe.

[142] Die Frage, ob die Nicht-Gewährung einer Witwerrente eine Diskriminierung von Männern, die keine Rente nach dem Tod ihrer erwerbstätigen Frau beziehen können, oder von Frauen darstellt, denen der Beitritt zu einem Männern zugänglichen Versorgungssystem verweigert wird, muß hier dahingestellt bleiben, vgl. BVerfG v. 12.3.75, BVerfGE 39, S. 169; dazu auch *Scholz,* ZRP 1984, S. 185-186 m.w.N.; auch *Sabourin,* 1984, S. 115; *Höfer/Küpper/Pisters,* BB 1980, S. 1169.

[143] Von dieser unbefristeten Ausnahme haben fast alle Mitgliedstaaten Gebrauch gemacht; in Italien, Belgien und der Bundesrepublik ist jedoch diese Diskriminierung seit 10.12.74, 1.1.84 und 1.1.86 entsprechend beseitigt worden; Art. 11 und 12 des italienischen Gesetzes Nr. 903/1977 beseitigen die Diskriminierungen zwischen Witwen und Witwern in bezug auf die Hinterbliebenenleistungen im Rahmen der Invaliden-, Unfall- sowie Berufskrankheit- und Altersrentenversicherung; über das belgische Gesetz v. 15.5.1984 s.u. §2A; vgl. auch *Van Droogenbroeck/Denis,* in Verwilghen (Hrsg.), Bd. II 1986, S. 53; in der Bundesrepublik hat 1963 das BVerfG die Verfassungsmäßigkeit des § 43 Abs. 1 AVG bejaht - Urteil v. 24.7.63, BVerfGE 17, S. 1 -, seit 1975 jedoch „wegen der steigenden Erwerbsbeteiligung der verheirateten Frauen" und „der Wandlung der Rolle der Frau in Ehe und Familie" - Urteil v. 12.3.75, BVerfGE 39, S. 169 -, die Beseitigung dieser Diskriminierung bis spätestens 1984 gefordert; die Änderung der Lage zwischen 1975 und 1984 wird aber von *Clausing,* DAngVers 1984, S. 64, für unwesentlich gehalten; über das HEZG v. 11.7.1985, BGBl. 1985 I, S. 1450, vgl. BT-Drs. 10.2677 v. 28.12.84; s. auch *Ahrend/Beucher/Förster,* DB 1985, Blg, 22, S. 1-18; *Bokeloh,* DB 1985, S. 1942-1946; sowie *Bertelsmann/Rust,* in Verwilghen (Hrsg.), Bd. II 1986, S. 114; über die Reform der Hinterbliebenenversorgung im allgemeinen *Ruland,* Fest. Wannagat 1981, S. 391 ff.; *Fuchs,* ILR 1982, S. 553 ff.; insbesondere im Rahmen des Invalidenrentensystems, vgl. Frauen in der BRD, BMJFG (Hrsg.), Bonn 1984, S. 24 ff.; über die Lage in Griechenland vgl. *Liberopoulos-Trifon,* Athener Kolloquium 12./13.12.1986, S. 2 und 12-13 des vervielf. Mskr.; über Frankreich vgl. *Sabourin,* 1984, S. 115-117; über die besondere Lage in Dänemark und die am 1.1.84 in Kraft getretene Rentenreform s. *Söderblom,* DAngVers 1984, S. 446.

b) Familienbeihilfen

Unter den Begriff der Familienbeihilfen fallen periodische Leistungen, die einen Ausgleich der durch die Erziehung von Kindern entstehenden höheren zusätzlichen Haushaltskosten bezwecken. Familienbeihilfen können sowohl erwerbstätige als auch nicht-erwerbstätige Personen bekommen. Relevant für die Problematik der Gleichbehandlung im Rahmen der Richtlinie 79/7 sind nur die Beihilfen an Erwerbstätige. Solche Beihilfen sind vom Anwendungsbereich der Richtlinie ausgenommen. Ihre geschlechtsneutrale Gewährung ist somit zumindest im Rahmen eines gesetzlichen Systems nicht geboten[144]. Denkbare Diskriminierungen könnten in dem Fall vorliegen, daß die Leistungen nur dem Mann in seiner Eigenschaft als Familienvorstand oder -ernährer[145] gewährt werden, seine erwerbstätige Ehefrau dagegen als „Doppelverdienerin" keine Beihilfe bekommt. Jedoch wäre diese Regelung mit der Richtlinie vereinbar[146]. Ähnliche Situationen kommen in dem Fall vor, daß beide Ehegatten erwerbstätig sind und ausschließlich oder vorrangig der Arbeitgeber des Ehemannes zur Bezahlung der Beihilfe verpflichtet ist[147]. Zulässig ist auch die Festlegung unterschiedlicher Bedingungen für die Gewährung dieser Leistungen[148]. Es muß hier darauf hingewiesen werden, daß allerdings in Verbindung mit dieser Richtlinienbestimmung nur noch solche Familienbeihilfen geschlechtsspezifisch gewährt werden können, die nicht als „Entgelt" im Sinne von Art. 119 EWGV angesehen werden können[149]. Auf der anderen Seite fallen in den Anwendungsbereich der Richtlinie die Familienleistungen, die als Zuschläge zu den übrigen Leistungen im Rahmen der gesetzlichen Systeme gewährt werden.

---

[144] Anders aber im Rahmen eines betrieblichen Systems, vgl. Art. 6 (e) der Richtlinie 86/378/EWG.

[145] Wie z. B. in Italien, vgl. *Sabourin*, 1984, S. 118; gemäß Art. 9 des Gesetzes Nr. 903/1977 müssen jedoch zumindest formell gleiche Voraussetzungen für die Gewährung der Familienleistungen gelten, vgl. *Ballestrero*, in Verwilghen (Hrsg.), Bd. II 1986, S. 277.

[146] z. B. in Irland wo der "housekeeper's allowance" für unterhaltsberechtigte Kinder Frauen nicht gewährt wird, *Sabourin*, ebenda.

[147] Die meisten Mitgliedstaaten sehen in diesem Punkt die Möglichkeit für Ehegatten, selbst darüber zu entscheiden, wer von beiden diese Beihilfe beziehen soll; so z. B. das französische Gesetz v. 4.7.75 und das Dekret v. 6.3.78 bezüglich der Familienbeihilfen im Rahmen eines Mutterschafts- und Krankenversicherungssystems, dazu *Saint-Jours*, in Verwilghen (Hrsg.), Bd. II 1986, S. 147.

[148] In Belgien z. B. gelten nach dem Gesetz v. 30.6.81 für die Gewährung einer pauschalen monatlichen Familienbeihilfe für weibliche und männliche Teilzeitbeschäftigte gleiche Bedingungen: sie müssen nämlich beweisen, daß sie mindestens 16 Tage oder 80 Stunden monatlich beschäftigt sind; vorher wurde diese Zulage unter bestimmten Voraussetzungen nur weiblichen Teilzeitbeschäftigten gewährt, welche als Haushaltsvorstände hauptsächlich die Erziehungskosten des Kindes trugen: Art. 42 *bis* der Koordinierten Gesetze, dazu *Van Droogenbroeck / Denis*, in Verwilghen (Hrsg.), Bd. II 1986, S. 45.

[149] In diesem Fall wäre eine diskriminierende Gewährung verboten.

3. *Ausnahmebefugnisse*

Außerdem bietet Art. 7 (1) (a–e) den Mitgliedstaaten die Möglichkeit, weitere Ausnahmen vorzunehmen[150]. Die Liste der unerlaubten Ausnahmen ist im ersten Absatz des Artikels abschließend festgestellt und beinhaltet folgende fünf Bereiche, die vorübergehend ausgenommen werden können. Die Mitgliedstaaten, die davon Gebrauch machen wollen, müssen die Kommission zuerst darüber unterrichten und genau dabei angeben, auf welche Bestimmung des Art. 7 (1) sie sich beziehen[151]. Die Ausnahmebefugnis ist zeitlich begrenzt. Gemäß Art. 7 (2) überprüfen die Mitgliedstaaten in regelmäßigen Abständen die aufgrund des ersten Absatzes ausgeschlossenen Bereiche, um festzustellen, ob es unter Berücksichtigung der sozialen Entwicklung in diesem Bereich weiterhin gerechtfertigt ist, die betreffenden Ausnahmen aufrechtzuerhalten. Weiter muß die Kommission auch über die Gründe, die eine Inanspruchnahme der in Art. 7 (1) vorgesehenen Ausnahme rechtfertigen, sowie über die Möglichkeiten einer diesbezüglichen späteren Revision unterrichtet werden. Die Kommission soll dafür sorgen, daß dabei kein Mißbrauch auftritt. Eine Ausnahmebefugnis besteht für:

- die Festsetzung des Rentenalters für die Gewährung der Altersrente oder Ruhestandsrente und etwaige Auswirkungen daraus auf andere Leistungen [Art. 7 (1) (a)][152].
- die Vergünstigungen, die Personen, welche Kinder aufgezogen haben, auf dem Gebiet der Altersversicherung gewährt werden sowie den Erwerb von Ansprüchen auf Leistungen im Anschluß an Zeiträume der Beschäftigungsunterbrechung wegen Kindererziehung [Art. 7 (1) (b)][153]. Spricht eine inner-

---

[150] Gemäß Art. 3 (c) (i) des Vorschlags für die dritte Versorgungsrichtlinie sollte aber „die Geltung des Grundsatzes der Gleichbehandlung auf die Bereiche ausgedehnt werden, in denen seine Verwirklichung aufgrund von Art. 7 (1) (a-d) der Richtlinie 79/7/EWG ausgeschlossen oder aufgeschoben werden kann.", ABl. Nr. C 309 v. 19.11.87, S. 11; dementsprechend sollten gemäß Art. 12 (a) (ii) des Richtlinienvorschlags „die Buchstaben a) bis d) in Art. 7 (1) der Rl. 79/7/EWG aufgehoben werden", ebenda S. 13.

[151] Art. 8 (2) der Richtlinie.

[152] Art. 7 (a) der Rl.; in Frankreich und seit 1983 in Belgien gilt das 60. Lebensjahr als einheitliches Pensionierungsalter; in Italien können Frauen, die normalerweise bei 55 pensioniert werden, gemäß Art. 4 des Gesetzes Nr. 903/1977 bis zu der für Männer geltenden Grenze von 60 Jahren tätig bleiben; für die Bundesrepublik ist das regelmäßige Rentenalter auf 65 Jahre für Männer und Frauen gestellt; gleiches gilt für Luxemburg und die Niederlande; die anderen Mitgliedsländer nehmen die Richtlinienbefugnis in Anspruch; vgl. *Hörburger/Rath-Hörburger*, 1983, Rdnr. 6.4.6.; für einen vergleichenden Überblick bezüglich des Pensionierungsalters in den Industrieländern (weltweit) vgl. *Ahrend/Beucher/Förster*, DB 1985, Blg. 22, S. 17; über die finanziellen Auswirkungen einer Ausdehnung des vorzeitigen Altersruhegeldes nach § 25 Abs. 3 AVG auf Männer vgl. *Rorarius/Weprek*, DAngVers 1984, S. 25 ff.

[153] Jegliche Diskriminierung im Zusammenhang mit Vergünstigungen, die Personen, welche Kinder aufgezogen haben, auf dem Gebiet der Altersversicherung gewährt werden, und in Zusammenhang mit dem Erwerb von Ansprüchen auf Leistungen im Anschluß an Zeiträume der Beschäftigungsunterbrechung wegen Kindererziehung muß, gemäß Art. 10 (1) des Richtlinienvorschlags für die dritte Versorgungsrichtlinie, beseitigt werden, wenn diese Personen ihre Tätigkeit zu diesem Zweck tatsächlich unterbrochen haben, ABl. Nr. C 309 v. 19.11.87, S. 13.

staatliche Bestimmung Müttern Rentenzuschläge für diese Zeiträume zu, so ist es nicht gefordert, die Gewährung dieser Zuschläge auch auf Männer zu erweitern[154].

- die Gewährung von Leistungen wegen Alter oder Invalidität aufgrund abgeleiteter Ansprüche des Ehegatten sowie von Zuschlägen zu langfristigen Leistungen wegen Invalidität, Alter, Arbeitsunfall oder Berufskrankheit für die unterhaltsberechtigte Ehefrau [Art. 7 (1) (c–d)][155]. Solche Leistungen oder Zuschläge können unter der Voraussetzung von Art. 7 (2) vom Anwendungsbereich der Richtlinie ausgenommen werden. Alle anderen Zuschläge für die unterhaltsberechtigte Ehefrau (z.B. bei Leistungen wegen Krankheit oder Arbeitslosigkeit) dürfen nicht diskriminierend gewährt werden[156].
- Die fünfte Ausnahme [Art. 7 (1) (e)] ist hauptsächlich für Großbritannien von Interesse. Sie betrifft die Folgen, die sich aus der Ausübung eines ausschließlich Frauen vorbehaltenen Wahlrechts ergeben, welches mit dem grundsätzlich fakultativen Charakter der Versicherung von Frauen zusammenhängt. Seit 1.1.85 haben Frauen in Großbritannien kein Wahlrecht mehr hinsichtlich des Beitritts zu einem Versorgungssystem und der Beitragszahlung. Diese Option besteht jedoch für solche Frauen weiter, die sie bereits vor der Verabschiedung der Richtlinie im Sinne eines Nicht-Beitritts in Anspruch genommen haben[157].

II. Die zweite Versorgungsrichtlinie (86/378/EWG)

Die Richtlinie 86/378, die den Mitgliedstaaten am 30. Juli 1986 bekanntgegeben wurde, hat zum Ziel die Verwirklichung des Grundsatzes der Gleichbehandlung im Bereich der betrieblichen Versorgungssysteme. Als „betriebliche Systeme der sozialen Sicherheit" gelten gemäß Art. 2 (1) solche Systeme, die nicht durch die erste Versorgungsrichtlinie geregelt werden und „deren Zweck darin besteht, den unbeständig (sic)[158] oder selbständig Erwerbstätigen eines

[154] Vgl. *Laurent*, in Verwilghen (Hrsg.), Bd. I 1986, S. 159; s. aber das deutsche HEZG, BGBl. 1985 I, S. 1450, wonach beide Eltern begünstigt werden können; in erster Linie die Mutter, oder nach gemeinsamer Erklärung der Eltern der Vater; mehr dazu *Bokeloh*, DB 1985; S. 1945 ff.; kritisch aber *Bertelsmann/Rust*, in Verwilghen (Hrsg.), Bd. II 1986; S. 90.

[155] Solche Leistungen und Zuschläge dürften weiterhin, gemäß Art. 10 (2) des Vorschlags für die dritte Versorgungsrichtlinie, nur Ehefrauen gewährt werden, die zum Zeitpunkt der Anwendung dieser Richtlinie [*d.h. der dritten Versorgungsrichtlinie*] keine eigenen Ansprüche auf diese Leistungen erworben haben, ABl. Nr. C 309 v. 19.11.87, S. 13.

[156] Die Tragweite der Ausnahme hinsichtlich der „Leistungen wegen Alter oder Invalidität aufgrund abgeleiteter Ansprüche der Ehefrau" ist unklar; vermutlich werden darunter auch Ansprüche einer geschiedenen Frau auf Leistungen im Rahmen der Versicherung des ehemaligen Ehegatten verstanden; vgl. *Laurent*, ILR 1982, S. 378.

[157] Vgl. Frauen Europas, Nr. 12, Rdnr. 6.5.10, S. 72.

[158] Im französischen Text stehen in diesem Punkt die Wörter „travailleurs salariés", was mit „unselbständig Erwerbstätige" zu übersetzen ist; es handelt sich wahrscheinlich hier um einen Druckfehler im deutschen Text der Richtlinie.

Unternehmens, einer Unternehmensgruppe oder eines Wirtschaftszweigs oder den Angehörigen eines Berufs oder einer Berufsgruppe Leistungen zu gewähren, die als Zusatzleistungen oder Ersatzleistungen die gesetzlichen Systeme der sozialen Sicherheit ergänzen oder an ihre Stelle treten, unabhängig davon, ob der Beitritt zu diesen Systemen Pflicht ist oder nicht".

Die betrieblichen Systeme nehmen eine Zwischenstellung ein zwischen den gesetzlichen Systemen der sozialen Sicherheit und den auf rein privater Basis geschlossenen Versicherungsverträgen[159]. Im Gegensatz zu den gesetzlichen Sozialversicherungssystemen ist ihr Inhalt nicht durch Gesetz festgelegt, sondern wird durch kollektive Absprachen innerhalb des Unternehmens oder des Berufszweigs definiert. Ihr Anwendungsgebiet ist auf einen präzise festgelegten Sektor begrenzt (Betrieb, Konzern, Tarifgebiet usw.). Sie ergänzen die gesetzlichen Systeme insbesondere, aber nicht ausschließlich, hinsichtlich des Ruhestands. Im Gegensatz zu den privaten Versicherungsverträgen ist ihr Inhalt nicht durch freie Aushandlung des einzelnen mit den Versicherungsgesellschaften bestimmt[160].

Betriebliche Systeme sind häufig:

- Systeme, die im Rahmen von Tarifverträgen von den Vertretern der Arbeitgeber und Arbeitnehmer ausgehandelt werden und für ein bestimmtes Unternehmen, einen Berufszweig oder mehrere Berufszweige gelten;
- betriebseigene Systeme, die einseitig vom Arbeitgeber für seine Beschäftigten oder bestimmte Gruppen seiner Beschäftigten geschaffen oder vorgesehen werden, indem er zu diesem Zweck spezifische Rücklagen bildet oder eine Versicherungsgesellschaft (beispielsweise für Gruppenversicherungen) einschaltet oder die vorgesehenen Leistungen als Personalaufwand finanziert;
- die von Vertretern der freien Berufsstände gegründeten Systeme (Handwerker, Ärzte, Rechtsanwälte usw.)[161].

1. Anwendungsbereich

Was die Tragweite des Diskriminierungsverbots betrifft, so ist die Richtlinie 79/7/EWG maßgebend. Ratione personae stimmen beide Richtlinien völlig überein[162]. Teilzeitbeschäftigte, vorübergehend Beschäftigte oder Hausarbeiter

---

[159] *Tamburi/Mouton,* ILR 1986, S. 127 ff.; *Laurent,* ILR 1986, S. 675.

[160] Vgl. *Curtin,* CMLR 1987, S. 219.

[161] Frauen Europas, Nr. 12, S. 84; *Curtin,* CMLR 1987, S. 219; KOM (83) 217 endg., S. 1; *Laurent,* ILR 1987, S. 676.

[162] Der geschützte Personenkreis wird im Art. 2 der Richtlinie 79/7 und Art. 3 der Rl. 86/378 festgelegt; beide Artikel haben im französischen Text der Richtlinien genau den gleichen Wortlaut, abgesehen von der Hinzufügung der *„maternité"* (Mutterschaft) im Art. 3 der Rl. 86/378 zu den Risiken, die zu einer Unterbrechung der Beschäftigung führen können; dagegen haben diese Artikel im deutschen Text einen unterschiedlichen Wortlaut; daraus kann insofern kein Argument für eine Beschränkung des Anwendungsbereichs der Rl. 86/378, besonders hinsichtlich der im Ruhestand befindlichen oder arbeitsunfähigen Selbständigen, abgeleitet werden.

und Hausgewerbetreibende sind zwar nicht ausdrücklich erwähnt, gelten jedoch als „Erwerbsbevölkerung“ und fallen somit im Falle einer Diskriminierung aufgrund des Geschlechts in den Anwendungsbereich der Richtlinie[163]. Auf Selbständige (Angehörige freier Berufe, Künstler, Geschäftsleute, Landwirte) findet die Richtlinie keine Anwendung, wenn sie eine Eigenversicherung abgeschlossen haben. Ferner ist die Richtlinie nicht anwendbar, wenn der Selbständige durch eine gesetzliche Pflichtversicherung gedeckt ist (in diesem Fall kommt die Richtlinie 79/7/EWG zum Zuge). In einigen Ländern jedoch haben bestimmte Gruppen von Selbständigen (Rechtsanwälte, Ärzte, Geschäftsleute, Künstler usw.) im gegenseitigen Einvernehmen eine Zusatzversicherung eingerichtet. In diesem Fall findet die Richtlinie Anwendung[164].

Ratione materiae unterscheidet sich aber diese Richtlinie von der Richtlinie 79/7, indem ihr sachlicher Anwendungsbereich sich nicht auf bestimmte Risiken beschränkt. Die Richtlinie findet zum einen auf betriebliche Systeme Anwendung, die Schutz gegen Krankheit, Invalidität, Alter – einschließlich vorzeitiger Versetzung in den Ruhestand –, Arbeitsunfall und Berufskrankheit sowie Arbeitslosigkeit bieten[165]. Insofern stimmen beide Richtlinien überein. Zum anderen werden aber weiter im Anwendungsbereich der Richtlinie alle betrieblichen Systeme einbezogen, die sonstige Sozialleistungen in Form von Geld- oder Sachleistungen vorsehen, insbesondere Leistungen an Hinterbliebene und Familienleistungen, wenn diese Leistungen an Arbeitnehmer gezahlt werden und infolgedessen als vom Arbeitgeber aufgrund des Beschäftigungsverhältnisses gezahlte Vergütungen gelten[166]. So ist die Richtlinie auf alle Versicherungsleistungen im Rahmen von betrieblichen Systemen anwendbar, die unter den Begriff des Entgelts, wie er in Art. 119 Abs. 2 EWGV definiert ist, fallen[167]. Aus dem Wortlaut des Art. 4 (b) kommt man *a contrario* zu der Schlußfolgerung, daß die Richtlinie keine Anwendung auf Geld- oder Sachleistungen (z.B. Hinterbliebenen- und Familienleistungen) im Rahmen von beruflichen Systemen für selbständig Erwerbstätige findet, es sei denn, daß diese Leistungen von Art. 4 (a) erfaßt werden. Art. 4 (b) ist nur auf solche Versicherungsleistungen anwendbar, die als „Entgelt“ im Sinne von Art. 119 charakterisiert werden können. Unklarheit besteht schließlich die Systeme betreffend, die ausschließlich durch Beiträge der Arbeitnehmer finanziert werden[168].

---

[163] Anders aber *Curtin*, CMLR 1987, S. 222; vgl. PE Dok. 1-1502/83, S. 9; KOM (83) 217, S. 2.

[164] Schriftliche Anfrage Nr. 2199/83 an die Kommission und diesbezügliche Antwort, ABl. Nr. C 194 v. 23.7.84, S. 4.

[165] Art. 4 (a) der Richtlinie.

[166] Art. 4 (b) der Richtlinie.

[167] Vgl. in dieser Richtung ILO, Equal Remuneration, General Survey by the Committee of Experts on the Application of Conventions and Recommendations, Report III (Part 4b), ILC 72nd Session, Geneva 1986, Rdnr. 17.

[168] Vgl. dazu *Curtin*, CMLR 1987, S. 223.

a) Abgrenzung vom Art. 119 und der Richtlinie 75/117/EWG

Die Besonderheit der betrieblichen Systeme (im Vergleich zu den gesetzlichen Systemen) besteht genau in der Tatsache, daß die Mitgliedschaft in diesen Systemen insofern Bestandteil der Arbeitsbedingungen ist, als sie sich mittelbar oder unmittelbar aus einem Arbeitsverhältnis oder der Ausübung einer Erwerbstätigkeit im Sinne von Artikel 119 des EWG-Vertrags ergibt[169]. Der enge Zusammenhang, der zwischen den Beiträgen oder Leistungen im Rahmen eines betrieblichen Systems und Art. 119 EWGV besteht[170], läßt sich auch dadurch bekräftigen, daß die zweite Versorgungsrichtlinie sich nicht ausschließlich wie die Gleichbehandlungsrichtlinie und die erste Versorgungsrichtlinie auf Art. 235 EWGV, sondern hauptsächlich auf Art. 100 EWGV stützt, so wie die Lohngleichheitsrichtlinie. Aus der zweiten Erwägung in der Präambel der Richtlinie 86/378 ergibt sich weiter, daß diese als eine „ergänzende Bestimmung" zu verstehen ist, welche die Tragweite des Grundsatzes des gleichen Entgelts darlegt und somit die Anwendbarkeit dieses Grundsatzes auch in solchen Fällen ermöglicht, in denen Diskriminierungen *nicht* allein aufgrund der Kriterien der Gleichbehandlung und der Entgeltgleichheit festgestellt werden können. Unter diesen Umständen ist es deshalb angesichts der zahlreichen Ausnahmen in der Richtlinie 86/378 fraglich, ob eine abgeleitete Gemeinschaftsrechtsvorschrift die Anwendung einer Bestimmung des primären Gemeinschaftsrechts ausschließen oder einschränken kann. Sollten auf der anderen Seite Art. 119 und die Richtlinie 75/117 keine unmittelbare Anwendung im Bereich der betrieblichen Versorgungssysteme finden, so stehen sie jedoch innerstaatlichen Gerichten immer noch für die „europarechtskonforme Auslegung" nationaler Regelungen im Bereich der zweiten Versorgungsrichtlinie zur Verfügung[171].

b) Abgrenzung von der Richtlinie 76/207/EWG

Sowohl die Entlohnung als auch die Versorgung der Arbeitnehmer sind zweifellos als „Arbeitsbedingungen", wenn auch im weiten Sinne, zu verstehen. Was aber die Anwendbarkeit der Richtlinie 76/207, und besonders von Art. 5 über die Gleichbehandlung hinsichtlich der Arbeitsbedingungen, auf Versorgungssysteme betrifft, bezieht sich jedenfalls die in Art. 1 (2) dieser Richtlinie vorgesehene Ausnahme ausdrücklich auf alle Systeme der *sozialen* Sicherheit, egal ob sie sich als „gesetzlich" oder „betrieblich" einordnen lassen. Darüber hinaus befindet sich in der Präambel der Richtlinie 76/207 ein ausdrücklicher

---

[169] WSA-Stellungnahme, ABl. Nr. C 35 v. 9.2.84, S. 7.

[170] s.u. §6AI.

[171] Vgl. unten § 4 C; auch *McCallum/Snaith*, ELR 1977, S. 266-273; *Szyszczak*, NLJ 1981, S. 527-529; *Thomson/Wooldridge*, LIEI 1980, S. 18-20; *Crisham*, CMLR 1981, S. 606; *Curtin*, CMLR 1987, S. 218.

Vorbehalt, nach dem der Grundsatz der Gleichbehandlung im Bereich der sozialen Sicherheit *erst* durch spätere Rechtsakte zu definieren und schrittweise zu verwirklichen ist. Der Grund jedoch für diese Ausnahme, nämlich die weitgehende Autonomie der staatlich gesteuerten Systeme der sozialen Sicherheit[172], ist im Falle der betrieblichen Versorgungssysteme, die auf einer Konzertierung auf Wirtschaftszweig- oder Unternehmensebene beruhen, nicht zutreffend. Die Miteinbeziehung dieser Systeme in die Ausnahme des Art. 1 (2) der Richtlinie 76/207 könnte schließlich nur durch ihre Abhängigkeit von der gesetzlichen Sozialversicherung gerechtfertigt werden. Es ist tatsächlich kaum vorstellbar, daß die Anwendung des Gleichbehandlungsgrundsatzes im Bereich der betrieblichen Versorgung gefordert wird, bevor die gesetzliche Sozialversicherung geregelt ist[173]. Insoweit, als betriebliche Systeme die Leistungen aus den gesetzlichen Systemen ergänzen, werden sie gerade wegen dieser Komplementarität aus dem Bereich der Gleichbehandlungsrichtlinie verdrängt. Das war auf jeden Fall der Hauptgrund dafür, daß diese Systeme nicht schon in der Lohngleichheitsrichtlinie geregelt wurden, obwohl ihre Leistungen als „unmittelbare Vergütungen" zu verstehen sind[174].

Abgesehen davon sollte man die Notwendigkeit dieser Maßnahme nicht unterschätzen. Die Richtlinie beinhaltet zahlreiche Präzisionen, welche die Verwirklichung der Gleichbehandlung in diesem Bereich erheblich erleichtern. Auf der anderen Seite werden auch zahlreiche Ausnahmen vorgesehen, die zusammen mit denen der ersten Versorgungsrichtlinie eine zufriedenstellende Anwendung des Gleichbehandlungsgrundsatzes im allgemeinen Sozialversicherungsbereich in Frage stellen. Mehrere Stimmen fordern schon eine weitere Gemeinschaftsrechtsakte in diesem Raum, welche eine einheitliche Regelung des gesamten Sachverhalte erlauben würde[175].

---

172 Die Modalitäten dieser Systeme können kaum als „Arbeitsbedingungen" bezeichnet werden.

173 Im einzelnen über die verschiedenen Zusammenhänge zwischen beiden Versicherungsarten insb. im Bereich der Altersversorgung vgl. *Ahrend/Beucher/Förster*, DB 1985, Blg. 22, S. 7.

174 So die Kommission; *Laurent*, in Verwilghen (Hrsg.), Bd. I 1986, S. 158.

175 Ein diesbezüglicher Vorschlag für eine Richtlinie des Rates zur ergänzenden Verwirklichung des Grundsatzes der Gleichbehandlung von Männern und Frauen bei den gesetzlichen und betrieblichen Systemen der sozialen Sicherheit wurde von der Kommission dem Rat am 27. Oktober 1987 vorgelegt, ABl. Nr. C 309 v. 19.11.87, S. 10-13; diese dritte Versorgungsrichtlinie sollte u.a. auch für unterhaltsberechtigte Familienangehörige, Hinterbliebene und sonstige Personen gelten, Art. 2 (d) des Richtlinienvorschlags; im einzelnen vgl. *Kontizas*, Soziales Europa 1/88, S. 37-40.

2. Beschränkungen der Tragweite der Richtlinie

Genauso wie bei der Richtlinie 79/7 - Art. 4 (2) - wird auch hier in Art. 5 (2) bestimmt, daß der Gleichbehandlungsgrundsatz den Vorschriften zum Schutz der Frau wegen Mutterschaft nicht entgegensteht. Weiter gilt die Richtlinie gemäß Art. 2 (2) nicht:

- für Einzelverträge;
- für Systeme mit nur einem Mitglied;
- im Falle von unselbständig Erwerbstätigen für Versicherungsverträge, bei denen der Arbeitgeber keine Vertragspartei ist[176];
- für fakultative Bestimmungen der betrieblichen Systeme, die einzelnen Mitgliedern eingeräumt werden, um ihnen entweder zusätzliche Leistungen oder die Möglichkeit der Wahl des Zeitpunkts, zu dem die regulären Leistungen einsetzen, oder der Wahl zwischen mehreren Leistungen zu garantieren. Danach findet die Richtlinie auf die Bestimmungen hinsichtlich der Bezahlung von Zusatzbeiträgen oder des Ankaufs von zuzüglichen Versicherungsjahren sowie auf Systeme, die eine Reihe von weiteren Optionen und Abstufungen in bezug auf die Versicherungsleistungen vorsehen, keine Anwendung[177].

Gemäß Art. 9 der Richtlinie haben die Mitgliedstaaten die Möglichkeit, in bestimmten Fällen die obligatorische Anwendung des Gleichbehandlungsgrundsatzes befristet aufzuschieben. So kann das Rentenalter für die Gewährung von Altersrente oder Ruhestandsrente zusammen mit den Folgen, die sich daraus für andere Leistungen ergeben können, unterschiedlich für Männer und Frauen festgesetzt werden und zwar nach freier Wahl entweder bis zu dem Zeitpunkt, zu dem die Gleichbehandlung in den gesetzlichen Systemen verwirklicht ist, oder spätestens bis zu dem Zeitpunkt, zu dem eine Richtlinie die Gleichbehandlung in diesem Bereich vorschreibt[178].

In bezug auf die Hinterbliebenenrenten ist eine Ausnahme von der Anwendung des Gleichbehandlungsgrundsatzes auch für betriebliche Systeme solange erlaubt, bis eine weitere Richtlinie die Gleichbehandlung auch für die gesetzlichen Systeme vorschreibt[179]. In diesem Bereich würde deshalb, zumindest aus

---

[176] Grund dafür ist der individualistische Charakter solcher Initiativen, die sich meistens in keinem Zusammenhang mit dem Arbeitsverhältnis befinden.

[177] Kritisch zu dieser Einschränkung, die erst vom Rat zugefügt worden ist, *Laurent*, ILR 1986, S. 679; *Curtin*, CMLR 1987, S. 220.

[178] Art. 9 (a) er Rl. 86/378; gemäß Art. 3 (c) (ii) und Art. 12 (b) des Vorschlags für die dritte Versorgungsrichtlinie sollte Art. 9 (a) der Rl. 86/378 aufgehoben werden; gemäß Art. 9 (1) des Vorschlags sollte weiter bei der Festsetzung des Rentenalters für die Gewährung einer Altersrente oder Ruhestandsrente für beide Geschlechter die gleiche Altersgrenze festgelegt werden; Übergangs- und Anwendungsvorschriften sieht Art. 9 (2) und (3) des Vorschlags vor, s. ABl. Nr. C v. 19.11.87, S. 11-13.

gemeinschaftsrechtlicher Sicht, eine durch innerstaatliche Gesetzgebung „freiwillig" durchgeführte egalitäre Reform der gesetzlichen Altersversicherung, anders als bei einer Angleichung des Rentenalters, keine Auswirkungen für die betrieblichen Systeme haben. Diese Regelung illustriert weiter die mangelnde Bereitwilligkeit des Rates, eine rasche Durchsetzung der Gleichberechtigung bei der betrieblichen Altersversorgung zu fördern[180]. Allerdings ist die Ausnahmebefugnis nur für Hinterbliebenenrenten gültig. Weitere Leistungen für Hinterbliebene sind, anders als in der ersten Versorgungsrichtlinie[181], nicht ausgenommen.

Schließlich wird die Festlegung unterschiedlicher Höhen für die Beiträge der Arbeitnehmer, um versicherungstechnischen Berechnungsfaktoren Rechnung zu tragen, spätestens bis 1. August 1999[182] genehmigt.

3. Diskriminierungsverbot

Die zweite Versorgungsrichtlinie untersagt traditionsgemäß alle Formen von Diskriminierung. So schreibt Art. 5 (1), genauso wie Art. 4 (1) der Richtlinie 79/7, den Fortfall jeglicher unmittelbaren oder mittelbaren Diskriminierung aufgrund des Geschlechts, insbesondere unter Bezugnahme auf den Ehe- oder Familienstand vor. Weiter wird im zweiten Satz gleichfalls präzisiert, daß das Gleichbehandlungsprinzip alle Bestimmungen, besonders betreffend den Anwendungsbereich der Systeme und die Bedingungen für den Zugang zu den Systemen, die Beitragspflicht und die Berechnung der Beiträge, die Berechnung der Leistungen, einschließlich der Zuschläge für den Ehegatten und für unterhaltsberechtigte Personen, sowie die Bedingungen bezüglich der Geltungsdauer und der Aufrechterhaltung des Leistungsanspruchs umfaßt.

---

[179] Art. 9 (b) der Rol. 86/378; auch diese Bestimmung sollte nach dem Erlaß der dritten Versorgungsrichtlinie aufgehoben werden: Art. 12 (b) des Richtlinienvorschlags, ebenda S. 13.

[180] Eine Einführung der betrieblichen Witwerrente synchron zur Einführung der gesetzlichen Witwerrente wurde auch von einigen Arbeitsgerichten in der Bundesrepublik verlangt; vgl. LAG-Hamburg v. 11.1.84, DB 1984, S. 1202; LAG-Hamm v. 25.1.83, BB 1983, S. 508; dazu im einzelnen sowie über die rechtlichen und belastungsmäßigen Auswirkungen einer Reform im Bereich der gesetzlichen Altersversicherung für die betrieblichen Systeme vgl. *Ahrend/Beucher/Förster*, DB 1985, Blg. 22, S. 6 (FN 44); und *Overbeck*, BetrAV 1985, S. 102ff. m.w.N. aus dem Schrifttum; eine zeitliche Verschiebung der Gewährung eines Witwerrentenanspruchs im Rahmen der betrieblichen Systeme bis zum Zeitpunkt der Reform der gesetzlichen Altersversicherung wird von *Stumpf*, RWS-Seminarskript Nr. 89/1981, S. 47, kritisch betrachtet; für eine Gewährung vor der Reform s. LAG-Frankfurt v. 27.4.79, BB 1980, S. 1693; begrenzt LAG-Hamm v. 1.9.77, DB 1977, S. 1951.

[181] Vgl. Art. 3 (2) der Richtlinie 79/7.

[182] Nach dem Ablauf einer Frist von dreizehn Jahren ab Bekanntgabe dieser Richtlinie gemäß Art. 9 (c).

Ein Sonderproblem entstand nach dem Richtlinienvorschlag, der in Art. 6 (1)(h) und (i) sowohl die Festlegung unterschiedlicher Leistungssätze oder -berechnungen zur Festsetzung des Leistungsbetrags unter Berücksichtigung verschiedener versicherungsmathematischer oder sonstiger Faktoren, wie Krankheitshäufigkeit oder Lebenserwartung, als auch die Festsetzung unterschiedlicher Beitragssätze wegen Berücksichtigung derselben Faktoren verbot[183]. Nach dieser Anforderung sollte bei gleicher Prämie auch eine gleichhohe Leistung gewährt werden. Die Kommission merkte in dieser Hinsicht an, daß bei einigen betrieblichen Rentensystemen, die das System der Akkumulierung von Beiträgen zwecks Kapitalbildung anwenden - sog. "money purchace system" -, das angesammelte Kapital bei Eintritt in den Ruhestand in eine Rente umgewandelt wird; dabei wird der Berechnung des Rentenbetrags eine für Frauen und Männer unterschiedliche Lebenserwartung zugrunde gelegt[184]. Die Rente der Frau ist in dieser Weise bei gleichem Kapitalbetrag niedriger als die des männlichen Kollegen, weil sie vermutlich auf einen längeren Zeitraum gestreckt wird[185]. Die Argumentation der Kommission stützte sich auf zwei Behauptungen: zum einen bestehen ganz eindeutig auch zwischen den einzelnen Gruppen von männlichen Arbeitnehmern unterschiedliche Lebenserwartungen und zwar je nach dem Beruf, den sie ausüben. Da dieser Faktor bei den Berechnungen im allgemeinen nicht berücksichtigt wird, sei nicht einzusehen, warum er einzig und allein bei den weiblichen Arbeitnehmern akzeptiert werden sollte. Zum anderen machte die Kommission geltend, daß jedenfalls „alles darauf hindeutet", daß die Lebenserwartung der weiblichen Arbeitnehmer „nicht dem allgemeinen Durchschnitt" der weiblichen Bevölkerung entspricht und schlug als beste Lösung eine „allgemeine Deckung" der betreffenden Risiken. Dieser Vorschlag stieß in erster Linie in der Stellungnahme des Wirtschafts- und Sozialausschusses auf Widerstand[186], der die Argumente der Kommission bezüglich einer Diskriminierung von Frauen wegen der Zugrundelegung unterschiedlicher versicherungsmathematischer Faktoren zwar nicht für überzeugend hielt, jedoch hinzugefügt hat, daß ein Beitrags- und Leistungsausgleich aus Gründen der Gerechtigkeit angestrebt werden sollte. Ein solcher Ausgleich hätte zum anderen besonders wegen der tatsächlich höheren Lebenserwartung der Frauen große Probleme in Bezug auf die Finanzierung von gleichen Beiträgen oder Leistungen gehabt[187]. Weder der ursprüngliche Vorschlag der Kommission, noch der differenzierende Vorschlag des Ausschusses, nämlich die Finanzierung des Defizits durch das Unter-

---

[183] ABl. Nr. C 134 v. 21.5.83, S. 8; kritisch zu diesem Vorschlag *Muth*, BetrAV 1984, S. 132ff. m.w.N.

[184] Über die Kalkulierung geschlechtsspezifisch unterschiedlicher Prämien bei Renten- und Kapitalversicherungen aufgrund der unterschiedlichen Lebenserwartungen bzw. Sterbewahrscheinlichkeiten der Geschlechter vgl. *Paschek*, BetrAV 1985, S. 131 ff. m.w.N.

[185] Vgl. KOM D.G.V./189/80-DE, 1980, S. 13.

[186] ABl. Nr. C 35 v. 9.2.84, S. 8.

[187] Vgl. die Einwände der Dachvereine der Versicherer, *Paschek*, BetrAV 1985, S. 129; auch Wirtschaft und Statistik, Heft 1/84, S. 13 ff.

nehmen, die männlichen Arbeitnehmer oder den Staat ist vom Rat angenommen werden[188]. In ihrer endgültigen Fassung verbietet die Richtlinie nur die Festlegung unterschiedlicher Höhen für die Beiträge der Arbeitnehmer[189]. Im Gegensatz dazu wird die Festlegung unterschiedlicher Leistungsniveaus erlaubt, um versicherungstechnischen Berechnungsfaktoren Rechnung zu tragen, die im Falle von beitragsbezogenen Leistungen je nach Geschlecht unterschiedlich sind[190].

Art. 6 Abs. 1 behinhaltet weiter eine Liste von Bestimmungen, die sich insbesondere unter Bezugnahme auf den Ehe- oder Familienstand unmittelbar oder mittelbar auf das Geschlecht stützen und deshalb dem Gleichbehandlungsgrundsatz entgegenstehen. Diese Vorschrift soll die Durchsetzung der Gleichbehandlung in diesem Bereich fördern, indem sie eine Reihe von unerlaubten Sonderregelungen aufzeichnet, die besonders häufig in der Praxis vorkommen. Als solche werden folgende Regelungen von betrieblichen Systemen bezeichnet:

- Die unterschiedliche Festlegung der zur Mitgliedschaft zugelassenen Personen. [Art. 6 (1) (a)]
- Die unterschiedliche Regelung der Zwangs- oder freiwilligen Mitgliedschaft. [Art. 6 (1) (b)]
- Die Festlegung unterschiedlicher Regeln über das Beitrittsalter[191] und die

---

[188] Geschlechtsspezifische versicherungsmathematische Tabellen wurden jedoch vom US-Supreme Court in *Arizona v. Norris*, 463 U.S. 1073 (1983) für diskriminierend erklärt; der Court entschied, daß "an individual woman may not be paid lower monthly benefits simply because women as a class live longer than men" und bemerkte, daß "sex is the only factor that the actuarial tables use to classify individuals of the same age", und ferner, daß "the tables do not incorporate other factors correlating with longevity such as smoking habits, alcohol consumption, weight, medical history or family history"; ähnlich auch früher in *Manhart v. City of Los Angeles*, 435 U.S. 702 (1978); für die Bezugnahme dieser Faktoren hat auch das Parlament plädiert, s. PE Dok. 1-1502/83, S. 28; ablehnend dagegen *Paschek*, BetrAV 1985, S. 132, unter Berufung der Stellungnahme der Comité Européen des Assurances (CEA) vom Januar 1985, Info-Dienst 172, Gesellschaft für Versicherungswissenschaft und Gestaltung e.V., S. 3 ff., besonders wegen mangelnder wissenschaftlicher Erkenntnisse hinsichtlich des Einflusses dieser Faktoren und erheblicher praktischer Schwierigkeiten bei der Ausgestaltung und der Kontrolle einer nach dem Beruf oder der Lebensführung individualisierten Prämienberechnung; vgl. auch sec. 45 des britischen SDA 1975, die den Gebrauch von „vernünftigerweise wahrhaften versicherungsmathematischen Daten" (actuarial tables or other data from a source reasonable to rely on) insgesamt vom Anwendungsbereich des Aktes ausnimmt.

[189] Art. 6 (1) (i); jedoch kann die Anwendung dieser Bestimmung gemäß Art. 9 (c) spätestens bis 1.8.99 aufgeschoben werden.

[190] Art. 6 (1) (h); unzutreffend *Ahrend/Beucher/Förster*, DB 1985, Blg. 22, S. 14.

[191] So auch der irische Equality Officer in *Clery and Co. Ltd. v. O'Brien*, EP 17/1984, in Anwendung der sec. 2 (1) des ADPA 1974, s. u. § 2 F; ähnlich das BAG v. 31.8.78, DB 1979, S. 553 (Eintrittsalter für Frauen das 50., für Männer das 55. Lebensjahr); so weiter das LAG-Frankfurt/Main v. 29.6.84, DB 1985, S. 286, in bezug auf eine Aufnahmegrenze von 53 Jahren für Frauen und 58 Jahren für Männer; die Möglichkeit einer Anknüpfung auf das für die vorgezogene Pensionierung festgesetzte Alter von 63 Jahren für Männer und 60 Jahren für Frauen wurde jedoch vom LAG als vereinbar mit dem Gleichbehandlungsgrundsatz angesehen; vgl. *Lahusen*, BB 1985, S. 2248.

Mindestdauer der Beschäftigung oder Zugehörigkeit zum System, um einen Leistungsanspruch zu begründen. [Art. 6 (1) (c)]

- Die Festlegung unterschiedlicher Regeln für die Erstattung der Beiträge, wenn der Arbeitnehmer aus dem System ausscheidet, ohne die Bedingungen erfüllt zu haben, die ihm einen aufgeschobenen Anspruch auf die langfristigen Leistungen garantieren [Art. 6 (1) (d)]. Ausgenommen werden nur die Unterschiede, die notwendig sind, um versicherungstechnischen Faktoren Rechnung zu tragen [Art. 6 (1) (h) und (i)], die im Falle von Leistungen, die als beitragsbezogen definiert werden, je nach Geschlecht unterschiedlich sind.
- Die Festlegung unterschiedlicher Bedingungen für die Gewährung der Leistungen oder die Beschränkung dieser Leistungen auf eines der beiden Geschlechter. [Art. 6 (1) (e)]
- Die Festsetzung unterschiedlicher Altersgrenzen für den Eintritt in den Ruhestand. [Art. 6 (1) (f)][192]
- Die unterschiedliche Unterbrechung der Aufrechterhaltung oder des Erwerbs von Ansprüchen während eines gesetzlich oder tarifvertraglich festgelegten Mutterschaftsurlaubs oder Urlaubs aus familiären Gründen, der vom Arbeitgeber bezahlt wird. [Art. 6 (1) (g)]
- Die Festlegung unterschiedlicher Höhen für die Beiträge der Arbeitgeber im Falle von als beitragsbezogen definierten Leistungen, es sei denn, es geht darum, die Höhe dieser Leistungen anzugleichen. [Art. 6 (1) (i) Satz II]
- Die Festlegung unterschiedlicher oder nur für Arbeitnehmer eines der Geschlechter geltender Regelungen [abgesehen von Art. 6 (1) (h) und (i)] hinsichtlich der Garantie oder der Erhaltung des Anspruchs auf spätere Leistungen, wenn der Arbeitnehmer aus dem System ausscheidet. [Art. 6 (1) (j)]

4. Verbot von Rückschritten

Die großen Übergangszeiten, die in der ersten und zweiten Versorgungsrichtlinie vorgesehen sind, haben ein Sonderproblem aufgeworfen: Welche Wirkungen entfalten die Richtlinien innerhalb dieser Zeit? Anders formuliert: Haben die Mitgliedstaaten überhaupt eine Verpflichtung aus der Richtlinie vor Ablauf der Frist? Die Kommission behauptet, daß aus der Richtlinie zwei Pflichten abgeleitet werden[193]: Erstens sollten die Mitgliedstaaten keine Maßnahme ergreifen, welche die Realisierung des zu erreichenden Zieles erschweren könnten und

[192] Nach der Rechtsprechung des BSG, Urteil v. 17.2.82, BSGE 53, S. 107 ff.; sowie des BAG, Urteil v. 6.2.85 - 4 AZR 275/83, RdA 1985, S. 252, sei jedoch die sachliche Differenzierung bezüglich des vorgezogenen Altersruhegeldes in § 1248 RVO sowohl mit dem arbeitsrechtlichen Gleichbehandlungsgrundsatz als auch mit Art. 119 EWGV vereinbar.

[193] KOM (83) 793 endg., S. 4.

zweitens sollten sie alle notwendigen zwischenzeitlichen Anpassungsmaßnahmen treffen. Eine Mißachtung der ersten Verpflichtung könnte der Anlaß zu einem Verfahren gemäß Art. 169 wegen Verletzung von Art. 5 (2) EWGV[194] sein. Es muß hier jedoch darauf hingewiesen werden, daß nach ständiger Rechtsprechung des EuGH der Einzelne kein Recht hat, vor den innerstaatlichen Gerichten Klage wegen Verletzung der Richtlinienvorschriften während der Übergangszeit zu erheben[195]. Dagegen ist er berechtigt, eine Beschwerde bei der Kommission einzureichen[196].

D. Gleichbehandlung der selbständig Erwerbstätigen

Die Richtlinien 76/207 und 79/7 gelten ohne Zweifel für alle Erwerbstätigen. Jedoch wird in diesen Richtlinien die besondere Situation von Frauen und Männern, die eine selbständige Erwerbstätigkeit selbst ausüben, sowie deren Ehegatten, die an dieser Tätigkeit beteiligt sind[197], nicht immer berücksichtigt. Für eine praktische Durchsetzung des Grundsatzes der Gleichbehandlung im Beschäftigungs- und Versorgungsbereich hielt der Rat deshalb den Erlaß von einschlägigen Bestimmungen, die der besonderen Lage dieser Personen Rechnung trügen, für notwendig[198]. Die Lohngleichheit kommt insoweit nicht in Betracht, als die Richtlinie 75/117 nur für unselbständig Erwerbstätige gilt[199].

---

[194] Die Mitgliedstaaten sind danach verpflichtet, alle Maßnahmen zu unterlassen, welche die Verwirklichung der Ziele des Vertrags gefährden können.

[195] Ein Mitgliedstaat darf aber keine Übergangsbestimmungen erlassen, die die eventuellen Ungleichbehandlungen auch nach dem Inkrafttreten der Richtlinie fortbestehen lassen, s. dazu EuGH v. 8.3.88, Rs. 80/87 *(Dik / Menkutos g. College van Burgermeester en Wethouders)* Nr. 8-9 der Gründe (unveröff.).

[196] Bezüglich des Verbots einer Verschlechterung der Situation, die zum Zeitpunkt der Unterzeichnung der Richtlinie besteht, vgl. die Antworten der Kommission v. 12.7.82 (Anfrage Nr. 192/82 von Frau *Lizin*), ABl. Nr. C 210 v. 12.8.82, S. 4-5; v. 25.2.83 (Anfrage Nr. 1926/82 von Frau *van den Heuvel*), ABl. Nr. C 104 v. 18.4.83, S. 15; und v. 3.5.84 (Anfrage Nr. 2199/83 von Herrn *Peters*), ABl. Nr. C 194 v. 23.7.84, S. 3-4.

[197] Personen, die in einem Betrieb, der von dem anderen Ehepartner selbständig geleitet wird, mithelfen, ohne hierfür zumindest regelmäßig auf vertraglicher Basis Lohn oder Gehalt zu erhalten; für diese Personen, die in der überwiegenden Mehrheit Frauen sind, werden in der Regel auch keine Pflichtbeiträge zur gesetzlichen Sozialversicherung entrichtet; vgl. *Clausing*, DAngVers 1984, S. 62-63, der jedoch bemerkt, daß die Erwerbstätigenquote der mithelfenden Familienangehörigen in der Bundesrepublik von 7,2 % im Jahr 1972 auf 4,1 % im Jahr 1982 fiel (Quelle: Fachserie I des Stat. Bundesamts Wiesbaden „Bevölkerung und Erwerbstätigkeit", Reihe 4.1.1., Stand und Entwicklung der Erwerbstätigkeit).

[198] Aktion 5 des Aktionsprogramms der Gemeinschaft zur Förderung der Chancengleichheit 1982-1985, KOM (81) 758 endg.; ferner die Entschließung des Rates v. 12.7.82, ABl. Nr. C 186 v. 21.7.82, S. 3; und die Präambel der Richtlinie 86/613/EWG vom 11.12.1986, ABl. Nr. L 359 v. 19.12.86, S. 56-58.

[199] Vgl. die Stellungnahme des PE, ABl. Nr. C 172 v. 2.7.1984, S. 81.

I. Die mitarbeitenden Ehepartner

Eine selbständig erwerbstätige Frau kann in erster Linie zu einer von zwei verschiedenen Gruppen gehören: sie kann eine selbständige Erwerbstätigkeit auf eigene Rechnung betreiben oder im Familienbetrieb mit ihrem Mann tätig sein. Frauen der ersten Gruppe haben als Freiberufler die gleichen Rechte wie ein Mann[200]. So ist es z.B. für Unternehmensleiterinnen, Rechtsanwältinnen, Ärztinnen oder Kauffrauen. Die Sache wird aber komplizierter für Ehefrauen, die im Familienunternehmen ohne Gesellschafts- oder Arbeitsvertrag mitarbeiten. Ihr juristischer, finanzieller und sozialer Status ist in diesem Fall absolut ungesichert. Ihr Beitrag an der Aufrechterhaltung und Weiterentwicklung des Unternehmens wird nur unter großen Schwierigkeiten oder überhaupt nicht anerkannt. In mehreren einzelstaatlichen Gesetzgebungen stößt man auf Schwierigkeiten bei der Definition des Arbeitsbeitrags, den die weiblichen Mitglieder im Unternehmen leisten. Für „Sekretariats"-Arbeiten wird ihnen meist nicht der gleiche Status zuerkannt. Sie müssen in solchen Fällen nachweisen, daß sie auch in dem Betriebsteil tätig sind. Ähnliche Schwierigkeiten bei der Anerkennung des Status gelten auch für Berufsstände, bei denen die juristische und soziale Absicherung privatrechtlich über Berufsverbände und -kammern geregelt ist. Besonders schwierig ist die Lage mitarbeitender Ehefrauen, wenn an die Führung des Unternehmens oder die Ausübung des Berufs des Ehemannes bestimmte fachliche Qualifikationen oder Titel gebunden sind, über die die Frau nicht verfügt. Solche Qualifikationen und Titel, oder besser ihre Abwesenheit, werden bei der Feststellung des Arbeitsbeitrags, den eine mitarbeitende Ehefrau im Unternehmen aufbringt, eher berücksichtigt als ihre effektive Leistung. Die mitarbeitende Ehefrau wird in mehreren Mitgliedstaaten selten als Wirtschaftssubjekt und einkommensschaffende Person betrachtet[201].

Einen Grund für die häufig ungerechte Entlohnung des mitarbeitenden Ehepartners bietet das Steuersystem. Im allgemeinen ist das dem Ehepartner gezahlte Gehalt vom steuerpflichtigen Einkommen des Unternehmensleiters nur innerhalb eines Höchstsatzes abziehbar, so daß in der Praxis dieses Gehalt auf diesen Höchstsatz beschränkt wird und deshalb unter demjenigen liegt, das ein gewöhnlicher Arbeitnehmer in demselben Unternehmen für dieselbe Tätigkeit erhalten würde. Auch einkommenbezogene Versicherungsleistungen lassen sich in dieser Weise durch eine direkt oder indirekt steuerbedingte Lohnverringerung schmälern[202]. Es handelt sich hier insoweit um eine mittelbare Geschlechtsdis-

[200] Das gilt auch in der Versorgung; berufsständische Versorgungswerke, die Angehörigen der kammerfähigen freien Berufe umfassen, machen den Anspruch auf Hinterbliebenenrente von den gleichen Voraussetzungen abhängig; so *Höfer/Küpper/Pisters*, BB 1980, S. 1170.

[201] Stellungnahme des WSA, ABl. Nr. C 341 v. 24.12.1984, S. 1; *Martin*-Bericht über die „Probleme der Frauen in den freien Berufen, insbesondere in Landwirtschaft, Handel und Handwerk", Thema Nr. 10 des Untersuchungsberichts des Untersuchungsausschusses zur Situation der Frau in Europa, PE, DOK 1-1229/83/C, S. 277 ff.

[202] Martin-Bericht 1983, Rdnr. II.2.1.

kriminierung unter Bezugnahme des Familienstandes[203], gerade weil der Anteil von Männern, die den gleichen Status haben, statistisch erheblich geringer ist. Dieser Zustand ist mit dem Gleichbehandlungsgrundsatz nicht vereinbar. Die vom mitarbeitenden Ehepartner ausgeübte Tätigkeit sollte nach Quantität und Qualität die ausschließliche Grundlage für die Anerkennung eines beruflichen Stands, die Zahlung eines entsprechenden Entgelts und das Recht auf soziale Sicherung sein. Der Wirtschafts- und Sozialausschuß hat darauf aufmerksam gemacht, daß die mitarbeitenden Ehepartner im Falle von Krankheit, Invalidität, Alter, Mutterschaft oder Trennung vom Ehepartner, aus welchen Gründen auch immer, abgesichert sein sollten. Diese Sicherung sollte weiter im Rahmen der jeweils im Mitgliedstaat geltenden versicherungsrechtlichen Bestimmungen erfolgen.

Unter diesen Umständen erscheint die Einführung einer Regelung hinsichtlich der Beteiligung der einzelnen Familienmitglieder am Vermögenszuwachs des Familienunternehmens notwendig[204]. Wünschenswert scheint auch die Aufnahme eines „Grundsatzes des Fortbestandes des Familienbetriebs“, besonders in Anbetracht der Gesetzgebung einiger Mitgliedstaaten, die den Erbanspruch den Nachkommen, jedoch nicht der Witwe zuerkennt[205]. Ein direkter Angriff des Gemeinschaftsrechts im Bereich des ehelichen Güterrechts oder des Erbrechts ist ausgeschlossen. Jedoch insofern bestehende Regelungen in diesen Bereichen die Durchsetzung eines Grundsatzes des Gemeinschaftsrechts behindern, so greift es ein, um die Respektierung dieses Grundsatzes zu erreichen[206]. Eine Gemeinschaftsregelung in diesem Bereich würde vielleicht im ersten Blick als zu gewagt erscheinen, würde man sich jedoch die Anzahl der Personen, die in der EG als „mitarbeitende“ Ehepartner ihre Tätigkeit ausüben, vergegenwärtigen, so könnte man die Notwendigkeit einer diesbezüglichen Regelung nicht bestreiten[207].

II. Die Richtlinie 86/613/EWG

Ziel der Richtlinie ist die Verwirklichung des Grundsatzes der Gleichbehandlung von Männern und Frauen, die eine selbständige Erwerbstätigkeit ausüben oder zur Ausübung einer solchen beitragen. Der Grundsatz sollte weiterhin, ent-

---

[203] Über die mittelbare Diskriminierung aufgrund des Ehe- und Familienstands s.u. §3BIII4.

[204] In dieser Richtung das italienische Gesetz Nr. 151 v. 19.5.1975.

[205] So beispielsweise in Belgien, wo die Frau das Pachtunternehmen ihres verstorbenen Ehemannes weiterführen kann, ohne jedoch den Pachtvertrag erneuern zu können, obwohl die Nachkommen dazu befugt sind; beim Tod des Betriebsleiters ist die hinterbliebene Ehefrau oft gezwungen, den Betrieb aufzugeben, Martin-Bericht 1983, Rdnr. II.3.; ein Beispiel diskriminierender Vergabe von Pachtverträgen gibt *Slupik*, KJ 1982, S. 357.

[206] So zutreffend Martin-Bericht 1983, Rdnr. II.4.1.

[207] Vgl. *Zorbas*, Soziales Europa Nr. 2/1984, S. 32.

sprechend den Bestimmungen der Richtlinie, in allen von den Richtlinien 76/207/EWG und 79/7/EWG nicht erfaßten Bereichen angewandt werden.

Gemäß Art. 2 betrifft die Richtlinie die selbständig Erwerbstätigen und deren Ehegatten, die zu den Bedingungen des einzelstaatlichen Rechts gewöhnlich[208] an der Tätigkeit des selbständig Erwerbstätigen beteiligt sind, indem sie dieselben Arbeiten oder damit verbundene Arbeiten ausführen. Als „selbständig Erwerbstätige" definiert die Richtlinie alle Personen, die eine Erwerbstätigkeit für eigene Rechnung ausüben, einschließlich der in der Landwirtschaft Tätigen und der Angehörigen der Freien Berufe. Ausgenommen vom Anwendungsbereich der Richtlinie sind jedoch die Ehegatten, die als abhängig Beschäftigte oder als Gesellschafter gelten.

Der sachliche Anwendungsbereich wird von den Richtlinien 76/207 und 79/7 bestimmt. Darüber hinaus werden alle Bereiche, die von diesen Richtlinien nicht geregelt oder ausgenommen sind, von der Richtlinie 86/613 erfaßt.

Üblicherweise untersagt Art. 3 alle unmittelbaren oder mittelbaren Diskriminierungen aufgrund des Geschlechts, vor allem im Hinblick auf den Ehe- oder Familienstand. Allerdings erstrebt die Richtlinie keine Gleichbehandlung zwischen selbständig und sonstigen Erwerbstätigen. Die unterschiedliche Lage zwischen beiden Gruppen, nämlich bei Versorgungsleistungen, ist ausschließlich auf den beruflichen Status zurückzuführen. Vielmehr ist eine Gleichbehandlung zwischen selbständigen Frauen und Männern zu realisieren und darüber hinaus ein klarer Status für den mitarbeitenden Ehepartner in bestimmten Situationen zu verschaffen[209].

Gemäß Art. 4 müssen die Mitgliedstaaten die erforderlichen Maßnahmen im Bereich der selbständigen Erwerbstätigkeit ergreifen, damit „alle Bestimmungen beseitigt werden, die dem Grundsatz der Gleichbehandlung im Sinne der Richtlinie 76/207 zuwiderlaufen, namentlich was die Gründung, Ausrüstung oder Erweiterung eines Unternehmens bzw. die Aufnahme oder Ausweitung jeder sonstigen Tätigkeitsform der selbständig Erwerbstätigen und auch die finanziellen Fazilitäten betrifft".

Unbeschadet der in gleicher Weise für beide Geschlechter geltenden besonderen Bedingungen für den Zugang zu bestimmten Tätigkeiten, sind die Mitgliedstaaten weiterhin gemäß Art. 5 verpflichtet, die notwendigen Maßnahmen zu ergreifen, damit die Bedingungen für die Gründung einer Gesellschaft zwischen Ehegatten nicht restriktiver sind als die Bedingungen für die Gründung einer Gesellschaft zwischen nicht verheirateten Personen.

---

208 Die Formulierungen der initialen Vorschläge, die eine „effektive" – so KOM (57) endg./2 vom 3.4.1984, S. 1 –, oder eine „entscheidende" Beteiligung beinhalten – so ABl. Nr. C 113 v. 27.4.1984, S. 5 (Art. 2 (b)) –, wurden in dieser Weise abgeändert.

209 Vgl. die Entschließung des Parlaments über die Situation der Frau in Europa v. 11.2.81, ABl. Nr. C 50 v. 9.3.81, S. 35, Rdnr. 43.

In dem Fall, daß in einem Mitgliedstaat für selbständig Erwerbstätige ein auf Beitragsleistungen beruhendes System der sozialen Sicherheit besteht und die gewöhnlich mitarbeitende Ehegatten, die weder als abhängig Beschäftigte noch als Gesellschafter gelten, in diesem System nicht über den selbständig Erwerbstätigen gesichert sind, muß dieser Mitgliedstaat laut Art. 6 die erforderlichen Maßnahmen ergreifen, damit der unversicherte Ehepartner freiwillig gegen entsprechende Beitragsleistung einem System der sozialen Sicherheit beitreten kann[210].

Gemäß Art. 7 verpflichten sich die Mitgliedstaaten zu prüfen, unter welchen Voraussetzungen die Anerkennung der Arbeit, die von den mitarbeitenden Ehegatten geleistet wird, gefördert werden kann, und im Lichte dieser Prüfung alle Maßnahmen zu untersuchen, die geeignet sind, diese Anerkennung zu erleichtern.

Die Mitgliedstaaten verpflichten sich laut Art. 8 zu prüfen, ob und unter welchen Bedingungen die selbständig erwerbstätigen Frauen sowie die Ehefrauen von selbständig Erwerbstätigen während der Unterbrechung ihrer Erwerbstätigkeit wegen Schwangerschaft oder Mutterschaft

- Zugang zu Vertretungsdiensten oder zu sozialen Diensten, die in dem Gebiet bestehen, oder
- im Rahmen eines Sozialversicherungssystems bzw. jedes anderen staatlichen Systems des sozialen Schutzes Geldleistungen erhalten können.

Gemäß Art. 9 sehen die Mitgliedstaaten in ihrer Rechtsordnung die erforderlichen Maßnahmen vor, „um sicherzustellen, daß jeder, der sich wegen der Nichtanwendung des Gleicbehandlungsgrundsatzes in seinem Fall in den selbständigen Tätigkeiten für beschwert hält, nach etwaiger Befassung anderer zuständiger Stellen seine Rechte gerichtlich geltend machen kann".

Die Mitgliedstaaten sollen laut Art. 10 dafür sorgen, daß die in Anwendung dieser Richtlinie getroffenen Maßnahmen sowie die bereits geltenden einschlägigen Vorschriften den repräsentativen Verbänden der selbständig Erwerbstätigen zur Kenntnis gebracht werden.

Gemäß Art. 12 (1) Satz I erlassen die Mitgliedstaaten die erforderlichen Rechts- und Verwaltungsvorschriften, um dieser Richtlinie spätestens bis 30. Juni 1989 nachzukommen. Die Mitgliedstaaten jedoch, die ihre Rechtsvorschriften über die Rechte und Pflichten im Ehe- und Familienrecht ändern müssen, um Art. 5 der Richtlinie zu entsprechen, haben gemäß Art. 12 (1) Satz II einen Zeitraum bis spätestens 30.6.1991, um dieser Pflicht nachzukommen. Gemäß Art. 12 (2) nimmt die Kommission unverzüglich von allen Anpassungs-

[210] So z.B. § 176 RVO für die Krankenversicherung; vgl. noch den Entschließungsantrag über die Gemeinschaftspolitik für die Klein- und Mittelbetriebe und das Handwerk, PE Dok. 1-69/84 v. 2.4.84, S. 12, Rdnr. 15, Berichterstatter *Deleau*, Sitzungsdok. 1984/85.

maßnahmen Kenntnis. Alle zweckdienlichen Angaben werden laut Art. 13 der Kommission bis spätestens 30.6.1991 übermittelt, damit sie für den Rat einen Bericht über die Anwendung dieser Richtlinie erstellen kann. Der Rat wird die Richtlinie auf Vorschlag der Kommission vor dem 1. Juli 1993 überprüfen [Art. 11].

§ 2 Innerstaatliche Anpassungsvorschriften

Die Rechtsordnungen der Mitgliedstaaten beinhalteten noch vor dem Inkrafttreten der EG-Richtlinien zahlreiche Verfassungs-, Gesetzes- oder Tarifvertragsvorschriften, die ein Verbot von geschlechtsspezifischen Diskriminierungen vorgesehen haben. Anlaß zu dieser Gesetzgebung war nicht zuletzt die Ratifizierung und im nationalen Recht Umsetzung der IAO-Übereinkommen Nr. 100 über die Lohngleichheit und Nr. 111 über die Diskriminierung in Beschäftigung und Beruf. Im Rahmen dieser Arbeit werden jedoch besonders die sog. europarechtlichen Anpassungsgesetze im Bereich der Gleichberechtigung berücksichtigt. Diese Regelungen haben zum Ziel, die Richtlinien des Rates auf nationaler Ebene durchzusetzen, und sind deshalb in der Regel an den Besonderheiten der entsprechenden Gemeinschaftsnormen, allerdings in unterschiedlichem Ausmaß angepaßt.

Zum Zeitpunkt des Inkrafttretens der Lohngleichheitsrichtlinie am 12.2.1976[211] waren schon Anpassungsnormen in Belgien (für die Privatwirtschaft), Dänemark, Frankreich, Irland, Luxemburg, den Niederlanden und Großbritannien vorhanden. In der Bundesrepublik[212] und in Italien[213] war die Lohngleichheit zu diesem Zeitpunkt, abgesehen von verfassungsrechtlichen Normen, nur wegen der Ratifizierung des IAO-Übereinkommens Nr. 100 vorgeschrieben[214].

---

211 Für Griechenland ist sowohl die Richtlinie 75/115 als auch die Richtlinie 76/207 am 1.1.1981 in Kraft getreten; eine besondere Anpassungsperiode in bezug auf die Umsetzung der Richtlinien war im Beitragsakt nicht vorgesehen; jedoch besteht in solchen Fällen eine stille „Toleranzfristzeit", die je nach der Rechtslage im Beitrittsland zwei bis drei Jahren beträgt; Griechenland ist der Verpflichtungen aus diesen Richtlinien am Februar 1984 nachgekommen; Portugal und Spanien sind im Rahmen dieser Arbeit nicht berücksichtigt; über die Rechtslage in Portugal im einzelnen *C. Botelho-Moniz*, L'égalité juridique entre hommes et femmes en droit portugais, in Verwilghen (Hrsg.), Bd. II 1986, S. 337 ff.; über Spanien ausführlich *B. Vila-Costa*, L'ordre juridique espagnol face au Droit Communautaire consacrant l'égalité des sexes, ebenda, S. 353 ff. m.w.N.

212 Am 8.6.56 ratifiziert und ein Jahr danach geltendes Recht geworden; BGBl. 1956 II, S. 13; vgl. BAG v. 18.10.61, AP Nr. 69 zu Art. 3 GG; weiter *Pfarr / Bertelsmann*, Lohngleichheit 1981, Rdnr. 6.1.1.

213 Ratifizierung am 8.5.56.

214 Griechenland ratifizierte das Übereinkommen am 6.7.1975; ein Jahr danach, am 6.7.76, ist es somit geltendes Recht geworden; das Umsetzungsgesetz Nr. 46/1975 ist auch in diesem Tag in Kraft getreten.

Fristgemäß ist die Gleichbehandlungsrichtlinie, die am 12.8.78 in Kraft getreten ist, nur von Belgien, Dänemark, Irland, Italien und Großbritannien durchgeführt worden[215].

Was schließlich die am 23.12.84 in Kraft getretene Richtlinie 79/7 betrifft, so ist die Gesetzgebung in den Mitgliedstaaten nicht zuletzt wegen der wesentlichen Unterschiede in der Organisation der gesetzlichen Sozialversicherung und wegen der fragmentarischen Regelung der verschiedenen Versicherungsarten nur schwer durchschaubar[216]. Im Rahmen dieser Arbeit werden deshalb nur punktuell bestimmte nationale Vorschriften insofern berücksichtigt, als sie entweder gewisse Diskriminierungen zwischen Frauen und Männern in diesem Bereich beseitigen oder im Gegenteil wegen ihrer diskriminierenden Auswirkung Gegenstand eines EuGH-Urteils geworden sind. Für die Richtlinien 86/378 und 86/613 ist übrigens die Anpassungsperiode erst seit kurzem (am 30. Juni und 30. Juli 1989 entsprechend) abgelaufen.

Bezüglich der Gesetzestechnik ist hier anzumerken, daß die Lohngleichheit und die Gleichbehandlung in Dänemark, Luxemburg und den Niederlanden durch zwei verschiedene Gesetze geregelt werden. Dagegen beinhalten die relativ neuen Anpassungsgesetze von Belgien, der Bundesrepublik, Griechenland, Frankreich und Italien ein für beide Bereiche, oder sogar auch für den Bereich der sozialen Sicherheit[217] geltendes Diskriminierungsverbot. Der Equal Pay Act in Großbritannien und Irland wurde schließlich durch den Sex Discrimination Act ergänzt und in diesem Act eingegliedert, so daß beide Akte eine einheitliche Regelung bilden.

Die wichtigsten Gleichberechtigungsvorschriften in den einzelnen Mitgliedstaaten lauten wie folgt:

A. Belgien

- Mit dem Königlichen Erlaß v. 9.12.75 wird der Tarifvertrag Nr. 25 v. 15.10.75 über die Lohngleichheit männlicher und weiblicher Arbeitskräfte in der Privatwirtschaft (alle Sektoren) für allgemeinverbindlich erklärt[218].

---

[215] Abgesehen von der Ratifizierung des IAO-Übereinkommens Nr. 111 von der Bundesrepublik am 15.6.61, BGBl. 1961 II, S. 98, und den Niederlanden am 15.3.73; *Budiner*, 1975, Annexe X, S. 237; Frankreich, Griechenland und Luxemburg haben das Übereinkommen nicht ratifiziert (Stand 1.1.78).

[216] Für einen Überblick der gesetzlichen Lage in den Mitgliedstaaten vgl. den zusammenfassenden Bericht der Kommission über die Anwendung dieser Richtlinie, KOM (88) 769 endg. v. 16.12.88; sowie PE Dok. 1-1229/83/C, Thema Nr. 2, Berichterstatterin, I. van den Heuvel, S. 59 ff.

[217] Vgl. z.B. Art. 11 und 12 des italienischen Gesetzes Nr. 903/1977 in bezug auf die Gleichstellung von Witwen und Witwern.

[218] Moniteur Belge v. 25.12.1975, Nr. 249, S. 16447.

- Das Gesetz v. 4.8.78 über die Neuorientierung der Wirtschaft umfaßt in seinem fünften Titel „Gleichbehandlung von Männern und Frauen bei den Arbeitsbedingungen, einschließlich der Entlohnung", auch den öffentlichen Sektor[219].
- Der Königliche Erlaß v. 19.9.81 gleicht die Bedingungen für die Gewährung der Haushalts- oder Wohnsitzbeihilfe für Bedienstete der Ministerien an[220].
- Das Gesetz v. 15.5.1984 über Anpassungsmaßnahmen im Bereich der Altersrentensysteme sieht eine Gleichbehandlung von Witwen und Witwern im Bereich der Altersversorgung vor und hat in allen diesbezüglichen Systemen eine Witwerrente eingeführt[221].
- Der Königliche Erlaß Nr. 122 v. 30.12.1982[222] und die Gesetze v. 14.6.1985[223] und v. 1.8.1985[224] beseitigen bestimmte Diskriminierungen in bezug auf die Familienbeihilfen.
- Aufgrund des Königlichen Erlasses Nr. 410 v. 18.4.86 bleiben auch dem männlichen Arbeitnehmer, der seine Arbeit aufgibt oder um die Hälfte reduziert, um sein Kind bis zum Alter von drei Jahren (6 Jahren bei Behinderten) aufzuziehen, seine Sozialrechte insb. im Bereich der Altersrente, der Familienleistungen und des Arbeitslosengeldes erhalten. Früher stand diese Möglichkeit nur Frauen offen[225].

B. Bundesrepublik Deutschland

- Arbeitsrechtliches EG-Anpassungsgesetz v. 13.8.1980 über die Gleichbehandlung von Männern und Frauen am Arbeitsplatz und über die Erhaltung von Ansprüchen bei Betriebsübergang[226].

---

[219] Moniteur Belge v. 17.8.1978, Nr. 157, S. 9106; IAO-LegS. 1978 Bel. II; vgl. auch den Durchführungserlaß v. 8.2.1979, Moniteur Belge v. 16.2.79, der gemäß Art. 122 des Gesetzes v. 4.7.78 die Tätigkeiten, für deren Ausübung das Geschlecht eine unabdingbare Voraussetzung darstellt, abschließend aufzählt.

[220] Infolge einer Beschwerde der Kommission gegen den Königlichen Erlaß v. 30.1.1967, der dem verheirateten männlichen Personal automatisch eine Haushalts- oder Wohnsitzbeihilfe gewährte, während Angehörige des weiblichen verheirateten Personals diese Beihilfe nur in dem Fall erhielten, daß sie tatsächlich unterhaltsberechtigte Kinder hatten; der Erlaß v. 10.9.1981 erlaubte es der Kommission, das Vertragsverletzungsverfahren (Rs. 58/81) nach Art. 169 EWGV einzustellen.

[221] Moniteur Belge v. 22.5.1984; und der Durchführungserlaß v. 20.9.1984, Moniteur Belge v. 6.10.84; auch Art. 10 und 29 des Gesetzes v. 29.6.1981 „über die Einführung der allgemeinen Grundsätze der sozialen Sicherheit der unselbständig Erwerbstätigen", Moniteur Belge v. 2.7.1981.

[222] Moniteur Belge v. 12.1.83.

[223] Moniteur Belge v. 12.7.85.

[224] Moniteur Belge v. 6.8.85.

[225] KOM (88) 769, S. 23.

[226] Am 21.8.80 in Kraft getreten; BGBl. I v. 20.8.80, Nr. 48, S. 1308; IAO-LegS. 1980 Ger.F.R. 3; das Gesetz hat §§ 611 a und b, 612 a und 613 a im BGB zugefügt; die Diskrimi-

- Das Gesetz v. 11.7.1985 zur Neuregelung der Hinterbliebenenrenten sowie zur Anerkennung von Kindererziehungszeiten in der gesetzlichen Rentenversicherung (HEZG) beseitigt die Diskriminierung zwischen Witwen und Witwern und egalisiert die Voraussetzungen für den Erwerb von Ansprüchen wegen Kindererziehung[227].

C. Dänemark

- Das Gesetz Nr. 32 v. 4.2.76 über die Lohngleichheit von Frauen und Männern, ergänzt durch das Gesetz Nr. 65/1986[228].
- Die Gesetze Nr. 161, 162 und 164 vom 12.4.78 über die Gleichbehandlung von Frauen und Männern[229].
- Das Gesetz Nr. 249 v. 8.6.83 hat die Witwenrente abgeschafft[230].

---

nierungsverbote des BGB haben ausschließlich für den Bereich der vom BGB erfaßten Arbeitsverhältnisse Geltung; das gilt sowohl für das umfassende Verbot von § 611 a (1) Satz I als auch für § 612 (3) Satz 1 BGB, der das Generalverbot für den Bereich des Entgelts konkretisiert; Diskriminierungsverbote in vom BGB nicht geregelten Beschäftigungsverhältnissen beruhen weiterhin auf Art. 3 II GG; *Pfarr / Bertelsmann*, Gleichbehandlungsgesetz 1985, Rdnr. 31; *Kraft / Soergel*, BGB-Kommentar 1982, Rdnr. 3 zu § 611 a BGB; für Unternehmen mit Betriebsrat gilt auch Art. 75 BetrVG; auf Beamten finden Art. 33 II GG, Art. 8 I BBG und Art. 67 I BPVG Anwendung; das EG-Anpassungsgesetz hat nach Meinung der Kommission weder die Rl. 75/117 noch die Rl. 76/207 vollständig im innerstaatlichen Recht umgesetzt; infolge eines Vertragsverletzungsverfahrens mit fünf Rügen hat der EuGH im Urteil v. 21.5.1985, Rs. 248/83 *(Kommission g. BRD)*, die fünfte Rüge, die das Fehlen einer ordnungsgemäßen Umsetzung der Rl. 75/117 hinsichtlich der Besoldung im öffentlichen Dienst betraf, mit der Argumentation zurückgewiesen, daß das mit der Rl. 75/117 angestrebte Ziel in der BRD im Zeitpunkt des Inkrafttretens dieser Rl. bereits erreicht war, nämlich durch ein System der Beamtenbesoldung, das sich ausschließlich nach Ämtern und Besoldungsgruppen ohne Bezugnahme auf das Geschlecht der Amtsinhaber richtet, Nr. 49 der Gründe; über die weiteren Rügen s.o. § 1 B II 1; s.u. § 7 A II 1 sowie Teil III Fn. 215, 219, 340 und 341.

[227] BGBl. 1985 I, S. 1450.

[228] Am 9.2.1976 in Kraft getreten; Lovtidende A, 1976, Nr. VI, S. 64; IAO-LegS. 1976-Den.1; der EuGH entschied im Urteil v. 30.1.85, Rs. 143/83 *(Kommission g. Königreich Dänemark)*, daß das Gesetz von 1976, das ein gleiches Entgelt zumindest wörtlich nur für „gleiche Arbeit" garantierte, den Anforderungen der Richtlinie 75/117 nicht genügte, Nr. 14 der Gründe, Slg. 1985, S. 436; das Gesetz Nr. 65 v. 1986 erweitert die Lohngleichheit auch auf „gleichwertige Arbeit"; vgl. *Nielsen*, in Verwilghen (Hrsg.), Bd. II 1986, S. 80.

[229] Am 1.7.1978 in Kraft getreten; Lovtidende A, 1978, Nr. 19, S. 490; IAO-LegS. 1978-Den.3; mit dem Gesetz Nr. 164/1978 wurde der dänische Gleichheitsrat (Ligestillingsrad, s. *Nielsen*, in Verwilghen (Hrsg.), Bd. II 1986, S. 74) gegründet; der Akt von 1978 ist durch das Gesetz Nr. 117 von 1984 (am 1.4.84 in Kraft getreten) geändert worden; demzufolge wurde das beim EuGH eingeleitete Vertragsverletzungsverfahren gegen Dänemark (Rs. 149/83) eingestellt.

[230] Am 1.1.1984 in Kraft getreten, KOM (88) 769 endg., S. 28-29.

D. Frankreich

- Gesetz Nr. 83/635 (Loi-Roudy) v. 13.7.83 zur Modifizierung des Arbeitskodex (Art. L. 123) und des Strafkodex (Art. 416-3) hinsichtlich der beruflichen Gleichstellung von Frauen und Männern. Die Lohngleichheitsbestimmungen des französischen Code du Travail (Art. L. 140-2, L. 140-3 und L. 140-4) sind deutlich verstärkt worden[231].
- Das Dekret Nr. 78-241 v. 6.3.1978 über die Gleichbehandlung in bezug auf die Gewährung von Familienbeihilfen im Rahmen der Kranken- und Mutterschaftsversicherung[232].

E. Griechenland

- Das Gesetz Nr. 1414/84 v. 2.2.84 über die Lohngleichheit und die Gleichbehandlung von Frauen und Männern[233].

F. Irland

- Das Anti-Diskriminierungs(Lohn)Gesetz Nr. 15 v. 1.7.1974 (Anti-Discrimination (Pay) Act 1974)[234], geändert durch das Gesetz über die Gleichbehandlung von Männern und Frauen bei der Beschäftigung v. 1.6.77 (Employment Equality Act 1977)[235].

[231] JO v. 14.7.1983, Nr. 162, S. 2176; IAO-LegS. 1983-Fr.2; für einen Überblick der vorherigen Regelung im Bereich der Lohngleichheit, vgl. insb. das Gesetz Nr. 72-1143 v. 22.12.72, JO v. 24.12.1972, Nr. 300, s. 13411, und die dazugehörige Durchführungsverordnung Nr. 73-360 v. 27.3.73 sowie den Erlaß v. 2.5.1979, der die diskriminierende Zahlung von Wohnungszuschlägen ausschließlich an in Bergwerken tätige Arbeitnehmer, die als Familienvorstände galten, nach der Einleitung eines Vertragsverletzungsverfahrens abgeschafft hat; vgl. dazu *Charbonnages de France c. Diebolt e. a.* v. 11.6.1982 (CdE ch.civ.), RACE 1982, S. 227, sowie die diesbezüglichen Schlußanträge des Regierungskommissars *Genevois*, Dr.Soc. 1983, S. 183 ff.; vgl. noch den *Baudouin*-Bericht, Liaisons Sociales, Dok. R Nr. 21/80 v. 25.2.1980; *Tillie*, Dr.Ouvr. 1981, S. 367; im Bereich der Gleichbehandlung wird das Gesetz Nr. 83-635 durch den Erlaß Nr. 84-395 v. 25.5.84, JO v. 27.5.84, S. 1674, ergänzt, der die Tätigkeiten konkretisiert, für deren Ausübung das Geschlecht einen entscheidenden Faktor darstellt; entsprechend für den öffentlichen Dienst vgl. auch das Gesetz Nr. 82-380 v. 7.5.1982 und das *Décret* Nr. 82-886 v. 15.10.1982, JO v. 19.10.82, sowie ein *Circulaire* v. 24.1.83; im einzelnen über diese Liste s. u. Teil III Fn. 346 und 348.

[232] JO v. 7.3.78, Nr. 56, S. 941; s.o. Teil I Fn. 147.

[233] Regierungszeitung (Εφημερis τns Κυβερνήσεωs), Teil I v. 2.2.84, Nr. 10, S. 1; IAO-LegS. 1984-Gr.1; laut der im Art. 4 (2) enthaltenen Definition werden als Entgelt nur solche Vergütungen verstanden, die der Arbeitgeber „als Gegenleistung" für erbrachte Arbeit bezahlt; diese Formulierung ist unzulässig eng und mit dem Wortlaut von Art. 119 – „auf Grund des Dienstverhältnisses" – unvereinbar; vgl. *Koukoulis-Spiliotopoulos*, in Verwilghen (Hrsg.), Bd. II 1986, S. 190.

[234] Am 31.12.1975 in Kraft getreten; IAO-LegS. 1974-Ire.1.

- Das Sozialfürsorgegesetz Nr. 2 v. 19.6.85 (Social Welfare (Amendment) Act 1985 - SWA), das u.a. die Gleichbehandlung im Bereich der Arbeitslosenunterstützung herbeigeführt hat[236].

G. Italien

- Das Gesetz Nr. 903/1977 v. 9.12.77 über die Gleichbehandlung von Frauen und Männern bei der Beschäftigung beinhaltet fünf Artikel über die Lohngleichheit[237].

H. Luxemburg

- Die Großherzogliche Verordnung v. 10.7.74 über die Gleichheit des Arbeitsentgelts für Männer und Frauen[238].
- Das Gesetz v. 20.5.83, das nach einem EuGH-Urteil das Gesetz v. 22.6.63 über die Beamtenbesoldung in bezug auf die Voraussetzungen der Gewährung von Haushaltsprämien geändert hat[239].
- Das Gesetz vom 8.12.81 über die Gleichbehandlung von Frauen und Männern[240].
- Das Gesetz vom 15.12.86 über die Gleichberechtigung von Männern und Frauen im Bereich der gesetzlichen Systeme der sozialen Sicherheit[241].

---

[235] Akt Nr. 16/1977; IAO-LegS. 1977-Ire.1; s. auch den Maternity Protection of Employees Act, 1981; diese Gesetze sind durch den Code of Practice for the Elimination of Sex and Marital Status Discrimination and the Promotion of Equality of Opportunity in Employment ausgelegt; der Kodex wurde gemäß Art. 37 Abs. 2 des 1977 Aktes von der Employment Equality Agency gefaßt und im Februar 1984 veröffentlicht; vgl. auch den Employment Equality Order von 1986; der Akt von 1977 beinhaltet in sec. 56 (2) den Equal Pay Act von 1974.

[236] Am 15.5.86 in Kraft getreten; sec. 2 des SWA 1985 hat eine diskriminierende Regelung des SWA 1981 beseitigt, wonach verheiratete Frauen weniger Arbeitslosengeld erhielten (Teil 2. Kap. 4 und 6 SWA 1981); s.u. Teil II Fn. 172; vgl. auch KOM (88) 769 endg. S. 65-66.

[237] Gazzetta Ufficiale v. 17.12.1977, Nr. 343, S. 9041; IAO-LegS. 1977-It.1; Droit et Affaires CEE 1977-78, Nr. 349 v. 15.1.1978, S. 15-25; vgl. auch das Gesetz Nr. 863/1984 über dringende Maßnahmen zur Beschäftigungsförderung; für eine Zusammenfassung der wichtigsten Bestimmungen vgl. *Ballestrero*, in Verwilghen (Hrsg.), Bd. II 1986, S. 280-282.

[238] Vgl. *Thomas/Ecker*, in Verwilghen (Hrsg.), Bd. II 1986, S. 292-294.

[239] Art. 9 des Gesetzes von 1963 knüpfte die Gewährung von Haushaltsprämien an den geschlechtsspezifisch definierten Begriff des Haushaltsvorstands; als Vorstand galt der verheiratete Beamte und die verheiratete Beamtin, deren Ehegatte gebrechlich oder schwer krank und daher nicht in der Lage war, für den Familienunterhalt aufzukommen, oder deren Ehegatte über Einkünfte verfügte, die unter dem Mindestsoziallohn lagen; infolge eines Vertragsverletzungsverfahrens entschied der EuGH im Urteil v. 9.6.1981, Rs. 58/81 *(Kommission g. Luxemburg)*, Slg. 1982, S. 2175, daß das Großherzogtum gegen seine Verpflichtungen verstoßen hatte.

[240] Mémorial v. 16.12.81, Series A, Nr. 91, S. 2194; IAO-LegS. 1981-Lux.1.

[241] KOM (88) 769 endg., S. 84 ff.

I. Die Niederlande

- Das Gesetz v. 20.3.75 über die Lohngleichheit im privaten Sektor[242] wurde infolge eines von der Kommission eingeleiteten Vertragsverletzungsverfahrens durch das Gesetz v. 2.7.80 auch für den öffentlichen Dienst ergänzt[243].
- Das Gesetz v. 1.3.1980[244] über die Gleichbehandlung in der Privatwirtschaft wurde auch durch das Gesetz v. 2.7.1980 für den öffentlichen Dienst ergänzt[245].
- Das Gesetz v. 20.12.1979[246] über die Gleichbehandlung von Frauen und Männern im Bereich der Arbeitsunfall- und Berufskrankheitversicherung.
- Das Gesetz v. 24.4.1985[247], das u.a. die Gleichbehandlung im Bereich der Arbeitslosenunterstützung herbeigeführt hat.

J. Vereinigtes Königreich

- Der Lohngleichheitsakt v. 29.5.70 (Equal Pay Act 1970) ist durch den Gleichbehandlungsakt v. 12.11.75 (Sex Discrimination Act 1975) geändert[248] und infolge eines EuGH-Urteils erneut hinsichtlich der Möglichkeit einer gerichtlichen Feststellbarkeit der Gleichwertigkeit von verschiedenartigen Arbeiten durch die Regelung v. 6.12.83 (Equal Pay Amendment Regulations 1983) ergänzt worden[249].

---

[242] Wet gelijk loon voor vrouwen en mannen (WGL), am 21.4.75 in Kraft getreten, Staatsblad 1975, Nr. 127; IAO-LegS. 1975-Neth.1.

[243] Wet gelijke behandeling van mannen en vrouwen in de burgerlijke openbare dienst (WGBO), am 20.7.1980 in Kraft getreten, Staatsblad 1980, Nr. 384.

[244] Wet gelijke behandeling van mannen und vrouwen (WGB), Staatsblad 1980, Nr. 86; IAO-LegS. 1980-Neth.2; das Gesetz hat eine neue Sektion 1637ij dem niederländischen BGB zugefügt; abgesehen von Beamtendienstverhältnissen umfaßt er sämtliche Arbeitsverträge.

[245] Staatsblad 1980, Nr. 384.

[246] Staatsblad 1979, Nr. 708.

[247] Am 1.5.1985 in Kraft getreten, Staatsblad 1985, Nr. 230; durch das Gesetz wurde insbesondere eine verheiratete Frauen diskriminierende Regelung des niederländischen Gesetzes für die Arbeitslosenunterstützung [Art. 13 (1) (1) der am 1.1.65 in Kraft getretenen Wet Werkloosheitsvoorziening (WWV)] abgeschafft, wonach eine verheiratete Frau die Arbeitslosenunterstützung nur in dem Fall erhalten konnte, daß sie entweder als „Haushaltsvorstand" anerkannt war oder von ihrem Ehemann ununterbrochen getrennt lebte; s.u. Teil II Fn. 174 und 175.

[248] Akt v. 12.11.75; 45 Halsbury's Statutes, 3. Aufl., S. 211 ff.; IAO-LegS. 1975-UK.1; Sektion 8 beinhaltet den Equal Pay Act 1970, der die Beseitigung aller diskriminierenden Klauseln (nicht nur in bezug auf das Entgelt) bezweckt; für außervertraglichen Diskriminierungen ist dagegen der SDA 1975 zuständig; über die komplizierten Abgrenzungsprobleme, die von Lord Denning als "jig-saw puzzle" in *Shields v. Coomes (Holdings) Ltd.*, 1 ALLER 1979, S. 436, bezeichnet sind, vgl. *Steiner*, ICLQ 1983, S. 403 ff.; *Reid*, MLR 1976, S. 445 ff.

[249] EuGH v. 6.7.82, Rs. 61/81 *(Kommission g. Vereinigtes Königreich Großbritannien und Nordirland)*, Slg. 1982, S. 2601-2625; die Regulations (SI Nr. 1794/1983) sind am 1.1.1984 in

- Der Sex Discrimination Bill von 1986: Danach können Männer und Frauen ihre Beschäftigung bis zum gleichen Alter fortsetzen, unabhängig davon, ob die Pensionierungsaltersgrenze unterschiedlich ist[250].

Kraft getreten; am selben Tag traten auch die Industrial Tribunals (Rules of Procedure) (Equal Value Amendment) Regulations 1983 (SI Nr. 1807/1983) in Kraft, in denen das gerichtliche Verfahren der neuen Gleichwertigkeitsklage geregelt wird.

[250] Der Bill, der am 7.11.1987 in Kraft getreten ist, hat diskriminierende Entlassungen in bezug auf das Alter, wie es in *Marshall* vorgekommen ist, beseitigt; s.u. § 7 A IV.

Teil II

Allgemeine Begriffsbestimmungen und Fragen

Die Anwendung des EG-Normensystems für die Gleichberechtigung der Geschlechter wirft eine Reihe von allgemeinen Schwierigkeiten und Fragen auf. Problematisch ist es in erster Linie, den Begriff der „Diskriminierung" im Rahmen dieses Systems zu definieren. Dennoch besteht dieses System grundsätzlich aus Richtlinien, die für ihre Durchführung im nationalen Recht mehr oder weniger dem Ermessen der Mitgliedstaaten unterliegen. Die Definition der Diskriminierung sowie das Verhältnis dieses Systems zum nationalen Recht und die Wirklichkeit der verschiedenen Anpassungsmaßnahmen werden im Folgenden erläutert.

§ 3 Die Problematik der Diskriminierung

Das im ersten Kapitel dieser Arbeit ausführlich dargestellte Normensystem der Gemeinschaft strebt die Verwirklichung des Grundsatzes der Gleichbehandlung von Männern und Frauen an. Jedoch wird die Gleichbehandlung in den fünf diesbezüglichen Richtlinien durch negative Begriffsbestimmungen definiert, nämlich als der „Fortfall jeglicher Diskriminierung aufgrund des Geschlechts"[1]. Ähnliche negative Definitionen sind weiter in internationalen oder regionalen Abkommen üblich[2]. Das liegt freilich an dem engen Zusammenhang der zwei Begriffe, darf aber nicht so verstanden werden, daß sie beliebig austauschbar sind[3]. Grund dafür ist die in den letzten Jahren radikale Wandlung des Begriffs der Gleichbehandlung. Diese Wandlung fängt mit der Einsicht an, die Einräu-

---

[1] Art. 1 (1) der Rl. 75/117 „die Beseitigung jeder Diskriminierung auf Grund des Geschlechts"; Art. 2 (1) der Rl. 76/207 „keine Diskriminierung auf Grund des Geschlechts erfolgen darf"; Art. 4 (1) der Rl. 79/7 und Art. 5 (1) der Rl. 86/378 „Fortfall jeglicher Diskriminierung aufgrund des Geschlechts"; Art. 3 der Rl. 86/613 „keine Diskriminierung aufgrund des Geschlechts erfolgt"; im französischen Text beinhalten alle Richtlinien die Formulierung „l'égalité de traitement implique l'absence de toute discrimination fondée sur le sexe", mit der Ausnahme der Rl. 75/117, welche das Wort *„élimination"* anstatt *„absence"* verwendet.

[2] So z.B. Art. 26 des Internationalen Paktes über bürgerliche und politische Rechte von 1966, BGBl. 1973 II, S. 1534 ff.; Art. 1 der UN-Konvention zur Beseitigung aller Formen der Diskriminierung von Frauen v. 18.12.79, ILM 1980, Bd. 19, Nr. 1, S. 33 ff.

[3] Über die gesonderte Inhaltsbestimmung der beiden Begriffe, *Dix*, Gleichberechtigung 1984, S. 4 ff.; *Ramm*, Introduction, in F. Schmidt (Hrsg.), 1978, S. 17 ff.

mung gleicher Rechte sei nicht in der Lage, die de facto bestehenden Ungleichheiten zu beseitigen[4]. Dafür braucht man gleiche tatsächliche Entfaltungschancen erst herzustellen und anschließend zu gewährleisten[5]. Dieser umfassende Gleichheitssatz ist nicht nur für Justiz und Exekutive sondern auch für Legislative zwingend und bedeutet darüber hinaus tiefgreifende Änderungen im Bereich des traditionellen bürgerlichen Rechts[6]. Die inhaltliche Begriffserweiterung von „Gleichberechtigung" auf nun „Chancengleichheit" spiegelt sich in der Politik der Gemeinschaft für die Gleichbehandlung von Männern und Frauen wider[7]. In diesem Hinblick setzt deshalb der Anspruch nach Chancengleichheit die Beseitigung jeder Diskriminierung voraus, kann aber weiterhin nur dann verwirklicht werden, wenn man dazu auch die innerhalb sowie außerhalb des Erwerbslebens liegende faktische Schlechterstellung der Frau ausgleicht[8].

Der Begriff der „Diskriminierung", als Synonym für die „willkürliche Benachteiligung eines Menschen wegen seiner Zugehörigkeit zu einer bestimmten Gruppe"[9], also in ihrem negativen Sinne[10], ist in den letzten Jahren zum Gegenstand einer intensiven Diskussion, besonders im Bereich der Rechtsphilosophie, geworden[11]. Begriffsbestimmungen wie „mittelbare"[12] und „umgekehrte"[13] Diskriminierung sind zwar im Rahmen einer weitgehenden Problematik entwickelt worden, welche die Rasse, die Staatsangehörigkeit oder die politische Anschauung ins Auge faßte, verfügen jedoch über eine ausreichende definitorische Klarheit, um eine entsprechende Konkretisierung im Bereich der Gleichbehandlung der Geschlechter zu erlauben.

---

[4] *Quintin*, New Strategies in the EEC, 1987, S. 3 f.

[5] *Scholler*, Interpretation des Gleichheitssatzes, 1969, S. 14 f.

[6] So insb. durch die Vorschriften zum Schutz des Arbeitnehmers (Individual- und Kollektivarbeitsrecht) oder durch die Anerkennung einer Drittwirkung für bestimmte Grundrechte.

[7] Vgl. dazu „Chancengleichheit der Frauen – Mittelfristiges Programm der Gemeinschaft – 1986-1990", KOM (85) 801 endg., Brüssel 19.12.85.

[8] Vgl. dazu *Ramm*, Discrimination, in F. Schmidt (Hrsg.) 1978, S. 520 ff.; *Dix*, Gleichberechtigung 1984, S. 11.

[9] Das für die Gruppenbildung erhebliche Merkmal, sei es die Rasse, das Geschlecht, die Religion oder eine politische Anschauung, wird dabei als Zeichen der Minderwertigkeit gedeutet, s. *R. Seeland*, ZVglRWiss 1982, S. 293 m. w. N.; *Bahlmann*, RdA 1984, S. 100; *Martiny*, RabelsZ 1978, S. 123.

[10] In anderen europäischen Sprachen, wie z. B. Griechisch oder Englisch, hat das Wort auch eine neutrale oder sogar eine positive Bedeutung.

[11] Grundsätzlich nach der Entwicklung der Theorie von *Rawls* über die austeilende *(distributive)* Funktion der Gerechtigkeit, s. *J. Rawls*, A theory of Justice, Harvard 1971; *J. Fawcett*, The notion of discrimination, S. 14 ff., und *M. Meyer*, Justice distributive et égalité – la pensée de John Rawls et son paradoxe fondamental, S. 260 ff., beide in L'Egalité, *L. Ingber* (Hrsg.), Brüssel 1977; s. auch die Beiträge von *McCrudden* und *Waldron* in Equality and Discrimination, *Guest/Milne* (Hrsg.), Stuttgart 1985, S. 83 ff.

[12] Oder indirekte Diskriminierung; in den USA spricht man dagegen von *disparate impact*, s. *McGinley*, MLR 1986, S. 427 ff.

[13] Oder positive, kompensatorische u.a.; auf Englisch *reverse/benign discrimination* aber auch *positive/affirmative action* oder *preferential treatment* genannt.

A. Formelle und substantielle Diskriminierung

Als erstes muß man im Rahmen der Problematik der Definition des Begriffs der Diskriminierung bemerken, daß „Diskriminierung" kein Synonym für „Ungleichbehandlung" ist und deshalb auch das Wort „Gleichbehandlung" als zulässiger Gegensatz scheitert. Zweifelsohne stellt sich als „gleiche" oder „ungleiche" Behandlung bloß ein Tatbestand fest. Dabei wird aber kein Urteil über die Gerechtigkeit oder die Rechtswidrigkeit dieses Tatbestandes abgegeben[14]. Um ein solches Urteil darüber zu bilden, muß man zuerst die zu behandelnden Sachverhalte miteinander vergleichen. Gleichartige Sachverhalte müssen gleich, verschiedenartige dagegen ungleich behandelt werden. Diese aristotelische Definition der Gerechtigkeit[15] deutet auf den Unterschied zwischen formeller und substantieller Diskriminierung. Der EuGH hat sich zum ersten Mal mit diesem Unterschied in der Rechtsache *Italien g. Kommission*[16] beschäftigt. In seinem Urteil hat der Gerichtshof vorgetragen, daß

> „die ungleiche Behandlung nicht vergleichbarer Sachverhalte jedoch nicht ohne weiteres eine Diskriminierung darstellt. Vielmehr liegt in manchen Fällen, die formell den Anschein einer Diskriminierung erwecken, materiell doch keine solche vor. Eine Diskriminierung im materiellen Sinne würde vorliegen, wenn gleichgelagerte Sachverhalte ungleich oder verschiedengelagerte gleich behandelt würden."

In diesem Sinne stellt beispielsweise ein der Frau nach Ablauf der Schutzfrist gewährter Mutterschaftsurlaub keine Diskriminierung dar[17]. Zu dieser Schlußfolgerung ist schon früher der Ständige Internationale Gerichtshof gekommen. In einem Gutachten vom 6.4.1935 macht der Vorläufer des Haagen Gerichtshofes geltend, daß „die Rechtsgleichheit jede Diskriminierung ausschließt. Um zu tatsächlicher Gleichheit zu gelangen, kann (...) eine unterschiedliche Behandlung erforderlich sein, die im Ergebnis zu einem Gleichgewicht zwischen verschiedenen Situationen führt"[18]. Genau dieses im Ergebnis gewünschte Gleichgewicht ist für die moderne Gleichberechtigungsproblematik von zentraler Bedeutung. In seinem *Sotgiu*-Urteil[19] bemerkt der EuGH, daß

---

[14] Vgl. *Dix,* Gleichberechtigung 1984, S. 12.

[15] Nicomachische Ethik, Buch V „Über die Gerechtigkeit", Kapitel 6 und 7, wo von der ausgleichenden und austeilenden Gerechtigkeit die Rede ist.

[16] EuGH-Urteil *Italien g. Kommission* vom 17.7.63, Rs. 13/63, Slg. 1963, S. 384, Nr. 4a der Gründe; s. *Mégret,* in Mégret/Louis u.a., Bd. I, 1970, s. 24-27; *Stocker,* CDE 1977, S. 188 f.; unklar dagegen *Laurent,* in Verwilghen (Hrsg.), Bd. I 1986, S. 160, der sich zu diesem Unterschied äußert.

[17] Fallgestaltung im EuGH v. 12.7.84, Rs. 184/83 *(Hofmann g. Barmer Ersatzkasse),* s.u. § 7 B I.

[18] Arrêts et avis consultatifs de la CPJI, Serie A/B Nr. 64, S. 19, Gutachten-*Minderheitsschulen in Albanien* v. 6.4.1935.

[19] EuGH v. 12.2.74, Rs. 152/73 *(Sotgiu g. Deutsche Bundespost),* Slg. 1974, S. 164, Nr. 11 der Gründe.

„die Vorschriften über die Gleichbehandlung sowohl des Vertrages als auch des Art. 7 der Verordnung Nr. 1612/68 nicht nur *offensichtliche** Diskriminierungen aufgrund der Staatsangehörigkeit verbieten, sondern auch alle *versteckten*** Formen der Diskriminierung, die durch die Anwendung anderer Unterscheidungsmerkmale zu dem gleichen Ergebnis führen. Diese Auslegung, die geboten ist, um die Wirksamkeit eines der Grundprinzipien der Gemeinschaft zu wahren, ist ausdrücklich anerkannt in der fünften Begründungserwägung der Präambel zur Verordnung Nr. 1612/68, wonach die Gleichbehandlung der Arbeitnehmer „tatsächlich und rechtlich" sichergestellt werden muß".

In weiteren Urteilen[20] wurde diese Schlußfolgerung erneut wiederholt und gehört somit zur ständigen Rechtsprechung des EuGH. Danach verstößt eine Bestimmung, die auf den ersten Blick aufgrund eines anderen Unterscheidungsmerkmals als der Staatsangehörigkeit zwischen Personen differenziert, dennoch gegen die gemeinschaftsrechtliche Vorschrift, die eine solche Diskriminierung verbietet, wenn die Anwendung der Bestimmung tatsächlich zu demselben Ergebnis führt, es sei denn, die Differenzierung ist durch „sachliche" Gründe gerechtfertigt. Dieser im Ergebnis diskriminierenden Wirkung einer Regelung oder Maßnahme wird erst in Verbindung mit dem Begriff der „mittelbaren" Diskriminierung zentrale Bedeutung beigemessen. Die nachteilige Wirkung einer Norm, die auf den ersten Blick ohne unmittelbare Anknüpfung an das Geschlecht formuliert ist, kann aber nur mit Hilfe eines Gruppenvergleichs festgestellt werden[21]. In diesem Sinne trägt der Begriff der „mittelbaren" Diskriminierung einen kollektiven Charakter[22]. Das ist schon durch das *Sotgiu*-Urteil zum Ausdruck gebracht worden. So bemerkte der EuGH, daß „jedenfalls eine gegen den Vertrag und die Verordnung verstoßende unterschiedliche Behandlung nicht festgestellt werden kann, wenn ein Gesamtvergleich der beiden Entschädigungsregelungen ergibt, daß diejenigen Arbeitnehmer, die ihren Wohnsitz im Ausland beibehalten, gegenüber den Arbeitnehmern mit Wohnsitz im Inland insgesamt nicht benachteiligt sind"[23]. Unmittelbare Diskriminierungen werden dagegen auf der Basis eines individuellen Vergleichs im Einzelfall festgestellt[24].

* Hervorhebung hinzugefügt.

** Hervorhebung hinzugefügt.

[20] *Kommission g. irland* v. 16.2.1978, Rs. 61/77, Slg. 1978, S. 451, Nr. 78-80 der Gründe; *CRAM g. TOIA* v. 12.7.1979, Rs. 237/78, Slg. 1979, S. 2653, Nr. 12 der Gründe; *Choquet* v. 28.11.1978, Rs. 16/78, Slg. 1978, S. 2303, Nr. 9 der Gründe; wo es um eine „mittelbare" Beeinträchtigung der Ausübung der durch Art. 48, 52 und 59 EWGV gewährleisteten Rechte ging; dazu *Plender*, AJCL 1982, S. 634; *Toledano-Laredo*, in Verwilghen (Hrsg.), Bd. I 1986, S. 90-91; *Szyszczak*, MLR 1981, S. 678.

[21] In den USA spricht man in diesem Fall von der „*organisational discrimination*"; die mittelbare Diskriminierung erfolgt danach auf der Grundlage von allgemeinen Regeln und Praktiken in Unternehmen, Organisationen und Behörden, die zu einer ungerechtfertigten Ungleichbehandlung führen, *R. Seeland* ZVglRWiss 1982, S. 295 m.w.N.; diese Regeln sind zwar "*fair in form*" aber "*discriminatory in operation*" nach der Formulierung des US-Supreme Court in *Griggs v. Duke Power Co.*, 401 U.S. 431 (1971).

[22] Vgl. *Blomeyer*, Fest. Müller 1981, S. 52.

[23] *Sotgiu*-Urteil, Slg. 1975, S. 165, Nr. 12 der Gründe.

[24] sog. "*individual discrimination*", *Seeland*, ebenda.

B. Unmittelbare und mittelbare Diskriminierung

Der Unterschied zwischen offensichtlichen und versteckten Formen von Diskriminierung war somit fester Bestandteil der Rechtsprechung des EuGH. Diese Terminologie wurde trotzdem im zweiten *Defrenne*-Urteil zugunsten der Begriffe „unmittelbare/offene" und „mittelbare/versteckte" Diskriminierung aufgegeben[25], obwohl weder der Begriff der „unmittelbaren" Diskriminierung mit dem der „offenen" noch der Begriff der „mittelbaren" mit dem der „versteckten" Diskriminierung gleichgestellt werden können. Eine unmittelbare Diskriminierung kann verdeckt oder verschleiert sein. Der Grad der Auffälligkeit der diskriminierenden Regelung, Maßnahme oder Handlung ist kein Tatbestandselement der Definition der unmittelbaren Diskriminierung und spielt weiter für die Unterscheidung zwischen „unmittelbaren" und „mittelbaren" Diskriminierungsformen keine Rolle[26]. Die neuen Begriffe prägen die Formulierung des Diskriminierungsverbots der Richtlinien für die Gleichbehandlung der Geschlechter[27]. Danach untersagen die EG-Richtlinien „jegliche unmittelbare oder mittelbare Diskriminierung aufgrund des Geschlechts, insbesondere unter Bezugnahme auf den Ehe- oder Familienstand".

I. Unmittelbare/direkte Diskriminierung

Es ist für die Problematik der Gleichberechtigung wesentlich, eine Entscheidung darüber zu treffen, wann zwei Situationen gleichartig sind und deshalb gleich behandelt werden müssen oder im Gegenteil unterschiedlich sind und eine entsprechende Behandlung benötigen. Dieser grundlegende Vergleich erfolgt immer anhand von bestimmten Kriterien, welche die fundamentalen Optionen[28]

---

[25] Diese Formulierung des EuGH wurde in die Frage der horizontalen und vertikalen unmittelbaren Anwendbarkeit von Art. 119 EWGV in unrichtiger Weise einbezogen und verursachte zwei Mißverständnisse; dazu s.u. §4A.

[26] Vgl. in dieser Richtung *Post,* LIEI 1981, S. 82-83; s. aber die Beschlußempfehlung und den Bericht des Ausschusses für Arbeit und Sozialordnung, BT-Drs. 8/4259 v. 19.6.80, S. 8, wonach unter einer „verdeckten" Diskriminierung eine solche verstanden wird, „bei der andere Gründe als die des Geschlechts vorgeschoben werden, in der Wirklichkeit aber wegen des Geschlechts benachteiligt wird"; diese Formulierung hat zu der Annahme geführt, §611a BGB verbiete auch die „mittelbare" Diskriminierung; vermutlich meinte aber damit der Gesetzgeber nur die „unmittelbare Diskriminierung mit vorgeschobenen Gründen", wie sie von *Pfarr/Bertelsmann,* Gleichbehandlungsgesetz 1985, Rdnr. 47, umschrieben wird; obwohl diese Diskriminierungsart sich freilich als „verdeckt" charakterisieren läßt, gehört sie eher zur unmittelbaren Diskriminierung.

[27] Abgesehen von der Rl. 75/117, die schon vor dem zweiten *Defrenne*-Urteil erlassen worden war und eine andere Formulierung, bloß „die Beseitigung jeder Diskriminierung", enthält; diese Ausnahme spielt jedoch keine Rolle; wie schon im *Jenkins*-Urteil festgestellt wurde, verbieten auch Art. 119 EWGV und die Rl. 75/117 alle denkbaren Formen von Geschlechtsdiskriminierung.

[28] Schlechthin auch als soziale Werte *(valeurs sociales)* bezeichnet; nach Ansicht von *J. Fawcett* diese Bezeichnung "tends to confuse ends and means and overlook the relational character of value", The notion of Discrimination, in L'Egalité, *L. Ingber* (Hrsg.), Brüssel 1977, S. 14.

jeder Gesellschaft wiederspiegeln und weiter in der Verfassung und den Gesetzen dieser Gesellschaft zum Ausdruck kommen. Für westeuropäische Gesellschaften sind Unterscheidungsmerkmale, wie das Geschlecht, die Rasse oder die politischen und religiösen Anschauungen des Bürgers für die Einteilung von sozialen Gütern unzulässig[29]. Differenzierungen dagegen, die in persönlichen Eigenschaften und Fähigkeiten begründet sind, wie z. B. die Qualifikation oder Kompetenz des Individuums hinsichtlich einer bestimmten Anforderung, sollen freilich als Schein einer meritokratischen Gesellschaft immerhin akzeptabel sein. So ist es schlüssig, die unterschiedliche Behandlung von zwei Personen aufgrund ihrer Gruppenzugehörigkeit bei der Austeilung von sozialen Gütern, wie z. B. der Arbeit, immer dann als Diskriminierung zu bezeichnen, wenn die Determination der Zugehörigkeit anhand unzulässiger Merkmale erfolgt. Wird im Gegenteil die Gruppenzugehörigkeit auf der Basis zulässiger Merkmale, wie z. B. des Fachkönnens[30], bestimmt, so liegt grundsätzlich keine Diskriminierung vor.

Diese ursprüngliche und traditionelle Seite des Diskriminierungsverbots läßt sich hauptsächlich auf das Gleichbehandlungsprinzip der ausgleichenden Gerechtigkeit zurückführen[31] und wird durch den allgemeinen Gleichheitssatz in den nationalen Verfassungen verankert[32]. Eine speziellere Ausformung des Gleichheitssatzes ist auch der Grundsatz der Gleichberechtigung der Geschlechter. Infolgedessen ist eine formelle Gleichberechtigung geboten, die alle geschlechtsspezifische Schlechterstellungen unterbindet. Die sachfremde Benachteiligung einer Person wegen des Geschlechts gilt in diesem Sinne als unmittelbare Diskriminierung[33].

Als Beispiele für direkte Diskriminierungen könnte man die Anwendung von unterschiedlichen Lohntabellen für Männer und Frauen für die gleiche Tätigkeit, die gesetzliche Gewährleistung des Mindestlohnes nur für Männer, oder im geringeren Maß für Frauen, oder auch die unterschiedlichen Voraussetzungen für dieselben Leistungen im Rahmen der betrieblichen Altersversorgung erwähnen. Typische Fälle unmittelbarer Diskriminierung sind Stellenangebote, die ausdrücklich oder implizit ausschließlich Männer oder Frauen betreffen, unterschiedliche Altersgrenzen für Frauen und Männer für den Eintritt in den Ruhe-

---

[29] Andere eine Gruppe kennzeichnende Faktoren sind das Alter, s. den amerikanischen Age Discrimination in Employment Act 1967, 29 U.S. C.A. §§ 621-634 (1975); die Religion, vgl. den britischen Fair Employment (Northern Ireland) Act 1976; die nationale Herkunft, vgl. dazu *Aaron*, in F. Schmidt (Hrsg.), 1978, S. 94, sowie die Rechtsprechung des US-S.Ct. in *Espinoza v. Farah Manufacturing Co.*, 414 U.S. 86 (1973).

[30] Beispielsweise: Ungelernte - Angelernte - Facharbeiter.

[31] Kommutative = austauschende Gerechtigkeit als Prinzip gerechter Regelung der Verhältnisse der einzelnen Bürger untereinander.

[32] Zum ersten Mal wurde die Lohngleichheit 1917 als Programmsatz in die Mexikanische Verfassung aufgenommen, *Bülck*, RdA 1952, S. 2.

[33] Ursprünglich wurde deshalb das Gleichbehandlungsgebot unzutreffend mit dem Billigkeitsgebot des BGB identifiziert; vgl. BAG, AP Nr. 1 und 2 zu § 305 BGB „Billigkeitskontrolle"; richtig *Blomeyer*, Fest. G. Müller, 1981, S. 52 m. w. N.

stand, die Gewährung von Witwenrenten ohne entsprechende Gewährung von Witwerrenten u. s. w.

Die ungleiche Behandlung von Männern und Frauen ohne sachliche Gründe[34] wird als unmittelbare Diskriminierung untersagt. Sie wird naturgemäß immer absichtlich herbeigeführt oder als Folge des Handelns in Kauf genommen, weil sie gerade „aufgrund des Geschlechts" erfolgt[35]. Ob die unmittelbare Diskriminierung auch „gewollt" sein muß, in dem Sinne, daß die Handlung des Arbeitgebers auf Vorurteilen über die Gleichwertigkeit der Geschlechter beruht, ist eine andere Frage. Im europäischen[36] Recht sind die Beweggründe oder Motive des Diskriminierenden für die Erfüllung des Tatbestands der unmittelbaren Diskriminierung völlig irrelevant[37]. Entscheidend ist nur die Tatsache, daß eine Arbeitsperson des einen Geschlechts durch den Arbeitgeber weniger günstig behandelt wird als eine Person des anderen Geschlechts behandelt wird oder behandelt werden würde.

Unmittelbare Diskriminierungen sind sowohl im Bereich des Entgelts als auch im Bereich des gesamten Erwerbslebens, einschließlich der Versorgung, untersagt. Jedoch wird im Entgeltbereich die Diskriminierung nur auf der Grundlage des Vergleichs mit der konkreten Vergleichsperson des begünstigten Geschlechts festgestellt[38]. Dagegen reicht für die Feststellung von Diskriminierungen im Bereich der übrigen Arbeitsbedingungen allein eine Benachteiligung aus, ohne daß unbedingt dabei eine Arbeitsperson des anderen Geschlechts tatsächlich bevorzugt werden müßte[39].

---

[34] Über die wesentliche Frage nach der Auslegung des Begriffs des „sachlichen" Grundes, ausführlich unten §7C.

[35] So zutreffend *Reid,* MLR 1976, S. 434; "direct discrimination must in the nature of things be intentional since it is discrimination on grounds of sex"; vgl. auch *Bellgardt,* BB 1983, S. 2190.

[36] Nicht so aber in den USA, wo nach der Rechtsprechung des US-S.Ct. unbedingt aus dem objektiven Tatbestand der Beweggrund für die Diskriminierung abgeleitet werden muß, egal ob dabei die Handlung des Arbeitgebers als *"fair"* oder *"unfair"* zu beurteilen ist; vgl. dazu *McGinley,* MLR 1986, S. 420-421, der einen Vergleich des Title VII des amerikanischen CRA 1964 und des britischen SDA 1975 vornimmt; wegen der Erheblichkeit des Beweggrundes wird eine zufällig diskriminierende Handlung nach dem Title VII nicht als direkte Diskriminierung angesehen; erheblich für die Feststellung einer unmittelbaren Diskriminierung war die Absicht des Arbeitgebers auch im Rahmen des britischen RRA 1968; als Grund für die Erweiterung des Begriffs der Diskriminierung im britischen SDA 1975 und dem neuen RRA 1975 in die Richtung der motivunabhängigen „indirekten" Diskriminierung wird die beträchtliche Schwierigkeit erwähnt, die benachteiligende Absicht des Arbeitgebers zu beweisen, der einen anderen Grund leicht aussuchen könnte, um seine Handlung zu rechtfertigen; im einzelnen dazu s. *McCrudden,* in Guest/Milne (Hrsg.) 1985, S. 83-84.

[37] Anders aber die französische Rechtsprechung vor dem Gesetz Nr. 83-635 in *Marty c. Etablissements Deshaies* v. 8.5.79 (CdA Paris) und v. 18.3.81 (Cass. rejet) zit. nach *de Marguerye,* Dr.Soc. 1983, S. 124; der Beweis einer gewollten oder absichtlichen Diskriminierung (volonté discriminatoire) wurde auch in *Bouvier c. Vigneras et Soc. „Le Printemps"* v. 22.5.81 (CdA Paris), Dr.Ouvr. 1981, S. 392-395, im Gegensatz zu der vorinstanzlichen Entscheidung v. 7.11.80 (Trib. de Police Paris) für entscheidend gehalten; kritisch dazu *Tillie,* Dr.Ouvr. 1981, S. 368.

[38] Im einzelnen über den sog. "notional-man test" s. u. §6BII.

Eine unmittelbare Diskriminierung kann mehr oder weniger offensichtlich sein. Es gibt Fallkonstellationen, bei denen die Diskriminierung völlig offenkundig vorkommt, wie z. B. bei einer Rücksendung der Bewerbungsunterlagen für eine Stelle, die als „Sprungbrett für eine Managerkarriere" bezeichnet wird und sich an leistungsbereite Hochschulabsolventen der Wirtschaftswissenschaften wendet, zusammen mit der Mitteilung des Geschäftsführers des Unternehmens, daß für diese Position nur männliche Bewerber in Betracht kommen[40]. In anderen Fällen versucht dagegen der Arbeitgeber seine Vorliebe für einen männlichen Buchhalter oder eine Sekretärin[41] durch verschleiernde geschlechtsunspezifische aber umgesetzt nur ein bestimmtes Geschlecht betreffende Formulierungen zu maskieren[42]. Als solche könnte man ein Angebot betrachten, das die Einstellung von der Ableistung des Wehrdienstes abhängig macht[43], oder eine Anzeige, die den Eindruck hervorruft, daß es sich dabei um eine Tätigkeit handelt, für die gesetzmäßig nur ein Geschlecht in Betracht kommt.

II. Unmittelbare Diskriminierung mit vorgeschobenen Gründen

Problematisch erscheint jedoch die Abgrenzung der „unmittelbaren Diskriminierung mit vorgeschobenen Gründen", die von Pfarr/Bertelsmann vorgebracht wird[44], vom Begriff der „mittelbaren" Diskriminierung[45]. Angeblich handelt es

---

[39] In diesem Bereich ist deshalb der Vergleich mit einem hypothetischen Mann möglich; so *Steiner,* ICLQ 1983, S. 402, vgl. auch *Pfarr/Bertelsmann,* Gleichbehandlungsgesetz 1985, Rdnr. 46-48.

[40] Vgl. EuGH v. 10.4.84, Rs. 79/93 *(Harz g. Deutsche Tradax GmbH),* Slg. 1984, S. 1921-1944.

[41] Die am besten blond und 25-jährig sein sollte, nach dem Motto "a male bunny-girl would not be the same thing", *Elias/Napier/Wallington,* Labour Law 1980, S. 764, zit. nach *Gamillscheg,* Fest. H. Floretta 1983, S. 178; nach Ansicht von *Eich,* NJW 1980, S. 2331, könne aber der Vorgesetzte nicht gezwungen werden, mit einem Sekretär statt mit einer Sekretärin zusammenzuarbeiten.

[42] *Pfarr/Bertelsmann,* ebenda, bringt hier als Beispiel die Bestimmungen von Tarifverträgen bei Regelung von altersbedingten Arbeitsreduzierungen, welche sich auf Arbeitnehmer beziehen, „die nach den gesetzlichen Regelungen ab dem 60. Lebensjahr Leistungen aus der gesetzlichen Rentenversicherung in Anspruch nehmen können".

[43] In Griechenland wie in anderen Mitgliedsländern werden nur Männer, und zwar grundsätzlich ohne Ausnahme, zum Wehrdienst verpflichtet; es ist üblich deswegen, in den Stellenangeboten nach abgeleistetem Wehrdienst zu fragen; diese Anforderung betrifft deshalb nur Männer und ist in der Lage, weibliche Interessenten von einer Bewerbung abzulenken, besonders wenn die Anzeige keine zusätzliche Präzisierung enthält, daß die Stelle Männern sowie Frauen zugänglich ist, nämlich durch das M/F Zeichen; über die interessante Frage, ob dagegen durch eine solche Anzeige, die im Gegenteil das M/F-Zeichen enthält, Männer „mittelbar" diskriminiert werden, vgl. bejahend *Koukoulis-Spiliotopoulos,* in Verwilghen (Hrsg.), Bd. II 1986, S. 167; zutreffend wurde auch in parlamentarischen Tagungen in Belgien die Anforderung nach Bewerbern *„libres de service militaire"* in Stellenangeboten als „indirekte" Diskriminierung von Männern bewertet, dazu KOM (81) 832 endg. vom 2.2.1981, S. 14.

[44] Dazu *Pfarr/Bertelsmann,* Gleichbehandlungsgesetz 1985, Rdnr. 47.

sich dabei um eine „Anforderung, die zwar formal Frauen wie Männer erfüllen können, die aber nicht an die Arbeit anknüpft und zudem in der Praxis weit überwiegend nur von Angehörigen eines Geschlechts erfüllt wird". Als erstes Beispiel für diese Form von „unmittelbarer" Diskriminierung zitierten Pfarr/Bertelsmann den theoretischen Fall[46], wonach bei der Besetzung der Leitungsposition einer Lebensmittelfiliale die Stellenbeschreibung „intensive Kenntnisse von Fußballtheorie und -praxis" ausweist, eine Anforderung, die zwar auch Frauen erfüllen können, aber durchschnittlich wesentlich weniger Frauen als Männer in der Praxis erfüllen. Bei einer solch künstlichen Fallgestaltung, die freilich sehr selten vorkommen würde[47], ist die Anforderung in bezug auf die Tätigkeit so unsinnig und irrelevant, und dennoch der Anteil von Frauen, die in Frage kommen, so gering[48], daß der Arbeitgeber schon prima facie im Verdacht steht, eine diskriminierende Einstellung zu beabsichtigen und diese Anforderung nur vorgeschoben zu haben, um nicht offen diskriminieren zu müssen. Unter solchen Umständen reicht allein das Vorliegen der sich in ihrer Gesamtschau nur an ein Geschlecht richtenden Stellenausschreibung zur Glaubhaftmachung der Diskriminierung und kehrt so die Beweislast zu Lasten des Arbeitgebers um. Eine „unmittelbare Diskriminierung mit vorgeschobenen Gründen" kommt somit immer dann vor, wenn die scheinbar geschlechtsneutrale Anforderung in der Tat fast ausschließlich von einem Geschlecht erfüllt werden kann und keine Beziehung zu der auszuführenden Tätigkeit hat.

Diese Tatbestandsmerkmale sind aber bei der zweiten Fallkonstellation von Pfarr/Bertelsmann nicht ohne weiteres gegeben. Als zweites Beispiel für eine „unmittelbare Diskriminierung mit vorgeschobenen Gründen" sollte man danach die Anforderung einer Mindestkörpergröße von 177 cm[49] für die Tätigkeit des Verkaufspersonals in der Herrenbekleidungsabteilung eines Kaufhauses annehmen. Dieses Beispiel ist eher problematisch.

---

[45] Nach Ansicht von *Gamillscheg*, Fest. Floretta, 1983, S. 178, scheint der Entwurf der Bundesregierung zum EG-Anpassungsgesetz, BT-Drs. 8/3317, die „mittelbare Benachteiligung mit der nur vorgeschobenen gleichzusetzen".

[46] Nach *Malone*, A practical guide to discrimination law, London 1980, S. 15; dasselbe Beispiel, wonach für die Einstellung als Kassierer nur ein aktiver Fußballspieler in Frage käme, benutzt auch *Gamillscheg*, ebenda; er versteht allerdings die „vorgeschobene" Diskriminierung als eine „leicht zu lösende" Form „mittelbarer Benachteiligung", die er von der „eigentlichen mittelbaren Benachteiligung" unterscheidet.

[47] So auch *Gamillscheg*, ebenda.

[48] Dafür aber vermutlich auch der Anteil von Männern!

[49] *Pfarr/Bertelsmann*, Gleichbehandlungsgesetz 1985, Rdnr. 47, bemerken dabei, daß dieser Fall „unrichtigerweise" von einigen Autoren – z.B. *Knigge*, BB 1980, S. 1273, und *Pfarr*, BlStSozArbR 1980, S. 19 – als mittelbare Diskriminierung bewertet wird; das kann insofern nicht gefolgert werden, als beide beispielhaft ausgewählten Autoren keine genauen Angaben über die Mindestgröße oder die Art der in Frage kommenden Tätigkeit machen; eine allgemeine und pauschale Ablehnung der Anforderung einer Mindestgröße als Beispiel mittelbarer Diskriminierung ist deshalb nicht vertretbar.

Die Anforderung einer Mindestgröße oder eines Mindestgewichts wird häufig als klassisches Beispiel für eine „mittelbare“ Diskriminierung dargestellt[50]. Der Grund dafür liegt wahrscheinlich an der Rechtsprechung des amerikanischen Supreme Court in *Dothard v. Rawlinson*[51]. Diese Entscheidung hat zum ersten Mal die Theorie der „nachteiligen Auswirkung“[52] im Bereich der Diskriminierung aufgrund des Geschlechts umgesetzt und dabei die Anforderung nach Mindestgröße und -gewicht bei der Einstellung von Gefängniswärtern als mittelbare Diskriminierung charakterisiert[53]. Solche Anforderungen sind ohne Angabe der bestimmten Größe und der in Frage kommenden Tätigkeit nicht ohne weiteres als „unmittelbar“, „mittelbar“ oder überhaupt als diskriminierend zu bewerten. Es gibt Situationen, in denen die Anforderung nach einer Mindestkörpergröße unter Umständen erforderlich sein könnte[54], sowie andere, wo eine solche Voraussetzung absurd und direkt diskriminierend erscheinen würde. Die mittelbare Diskriminierung beginnt aber erst, wenn die geschlechtsneutral gestaltete Anforderung oder Maßnahme einem Mindeststandard an Objektivität und Erforderlichkeit hinsichtlich der Tätigkeit entspricht. Das mag bei einer Mindestgröße von 167 cm für Polizisten[55], kaum aber bei einer Größe von 177 cm für Verkäufer der Fall sein[56].

---

[50] s. dazu die Erwägungen der britischen Regierung während des Gesetzgebungsverfahrens für die Einnahme des Instruments der „indirekten“ Diskriminierung in sec. 1 (1) (b) des britischen SDA 1975, H. C. Debates, vol. 889, col. 514; dazu *Dix*, Gleichberechtigung 1984, S. 153; und KOM (81) 832 endg., S. 17; die Anforderung nach einer Mindestgröße wird im allgemeinen, d. h. ohne Angabe einer bestimmten Größe oder Tätigkeit, auch von *Corcoran*, NLJ 1977, S. 1158; *Pfarr*, BlStSozArbR 1980, S. 19; *Knigge*, BB 1980, S. 1273, *Richards*, ILJ 1976, S. 37; *Martiny*, RabelsZ 1978, S. 131; *R. Seeland*, ZVglRWiss 1982, S.295; *Jansen*, in Grabitz/Kommentar 1983, Rdnr. 10 zu Art. 119 EWGV; *Byre*, in Kommission D.G.V/1035/84, Rdnr. 3. (i) und 3.6, als Beispiel „mittelbarer“ Diskriminierung erwähnt.

[51] 433 U.S. 321 (1977); dazu im einzelnen *Maltz*, DLJ 1985, S. 185; *McGinley*, MLR 1986, S. 428.

[52] Man spricht in den USA von "disparate/adverse impact" oder auch von "*disproportionately burdensome neutral rules*".

[53] In *Dothardt v. Rawlinson*, a. a. O. insb. 330, war für die Einstellung als Aufsichtsperson in einem Gefängnis von Alabama eine Mindestgröße von 160 cm (5 ft. 2 inch.) und ein Mindestgewicht von 55 kg. (120 pounds) erforderlich; damit sollte nach Erwägungen des beklagten Landes (Alabama) die Einstellung von körperlich kräftigen Wärtern besonders wegen Disziplinschwierigkeiten in "*maximum-security prisons*" sichergestellt werden; nach statistischen Angaben der Klägerin würden bei einer solchen Anforderung 41,13 % der amerikanischen Frauen im Alter zwischen 18 und 79 Jahren aber nur weniger als 1 % der entsprechenden Männer durchfallen.

[54] So entschied z. B. ein amerikanisches Gericht in *Boyd v. Ozark Airlines*, 568 F.2d 50 (8th. Cir. 1977), daß für die Bedienung eines Flugzeugs aus Sicherheitsgründen eine Mindestkörpergröße von 165 cm erforderlich ist; ähnlich die britische Rechtsprechung in *Thorn v. Meggitt Engineering*, IRLR 1976, S. 241; die Frage, ob die nach männlichen Körpermaßen gerichtete Herstellung von Maschinen oder Nutzfahrzeugen aller Art eine diskriminierende Auswirkung auf die Frauenbeschäftigung haben kann oder ob sie sogar eine mittelbare Diskriminierung darstellt, muß dahingestellt bleiben.

[55] Vgl. *Quintin*, New Strategies, 1987, S. 5.

[56] Vgl. aber *Quintin*, in Verwilghen (Hrsg.), Bd. I 1986, S. 118, die eine Mindestgröße von 175 cm im allgemeinen (d. h. ohne Angabe von einer bestimmten Tätigkeit) immer noch als eine leicht zu erkennende mittelbare Diskriminierung bezeichnet.

III. Mittelbare/indirekte Diskriminierung

Das Verbot der unmittelbaren Diskriminierung aufgrund des Geschlechts im Erwerbsleben geht von einer individuellen Konzeption der Gleichbehandlung aus: zwei Arbeitspersonen sollen bei gleicher Arbeit gleich bezahlt werden, bei gleichen Qualifikationen gleiche Chancen zur Einstellung oder Beförderung haben. Zwischen Männern und Frauen bestehen jedoch zwei Kategorien von Unterschieden: definitorische Unterschiede und durchschnittliche Unterschiede[57].

Die erste Kategorie umfaßt eine Reihe physiologischer Merkmale, die ausschließlich bei Männern oder bei Frauen vorkommen und grundsätzlich mit der Sexualität und der Fortpflanzung zu tun haben. Obwohl mehrere für ein Geschlecht „definitorische" Merkmale bei einer gewissen Zahl von Angehörigen dieses Geschlechts oft nicht vorhanden sind, gibt es in der Regel kaum Überschneidungen zwischen Frauen und Männern in bezug auf diese Merkmale[58]. Beispielsweise die Schwangerschaft: nur ein unbestimmter Anteil von Frauen aber kein Mann befindet sich jeweils in diesem Zustand[59].

In der zweiten Kategorie sind dagegen solche Merkmale inbegriffen, die statistisch häufiger bei Angehörigen des einen oder des anderen Geschlechts vorkommen. So sind Männer durchschnittlich größer und schwerer, unterbrechen seltener die Erwerbstätigkeit, wissen mit Maschinen besser umzugehen und haben kürzere Lebensdauer. Frauen sind dagegen kleiner und leichter, unterbrechen oft die Erwerbstätigkeit, wissen besser mit Menschen umzugehen und leben länger. Diese statistischen Erkenntnisse mögen bei einzelnen Männern oder Frauen nicht zutreffen. Manche dieser Unterschiede sind biologischer, andere aber sind soziokultureller Natur und hängen mit der traditionellen Rollenverteilung zwischen Männern und Frauen eng zusammen. Verschiedene

---

[57] *Definitional – average; Freedman,* YLJ 1983, S. 920-921 m. w. N.; vgl. die Formulierung des BVerfG v. 18.12.53, BVerfGE 3, S. 225, 242 f., hinsichtlich der „objektiven biologischen oder funktionalen (arbeitsteiligen) Unterschiede" zwischen Mann und Frau, mit der es Mutterschutzvorschriften oder besondere Leistungen zugunsten der Frauen im Rahmen von Art. 3 II GG rechtfertigte; s. die Erweiterung der Rechtfertigung wegen „soziologischer" Unterschiede seitens des BAG v. 14.7.54, ArbuR 1954, S. 316, 320 ff.; kritisch über die Bezugnahme auf „funktionale" Unterschiede *Dürig,* in Maunz/Dürig/Herzog/Scholz, GG, Art. 3 II, Rdnr. 18; *Gubelt,* in I.v.Münch/GG-Kommentar, Rdnr. 83 zu Art. 3 II GG; ferner *Löwisch,* 50 DJT 1974, Gutachten D, S. 40.

[58] Abgesehen von Fällen einer chirurgischen Geschlechtsänderung, dazu im einzelnen *Dunlap,* The Constitutional rights of sexual minorities: a crisis of the male/female dichotomy, Hastings L.J. 1979, S. 1131; allerdings wird als Geschlecht im Sinne der EG-Richtlinien nur das biologische Geschlecht verstanden; die Diskriminierung aufgrund der sexuellen Orientierung kann vermutlich nur im Rahmen der EMRK angesprochen werden; so *Thomson/Wooldridge,* LIEI 1980, S. 25.

[59] *Freedman,* YLJ 1983, S. 922, bezeichnet als "quasi-definitional" solche Unterschiede, die historisch und kulturell eng mit definitorischen Unterschieden zusammenhängen; so z. B. der Ausschluß der Frauen vom bewaffneten Militärdienst und die Kinderpflege wegen des Zusammenhangs mit der Gebärfähigkeit und der Schwangerschaft.

Aspekte dieser Rollenverteilung, die manchmal sogar als diskriminierend bewertet wird, sind in der Lage den Zugang von Frauen zur Beschäftigung beträchtlich zu erschweren. Andererseits kann man ein traditionelles Diskriminierungsverbot umgehen, indem man solche Unterschiede in der Ausgangslage der Geschlechter ausnutzt. Ein einfaches Beispiel: Ein Unternehmen organisiert ein Berufsbildungsprogramm für die Beförderung der Teilnehmer in höhere Positionen in der Betriebshierarchie. Wenn dieses Programm männliche sowie weibliche Arbeitnehmer interessiert, nur Männern aber zugänglich ist, so handelt es sich hier um eine rechtswidrige unmittelbare Diskriminierung aufgrund des Geschlechts. Findet aber dieses Programm weit vom Arbeitsplatz oder Wohnort der Arbeitnehmer statt, so daß wegen familiärer Verpflichtungen keine Frau tatsächlich daran teilnimmt, obwohl sie dazu berechtigt ist, so vermag das Diskriminierungsverbot diese Tatsache nicht zu ändern. Ein Arbeitgeber kann absichtlich definitorische oder durchschnittliche Unterschiede bei der Gestaltung seiner Politik benutzen, um das Verbot der Diskriminierung aufgrund des Geschlechts umzugehen. Das kann aber auch unabsichtlich oder zufällig passieren. Auf jeden Fall spielen geschlechtsspezifische Unterschiede bei der Definition und der Anwendung des Begriffs der mittelbaren Diskriminierung eine wichtige Rolle[60].

Es ist unbestritten, daß die Gleichbehandlungsgesetze in den Mitgliedstaaten zahlreiche unmittelbare Diskriminierungen in Gesetzen, Verordnungen, Tarifverträgen oder Betriebsvereinbarungen beseitigt haben[61]. Die offene Diskriminierung sei aber nach Ansicht der Kommission nur die Spitze des Eisbergs. Um bestimmte Situationen zu erfassen, in welchen die Benachteiligung der Gruppe nicht direkt dadurch verursacht ist, daß z. B. ausdrücklich auf das Geschlecht abgestellt wird, sondern im Gegenteil durch die uniforme Anwendung von scheinbar harmlosen geschlechtsneutralen Auswahlkriterien, Voraussetzungen oder Bedingungen, die im Ergebnis eine nachteilige Auswirkung auf eine statistische Mehrheit von Angehörigen einer bestimmten Gruppe entfalten, wurde die Erweiterung des Diskriminierungsbegriffs für notwendig gehalten.

---

[60] In der früheren Rechtsprechung des US-S.Ct. wurde jedoch eine Anforderung, deren nachteilige Auswirkung bei einem Geschlecht auf einen „definitorischen" – auch als „real" bezeichneten – Unterschied zurückzuführen war, als nicht-diskriminierend bewertet, nur weil keine Vergleichsperson des anderen Geschlechts denkbar gewesen wäre; so in *Geduldig v. Aiello*, 417 U.S. 484 (1974); *General Elec. Co. v. Gilbert*, 429 U.S. 125 (1976); und *Nashville Gas Co. v. Satty*, 434 U.S. 136 (1977).

[61] Bericht über die Durchführung der Gleichbehandlungsrichtlinien, KOM DGV/1511/86, Brüssel 27.4.87, S. 1 ff., Berichterstatter *F. v. Prondzynski*.

1. Die Rechtsprechung des US-Supreme Court[62]

Nach dieser weiten Anschauung, die zuerst in Entscheidungen des amerikanischen Supreme Court gegen Rassendiskriminierung entwickelt worden ist, wird die faktische Schlechterstellung bestimmter, in der Vergangenheit benachteiligter Gruppen gegenwärtig verfestigt und zukünftig noch dadurch verstärkt, daß sie jetzt uniform behandelt werden und gleichen Anforderungen wie die Angehörigen seither bevorzugter Gruppen unterstellt werden. Auf eine diskriminierende Absicht kommt es insoweit nicht an. So wurde in *Griggs v. Duke Power Co.*[63] das Prinzip der „nachteiligen Auswirkung" *(adverse impact)* formuliert[64]. Danach wurde die Praktik des Arbeitgebers, Einstellungen und Beförderungen in besser bezahlte Stellen, davon abhängig zu machen, ob der Bewerber über einen High-School-Abschluß verfügte und kumulativ zwei allgemeine Intelligenz- und Eignungstests *(standardised general intelligence test)* bestand, für rechtswidrig erklärt[65]. Nach Ansicht des Gerichts handelte es sich in diesem Fall um eine Diskriminierung von Schwarzen, weil einerseits ihr prozentualer Anteil, der in solchen Tests durchfiel, statistisch unverhältnismäßig höher über den Anteil von Weißen lag, aufgrund nämlich der ihren lange Zeit verweigerten Bildungschancen, andererseits weil die für das Bestehen der Tests erforderlichen Kenntnisse in keinerlei Zusammenhang mit den für die angestrebte Tätigkeit erforderlichen Fähigkeiten standen.

Die sog. „Griggs-Betrachtungsweise", die ihre Wurzeln in der Rechtsprechung des Supreme Court zur indirekten Wahlrechtsdiskriminierung gegen Schwarze hat[66], wurde im Bereich der Diskriminierung aufgrund des Geschlechts in *Dothardt v. Rawlinson* umgesetzt[67]. Die Argumentation des Supreme Court wurde von Generalanwalt Warner in seinen Schlußanträgen im EuGH-Urteil *Jenkins g. Kingsgate*[68] als übereinstimmend mit der Rechtsprechung des EuGH im Bereich der Diskriminierungen aufgrund der Staatsangehörigkeit bezeichnet[69]. Andererseits, fügte er hinzu, mögen die amerikanischen Vorschriften einen

---

[62] Auf der Grundlage von Title VII des CRA 1964, 42 U.S.Code §§ 2000e-1 to 2000e-17, (1976 & Suppl. V 1981); IAO-LegS. 1964-USA 1.

[63] 401 U.S. 424, insb. 432, (1971).

[64] Zehn Jahre harter Auseinandersetzung waren notwendig, bevor die Theorie des *„adverse impact"* in der Rechtsprechung des US-S.Ct. 1971 anerkannt werden konnte, *Post*, LIEI 1981, S. 83; für eine Kurzdarstellung der amerikanischen *"civil rights"*-Rechtsprechung in bezug auf diese Theorie, vgl. im einzelnen *L. Lustgarten*, Legal Control of Racial Discrimination, 1980, S. 4-5.

[65] Die Firma *Duke Power Co.* hatte bis zum Inkrafttreten des CRA 1964 Schwarze nur als ungelernte Arbeiter mit niedrigen Löhnen eingestellt; die Test-Politik des Unternehmens hat somit nach dem Verbot der direkten Rassendiskriminierung angefangen.

[66] *Griggs v. Duke Power Co.*, 401 U.S. 424 (1971).

[67] 433 U.S. 321 (1977), s.o. Teil II Fn. 53.

[68] EuGH-Urteil v. 31.3.1981, Rs. 96/80, Slg. 1981, S. 936-937.

[69] s.o. Teil II Fn. 19 und 20.

anderen Wortlaut als Art. 119 EWGV haben, es sei jedoch ihr wesentlicher Zweck derselbe.

Die obengenannte Rechtsprechung läßt sich in bezug auf die Problematik der Geschlechtsdiskriminierung wie folgt zusammenfassen: Wird vom Arbeitgeber, mit oder ohne diskriminierende Absicht, eine Bedingung gestellt, die zwar geschlechtsneutral formuliert ist, im Ergebnis aber unverhältnismäßig größere nachteilige Auswirkungen für die Arbeitnehmer eines Geschlechts hat, wegen des Vorliegens von definitorischen oder statistischen Geschlechtsunterschieden oder von ungünstigen sozialen oder beruflichen Bedingungen, welche auf bestimmte Benachteiligungen in der Vergangenheit zurückzuführen sind, so handelt es sich dann um eine gesetzwidrige effektive Geschlechtsdiskriminierung.

Insofern hat der Begriff der „mittelbaren Diskriminierung" als Rechtsinstrument eine gewisse redistributive Funktion im Sinne der austeilenden Gerechtigkeit[70], veranlaßt aber keine Kompensation[71] für faktische gesellschaftliche Ungleichheiten. Hier sollen bloß Angehörige von Gruppen, denen in der Vergangenheit der Zugang zum Arbeitsmarkt und zu besser bezahlten oder führenden Positionen systematisch verweigert wurde, jetzt die Chance haben, mit Angehörigen von Gruppen, die diese Positionen seither monopolisierten, auf gleichem Fuße zu konkurrieren. Moderne Rechtsordnungen lassen sich so immer mehr von dem neuen Konzept der Chancengleichheit[72] beeinflussen. Um eine eventuelle Ausbeutung eines Nachteils zu verhindern, der zweifellos in der Ausgangslage von Frauen (und Schwarzen) noch (und solange es) besteht, ist der Begriff der mittelbaren Diskriminierung formuliert, der die sozialen Machtunterschiede zwischen Männern und Frauen nur insofern ausgleicht, als sie keinen Ausdruck in der Gestaltung der Arbeitsbedingungen finden können[73]. In

---

[70] Vgl. *Blomeyer*, Fest. G. Müller 1981, S. 53 m.w.N.

[71] Das Verbot der mittelbaren Diskriminierung ist insoweit kein kompensatorisches Rechtsinstitut, als der Arbeitgeber dadurch nicht verpflichtet wird, durch Staat und Gesellschaft verursachte Defizite abzubauen; wie es von *Pfarr/Bertelsmann*, Gleichbehandlungsgesetz 1985, S. 109, Rdnr. 232, sehr zutreffend formuliert wird, das einzige, was dieses Instrument tatsächlich kompensiert, ist die eingeschränkte Marktmacht der Frau und ihre gesellschaftlich bedingten geringeren Chancen, die Berücksichtigung ihrer Interessen durchzusetzen; in diesem Sinne ist aber das Arbeitsrecht insgesamt kompensatorisches Recht; eine umfassendere Kompensation bezweckt dagegen das Rechtsinstitut der „umgekehrten" oder „positiven" Diskriminierung; dazu im einzelnen s.u. §7BII.

[72] Danach ist nicht nur eine formelle Gleichbehandlung durch die Einräumung gleicher Rechte geboten, sondern darüber hinaus auch die Herstellung und Gewährleistung gleicher tatsächlicher Entfaltungschancen und im Rahmen des Anspruchs für Chancengleichheit auch eine gerechtere Verteilung von sozialen Gütern; im einzelnen dazu *Vogel-Polsky*, in Verwilghen (Hrsg.), Bd. II 1986, S. 30-31.

[73] Dazu im einzelnen *Pfarr*, NZA 1986, S. 188; der Unterschied zwischen „kompensatorischer" und „distributiver" Funktion liegt nach Ansicht von *O'Donovan*, in Guest/Milne (Hrsg.) 1985, S. 80, daran, daß ein kompensatorisches Modell nach einer Art Entschädigung für das Unrecht in der Vergangenheit strebt, während ein redistributives Modell bloß eine Neutralisierung der gegenwärtigen Auswirkungen einer ungerechten Vergangenheit bezweckt.

den Fällen, in denen statistisch festgestellt werden kann, daß die uniforme Anwendung einer Bedingung oder Anforderung unverhältnismäßig größere nachteilige Auswirkungen für eine Gruppe hat, kann die Möglichkeit einer indirekten Diskriminierung nicht ausgeschlossen werden, es sei denn, die konkrete Bedingung oder Anforderung kann objektiv gerechtfertigt werden.

2. Der britische Sex Discrimination Act 1975

Der Sex Discrimination Act 1975 (SDA) gilt als der erste Versuch[74] überhaupt, den Begriff der mittelbaren Diskriminierung gesetzlich zu definieren. Section 1 (1) (b) des britischen SDA 1975 orientiert sich nach der oben dargestellten Rechtsprechung des US-Supreme Court in *Griggs*[75] und lautet wie folgt[76]:

> „Eine Person diskriminiert ... wenn –
>
> ...
>
> (b) sie ihr [der Frau[77]] eine Bedingung auferlegt oder eine Anforderung stellt, die sie auch gleichermaßen einem Mann stellen würde, aber,
>
> (i) die so ausgestaltet ist, daß die Zahl der Frauen, die dieser genügen können, erheblich kleiner ist als die Zahl der Männer, die sie erfüllen können,
>
> (ii) die nicht zu rechtfertigen ist unabhängig vom Geschlecht der Person, auf die sie angewandt wird,
>
> (iii) die zu ihrem Nachteil ist, weil sie sie nicht erfüllen kann."

Die Auslegung dieser Bestimmung durch die britischen Gerichte ist für die Konkretisierung des Begriffs der mittelbaren Diskriminierung im europäischen Recht von erheblicher Bedeutung.

---

[74] Title VII, sec. 703 (a) (2) des amerikanischen CRA 1964, der als Grundlage des Verbots der mittelbaren Diskriminierung gilt, vgl. dazu *McGinley*, MLR 1986, S. 427, "prohibits segregation or classification by sex"; eine weitere Definition, die im Gegenteil weitgehende Ähnlichkeiten mit der vom britischen SDA 1975 aufweist, befindet sich in sec. 2 (c) des irischen EEA 1977 mit folgendem Wortlaut: "For the purposes of this act discrimination shall be taken to occur (...) where because of his sex or marital status a person is obliged to comply with a requirement, relating to employment (...), which is not essential requirement for such employment (...) and in respect of which the proportion of persons of the other sex or of a different marital status but of the same sex able to comply is substantially higher".

[75] Aus diesem Urteil wurde sogar bei der Diskussion des Gesetzentwurfs im H.C. ausführlich zitiert, Standing Committee B, 1975, cols. 46 ff.; die Einfügung der Vorschrift in den Gesetzentwurf veranlaßte der damalige britische Innenminister Jenkins unter dem Eindruck einer Reise in die USA, H.C.Deb., vol. 889, cols. 513 f., dazu im einzelnen *Richards*, ILJ 1976, S. 37; *Dix*, Gleichberechtigung 1984, S. 150 m. w. N., der den für britische Standards ungewöhnlich starken Einfluß der ausländischen Rechtsprechung in diesem Punkt durch die lange amerikanische Erfahrung mit Antidiskriminierungsgesetzen erklärt.

[76] Für die deutsche Übersetzung vgl. *Pfarr/Bertelsmann*, Gleichbehandlungsgesetz 1985, S. 92, Rdnr. 193; eine Übersetzung ist auch im EuGH v. 8.11.83, Rs. 165/82 *(Kommission g. Vereinigtes Königreich)*, Slg. 1983, S. 3435, zu finden.

[77] Gemäß sec. 2 (1) & (2) SDA 1975 gilt sec. 1 sowie alle Bestimmungen in Part II und III entsprechend für Männer, mit der Ausnahme von Schwangerschaft- und Mutterschaftsvorschriften; dasselbe gilt auch für die EWG-Richtlinien.

Die Begriffe „Bedingung oder Anforderung" wurden in *Price v. Civil Service Commission*[78] weit ausgelegt. Alles was der Arbeitnehmer zu tun hat, um einen Nutzen zu ziehen[79], ist damit erfaßt[80]. Die Arbeitsperson muß weiter „tatsächlich" nicht in der Lage sein, der Anforderung zu genügen[81]. Ein rein „theoretisches" Unvermögen reicht dagegen nicht aus.

Sec. 1 (1) (b) (i) SDA 1975 fordert ausdrücklich einen statistischen Vergleich, der die unverhältnismäßigen Auswirkungen der Anforderung auf Männer und Frauen beweist[82]. Die Beweislast liegt beim Kläger[83]. Trotz aber des Wortlauts des SDA, der der verfeinerten amerikanischen Praxis bei der statistischen Beweisführung entspricht[84], haben bisher die britischen Gerichte einen Anscheinsbeweis auch ohne raffiniertes statistisches Beweismaterial für schlüssig gehalten[85]. Vielmehr haben sie die diskriminierende Auswirkung einer Anforderung auf Frauen nach gesundem Menschenverstand beurteilt oder auch als eine allgemein bekannte Tatsache angesehen, die nicht förmlich bewiesen werden muß[86], und manchmal kleine, nach Statistikregeln unzulängliche Probeentnahmen akzeptiert[87]. Eine solche Einstellung kann grober Diskriminierung entgegenstehen, für die Auseinandersetzung aber mit subtil ausgewählten Anforderungen wäre die Einbeziehung eines Sachverständigen für Statistik erforderlich[88].

Gemäß sec. 1 (1) (b) (iii) SDA muß der Kläger nicht nur der durch die diskriminierende Wirkung der Anforderung benachteiligten Gruppe angehören[89], sondern auch persönlich einen Nachteil erlitten haben[90]. Diese Kumulation der

---

[78] ICR 1978 (EAT), S. 27.

[79] "something which has to be done in order to receive a benefit".

[80] Die weite Auslegung wurde auch in *Clarke v. Eley (IMI) Kynoch Ltd.* bestätigt, ICR 1983 (EAT), S. 165; hier war eine tarifliche Bestimmung, wonach bei der Auswahl zur betriebsbedingten Kündigung zuerst Teilzeitbeschäftigte entlassen werden sollten – eine sog. "part-timers first out rule" – als „Anforderung" (requirement) bezeichnet worden.

[81] *Price v. Civil Service*, ICR 1978 (EAT) S. 27; *Mandla v. Dowell Lee*, ICR 1983 (HL), S. 385.

[82] Nach Ansicht von *Dix*, Gleichberechtigung 1984, S. 211 f., 215 f., schreibt die sec. 1 (1) (b) (i) SDA 1975 einen statistischen Vergleich vor, der die geschlechtsspezifischen Erfolgsquoten der Bewerber zueinander in Beziehung setzt, sog. "pass/fail rate comparison"; im einzelnen dazu *Hay*, LLJ 1978, S. 431; *Lustgarten*, ILJ 1977, S. 227 ff.

[83] Vgl. dazu *Kidd v. DRG (U.K.)*, ICR 1985 (EAT), S. 405.

[84] Vgl. dazu *Hazelwood School Dist. v. United States*, 433 U.S. 299, 308 (1977); *Dothard v. Rawlinson*, 433 U.S. 321 (1977); *New York Transit Authority v. Beazer*, 440 U.S. 568 (1979); *EEOC v. High Top Coal Co.*, 508 F.Supp. 553 (1980) (D.C. Tennessee).

[85] *McGinley*, MLR 1986, S. 430.

[86] Eine "common-sense/common-knowledge approach" nach *Hepple*, in Blanpain (Hrsg.) 1985, S. 123; vgl. auch *Bohon-Mitchell v. Common Professional u. a.*, IRLR 1978, S. 525; anders aber *Dix*, Gleichberechtigung 1984, S. 219.

[87] *Perera v. Civil Service Commission*, ICR 1982 (EAT), S. 350.

[88] In dieser Richtung *McGinley*, MLR 1986, S. 431; und *Dix*, ebenda, S. 219.

[89] Nicht so in den USA; vgl. *Sandler v. Eastern Airlines* (D.C. Mass.); zit. nach *McGinley*, ebenda, S. 427.

[90] s. *Pfarr/Bertelsmann*, Gleichbehandlungsgesetz 1985, S. 121 ff.

zwei Voraussetzungen kann für den Kläger besonders lästig sein, wenn die Gerichte nicht dazu bereit sind, einen Nachteil schon wegen der Zugehörigkeit zur Zielgruppe abzuleiten. In *Home Office v. Holmes* war z. B. die Klägerin in der Lage, trotz großer Schwierigkeiten[91] jedoch Vollzeitarbeit zu leisten. Diese Tatsache konnte aber nichts daran ändern, daß sie durch die zwingend vorgeschriebene Vollzeitbeschäftigung einen Nachteil erlitten hat. Eine andere Entscheidung des Employment Appeal Tribunal stimmt aber mit dieser zutreffenden Schlußfolgerung nicht überein. In *Watches of Switzerland v. Savell* entschied das Industrial Tribunal, daß das Beförderungssystem des Arbeitgebers auf grundsätzlich ungeschriebenen und subjektiven Kriterien beruhte, die der Klägerin unbekannt waren. Sie war deshalb nicht in der Lage den Anforderungen dieses Systems zu genügen. Das Employment Appeal Tribunal fand, daß ein solches Beförderungssystem eine Anforderung im Sinne von sec. 1 (1) (b) darstellte und zudem unter Umständen nachteilige Auswirkungen für Frauen im Sinne von sec. 1 (1) (b) (i) und (ii) haben könnte, bemerkte jedoch, daß nach den Erwägungen des Arbeitgebers die Klägerin, sowie alle qualifizierten Frauen, zu jeder Zeit für eine Beförderung zu höheren Stellen berücksichtigt worden wäre, und deshalb keinen Nachteil erlitten hatte[92]. Das ist nicht zutreffend. Ungeschriebene Anforderungen für eine Beförderung, welche vielleicht in männlichen Kreisen des Unternehmens früher oder besser bekannt sind, geben Männern bei der Vorbereitung ihrer Qualifikationen für eine zukünftig vakante führende Position, einen Wettbewerbsvorteil. Frauen werden so bei einer Beförderung zwar tatsächlich berücksichtigt, kommen aber wegen mangelnder Vorbereitung seltener zu leitenden Posten. Diese Einschränkung scheint aber bei den britischen Gerichten an Boden zu gewinnen. In *Perera v. Civil Service (Nr. 2)*[93] entschied der Court of Appeal, daß der Kläger die „Anforderung" als ein absolut unüberwindbares Hindernis, nicht als bloßen Nachteil wahrnehmen muß[94]. Auf jeden Fall bleibt der Nachteilsgrad, bei dem die Voraussetzung der sec. 1 (1) (b) (iii) erfüllt ist, noch ungeklärt.

Bei einer Klage über mittelbare Diskriminierung kann der Arbeitgeber entweder die diskriminierende Auswirkung der Anforderung bezweifeln, indem er z. B. neue statistische Erkenntnisse vorlegt, oder dagegen gemäß sec. 1 (1) (b) (ii) versuchen, die Anforderung selbst trotz ihrer nachteiligen Wirkung geschlechtsneutral zu rechtfertigen. Die Auslegung des Begriffs „justifiable irrespective of sex" in *Steel v. Union of Post Workers*[95] hat dem Arbeitgeber eine schwere

---

[91] "under great difficulty and protest"; die Klägerin, eine "executive officer" des britischen Home Office, wünschte nach der Geburt ihres zweiten Kindes nur noch eine Teilzeitbeschäftigung; der Home Office hat ihren Wunsch mit der Begründung zurückgewiesen, daß in ihrem Dienstgrad keine Teilzeitarbeitsplätze vorgesehen waren; diese Handlung wurde als mittelbar diskriminierend bewertet, AllER 1984, S. 549 (EAT).

[92] IRLR 1983 (EAT), S. 143.

[93] ICR 1983 (CA), S. 428.

[94] "an absolut bar rather than a mere disadvantage".

[95] ICR 1978 (EAT), S. 181, vgl. früher *Meeks v. National Union of Agricultural and Allied Workers*, IRLR 1976, S. 201.

Beweislast aufgelegt: er sollte nämlich den Nachweis erbringen, daß die Anforderung im Gesamtinteresse des Unternehmens echt, tätigkeitsbezogen und erforderlich sei. Damit waren die Grenzen einer bloßen Willkürkontrolle, bei der lediglich die Zweckmäßigkeit („convenience") einer bestimmten Maßnahme im Hinblick auf einen vom Unternehmen beliebig gesetzten Zweck überprüft wird, weit überschritten[96]. Nach dem britischen Test der Rechtfertigung sollte:

- ein legitimer Zweck vorhanden sein, der die diskriminierende Maßnahme aus Gründen der Arbeitssicherheit und der Leistungsfähigkeit notwendig machte,
- die Notwendigkeit des betrieblichen Zwecks weiterhin die diskriminierenden Auswirkungen der Maßnahme überragen,
- die umstrittene Maßnahme geeignet sein, den Zweck zu erfüllen,
- keine alternative Lösung ohne oder mit weniger diskriminierenden Auswirkungen in Betracht kommen[97].

Diese strenge Prüfung der Berechtigung einer diskriminierenden Anforderung wurde in einer Reihe von Urteilen erheblich gemildert. In *Singh v. Rowntree Mackintosh Ltd.*[98] entschied das schottische Employment Appeal Tribunal, daß die Anforderung nicht absolut erforderlich („absolutely essential") zu sein braucht. Man sollte sie mindestens als vernünftig („reasonable") nach billigem Ermessen des Arbeitgebers bewerten können[99]. Diese Rechtsprechung ist mit dem Gemeinschaftsrecht unvereinbar. Besonders nach dem Urteil das EuGH in *Bilka*[100] gelten für die Rechtfertigung einer prima facie diskriminierenden Anforderung viel strengere Maßstäbe[101]. Man sollte hier noch bemerken, daß der SDA keine Anwendung auf vertraglich festgesetzte Beschäftigungsbedingungen findet. So wird die mittelbare Diskriminierung im Bereich des Entelts, der Arbeitszeit, des Urlaubs u.s.w. von dem Equal Pay Act 1970 (EqPA) geregelt. Im Bereich des EqPA gelten jedoch strengere Berechtigungsvoraussetzungen, die

[96] *Dix*, Gleichberechtigung 1984, S. 164; vgl. aber *Martiny*, RabelsZ 1978, S. 132.

[97] Damit orientierte sich das EAT an dem amerikanischen Test der "business necessity", wie er in *Griggs v. Duke Power Co.*, 401 U.S. 424 (1971) und *Robinson v. Lorillard Corp.*, 404 U.S. 1006 (1971), formuliert wurde; vgl. auch 444 F.2d 791 (4th Cir. 1971).

[98] ICR 1979 (EAT), S. 544; es ging in diesem Fall um ein Bartverbot aufgrund der Arbeitsumgebung; Schnurrbärte waren dagegen zugelassen; der Arbeitgeber wollte die Einführung von Gesichtschutzhüllen nicht in Betracht ziehen.

[99] Dieser Standard wurde aber in *Ojutiku v. Manpower Services Commission*, IRLR 1982 (CA), S. 418, weiter relativiert: Lord Justice Eveleigh hat vorgetragen, daß "if a person produces reasons for doing something which would be acceptable to right thinking people as sound and tolerable reasons for so doing then he is justified in his conduct"; das ist aber längst keine Rechtfertigung einer diskriminierenden Handlung mehr.

[100] EuGH v. 13.5.86, Rs. 170/84 *(Bilka-Kaufhaus g. K. Weber von Hartz)*, NZA 1986, S. 599.

[101] Nach Ansicht von *Lester*, in Verwilghen (Hrsg.), Bd. II 1986, S. 418 ff., könnte die Wiederherstellung eines strengeren Tests während des Revisionsverfahrens in *Rainey v. Greater Glaskow Health Board District* im House of Lords erfolgen; vgl. aber die Rechtsprechung des EAT vorinstanzlich, IRLR 1984 (EAT), S. 88, die für die Zulässigkeit der sog. "market forces defence" entscheidet; über diesen Problemkreis s. im einzelnen unten §6CII.

grundsätzlich vom Employment Appeal Tribunal in *Jenkins v. Kingsgate (Clothing Productions) Ltd.*[102] nach dem entsprechenden Urteil des EuGH festgelegt sind[103].

3. Mittelbare Diskriminierung im Gemeinschaftsrecht – Die Rechtsprechung des EuGH

Die EWG-Gleichbehandlungsrichtlinien fordern zwar ausdrücklich die Beseitigung von mittelbaren Diskriminierungen aufgrund des Geschlechts, liefern aber keine Definition des Begriffs dieser Form unerlaubter Handlung[104]. Die Konkretisierung dieses Gebots erfolgte so ausschließlich durch den EuGH in vier diesbezüglichen Urteilen: *Jenkins*[105], *Bilka-Kaufhaus*[106] und *Rinner-Kühn*[107] behandeln die Frage, ob und inwieweit die Bezahlung eines geringeren Stundenlohns für Teilzeit- als für Vollzeitarbeit, der Ausschluß der Teilzeitbeschäftigten von der betrieblichen Altersversorgung oder die Ausnahme der geringfügig Beschäftigten von der Lohnfortzahlung im Krankheitsfall durch gesetzliche Regelung als mittelbare Diskriminierungen aufgrund des Geschlechts im Sinne des Art. 119 EWGV angesehen werden können. In *Rummler*[108] beschäftigt sich der EuGH mit eventuellen für Frauen nachteiligen Auswirkungen der Verwendung von Kriterien wie „muskuläre Beanspruchung/Belastung" oder „Arbeitsschwere" in Systemen beruflicher Einstufung[109]. Alle vier Urteile stützen sich so auf Art. 119 EWGV und die Richtlinie 75/117, diese Rechtsprechung kann jedoch analog auf den gesamten Bereich der gemeinschaftsrechtlichen Gleichberechtigung der Geschlechter Anwendung finden.

---

[102] ICR 1981 (EAT), S. 715.

[103] Teil II Fn. 105.

[104] Eine Definition des Begriffs der mittelbaren Diskriminierung beinhaltet jedoch der Vorschlag der Kommission für eine Richtlinie des Rates zur Beweislast im Bereich des gleichen Entgelts und der Gleichbehandlung von Frauen und Männern: gemäß Art. 5 des am 27.5.1988 vorgelegten Richtlinienvorschlags „liegt eine mittelbare Diskriminierung im Sinne des Grundsatzes der Gleichbehandlung vor, wenn eine ihrem Wortlaut nach neutrale Vorschrift ein Kriterium oder ein Verfahren enthält, das für die Person eines Geschlechts, insbesondere wegen des Bezugs auf den Ehe- oder Familienstand, tatsächlich eine unverhältnismäßige nachteilige Wirkung hat, die nicht durch zwingende Gründe oder Umstände gerechtfertigt ist, die in keinem Zusammenhang mit dem Geschlecht der betroffenen Person stehen.", ABl. Nr. C 176 v. 5.7.88, S. 6.

[105] EuGH v. 31.3.81, Rs. 96/80 *(Jenkins g. Kingsgate Ltd.)*, Slg. 1981, S. 911 ff.

[106] EuGH v. 13.5.86, Rs. 170/84 *(Bilka-Kaufhaus GmbH g. Weber v. Hartz)*, Slg. 1986, S. 1607-1631; NZA 1986, S. 599.

[107] EuGH v. 13.6.1989, Rs. 171/88 *(Rinner-Kühn g. FWW Spezial-Gebäudereinigung GmbH & Co. KG)*, (unveröff.).

[108] EuGH v. 1.7.86, Rs. 237/85 *(Rummler g. Dato-Druck GmbH)*, Slg. 1986, S. 2101-2119.

[109] Zur mittelbaren Diskriminierung bei der Einstufung und Lohnfindung im einzelnen unten § 6 B II.

a) Das *Jenkins*-Urteil

Wie oben schon erwähnt, kann nach ständiger Rechtsprechung des EuGH[110] eine rechtswidrige Ungleichbehandlung nicht nur bei der Anwendung eines Kriteriums vorliegen, das im Gesetz ausdrücklich als unzulässig bezeichnet wird, sondern auch bei der Anwendung anderer Kriterien, die zum gleichen Ergebnis führen. Mit der Frage insbesondere, ob Art. 119 EWGV auch solche geschlechtsneutrale Bedingungen untersagt, die eine nachteilige Auswirkung für einen erheblich größeren Anteil weiblicher Arbeitnehmer haben könnte, hat sich der EuGH zum ersten Mal nach einem Vorlagebeschluß des britischen Employment Appeal Tribunal auseinandergesetzt[111]. Zusammenfassend wurde dabei gefragt, ob ein Unterschied in der Höhe des nach Zeit bezahlten Stundenlohns für eine auf Teilzeitbasis verrichtete Arbeit und die gleiche Arbeit, die während der vollen Arbeitszeit geleistet wird, unter Umständen eine nach Art. 119 EWGV verbotene Diskriminierung darstellen könnte, wenn die Gruppe der Teilzeitbeschäftigten ausschließlich oder überwiegend aus weiblichen Arbeitnehmern besteht[112].

Der EuGH beschloß, daß falls die unterschiedliche Entlohnung der Teilzeit- und der Vollzeitarbeit auf „wirtschaftlichen" oder „anderen Gründen" beruht, die „objektiv gerechtfertigt sind" und „nichts mit einer Diskriminierung aufgrund des Geschlechts zu tun haben", so ist diese Lohnpolitik des Unternehmens mit Art. 119 EWGV grundsätzlich vereinbar[113]. Eine solche Lohnpolitik sei dann

---

[110] Zur Diskriminierung aufgrund der Staatsangehörigkeit, a.a.O., Teil II Fn. 19 und 20.

[111] Vorlagebeschluß des EAT v. 25.2.1980, CMLR 1980, S. 81 ff.; vor dem Industrial Tribunal hat sich die Klägerin in der ersten Instanz ausschließlich auf den EqPA 1970 gestützt; gemäß sec. 1 (1) EqPA wird der Einzelarbeitsvertrag jeder in Großbritannien arbeitenden Frau kraft Gesetzes um eine implizite Gleichheitsklausel ergänzt, welche in Fällen von Diskriminierung eine Angleichung des Arbeitsvertrags der Frau an den eines begünstigten Mannes (und umgekehrt) bewirkt; gemäß sec. 1 (3) EqPA erfolgt allerdings keine solche Angleichung, wenn der Arbeitgeber nachweist, daß die Abweichung wirklich auf einem wesentlichen geschlechtsneutralen Unterschied zwischen den beiden Fällen beruht; das IT stellte in seinem Urteil v. 5.2.1979 fest, daß bei Teilzeitarbeit eine wöchentliche Arbeitszeit, die 75% der vollen Arbeitszeit ausmacht, genüge, um einen „wesentlichen Unterschied im Sinne der sec. 1 (3) zu begründen"; danach stützte sich die Klägerin vor dem EAT auf Art. 119 EWGV und Art. 1 der Richtlinie 75/117.

[112] Nach einer Mitteilung der Kommission an den Ständigen Ausschuß für Beschäftigung, KOM (80) 405 endg. v. 17.7.1980, war der Anteil der Frauen unter den Teilzeitarbeitnehmern in Deutschland und Großbritannien am höchsten in der Gemeinschaft und betrug 1980 etwa 93% der gesamten Teilzeitbevölkerung; vgl. auch *Robinson*, ILR 1979, S. 301.

[113] Die Benachteiligung Teilzeitbeschäftigter wird an sich nicht im Rahmen des hier in Rede stehenden Teils der EG-Sozialpolitik untersagt; Differenzierungen zwischen Vollzeit- und Teilzeitarbeitskräften sind mehrmals von innerstaatlichen Gerichten auch gebilligt worden, vgl. z.B. BAG v. 1.6.78, BetrAV 1979, S. 200; nur in dem Fall, daß sich diese Benachteiligung mit einer „mittelbaren" Diskriminierung aufgrund des Geschlechts identifizieren läßt, kann die EG-Norm eingreifen; Gemeinschaftsaktionen, die sich direkt mit der Gleichstellung von Teilzeit- und Vollzeitarbeitnehmern beschäftigen, werden seit langem diskutiert; vgl. die Entschließung des Parlaments v. 11.2.81, ABl. Nr. C 50 v. 9.3.81, S. 40, Rdnr. 15 ff.; und den Richtlinienvorschlag der Kommission, ABl. Nr. C 62 v. 12.3.82 und Nr. C 18 v. 22.1.83; über

insbesondere als geschlechtsneutral anzusehen, „wenn der Arbeitgeber dadurch aus objektiv gerechtfertigten wirtschaftlichen Gründen das Ziel verfolgt, unabhängig vom Geschlecht des Arbeitnehmers einen Anreiz zur Vollzeitarbeit zu geben“[114].

Sobald aber die Lohnpolitik des betreffenden Unternehmens:

i) unter Berücksichtigung der Schwierigkeiten, die die weiblichen Arbeitnehmer haben, um die Mindestzahl der Wochenarbeitsstunden leisten zu können, die die Voraussetzung für den Anspruch auf den Stundenlohn zum vollen Satz ist,

ii) nicht durch Umstände zu klären ist, die eine Diskriminierung aufgrund des Geschlechts ausschließen, denn,

iii) wenn es sich herausstellt, daß ein erheblich geringerer Prozentsatz der weiblichen Arbeitnehmer als der männlichen Arbeitnehmer diese Mindestzahl pro Woche leistet,

„so steht das ungleiche Entgelt dann im Widerspruch zu Artikel 119 EWG-Vertrag“[115].

Die Beurteilung in jedem Einzelfall, ob diese „geschlechtsunabhängigen wirtschaftlichen Gründe“, welche die Anwendung der im Ergebnis diskriminierenden Bedingung rechtfertigen, tatsächlich vorliegen, sei „ausschließlich Sache des nationalen Gerichts“, das in Anbetracht i) der „tatsächlichen Umstände“, ii) der „Vorgeschichte“ und iii) der „Beweggründe“ des Arbeitgebers entscheiden soll. Eine durch Art. 119 EWGV verbotene Diskriminierung liege erst dann vor, wenn sich das innerstaatliche Gericht davon überzeugt, daß die umstrittene Lohnpolitik des Beklagten „in Wirklichkeit nur ein indirektes Mittel dafür ist“, das Lohnniveau der Zielgruppe (in diesem Fall der Teilzeitbeschäftigten) aus

---

die allgemeinen arbeits- und sozialrechtlichen Nachteile bei Teilzeitarbeit sowie über die Erforderlichkeit einer diesbezüglichen Regelung vgl. *Bertelsmann/Rust*, RdA 1985, S. 146 ff.; in mehreren Mitgliedsländern ist jedoch inzwischen ein relatives Gleichbehandlungsgebot für Teilzeitarbeitnehmer unabhängig von ihrem Geschlecht gesetzlich verankert worden; so in der BRD das seit 1.5.85 geltende BeschFG 1985; dazu im einzelnen *Uebelhack*, BetrAV 1985, S. 216; in Frankreich das Gesetz v. 28.1.1981 (Art. L. 212-4-2 und folgende des CT) in der durch die Ordonance Nr. 82-271 v. 26.3.82, JO v. 28.3.82, geänderten Fassung; dazu im einzelnen *Teyssié*, Dr.Soc. 1982, S. 396 ff. m.w.N.; *Rossi*, Dr.Soc. 1987, S. 162-164; einen vergleichenden internationalen Überblick der Entwicklung der Teilzeitarbeit bietet *de Neuburg*, ILR 1985, S. 559 ff.

[114] Der EuGH erwähnt hier die Grundargumente der Firma Kingsgate vor dem Industrial Tribunal, wo die höhere Entlohnung der Vollzeitbeschäftigten als nicht-diskriminierend beurteilt wurde, weil sie das Fernbleiben vom Arbeitsplatz verhinderte, die optimale Ausnutzung des kostspieligen Maschinenparks der Fabrik sicherte und einen Anreiz für höhere Produktivität darstellte, was für den Arbeitgeber von wirtschaftlicher Bedeutung war; vor dem EuGH konnte es sich die Firma ohne Bewilligung des Armenrechts nicht leisten, sich vertreten zu lassen; die Klägerin war dagegen während des ganzen Verfahrens von ihrer Gewerkschaft (National Union of Tailors and Garment Workers) und von der britischen Equal Opportunities Commission unterstützt worden.

[115] *Jenkins*-Urteil, Nr. 13 der Gründe.

dem Grund zu senken, weil diese Arbeitnehmergruppe „ausschließlich oder überwiegend" aus weiblichen Personen besteht[116].

Das *Jenkins*-Urteil liefert so die erste Definition der mittelbaren Diskriminierung im europäischen Gemeinschaftsrecht, ohne jedoch ausdrücklich diesen Begriff zu verwenden[117]. Dabei hat der EuGH zwar keinen deutlichen Bezug auf die amerikanische oder britische Gesetzgebung oder Rechtsprechung genommen, wie schon vorher der Generalanwalt[118], es liegt jedoch auf der Hand, daß die Grundrisse des Begriffs im EG-Recht diejenigen im angelsächsischen Recht nachbilden[119]: So versteht der EuGH darunter auch eine „geschlechtsneutral formulierte Voraussetzung für den Anspruch" auf einen Nutzen, die von einem „erheblich geringeren Prozentsatz weiblicher [oder männlicher] Arbeitnehmer", nämlich „wegen Schwierigkeiten", erfüllt werden kann und die auf keinerlei „objektiv gerechtfertigten geschlechtsneutralen wirtschaftlichen Gründen" beruht.

Das *Jenkins*-Urteil hat aber gleichzeitig eine Reihe Auslegungsfragen aufgeworfen. Insoweit vermißt man die begriffliche Klarheit mancher amerikanischen und britischen Entscheidungen.

Zum einen hat der EuGH keine Erklärung über die Natur der Schwierigkeiten gegeben, die zu stärkerer Betroffenheit des einen Geschlechts führen können, oder über die Reichweite der Verpflichtung des Arbeitgebers, solche Schwierigkeiten zu berücksichtigen oder vielleicht sogar auszugleichen. Der Tatbestand in *Jenkins*, nämlich die Teilzeitarbeit, die eine typische Beschäftigungsform verheirateter Frauen nur deswegen darstellt, weil die Frauen dadurch berufliche und familiäre Verpflichtungen unter einen Hut bringen, weist vermutlich darauf hin[120], daß solche „Schwierigkeiten" in der Regel auf Gründen beruhen, die mit dem Geschlecht oder den sozialtypischen Geschlechtsrollen zu tun haben. Es ist freilich kaum vorstellbar, daß eine unterschiedliche Betroffenheit der Geschlechter durch eine neutrale Maßnahme nicht durch das Geschlecht oder die geschlechtsspezifische Rollenteilung erklärt werden kann. Es fragt sich jedoch, ob der Arbeitgeber immer der richtige Adressat für das Verbot der mittelbaren Diskriminierung ist, besonders in dem Fall, daß die faktische Ungleichheit der Geschlechter außerhalb oder in anderen Bereichen des Erwerbslebens gegeben ist, so daß eine abweichende Ausgestaltung der Politik des Unternehmens entweder diese nachteilige Betroffenheit nicht zu ändern vermöchte oder eher in den

---

[116] Ebenda Nr. 14-15 der Gründe.

[117] Das liegt wahrscheinlich an einem nach *Defrenne-II* weit verbreiteten Mißverständnis, wonach der Maßstab für die Unterscheidung zwischen unmittelbarer und mittelbarer Diskriminierung angeblich derselbe sein sollte, wie der Maßstab für die Feststellung der Formen von Diskriminierung, bei denen Art. 119 EWGV unmittelbar anwendbar ist; der EuGH hat die Gelegenheit in *Jenkins* sowie in *Worringham* zur Aufklärung genutzt; im einzelnen s. u. § 4 A.

[118] s. teil II Fn. 68.

[119] Zutreffend dazu *Pfarr / Bertelsmann*, Gleichbehandlungsgesetz 1985, S. 92, Rdnr. 192.

[120] Anders aber *Pfarr*, NZA 1986, S. 586.

Bereich der Kompensation geraten würde, welche allerdings zu den Zuständigkeiten des Staates zu zählen ist[121]. Der EuGH hat erst in *Bilka* Klarheit in diesem Punkt geschafft.

Zum anderen sind die Formulierungen des EuGH in bezug auf die Rechtfertigung der diskriminierenden Maßnahme zweideutig. Danach sollte einerseits die Politik des Arbeitgebers auf solchen „wirtschaftlichen Gründen" basieren, die „objektiv gerechtfertigt" sind und „nichs mit dem Geschlecht zu tun haben", andererseits das innerstaatliche Gericht diese Politik u.a. „in Anbetracht der Beweggründe des Arbeitgebers" beurteilen. Es ist fraglich nach dieser Formulierung, ob der Arbeitgeber sich verteidigen kann, indem er einfach beweist, daß er keine diskriminierende Absicht hatte und einen anderen Zweck verfolgte, wie z.B. die Erhöhung der Produktivität und die Sicherstellung einer intensiven Nutzung des teuren Maschinenparks, oder ob er darüber hinaus verpflichtet ist, den Beweis dafür zu erbringen, daß die umstrittene Politik die einzige oder die weniger diskriminierende, objektiv gerechtfertigte Methode war, um das angestrebte wirtschaftliche Ziel zu erreichen. Aus dem Wortlaut des Urteils können zweifelsohne beide Standards abgeleitet werden[122].

Das Employment Appeal Tribunal hat sich in seinem Beschluß vom 3.7.1981[123] für den strikteren Test entschieden und hielt indirekt benachteiligende Entgeltfestsetzungsverfahren nur dann für zulässig, wenn sie betriebswirtschaftlich notwendig und ohne diskriminierungsfreie Alternativen zur Erreichung der betriebswirtschaftlichen Ziele, z.B. einer optimalen Auslastung des Maschinenparks, sind[124]. Diese im Ergebnis zutreffende Schlußfolgerung beruht jedoch auf zwei fehlerhaften Überlegungen, die nur durch die begriffliche Unklarheit des EuGH-Urteils zu verstehen sind. Browne-Wilkinson J. hat das EuGH-Urteil so ausgelegt, als ob Art. 119 EWGV nur die „absichtliche mittelbare Diskriminierung" verbieten würde[125]. Er betonte aber weiter, daß nach den Regeln des Gemeinschaftsrechs den innerstaatlichen Gerichten die Möglichkeit immerhin unbenommen sei, Arbeitspersonen unter nationalen Vorschriften „mehr Recht" (greater rights) als das zu gewähren, was nach den unmittelbar anwendbaren EG-Vorschriften übertragen werden sollte[126]. Diese Erwägungen des britischen Gerichts sind nicht zutreffend.

---

121 Dazu im einzelnen *Pfarr/Bertelsmann*, Gleichbehandlungsgesetz 1985, S. 107 ff.

122 So *Crisham*, CMLR 1981, S. 602 f.

123 In Anwendung des EuGH-Urteils, ICR 1982, S. 715.

124 *Wallington*, ILJ 1979, S. 238.

125 In dieser Richtung auch *Dix*, Gleichberechtigung 1984, S. 122; vgl. auch *Wooldridge/Thomson*, LQR 1982, S. 188.

126 Die Gewährung von "greater rights" durch den strikteren Rechtfertigungsmaßstab hat Justice Browne-Wilkinson auch deshalb für notwendig gehalten, weil sec. 1 (3) des EqPA 1970 mit dem SDA 1975 "harmoniously" übereinstimmen sollte, IRLR 1981, S. 388, insb. 394.

Für das Tatbestandsmerkmal der mittelbaren Diskriminierung ist sowohl im amerikanischen[127] als auch im britischen Recht[128] eine diskriminierende Absicht des Arbeitgebers fast[129] in jeder Beziehung unerheblich. Im Bereich des EG-Rechts gibt es auch keine Grundlage für eine absichtsabhängige Begriffsbestimmung: weder im Art. 119 EWGV noch in den EG-Richtlinien befindet sich eine Rechtsfolge, die von einem subjektiven Element abhängt. In der Rechtsprechung des Gerichtshofes über die Benachteiligung aufgrund der Staatsangehörigkeit scheint die diskriminierende Absicht für die Feststellung der mittelbaren Diskriminierung im Sinne des Art. 7 EWGV völlig unerheblich[130]. Unter diesen Umständen ist die Formulierung des EuGH in *Jenkins* wirklich verwirrend[131]. Nach Ansicht von Plender[132] dürfte die Erwägung des EuGH nicht dahin ausgelegt werden, daß eine Lohnpolitik, die nicht objektiv gerechtfertigt werden kann und im Ergebnis diskriminierend ist, jedoch als rechtsmäßig toleriert werden muß, wenn und insoweit der Arbeitgeber keine diskriminierende Absicht gehabt hat. Eine dahingehende Auslegung würde zufällige oder einfach rücksichtslose Handlungen völlig außer Acht lassen. Plender meint dagegen, dieses Zusammenknüpfen des subjektiven Elements der diskriminierenden Absicht des Arbeitgebers einerseits und der objektiven Rechtfertigung seiner Politik andererseits könne vielleicht durch die Rolle, die diese beiden Elemente für die Beweislastverteilung im innerstaatlichen Gericht spielen, aufgeklärt werden. Er macht weiter geltend, daß der EuGH in diesem Punkt von der Rechtsprechung des Supreme Court in *Texas Dept. of Community Affairs v. Burdine*[133] beeinflußt ist. Nach dieser Rechtsprechung kann sich ein Arbeitgeber mit Erfolg gegen eine

---

[127] Zumindest in Title VII, sec. 703 (1) (2) des CRA 1964, wie er in *Griggs* und *Dothard* ausgelegt ist; so *Post*, LIEI 1981, S. 84; *Steiner*, LIEI 1983, S. 401, bemerkt, daß diese Tatsache erst nach der Rechtsprechung des EAT in *Jenkins v. Kingsgate*, IRLR 1981, S. 388, im Bereich des EqPA 1970 allgemein anerkannt wurde; dagegen hat der US-S.Ct aus dem amerikanischen 14. Verfassungszusatz (Fourteenth Amendment "Equal Protection and Due Process clauses") nur ein Verbot der „absichtlichen" Diskriminierung abgeleitet, vgl. *Washington v. Davis*, 426 U.S. 229 (1976); und *Personnel Administrator v. Feeney*, 442 U.S. 256 (1979): "purposeful discrimination is the condition that offends the Constitution".

[128] *Richards*, ILJ 1976, S. 37; *Martiny*, RabelsZ 1978, S. 130 m.w.N.

[129] Gemäß sec. 65 (1) (b) und 66 (3) SDA 1975 kann sich jedoch der Arbeitgeber der Schadensersatzpflicht entziehen, wenn er das Fehlen der Benachteiligungsabsicht bei einer „indirekten" Diskriminierungspraxis beweisen kann, vgl. *Dix*, Gleichberechtigung 1984, S. 151; dieses subjektive Element hat aber für die Feststellung der Diskriminierung keine Bedeutung; die Formulierung eines Tatbestandes der „objektiven Diskriminierung" macht, so Dix, deutlich, daß der britische Gesetzgeber nicht mehr lediglich die Benachteiligungsabsicht einzelner Arbeitgeber sondern alle objektiv ungerechtfertigten Beschäftigungsschranken für Frauen aus Gründen des öffentlichen Interesses mißbilligt, ebenda, S. 151.

[130] Vgl. dazu *Sundberg-Weitman*, Discrimination on Grounds of Nationality, North Holland 1977, Rdnr. 4.3, 4.4, 7.2.

[131] *Crisham*, CMLR, 1981, S. 605; vgl. auch *Szyszczak*, MLR 1981, S. 679-681, die diese Formulierung des EuGH als eine "deliberately evasive policy choice in the employment field" bewertet.

[132] AJCL 1982, S. 650; vgl. dazu auch *McCrudden*, ILJ 1983, S. 214-215.

[133] 450 U.S. 248 (1981).

Klage über mittelbare Diskriminierung wehren, wenn er beweist, daß seine Politik objektiv gerechtfertigt ist. Jedoch wäre es dann dem Arbeitnehmer unbenommen, den Standpunkt des Arbeitgebers zu entkräften, indem er seinerseits beweist, daß der Arbeitgeber in Wirklichkeit die Absicht hatte, eben aufgrund des Geschlechts zu diskriminieren. Es mag hier dahingestellt bleiben, ob und inwieweit der Gerichtshof diese Entscheidung zur Kenntnis genommen hat. Sie ist jedenfalls in *Jenkins* nicht erwähnt. Zum anderen ist aber diese Auffassung trotzdem in der Lage, das subjektive Element der diskriminierenden Absicht in seinen richtigen Rahmen zu placieren: nämlich noch nicht bei der Feststellung, ob eine mittelbare Diskriminierung tatsächlich vorliegt, sondern erst bei der Beurteilung, ob sie objektiv gerechtfertigt werden kann. Dieses Urteil wird, wie gesagt, ausschließlich vom nationalen Richter gefällt. Bei der Prüfung der Frage, ob die Gründe für die Anwendung der im Ergebnis diskriminierenden Bedingung objektiv gerechtfertigt werden können, ist der Richter frei, auch subjektive Elemente zu berücksichtigen. Als subjektives Element könnte hier z. B. die Bereitschaft des Arbeitgebers in Betracht kommen, alle daran interessierten Teilzeitarbeitnehmer tatsächlich und ernst in Vollzeitarbeitsplätzen zu beschäftigen, was nicht immer der Fall ist[134]. Diese Bereitschaft kann wohl sehr erheblich sein für die Beurteilung der Ernsthaftigkeit der Gründe, die als objektiv vorgeschoben werden. Es wäre bloß absurd, wenn der Arbeitgeber einerseits seine Politik der unterschiedlichen Entlohnung von Teilzeit- und Vollzeitarbeit dadurch rechtfertigen könnte, daß er eine optimale Auslastung des Maschinenparks und eine Bekämpfung von Abwesenheit verfolgt, ohne auf der anderen Seite bereit zu sein, alle interessierten Teilzeitarbeitnehmer in der Vollzeit zu beschäftigen.

Diese Auffassung steht im Einklang mit den Schlußanträgen des Generalanwalts in *Jenkins* und mit der Tatsache, daß der EuGH in *Bilka-Kaufhaus* keine subjektiven Faktoren mehr heranzieht. So wird in erster Linie eine mittelbare Diskriminierung anhand von drei objektiven Tatbestandsmerkmalen festgestellt: die uniforme Anwendung einer Bedingung, Anforderung oder Maßnahme, die geschlechtsneutral ausgestaltet ist, ihre unverhältnismäßig größere nachteilige Auswirkung auf die Angehörigen eines Geschlechts, und schließlich die Erklärung der unterschiedlichen Betroffenheit der Geschlechter durch die neutral formulierte und angewandte Bedingung durch das Geschlecht oder die Geschlechtsrollen. Die Glaubhaftmachung der zwei ersten Merkmale obliegt

---

[134] Neuere arbeitswissenschaftliche Erkenntnisse zeigen, daß die Arbeitsproduktivität der Teilzeitbeschäftigten nicht erheblich geringer sei, so *Crinius/Schaft*, Teilzeitbeschäftigung im öffentlichen Dienst, Hamburg 1976, zit. nach *Dix*, Gleichberechtigung 1984, S. 120; eine Untersuchung in den Niederlanden hat gezeigt, daß die Beschäftigung von Teilzeitkräften für bestimmte Arbeitgeber vorteilhaft ist und gleiche Betriebskosten wie die Vollzeitbeschäftigung verursacht; vgl. *Robinson*, ILR 1979, S. 299; 72,8% der befragten Arbeitgeber in der *Hunt*-Untersuchung – *A. Hunt*, Management Attitudes and Practices Towards Women at Work, 1975 – erklärten sich bereit mehr Teilzeitarbeitsplätze zu beschaffen, zit. nach *Szyszczak*, MLR 1981, S. 673; ähnlich *Schoden*, 1983, S. 30; anders *Sieg*, SAE 1982, S. 260, der meint, die Vollzeitarbeit sei für den Arbeitgeber günstiger.

dem Kläger, der sich dabei auf globale Statistiken und andere staatliche Quellen berufen kann. Es ist Sache des Gerichts weiterhin die eventuelle Korrelation zwischen den Unterschieden im statistischen Bild und dem Geschlecht zu untersuchen. Einen Widerspruch kann auch der Arbeitgeber sowohl gegen die vorgebrachten statistischen Daten als auch gegen die geschlechtsbezogene Interpretation dieser Daten durch das Gericht erheben. Wenn ihm dieser Widerspruch nicht gelingt, kann er immer noch versuchen, die bereits festgestellte mittelbare Diskriminierung zu rechtfertigen.

b) Die Urteile *Bilka-Kaufhaus* und *Rinner-Kühn*

Der EuGH hat, wie bekannt, in *Jenkins* keine genauen Angaben über die Art der Gründe gemacht, die für eine solche Rechtfertigung genügen[135]. Der Rechtfertigungsmaßstab wurde vom EuGH im *Bilka*-Urteil[136] genau festgelegt. In diesem Fall nahm ein Kaufhausunternehmen, das überwiegend Frauen beschäftigte, Teilzeitarbeitnehmer von seinen betrieblichen Versorgungsleistungen aus, obwohl von dieser Ausnahme unverhältnismäßig mehr Frauen als Männer betroffen waren. In dieser Rechtssache wurde von der Kommission vorgetragen, daß es für den Ausschluß eines Verstoßes gegen Art. 119 nicht genügt darzustellen, daß der Arbeitgeber mit einer Politik, die im Ergebnis die weiblichen Arbeitnehmer benachteiligt, andere Ziele als die Diskriminierung der Frauen verfolgt. Die in Rede stehende Lohnpolitik sei danach zu beurteilen, ob sie im Verhältnis zu den vom Arbeitgeber verfolgten Zielen erforderlich und verhältnismäßig sei. Der EuGH ist dieser Ansicht gefolgt und entschied, daß die vom Arbeitgeber gewählten Mittel die Voraussetzungen erfüllen müssen, einem „wirklichen Bedürfnis“ des Unternehmens zu dienen und für die Erreichung dieses Ziels „geeignet und erforderlich“ zu sein. Diese Linie stimmt mit der Schlußfolgerung des Employment Appeal Tribunal in seiner nach dem EuGH-*Jenkins*-Urteil getroffenen Entscheidung mit demselben Namen vom 3.7.1981 im Ergebnis überein[137]. Der EuGH scheint hier an den „business necessity“-Konzept der amerikanischen Rechtsprechung anzuknüpfen[138]. Darüber hinaus ist die Erforderlichkeit der betrieblichen Ziele im Hinblick auf die diskrimi-

[135] Im einzelnen *Treu*, in Verwilghen (Hrsg.), Bd. I 1986, S. 143-145.

[136] NZA 1986, S. 599.

[137] Times Law Reports, 8 July 1981, und *Crisham*, CMLR 1981, S. 602.

[138] Zutreffend bemerkt *Pfarr*, NZA 1986, S. 587, daß die Kontrolle der unternehmerischen Entscheidung, die der umstrittenen Anforderung zugrundeliegt, in drei Stufen verläuft: i) Rechtfertigung des Ziels, das mit der geschlechtsspezifisch wirkenden Maßnahme erreicht werden soll, durch „zwingende“ – in Anlehnung auf dem Vorlagebeschluß des BAG, der von „Sachzwang“ spricht, NZA 1984, S. 84, – objektive wirtschaftliche Gründe, ii) Kontrolle der Geeignetheit der Maßnahme das Ziel unter i) zu erreichen, und iii) Kontrolle der Verhältnismäßigkeit der konkreten Maßnahme unter Berücksichtigung anderer, weniger nachteiliger, aber gleich wirksamer Alternativen.

nierende Wirkung der angewandten Politik zur Erreichung dieser Ziele auf der Grundlage des Verhältnismäßigkeitsprinzips zu beurteilen[139].

Diese Rechtsprechung wurde auch in *Rinner-Kühn*[140] fortgesetzt. Es handelte hier um die Frage[141], ob eine gesetzliche Regelung[142], die es den Arbeitgebern gestattet, von der Lohnfortzahlung im Krankheitsfall diejenigen Arbeitnehmer auszunehmen, deren regelmäßige Arbeitszeit wöchentlich zehn Stunden oder monatlich 45 Stunden nicht übersteigt, mit Art. 119 EWGV und der Rl. 75/117 vereinbar ist, obwohl zu dieser Arbeitnehmerkategorie überwiegend Frauen gehören. Der EuGH hat diese Frage folgendermaßen beantwortet:

> „Kann der Mitgliedstaat darlegen, daß die gewählten Mittel einem notwendigen Ziel seiner Sozialpolitik dienen und für die Erreichung dieses Ziels geeignet und erforderlich sind, so kann in dem bloßen Umstand, daß die Gesetzesbestimmung eine wesentlich größere Anzahl von weiblichen als von männlichen Arbeitnehmern trifft, keine Verletzung des Art. 119 gesehen werden."[143]

Bilka hat auch einen weiteren problematischen Punkt aufgeklärt. Bei der Frage nach der Natur der Faktoren, die eine unterschiedliche Betroffenheit der Geschlechter bewirken, sowie der Reichweite der Verpflichtungen des Arbeitgebers in Fällen von faktischen Ungleichheiten der Arbeitnehmer eines Geschlechts hat der EuGH auf die traditionelle Rollenverteilung abgestellt und entschieden, daß „beim gegenwärtigen Stand des Gemeinschaftsrechts der Arbeitgeber nicht verpflichtet werden kann, durch die Regelung der betrieblichen Zusatzrenten einen Ausgleich für die besonderen Schwierigkeiten der Arbeitnehmer zu schaffen, die aufgrund ihrer familiären Verpflichtungen einer Teilzeitarbeit nachgehen." Nach Ansicht des EuGH dürfen zwar die „soziokulturellen Zwänge", denen die arbeitenden Frauen unterworfen sind und die hinter die Rechtssachen *Jenkins* und *Bilka* stehen, nicht vom Arbeitgeber ausgenutzt werden[144], sie können ihm aber andererseits auch keine zusätzlichen Verpflichtungen auferlegen, die seinen normalen Entscheidungsspielraum im Rahmen der Personalpolitik einschränken. Maßnahmen, die eine gerechtere Teilung der Pflichten in Familie und Beruf bewirken können, so daß die Unterschiede im Erwerbsprofil der Geschlechter beseitigt werden, fallen nicht in den Bereich des Art. 119[145]. Dieses Ziel kann die Gemeinschaft nur im Rahmen einer auf Art. 117

---

[139] Zur Anwendung des Verhältnismäßigkeitsprinzips im EG-Recht vgl. EuGH v. 17.12.1970, Rs. 11/70 *(Internationale Handelsgesellschaft)*, Slg. 1970, S. 1125, Nr. 22-23 der Gründe.

[140] EuGH v. 13.7.89, Rs. 171/88 *(Rinner-Kühn)* (unveröff.).

[141] Vom Arbeitsgericht Oldenburg um Vorabentscheidung vorgelegt.

[142] § 1 Abs. 3 Nr. 2 des deutschen Lohnfortzahlungsgesetzes v. 27.7.69, BGBl. I 1969, S. 946.

[143] *Rinner-Kühn*, Nr. 14 der Gründe.

[144] Nach Ansicht von *Schoden*, 1983, S. 31, gibt es jedoch Unternehmen, die sich die Tatsache des häufigeren Unterbrechens des Arbeitsverhältnisses seitens der Frauen in der Weise zunutze machen, daß sie in Versorgungszusagen längere Wartezeiten vorsehen, so daß Frauen in erheblich geringerem Umfang als Männer unverfallbare Betriebsrentenanwartschaften erwerben können.

EWGV gestützten Sozialpolitik verfolgen[146]. Insofern hat das Rechtsinstitut der mittelbaren Diskriminierung keinerlei kompensatorische Funktionen[147] und darf deshalb nicht in die Problematik der positiven Aktion einbezogen werden[148].

4. Bezugnahme auf den Ehe- oder Familienstand

Art. 2 (1) der Richtlinie 76/207/EWG[149] verbietet jede Form „mittelbarer Diskriminierung", erwähnt aber „insbesondere" die mittelbaren Diskriminierungen, die „unter Bezugnahme auf den Ehe- oder Familienstand" erfolgen[150]. Im Gegensatz zum britischen[151], irischen[152], griechischen[153], italienischen[154] und teilweise französischen[155] Anpassungsgesetz, wo das Verbot der direkten sowie der indirekten Diskriminierung aufgrund des Familienstandes ausdrücklich und unabhängig vom Geschlecht vorgeschrieben ist, verbieten die EG-Richtlinien nur die Diskriminierung aufgrund des Geschlechts. An sich ist eine ungleiche Behandlung aufgrund des Ehe- oder Familienstandes nicht untersagt[156]. Diese

---

[145] Vgl. aber das Mittelfristige Aktionsprogramm der EG 1986-1990, KOM (85) 801 endg., Rdnr. I.B.7 und II.F; *Raetsen*, Soziales Europa, Nr. 2/1984, S. 57.

[146] Vgl. z. B. den Kommissionsvorschlag v. 4.1.1982 für eine Rl. zur Regelung der freiwilligen Teilzeitarbeit, Abl. Nr. C 62 v. 12.3.82, S. 7, i.d.F. v. 5.1.1983, ABl. Nr. C 18 v. 22.1.83, S. 5.

[147] Anders *Slupik*, KJ 1982, S. 350.

[148] Anders *McCrudden*, in Guest/Milne (Hrsg.) 1985, S. 86-88.

[149] Art. 4 (1) der Rl. 79/7; Art. 5 (1) der Rl. 86/378; Art. 3 der Rl. 86/613.

[150] Diese Formulierung ist weder im Art. 119 EWGV noch in der Lohngleichheitsrichtlinie zu finden; trotzdem ist die Diskriminierung unter Bezugnahme auf den Ehe- oder Familienstand nichts weiteres als eine Form mittelbarer Diskriminierung; insofern ist sie auch im Rahmen der Lohngleichheit verboten; anders aber *Dix*, Gleichberechtigung 1984, S. 321.

[151] Sec. 3 (1) (a) des britischen SDA 1975 verbietet die unmittelbare und sec. 3 (1) (b) die mittelbare Diskriminierung von ausschließlich verheirateten Personen; gesetzestechnisch übernimmt sec. 3 SDA wortwörtlich die Formulierung der sec. 1 SDA über die Diskriminierung aufgrund des Geschlechts; nach dem SDA 1975 ist die Diskriminierung von Ledigen und Geschiedenen gegenüber Verheirateten weiterhin zulässig; vgl. *Martiny*, RabelsZ 1978, S. 134; *Dix*, Gleichberechtigung 1984, S. 170.

[152] Sec. 2 des irischen EEA 1977 lautet: "discrimination shall be taken to occur (b) where because of his marital status a person is treated less favourably than another person of the same sex [*unmittelbare Diskriminierung*], or (c) where because of his marital status a person is obliged to comply with a requirement, relating to employment, which is not essential for such employment and in respect of which the proportion of persons of a different marital status but of the same sex able to comply is substantially higher" [*mittelbare Diskriminierung*]; die irische Bestimmung verbietet so nicht nur die Benachteiligung von Verheirateten gegenüber Ledigen, wie die britische, sondern auch umgekehrt die Benachteiligung von Ledigen gegenüber Verheirateten, vgl. KOM (80) 832 endg., S. 19.

[153] Art. 2, 3 und 10 (2) des Gesetzes Nr. 1414/1984.

[154] Art. 1 (1) des Gesetzes Nr. 903/1977.

[155] Art. L. 123-1 (a) und (b) des CT in bezug auf Stellenangebote, Einstellungen, Versetzungen und Entlassungen.

[156] Vgl. dazu KOM (83) 793 endg., S. 8; die Formulierung der Richtlinie ist auch im belgischen, dänischen, luxemburgischen und niederländischen Anpassungsgesetz wortwörtlich aufgenommen; das deutsche Anpassungsgesetz enthält keine Erwähnung des Ehe- oder

Bezugnahme ist nur dann erheblich und infolgedessen nach EG-Recht unzulässig, wenn sie eine mittelbare Benachteiligung aufgrund des Geschlechts bewirkt. Ein Arbeitgeber, der eine verheiratete Frau nicht einstellt, kann sich gegen eine Klage wegen Geschlechtsdiskriminierung, zumindest auch der Sicht der EG-Normen, nicht wehren, indem er beweist, daß er anstelle der verheirateten Frau eine ledige Frau eingestellt hat[157]. Er muß vielmehr beweisen, daß er in diesem Fall auch die Einstellung eines verheirateten Mannes unterlassen hätte. Nur wenn ihm dieser Beweis gelingt, ist es offensichtlich, daß keine Geschlechtsdiskriminierung vorliegt, wohl aber eine direkte Diskriminierung aufgrund des Ehestandes, die jedoch im Bereich des hier in Rede stehenden EG-Normensystems toleriert wird. Somit bleibt die Gemeinschaftsregelung in diesem Punkt hinter den oben erwähnten fünf innerstaatlichen Anpassungsgesetzen, die weiter gefaßt sind. Da die EG-Richtlinien ferner keine Anhaltspunkte für ein Verbot der vielfältigen Vergünstigungen für Verheiratete anbieten, so sind diese Vergünstigungen, wie z. B. die Familienzuschläge, die vorrangige Gewährung betrieblicher Wohnungen oder ähnliche Vorteile, die die höheren Haushaltskosten eines Ehepaars ausgleichen, mit den Gleichbehandlungsrichtlinien vereinbar, vorausgesetzt sie werden Männern wie Frauen unter denselben Bedingungen gewährt.

Im Rahmen der Methodik der Unterscheidung zwischen direkter und indirekter Diskriminierung muß jedoch hier auf eine wesentliche Präzisierung hingewiesen werden. Wenn eine Vergünstigung oder ein Vorteil alle Arbeitnehmer unabhängig von ihrem Ehestand betrifft oder theoretisch betreffen könnte, wie z. B. eine Krediterleichterung, ein Miet- oder Haushaltszuschlag oder die Gewährung einer betrieblichen Wohnung, dann würde die Benachteiligung beispielsweise einer verheirateten Frau eine mittelbare Diskriminierung insofern darstellen, als ledige Frauen sowie ledige und verheiratete Männer in gleicher Weise vorzüglich behandelt würden[158]. Werden aber auf der anderen Seite Entgeltbestandteile, die sinngemäß nur verheiratete oder gleichgestellte

---

Familienstandes; vgl. Art. 4 (1) der Rl. 79/7 und Art. 5 (1) der Rl. 86/378, wo ausdrücklich auf den Ehestand abgestellt wird (Zuschläge für den Ehegatten und für unterhaltsberechtigte Personen).

[157] Zölibatsklauseln sind aber in den meisten Mitgliedstaaten auf anderer Rechtsgrundlage schon als rechtswidrig bewertet worden: z. B. in Frankreich gelten sie als gegen den Grundsatz der freien Persönlichkeitsentfaltung und der Ehefreiheit verstoßend; so stützt sich das Urteil der französischen Cour de Cassation (ch.soc.) v. 10.6.1982 in der Rs. *Editions Quo Vadis c. Leemann* auf Art. L.122-33 CT und 1134 CC, Bulletin 1982, Nr. 392, S. 291-292; vgl. *de Marguerye*, Dr.Soc. 1983, S. 119 ff.; in der Bundesrepublik vgl. BAG-Urteil vom 10.5.1957, AP Nr. 1 zu Art. 6 I GG; in Großbritannien verstößt schon ein Heiratsverbot oder eine Kündigung wegen Eheschließung gegen sec. 3 SDA 1975; der Versuch sec. 3 durch Kündigung der Frau vor der Hochzeit umzugehen, wurde in *McLean v. Paris Travel Service Ltd.*, IRLR 1976, S. 202, als Geschlechtsdiskriminierung angesehen, trotz der mangelnden Klarheit darüber, ob die Firma bei einer Heiratsabsicht von zwei ihrer Angehörigen immer der Frau gekündigt hätte; dazu *Landau*, Working Women 1985, S. 150; vgl. auch *Bick v. Royal West of England Residential School for the Deaf*, IRLR 1976, S. 326.

[158] So z. B. die Fallkonstellation in *McDermott*, s. u. Teil II Fn. 169.

Personen betreffen können, wie z.B. eine Ehegatten- oder Kinderzulage, Männern und Frauen unter ungleichen Voraussetzungen gewährt[159], so stellt das eine unmittelbare Diskriminierung dar[160]. Vorausgesetzt ist allerdings, daß in einem solchen Fall die benachteiligte Geschlechtsgruppe mit der unter Bezugnahme des Ehe- oder Familienstands definierten Gruppe völlig übereinstimmt, so daß im Ergebnis diese Diskriminierung mit einer Geschlechtsdiskriminierung gleichzustellen ist. In dieser Überdeckung der zwei Gruppen findet sich gerade das für die Charakterisierung dieser Art von Diskriminierung als „unmittelbar" entscheidende Element. Die Tatsache, daß die Gruppe der benachteiligten Personen in erster Linie nicht ausschließlich durch das Geschlecht sondern durch ein weiteres Merkmal, nämlich den Ehe- oder Familienstand, bestimmt wird, ist dagegen insofern unerheblich, als sich zum einen innerhalb dieser Gruppe keine Person des anderen Geschlechts, zum anderen außerhalb dieser Gruppe keine Person desselben Geschlechts befindet oder befinden könnte. Unter diesen Umständen spielt die Bezugnahme auf den Ehe- oder den Familienstand grundsätzlich die Rolle eines nur zum Zwecke der Verschleierung einer direkten Geschlechtsdiskriminierung vorgeschobenen Grundes[161].

Die Schwierigkeiten einer Abgrenzung zwischen unmittelbarer und mittelbarer Diskriminierung in diesem Fall werden durch das folgende Beispiel deutlich: Nehmen wir an, daß ein Arbeitgeber keine „Frauen mit Kleinkindern" einstellt[162]. Diese Einstellungsanforderung, die zugleich auf das Geschlecht - *Frauen* - sowie auf den Familienstand - *mit Kleinkindern* - abstellt, kann insoweit keine „direkte" Geschlechtsdiskriminierung darstellen, als das Geschlecht - *Frauen* - nicht mit der benachteiligten Gruppe - *Frauen mit Kleinkindern* - übereinstimmt, sondern eher größer ist[163]. Es kann dagegen eine „mittelbare" Geschlechtsdiskriminierung darstellen, wenn man annimmt, daß eine größere Zahl von Männern - *ohne oder mit Kleinkindern* - als Frauen - *ohne Kleinkinder* - die Einstellungsvoraussetzung erfüllt. Stellen wir uns auf der anderen Seite vor, daß der Arbeitgeber jedoch beweisen kann, daß er im allgemeinen „Personen mit

---

159 Z.B. Männern auf jeden Fall, Frauen aber erst, wenn sie den überwiegenden Teil des Haushalts bestreiten oder ihr Ehemann gebrechlich oder schwer krank und daher nicht in der Lage ist, für den Familienunterhalt auszukommen.

160 So die griechische Entscheidung Nr. 1947/1983 (Berufungsgericht Athen), NoV 1983, S. 1395, in Anwendung von Art. 119 EWGV bezüglich einer Familienbeihilfe; ähnlich im Ergebnis das Urteil des griechischen Obersten Verwaltungsgerichts (Συμβούλιο Επικρατείας = Staatsrat) Nr. 520/1983, EED 1983, S. 303-305, mit Anm. *Ioannou*, RHDE 1984, S. 191-193, das jedoch ausschließlich auf Art. 22 (1) der Verfassung beruht, ohne auf Art. 119 EWGV Bezug zu nehmen; kritisch deshalb *Kremlis/Perrakis*, DCSI 1985, S. 72-73.

161 Vgl. oben §3 B II.

162 Fallgestaltung nach *Hurley v. Mustoe*, ICR 1981 (EAT), S. 490.

163 Unzutreffend deshalb *Martiny*, RabelsZ 1978, S. 130, der die Diskriminierung von „Frauen mit Kleinkindern" bei der Einstellung als „direkt" im Sinne von sec. 1 (1) (a) [unmittelbare Diskriminierung aufgrund des Geschlechts] SDA 1975 ansieht, wenn dieses Kriterium bei Männern (mit Kleinkindern) eben nicht angewandt wird; ähnlich auch *Dix*, Gleichberechtigung 1984, S. 172.

Kleinkindern" - also auch Männer - nicht einstellt. In diesem Beispiel ist das Geschlecht zumindest als ausdrückliches Bezugskriterium nicht mehr erwähnt. So liegt hier eine unmittelbare Diskriminierung aufgrund des Familienstandes deshalb vor, weil die Gruppe, die durch das Bezugskriterium bestimmt wird, mit der Gruppe der benachteiligten Personen übereinstimmt[164]. Wie oben schon erwähnt, verbieten aber die Richtlinien „direkte" Formen von Diskriminierungen aufgrund des Ehe- oder Familienstands nicht[165].

Für die Feststellung dagegen einer mittelbaren Geschlechtsdiskriminierung unter Bezugnahme des Ehe- oder Familienstandes werden nach EG-Recht immer verheiratete Frauen mit verheirateten Männern sowie ledige Frauen mit ledigen Männern verglichen. Die auf ihren diskriminierenden Charakter zu überprüfende Regelung muß trotzdem sowohl verheiratete als auch ledige Arbeitnehmer betreffen. Das bedeutet zum einen, daß ein Vergleich nur innerhalb der Gruppe der Verheirateten oder der Ledigen zulässig ist, zum anderen, daß die diskriminierend wirkende Anforderung oder Maßnahme zumindest theoretisch sowohl von Verheirateten als auch von Ledigen erfüllt werden kann. Insofern ist diese Form von Diskriminierung genauso wie jede andere mittelbare Diskriminierung aufgrund des Geschlechts zu prüfen und zu beseitigen[166].

Einige Beispiele „mittelbarer" Diskriminierung dieser Art liefert die Rechtsprechung des EuGH bezüglich der Auslegung von Art. 4 der Richtlinie 79/7 in *Drake*[167], *Niederländischer Staat g. F.N.V.*[168] und *McDermott*[169]. Die Rechtssache in *Drake* betraf sec. 37 (3) (a) des britischen Social Security Act 1975, wonach eine Invalidenpflegebeihilfe einer verheirateten Frau, die mit ihrem Ehemann zusammenlebte oder von ihm Unterhalt bezog, nicht gewährt werden konnte, während sie verheirateten Männern oder Ledigen unabhängig vom Geschlecht zustand. Der EuGH bemerkte, daß diese Bestimmung eine gegen Art. 4 (1) der

---

[164] Jedoch verbietet sec. 3 (I) (a) SDA 1975 nur die unmittelbare Diskriminierung aufgrund des Ehestands (marital status), und die Situation einer „Person mit Kleinkindern" hat mit ihrem Ehestand nichts zu tun; so zutreffend das Industrial Tribunal in *Thorndyke v. Bell Trust (North Central) Ltd.*, IRLR 1979, S. 1; das Gericht konnte hier trotzdem das Vorliegen einer Diskriminierung feststellen; es handelte sich nämlich um eine „mittelbare" Diskriminierung aufgrund des Ehestands, weil unverheiratete Personen die Einstellungsanforderung „Person ohne Kleinkindern" häufiger erfüllen können; zutreffend *Dix*, Gleichberechtigung 1984, S. 172; so auch *Thomson/Wooldridge*, LIEI 1980, S. 26, der bemerkt, daß Art. 2 (1) der Richtlinie 76/207 weiter als der SDA 1975 gefaßt ist, weil er auch den Familienstand erwähnt.

[165] Das kommt im Art. 2 des niederländischen Anpassungsgesetzes besonders klar zum Ausdruck; dieser Artikel, der Art. 2 (1) der Richtlinie 72/207 als Vorbild benutzt, lautet wie folgt: "It shall not be permissible to make any distinction between men and women, either directly or indirectly (e.g. by referring to their marital status or family circumstances), in any advertisement . . ." u. s. w.

[166] In dieser Hinsicht scheint deshalb das ausdrückliche Sonderverbot überflüssig zu sein; anders *Bellgardt*, BB 1983, S. 2190, der gerade aus diesem „Beispiel" ein Indiz für die Definition der „mittelbaren" als tatsächliche/faktische Diskriminierung ableitet.

[167] EuGH v. 24.6.86, Rs. 150/85, Slg. 1986, S. 1995-2012.

[168] EuGH v. 4.12.86, Rs. 71/85, Slg. 1986, S. 3855-3878.

[169] EuGH v. 24.3.87, Rs. 286/85, Slg. 1987, S. 1453-1469.

Richtlinie 79/7 verstoßende Diskriminierung aufgrund des Geschlechts darstellte[170], ohne jedoch zu präzisieren, ob diese als mittelbar oder unmittelbar anzusehen ist[171]. Ein weiteres Beispiel liefert *McDermott* in bezug auf bestimmte Regelungen des irischen Social Welfare (Consolidation) Act 1981, wonach die Arbeitslosenunterstützung einer verheirateten Frau kleiner und von kürzerer Dauer als die entsprechende Unterstützung eines verheirateten Mannes oder eines Ledigen unabhängig vom Geschlecht war[172].

Die Fallkonstellationen in *Drake* und *McDermott* sind auffällig und beide betreffen Diskriminierungen unter Bezugnahme des Ehestands. Die Offensichtlichkeit dieser Diskriminierungen könnte sie aber auf keinen Fall in „unmittelbare" Diskriminierungen aufgrund des Geschlechts umwandeln. Denn ledige Frauen konnten genauso gut wie ledige und verheiratete Männer eine Invalidenpflegebeihilfe beanspruchen *(Drake)*, und ihre Arbeitslosenunterstützung *(McDermott)* hatte genau dieselbe Dauer und denselben Umfang wie die Unterstützung von ledigen und verheirateten Männern. Unter diesen Umständen kann eine Diskriminierung nur „mittelbar" sein.

Ein klassisches Beispiel mittelbarer Diskriminierung in Bezug auf den Begriff des Haushaltsvorstands bietet in *Niederländischer Staat g. F.N.V.*[173] eine Bestimmung des niederländischen Gesetzes für die Arbeitslosenunterstützung[174] an, wonach die diesbezüglichen Leistungen einer verheirateten Frau nur in dem Fall gewährt werden, daß sie entweder als „Haushaltsvorstand" anerkannt ist oder von ihrem Ehemann ununterbrochen getrennt lebt. Das Vorliegen einer mittelbaren Diskriminierung wurde auch in diesem Fall nicht bestritten[175].

---

[170] *Drake*, Nr. 34 der Gründe: der diskriminierende Charakter von sec. 37 (3) SSA 1975 wurde von den Beklagten nicht bestritten, vgl. Nr. 30 der Gründe: seine Verteidigung bestand vielmehr darin, sowohl die Leistung als auch den berechtigten Personenkreis vom Anwendungsbereich der Richtlinie auszunehmen, vgl. dazu oben § 1 C I 1.

[171] Anderer Auffassung war jedoch die Kommission, die diesen Fall als „klare unmittelbare" Geschlechtsdiskriminierung ansah; s. *Drake*, Nr. 29 der Gründe.

[172] Gemäß Teil 2 Kapitel 4 und 6 des SWA 1981 dauerte die Unterstützung einer verheirateten Frau 312 Tagen und betrug für beispielsweise 52 Beitragswochen 32.75 IR£, während die Unterstützung eines verheirateten Mannes sowie eines Ledigen unabhängig vom Geschlecht 390 Tage dauerte und für dieselben Wochen 37.25 IR£ betrug; s. den Sitzungsbericht, S. 4 des vervielf. Mskr.; diese Diskriminierung wurde schon durch sec. 2 des Social Welfare (Nr. 2) Act 1985 beseitigt, der am 15.5.1986 in Kraft getreten ist; das Vorliegen einer Diskriminierung wurde deshalb nicht bestritten; bei dieser Rechtssache ging es vielmehr um die unmittelbare Anwendbarkeit der Rl. 79/7, da die Klägerinnen Ansprüche seit dem Inkrafttreten der Richtlinie (seit 23.12.84) erhoben, vgl. dazu u. Teil II Fn. 287.

[173] EuGH v. 4.12.86, Rs. 71/85, Slg. 1986, S. 3855-3878.

[174] Art. 13 (1) (a) des Wet Werkloosheidsvoorziening (WWV).

[175] Die diskriminierende Bestimmung war schon, wie in *McDermott*, durch eine neue Regelung – in diesem Fall durch das Gesetz v. 24.4.85, Staatsblad 1985, Nr. 230, am 1.5.1985 in Kraft getreten – abgeschafft; die vorgelegte Frage betraf vielmehr die unmittelbare Anwendbarkeit von Art. 4 der Richtlinie 79/7 ab 23.12.1984 bei Fehlen von diesbezüglichen Durchführungsmaßnahmen, vgl. § 4 B.

Die Richtlinie gibt keine Definition der Begriffe „Ehestand" oder „Familienstand". Man könnte aber mit Sicherheit annehmen, daß sowohl das Rechtsverhältnis der Eheschließung als auch die eheähnliche Gemeinschaft[176], sowie der natürliche Zustand der Vaterschaft oder Mutterschaft inbegriffen sind[177]. Der Zweck dieser Formulierung ist es, diskriminierende Verfahren und Praktiken zu unterbinden, die keine allgemeine Schlechterstellung für das gesamte Geschlecht bedeuten, sondern kleinere Subgruppen zum Ziel haben. Diese Subgruppen werden meistens durch den Ehe- und/oder Familienstand bestimmt, wie z. B. verheiratete Frauen, Mütter mit kleinen Kindern u. s. w. Der Ursprung dieser Diskriminierungsmuster befindet sich oft in Überlegungen, die eine traditionelle Rollenverteilung innerhalb des Ehepaars wiederspiegeln. So geht man dabei in der Regel davon aus, daß die Eheschließung männliche Produktivität positiv, weibliche dagegen negativ beeinflußt, oder daß die Anwesenheitsrate, die Beweglichkeit und die Belastbarkeit einer Frau mit Kindern kleiner sind[178]. Diese und ähnliche Gedanken werden wahrscheinlich noch eine Weile den Zugang von Frauen zur Beschäftigung prägen. Eine neue soziale Sensibilisierung über die Teilung der Pflichten zwischen Ehepartnern in Familie und Beruf hat sich noch nicht herauskristallisiert. Eine Gemeinschaftsaktion in dieser Richtung ist im Rahmen des mittelfristigen Programms der Gemeinschaft als unabdingbare Voraussetzung zur Förderung einer echten beruflichen Gleichbehandlung bezeichnet worden[179]. Die Rechtsentwicklung folgt aber in der Regel solchen Gestaltungsprozessen in der Gesellschaft in einem gewissen Abstand. Als einzige Möglichkeit der Gleichberechtigungsnormen bleibt in diesem Fall, die Durchsetzung solcher Vorurteile im Erwerbsleben zu verhindern. Demzufolge verbieten die EG-Richtlinien die Diskriminierung von verheirateten Frauen und Müttern mit kleinen Kindern, insbesondere während der Personalauswahl, entweder offen[180] oder durch die Verwendung z. B. von niedrigen Höchstaltersgrenzen[181] sowie

[176] Zumindest in dem Fall, daß der Gesetzgeber dieser Eheform Rechtsfolgen beimißt; so z. B. im Bereich der Arbeitslosenunterstützung oder der Einkommenssteuer bei Systemen der reinen Zusammenveranlagung, dazu im einzelnen KOM (84) 695 endg./2, v. 29.7.1985, sowie im Rahmen der sozialen Sicherheit.

[177] So *Thomson/Wooldridge*, LIEI 1980, S. 26; über die Schwangerschaft vgl. unten § 3 B III 5.

[178] Dazu im einzelnen *Greenhalgh*, EJ 1980, S. 751-753; *Ashworth*, in Creedy/Thomas (Hrsg.) 1982, S. 68-73.

[179] KOM (85) 801 endg. v. 19.12.85, S. 5.

[180] Z. B. die Entlassung einer Frau mit vier Kinder in *Hurley v. Mustoe*, IRLR 1981, S. 208; die Personalpolitik des Arbeitgebers, keine Mütter aufgrund ihrer mangelnder Zuverlässigkeit bei der Arbeitszeit zu beschäftigen, wurde als mittelbare Diskriminierung bezeichnet; der Arbeitgeber hätte vielmehr im Einzelfall die Unzuverlässigkeit der Klägerin beweisen müssen; die Einstellungsverweigerung einer Mutter von drei Kindern aus den gleichen Gründen wurde aber von der CdA Nancy im *Baudry*-Urteil v. 23.4.1982 aufrechterhalten; kritisch dazu *de Marguerye*, Dr.Soc. 1983, S. 123; so auch im irischen Urteil *Kelly v. Jervis Street Hospital*, EE 7/1981 (Mutter eines Kindes); kritisch *v. Prondzynski*, in Verwilghen (Hrsg.), Bd II 1986, S. 243.

[181] Eine Höchstgrenze von 28-30 Jahren hat erhebliche nachteilige Auswirkungen für verheiratete Frauen, die im Alter von 20-29 Jahren mit der Erziehung von Kindern beschäftigt

durch das Kriterium des „Doppelverdienstes“ bei der sozialen Auswahl zur betriebsbedingten Kündigung[182]. Mittelbare Diskriminierungen unter Bezugnahme auf den Ehe- oder Familienstand sind wegen der „traditionellen“ Einstellung der Versorgungssysteme gegenüber der Frau im Bereich der sozialen Sicherheit besonders häufig.

Eine weniger augenscheinliche mittelbare Diskriminierung liegt im Fall von Leistungen an den „Haushaltsvorstand“ oder Zuschlägen für den unterhaltsberechtigten Ehegatten vor, da – selbst wenn diese Zahlungen von Rechts wegen beiden Ehegatten gewährt werden – meist der Ehemann als „Vorstand“ angesehen wird und die Ehefrau unterhaltsberechtigt ist; verheiratete, berufstätige Frauen kommen demnach fast niemals in den Genuß dieser Zahlungen.

Die Kommission räumt in ihrem Zwischenbericht über die Anwendung der Richtlinie 79/7[183] ein, daß die Versorgungsrichtlinien kein absolutes Verbot der Bezugnahme auf den Ehe- oder Familienstand (einschließlich eheähnlicher Verhältnisse) vorschreiben[184]. Allerdings darf sich diese Bezugnahme nicht diskriminierend auswirken[185]. Begriffe wie „Haushaltsvorstand“ oder „Ernährer der Familie“[186] weisen aber de facto darauf hin, daß in den Haushalten, in denen es zwei Ehepartner gibt, ein Unterordnungsverhältnis (Haushaltsvorstand) oder ein Verhältnis der wirtschaftlichen Abhängigkeit (Ernährer der Familie) besteht. Diese Begriffe setzen zwischen Eheleuten eine Hierarchie voraus und sind deshalb mit dem Grundsatz der Gleichheit unvereinbar.

Was die Gewährung von Zuschlägen für den unterhaltsberechtigten Ehegatten betrifft, so ist der Empfänger dieser Leistungen meist ein Mann. Diese Tatsache läßt das Vorliegen einer mittelbaren Diskriminierung vermuten, es sei denn, es werden objektive Gründe vorgebracht, die das Nichtvorhandensein einer Diskriminierung beweisen. Solchen Gründen liegt nämlich die Idee zugrunde, die im Vergleich zu einer Einzelperson höheren Haushaltslasten

---

sind und erst danach in die Arbeit zurückkehren; sie wurde oft als mittelbare Diskriminierung beseitigt; so in *Price v. Civil Service Commission* (EAT), 1 AllER 1978, S. 1228; und im irischen Urteil *O'Broin v. Eastern Health Board*, LCAR 1982, S. 160, für eine Grenze von 28 Jahren; in *North Western Health Board v. Martyn*, LCAR 1982, S. 161, hat ein irischer Labour Court eine Grenze von 27 Jahren auf 50 Jahre heraufgesetzt und 3000 IR£ als Entschädigung zugesprochen; vgl. aber die Entscheidung des High Court v. 14.12.1984 im Revisionsverfahren, die eine Gesetzwidrigkeit solcher Grenzen erst dann anerkennt, wenn die Klägerin beweist, daß sich eine erheblich größere Zahl von Frauen tatsächlich beworben hätte, wenn die Grenze höher gewesen wäre.

[182] In *Coleman v. Skyrail Oceanic Ltd.*, IRLR 1981, S. 398; vgl. weiter *Pfarr/Bertelsmann*, Gleichbehandlungsgesetz 1985, S. 126 ff.

[183] Vgl. KOM (83) 793 endg. v. 6.1.1984, S. 8 ff.

[184] Vgl. Art. 4 der Rl. 79/7 bezüglich der „Zuschläge für den Ehegatten und für unterhaltsberechtigte Personen“, wo ausdrücklich auf den Ehestand abgestellt wird.

[185] Ehegatten-, Haushalts- oder Kinderzulagen sind an sich nicht durch die Richtlinie 79/7 untersagt; sie dürfen aber nicht geschlechtsspezifisch diskriminierend gewährt werden; so auch das BAG v. 15.1.64, BAGE 15, S. 228, 232; BAG v. 2.6.61; AP Nr. 68 zu Art. 3 GG; und BAG v. 20.4.77, DB 1977, S. 1751.

[186] Im britischen Recht "breadwinner", im niederländischen „kostwinner“.

auszugleichen, wenn es kein sonstiges Erwerbseinkommen gibt, wobei noch zu prüfen wäre, inwiefern dieses Anliegen zu rechtfertigen ist. Nach Ansicht der Kommission sind diese Zuschläge nur zu rechtfertigen, wenn die sozialen Leistungen ein Mindesteinkommen garantieren. Proportional zum Lohn gewährte Leistungszuschläge sind dagegen - wenn der eigentliche Lohn Zuschläge für unterhaltsberechtigte Ehegatten nicht vorsieht - gemäß dem Wortlaut der Richtlinie als unmittelbar diskriminierend anzusehen und sollten mit der Zeit in ihren Auswirkungen begrenzt oder ganz gestrichen werden[187]. Der EuGH hat in *Teuling*[188] die Gelegenheit genutzt, diese Folgerungen der Kommission zu bestätigen und entschied, daß solche Ehegatten- oder Familienzuschläge, die darauf zielen, die Aufrechterhaltung einer Versorgungsleistung oberhalb einer existenzsichernden Mindestgrenze auch für solche Leistungsberechtigte sicherzustellen, deren Familienlasten höher als bei Ledigen liegen, mit der Richtlinie vereinbar sind, obwohl ihre Gewährung erheblich mehr Männern als Frauen zugute kommt[189].

Durch das Verbot der Diskriminierung unter Bezugnahme auf den Ehe- oder Familienstand wird zuletzt die Auswirkung einer Reihe von Unterscheidungsmerkmalen, die meist einer männlichen Verhaltensweise im Erwerbsleben entsprechen, in Frage gestellt. Kriterien, wie die Dauer der Betriebszugehörigkeit oder der ununterbrochenen Beschäftigung, haben die Tendenz, besonders verheiratete Frauen zu benachteiligen. Eine Anwendung dieser Kriterien, die nicht objektiv gerechtfertigt werden könnte, würde im Rahmen dieser Problematik als mittelbare Diskriminierung angesehen[190].

5. Die Benachteiligung von Schwangeren als Diskriminierung aufgrund des Geschlechts

Das Wort „Schwangerschaft" kommt im Text der Richtlinien nur einmal vor: Art. 3 (3) der Richtlinie 76/207 sieht vor, daß der Grundsatz der Gleichbehandlung der Geschlechter den Vorschriften zum Schutz der Frau, insbesondere bei Schwangerschaft und Mutterschaft, nicht entgegensteht[191]. Deshalb stellt sich

---

[187] KOM (83) 793 endg., S. 8-9.

[188] EuGH v. 11.6.87, Rs. 30/85 *(Teuling g. Vorstand der Bedrijfsvereniging voor de chemische Industrie)*, Slg. 1987, S. 2497-2524; das umstrittene Versorgungssystem machte die Höhe der Leistungen im Fall von Arbeitsunfähigkeit vom Familienstand des Versicherten abhängig; insb. wurde dabei das eventuelle Einkommen des Ehepartners sowie die Zahl der unterhaltsberechtigten Kinder berücksichtigt.

[189] *Teuling*, Nr. 17-18 der Gründe.

[190] Hinsichtlich der Anknüpfung positiver Folgen an längere Betriebszugehörigkeit s. *Pfarr/Bertelsmann*, Gleichbehandlungsgesetz 1985, S. 139 ff.

[191] Abgesehen von der Rl. 86/613, die eine Sondervorschrift über die Versorgung von mitarbeitenden Ehefrauen während der Schwangerschaft enthält (Art. 8); die Rl. 75/117 enthält sinngemäß keine ähnliche Bestimmung; die übrigen Rl. erwähnen aber in ihren entsprechenden

die Frage, ob vielleicht die Schwangerschaft einen Zustand darstellt, der vom Anwendungsbereich der EG-Richtlinien ausgeschlossen ist. Das ist nur in dem Fall zutreffend, daß eine Vorschrift die unterschiedliche Behandlung von Schwangeren nur aus Schutzgründen fordert[192]. In allen anderen denkbaren Situationen, z. B. bei der Einstellung, der Beförderung oder der Versorgung, muß man eine schwangere Frau genauso behandeln, wie ein Mann behandelt werden würde. Insofern ist eine unterschiedliche Behandlung als Diskriminierung anzusehen, es sei denn, es handelt sich um die Besetzung eines Arbeitsplatzes, bei dem aufgrund der Art oder der Bedingungen der auszuübenden Tätigkeit das Prädikat „nicht-schwanger" eine unabdingbare Voraussetzung darstellt[193].

Dennoch ist aber eben die Schwangerschaft ein „definitorischer" Geschlechtsunterschied in dem Sinne, daß es sich dabei um eine biologische, spezifisch weibliche Eigenschaft handelt. Diese Tatsache hat zu einer „unverständlichen"[194] Schlußfolgerung in zwei Urteilen des US-Supreme Court geführt[195]. Danach sei die ungleiche Behandlung aufgrund der Schwangerschaft nicht geschlechtsbezogen, weil es sich dabei um einen „objektiv feststellbaren physiologischen Zustand" handelt, der auf ein Geschlecht beschränkt ist[196]. Wegen des Mangels an männlichen Vergleichsfällen könne so die Benachteiligung einer Schwangeren nicht als Diskriminierung aufgrund des Geschlechts angesehen werden. Diese Rechtsprechung, die auch vom britischen Employment Appeal Tribunal in *Turley v. Allders Department Stores Ltd.*[197] wiederholt wurde, ist eher als künstlich zu werten. Frauen pflegen eben nicht dauernd schwanger zu sein![198]. Seitdem ist die amerikanische[199] sowie die britische[200] Rechtsprechung von dieser extremen Position abgerückt. Die neue Rechtsprechung[201] betrachtet die Nicht-Einstellung bei Schwangerschaft als eine „geschlechtsneutral" ausgestaltete

---

Bestimmungen nur noch die Mutterschaft: Art. 4 (2) der Rl. 79/7 und Art. 5 (2) der Rl. 86/378; damit ist jedoch zweifelsohne auch die Schwangerschaft gemeint: sonst könnte es zu absurde Situationen besonders im Bereich der Versorgung kommen.

192 Ausführlich unten § 7 B I.

193 Art. 2 (2) der Rl. 76/207; das kann besonders bei zeit- oder zweckbefristeten Einstellungen der Fall sein, wenn die auszuführende Tätigkeit Schwangeren untersagt ist; vgl. die vom ArbG-Frankfurt, Urteil v. 5.8.82, KJ 1982, S. 419 ff., angeführten Beispiel (Nachtarbeitsplätze, Fließband- und Akkordarbeit, gem. § 8 Abs. 1, § 3 Abs. 1 und § 4 MuSchG).

194 "incomprehensible", so *Kirp/Robyn,* TLR 1979, S. 954.

195 In *Geduldig v. Aiello,* 417 U.S. 484, 496-97 (1974) und *General Elec. Co. v. Gilbert,* 429 U.S. 125, 135 (1976).

196 *Geduldig,* 417 U.S. zu 496 (FN 20) und *Gilbert,* 429 U.S. zu 134.

197 IRLR 1980, S. 4.

198 So *Adomeit,* DB 1980, S. 2388.

199 In *Nashville Gas Co. v. Satty,* 434 U.S. 136 (1977), insb. 153-154 (per J. Stevens).

200 In *Coyne v. Exports Credit Guarantee Dept.,* IRLR 1981 (IT), S. 51; und neuerdings in *Hayes v. Malleable Working Mens Club,* ICR 1985 (EAT), S. 703.

201 Dieselbe Einstellung zeigten auch einige irische Gerichte; vgl. die Rechtsprechung gemäß sec. 2 (c) [mittelbare Diskriminierung] des EEA 1977 in *An Foras Forbatha v. Geraghty-Williams,* LCAR 1982, S. 138-140, und *North Eastern Health Board v. Irish Transport and General Worker's Union,* DEE 6/1985.

Bedingung mit unverhältnismäßig größeren nachteiligen Auswirkungen für Frauen. Immerhin ist der Prozentsatz von Frauen, die „nicht-schwanger" sind, kleiner als 100%. Nach dieser Anschauung wird die Diskriminierung aufgrund der Schwangerschaft als mittelbare Diskriminierung aufgrund des Geschlechts angesehen[202]. Eine andere Auslegung wäre unzutreffend. Jedoch wird manchmal diese Form von Diskriminierung als „unmittelbar" bezeichnet[203]. Diese Auffassung hat viele Ähnlichkeiten mit *Gilbert*[204]: Stellt man auf ein definitorisches Merkmal ab, so liegt eine unmittelbare Diskriminierung mit vorgeschobenen Gründen vor[205], weil nämlich nur ein Geschlecht in Frage kommt. Diese Meinung wäre eben zutreffend falls, die Schwangerschaft ein Dauerzustand wäre, der bei einer überwiegenden Mehrheit von Frauen vorkäme.

Ohne praktische Bedeutung ist schließlich die Frage, ob die Schwangerschaft als Ehe- oder Familienstand im Sinne von Art. 2 Abs. 1 der Richtlinie 76/207 zu verstehen ist. Der Wortlaut des Artikels gibt dazu keinen Anlaß[206]. Als „mittelbare" Diskriminierung ist jedoch die Benachteiligung von Schwangeren genauso wie die Benachteiligung unter Bezugnahme des Ehe- oder Familienstandes untersagt.

6. Der Begriff der mittelbaren Diskriminierung in den Rechtsordnungen der Mitgliedstaaten

Der Begriff der mittelbaren Diskriminierung ist nicht im Schoß einer kontinentaleuropäischen Rechtsordnung entstanden. Er wurde durch das EG-Recht und insbesondere die Richtlinie 76/207 vom britischen Recht in die Rechtssysteme der anderen Mitgliedstaaten transplantiert[207]. Leider enthalten die

[202] In dieser Richtung auch ArbG-München v. 6.9.1984 - 11Ca 6968/84 (nicht rechtskräftig, LAG 7 Sa 875 (84), BR 1985, S. 21-22, ohne begriffliche Klarheit; vgl. auch die belgische, irische, niederländische und italienische Rechtsprechung in COM-Network Report 1987, Rdnr. 3.6.3.

[203] So z.B. *Landau,* Working Women, 1985, S. 151.

[204] A.a.O. teil II Fn. 195.

[205] Vgl. oben §3BII.

[206] Auf jeden Fall ist mit Ehe- oder Familienstand ein geschlechtsneutraler Zustand gemeint, der sowohl bei Männern sowie bei Frauen üblich ist: nämlich verheiratet/ledig oder Vater/Mutter; das Begriffspaar schwanger/nicht-schwanger gehört vermutlich nicht dazu; in dieser Richtung auch Art. 1 (1) des dänischen Anpassungsgesetzes, der die „mittelbare" Diskriminierung insbesondere in bezug auf „die Schwangerschaft *oder** den Ehe- *oder*** Familienstand" verbietet; ähnlich auch Art. 1 (1) des italienischen Gesetzes Nr. 903 v. 9.12.1977. - *,** Hervorhebung hinzugefügt.

[207] In der Regel bildet ein bestimmtes nationales Recht die Grundlage für die Gestaltung europäischer Gesetzgebung und Rechtsprechung, zutreffend so *Pfarr/Bertelsmann,* Gleichbehandlungsgesetz 1985, S. 92, Rdnr. 192; andere Beispiele einer solchen Transplantation bilden die französische „acte clair", vgl. *Bleckmann,* Europarecht, 4. Aufl. 1985, S. 197; das amerikanische "prospective overruling", für einen Vergleich dieses Prinzips mit der Rechtsprechung des EuGH hinsichtlich der Nicht-Rückwirkung von *Defrenne-II,* s. *Kohl,* RCJB 1977, S. 236 ff.; oder der britische „Estoppel-Grundsatz", dazu unten Teil II Fn. 283.

Anpassungsgesetze der Mitgliedstaaten[208] keine Definition[209], manchmal auch kein ausdrückliches Verbot der mittelbaren Diskriminierung[210].

Generalklauseln, die die Formulierung von Art. 2 (1) der Richtlinie 76/207 nachahmen, sind im belgischen[211], dänischen[212], luxemburgischen[213] und niederländischen[214] Anpassungsgesetz eingebaut: danach wird die Beseitigung jeder unmittelbaren oder mittelbaren Diskriminierung, insbesondere in bezug auf den Ehe- oder Familienstand gefordert. Die Tragweite des Verbots umfaßt den ganzen Anwendungsbereich der Richtlinie 76/207, gilt aber nicht für die Lohngleichheit[215].

Das griechische[216] sowie das italienische[217] Gesetz enthalten kein generalklauselartiges, den gesamten Anwendungsbereich des Gesetzes durchgehendes Verbot der mittelbaren Diskriminierung. Sie wird grundsätzlich durch einzelne Teilverbote im Bereich des Zugangs zur Beschäftigung untersagt: das stimmt insbesondere für geschlechtsspezifische Stellenausschreibungen und für Kriterien und Bedingungen des Auswahlwettbewerbs bei der Begründung des Arbeitsverhältnisses[218].

---

[208] Abgesehen vom britischen und irischen Gesetz, s. o. Teil II Fn. 74; sec. 1 (1) (b) SDA 1975 spricht nicht von "indirect discrimination", gilt aber als Vorbild für die Definition des Begriffs; ähnlich auch für die sec. 2 (c) des irischen EEA 1977; anders *Jansen*, in Grabitz / Kommentar, 1983, Rdnr. 10 zu Art. 119 EWGV.

[209] Das Wort erscheint in Gesetzen von Belgien, Dänemark, Griechenland, Italien, Luxemburg und den Niederlanden.

[210] Die Gesetze von Frankreich und der Bundesrepublik beinhalten das Wort „indirecte" oder „mittelbare" [Diskriminierung] nicht.

[211] Art. 118 des Gesetzes v. 4.8.1978.

[212] Art. 1 (1) des Gesetzes Nr. 161 v. 12.4.1978 verbietet auch die mittelbare Diskriminierung von Schwangeren.

[213] Art. 2 (1) des Gesetzes v. 8.12.1981.

[214] Art. 1 des Gesetzes v. 1.3.1980; neuer Art. 1637ij des niederländischen BGB.

[215] Die Mehrheit der Mitgliedstaaten hat bis jetzt keine Konsequenzen aus der Rechtsprechung des EuGH in *Jenkins* und *Bilka-Kaufhaus* gezogen; s. den Bericht von *v. Prondzynski* über die Anwendung der EG-Richtlinien, KOM D.G.V/1511/86, v. 27.4.1987, S. 12, Rdnr. 2.6.

[216] Gesetz Nr. 1414/84; Art. 3 (1) verbietet die Diskriminierung aufgrund des Geschlechts oder des Familienstandes im allgemeinen; die Benachteiligung von Schwangeren bei der Einstellung ist gemäß Art. 3 (3) ausdrücklich untersagt; griechische Gerichte stützen sich aber dabei immer noch ausschließlich auf Art. 4 der Verfassung; so im Urteil Nr. 728/1986 (3. Kammer) des griechischen Staatsrats (oberstes Verwaltungsgericht), NoV 1987, S. 594.

[217] Gesetz Nr. 903/77; Art. 1 (1) verbietet jedoch „jede Form von Diskriminierung aufgrund des Geschlechts"; ausdrücklich wird auch gemäß Art. 1 (2) (1) die Bezugnahme auf die Schwangerschaft untersagt.

[218] Art. 3 (2) des Gesetzes Nr. 1414/84 (GR); unzutreffend insofern *v. Prondzynski* in KOM D.G.V/1511/86, S. 12, Rdnr. 2.6.2; Art. 1 (2) (2) des Gesetzes Nr. 903/77 (IT); „mittelbare" Diskriminierungen während des Arbeitsverhältnisses und bei der Entlassung sind nicht, zumindest ausdrücklich, gefaßt; eine entsprechende Ausdehnung auf „mittelbare" Diskriminierungen wird im griechischen Schrifttum für möglich gehalten; vgl. *Koukoulis-Spiliotopoulos*, NoV 1984, S. 793.

Das deutsche EG-Anpassungsgesetz[219] enthält kein ausdrückliches Verbot der mittelbaren Diskriminierung. § 611 a, der durch dieses Gesetz im BGB eingeführt ist, verbietet aber auch „die mittelbare Diskriminierung, bei der andere Gründe als die des Geschlechts vorgeschoben werden, in Wirklichkeit aber wegen des Geschlechts benachteiligt wird“[220]. Die Diskriminierung mit vorgeschobenen Gründen ist, wie oben schon ausgeführt, eine Form unmittelbarer Diskriminierung. Insoweit gilt die Bestimmung der mittelbaren Diskriminierung im Gesetzgebungsverfahren als zu eng. Infolgedessen wäre die extensive Auslegung in der Rechtsprechung angebracht.

Das französische Gesetz kennt den Begriff der „mittelbaren“ Diskriminierung nicht[221]. Art. L. 123-1 des Code du Travail ist eine Generalklausel, die sehr detailliert die Diskriminierung aufgrund des Geschlechts oder des Familienstands in einer Reihe nicht abschließend aufgezählter Situationen verbietet[222]. Dieses Verbot bezweckt jedoch eine *„égalité des droits“* und soll die unmittelbare Diskriminierung beseitigen[223]. Die mittelbaren Diskriminierungen, die besonders wegen der Segregation des Arbeitsmarkts erscheinen[224], sind dagegen nur durch positive Förderungsmaßnahmen zugunsten von Frauen im Rahmen einer Politik der *„égalité des chances“* zu beseitigen[225]. Die begriffliche Reihenfolge “discrimination indirecte → égalité des chances → discrimination positive” kommt sehr oft in dem Schrifttum vor[226] und ist mit der Problematik der mittelbaren Diskriminierung, wie oben dargestellt, insofern inkompatibel, als sie die Beseitigung der mittelbaren Diskriminierung und die Förderung der Chancengleichheit für Männer und Frauen im Erwerbsleben schon als eine Art Kompensation versteht, die weiterhin nur durch positive Maßnahmen aktiv herzustellen

---

[219] Gesetz v. 13.8.1980.

[220] So die Begründung des Gesetzentwurfes der Bundesregierung, BR-Drs 353/79, S. 11; sowie der Bericht des Ausschusses für Arbeit und Sozialordnung vor dem Bundestag, BT-Drs 8/4259, S. 8; dazu im einzelnen *Pfarr,* NZA 1986, S. 586; *Bellgardt,* BB 1983, S. 2189; *Pfarr/Bertelsmann,* Gleichbehandlungsgesetz 1985, S. 92 ff.; *Bertelsmann/Rust,* in Verwilghen (Hrsg.), Bd. II 1986, S. 102.

[221] Gesetz Nr. 83-635 v. 13.7.1983 verbietet auch die Diskriminierung aufgrund des Familienstandes; die Diskriminierung Schwangerer bei der Einstellung und Entlassung wird durch das Gesetz 75/625 v. 11.7.1975 untersagt.

[222] U.a. z.B. die Einstellung, die Umsetzung, die Beförderung, die Entlohnung, die Ausbildung, die Zuweisung, die Einstufung, die Qualifikation, die Entlassung, die Kündigung u.s.w.

[223] *Sousi-Roubi,* GP 1981, S. 173; *Laufer,* Dr.Soc. 1984, S. 736; *Lanquetin,* Dr.Soc. 1983, S. 238.

[224] Diese „non-mixité“ der Beschäftigung wird als “discrimination primaire” bezeichnet, dazu *Rossi,* Dr.Soc. 1987, S. 155 ff.; danach handelt es sich bei dieser „primären“ Diskriminierung, die direkt, indirekt oder „de fait“ sein kann, im wesentlichen um die Erscheinungsform oder die Manifestation einer allgemeinen soziokulturellen Rollenteilung der Geschlechter im Bereich der Beschäftigung.

[225] *Arsequel/Reynes,* in Verwilghen (Hrsg.), Bd. II 1986, S. 137.

[226] Vgl. z.B. *Lanquetin,* Dr.Soc. 1983, S. 243, wonach Art. 2 (4) der Rl. 76/207 (Förderungsmaßnahmen) den Begriff der mittelbaren Diskriminierung implizite beinhaltet; *Souci-Roubi,* GP 1981, S. 173.

sei. Argumentiert wird meistens dabei mit der Behauptung, zum einen liege die Benachteiligung von Frauen mehr in der tatsächlichen Lage im Arbeitsmarkt und den für diesen Zustand verantwortlichen Mentalitäten und Einstellungen, zum anderen reiche das konventionelle Recht, auch wenn es konsequent angewandt werden würde, nicht aus, um die faktische soziokulturelle Ungleichstellung der Frau zu ändern[227]. Dieser Argumentation kann nur teilweise zugestimmt werden: Die Wirksamkeit einer Aktion im Rahmen von Art. 2 (4) der Richtlinie 76/207 ist nicht umstritten[228]; eine gewisse Chancengleichheit im Erwerbsleben kann jedoch in erster Linie durch die Beseitigung von mittelbaren Diskriminierungen auf der Grundlage des „traditionellen" Diskriminierungsverbots des Art. 2 (1) der Richtlinie realisiert werden. Insofern könnte man die französische Annäherung in diesem Punkt als begrifflich „über das Ziel hinausschießend" charakterisieren. Allerdings wird im sog. *Loi-Roudy* ein breites Instrumentarium zur Förderung von Frauenchancen auf Verwaltungs-, Gewerkschafts- und Betriebsebene zugrundegelegt[229]. Ein einziger Nachteil: Die Verwirklichung dieser positiven Chancengleichheit hängt in erster Linie von einem notwendigen Arbeitgebervolontarismus ab[230]. Was zum anderen die Rechtsprechung der französischen Gerichte angeht, so halten sie anscheinend die bestehende Gesetzgebung im Bereich der Gleichberechtigung für zu weit gefaßt[231]. Unter diesen Umständen könnten vielleicht faktische Ungleichheiten, die auf eine geschlechtsspezifische Organisation des Arbeitsmarktes zurückzuführen sind, von der Anwendung des Gesetzes vom 13.7.1983 unberührt bleiben[232].

Die Rechtsprechung zum Begriff der mittelbaren Diskriminierung in den einzelnen Mitgliedstaaten bleibt noch unsicher. Die Gerichte sind oft nicht in der Lage, eine solche Situation zu erkennen und haben in der Regel zu strenge Beweismaßstäbe an die Kläger angelegt. Abgesehen von Großbritannien ist eine umfassende Rechtsprechung über mittelbare Diskriminierung nur noch in Irland und zwar mit weitgehend ähnlichen Schlußfolgerungen zu finden[233].

---

[227] Vgl. *Vogel-Polsky*, in Verwilghen (Hrsg.), Bd. II 1986, S. 30; *Slupik*, KJ 1982, S. 349.

[228] Dazu unten § 7 B II.

[229] Art. L.900-4 CT, L.123-3 CT, L.123-4 CT, L.133-5(9.) CT.

[230] *Junter-Loiseau*, Dr.Soc. 1987, S. 154.

[231] Vgl. *Galeries Lafayette* v. 24.11.76 (Cass.), Dr.Ouvr. 1978, S. 327 ff.; *Scheffler, Nozières e.a c. Société Essilor Internationale* v. 9.6.82 (Cass. ch.crim.), Bulletin Civ.V 1982, Nr. 380 u. 381, S. 282-283; *Bouvier et autres c. Vigneras et Société „Le Printemps"*, v. 22.6.81 (CdA Paris, 11.ch. A), Dr.Ouvr. 1981, S. 392-395; *Domingo-Ferrer c. Société Immobilière Le Chesnay-Trianon* v. 21.7.76 (Cass. ch.soc.), Bulletin Civ. V, Nr. 458, S. 377; *Weil c. Koepf* v. 1.12.81 (Cass. ch.soc.), Dr.Soc. 1983, S. 127; *Pavolini c. S.A. Bosch* v. 14.6.82 (CdA Paris), Dr.Soc. 1983, S. 127-128; kritisch zu dieser einschränkenden Rechtsprechung *Tillie*, Dr.Ouvr. 1981, S. 367 ff.; und *de Marguerye*, Dr.Soc. 1983, S. 129 ff. m.w.N.

[232] *Rossi*, Dr.Soc. 1987, S. 161.

[233] Vgl. *St. Patrick's College Maynooth v. 19 female Employees*, EE 4/1984, mittelbare Entgeltdiskriminierung von Teilzeitbeschäftigten; *Eastern Health Board v. Local Government and Public Service Union*, DEE 3/1981, und *North Western Health Board v. Martyn*, High Court

Auf eine gerichtliche Anerkennung der mittelbaren Diskriminierung in der Bundesrepublik kann man im Rahmen der hiesigen Problematik[234] schon nach den zwei BAG-Urteilen im Anschluß ans *Jenkins*-Urteil hinweisen[235]. Nach dem EuGH-Urteil in *Bilka-Kaufhaus* hat jetzt das BAG die Gelegenheit, seine Auffassung über eine konkrete Definition des Begriffs der mittelbaren Diskriminierung im Rahmen der deutschen Rechtsordnung klarzulegen[236].

Soweit bekannt, liegen keine weiteren innerstaatlichen Entscheidungen vor, die eine umfassende Definition der mittelbaren Diskriminierung enthalten. Schuld daran ist unter anderen die Schwierigkeit vor allem mittelbare Diskriminierung nachzuweisen, nicht zuletzt, weil es in solchen Fällen das meist statistische oder tatbezogene Beweismaterial sich beim beklagten Arbeitgeber befindet. Eine Anzahl von Gerichtsprozessen in den Mitgliedstaaten geht so verloren[237]. Um die rechtliche Verfolgung der Verletzung des Gleichbehandlungsgrundsatzes zu verstärken, hat die Kommission eine Richtlinie zur Verlagerung der Beweislast in diesem Bereich vorgeschlagen[238]. Die Herstellung der Waffengleichheit im Bereich der Diskriminierungsprozesse ist für die wirksame Anwendung der Gleichberechtigungsrichtlinien von erheblicher Bedeutung[239].

---

v. 14.12.82, Höchstaltersgrenze; *An foras Forbatha v. Geraghty-Williams*, DEE 4/1982, *North Eastern Health Board v. I.T.G.W.U.*, DEE 6/1985, Schwangerschaft.

[234] Jedoch lautete das bereits am 24.6.1958 gefällte Urteil des BVerfG zur steuerlichen Abzugsfähigkeit von Parteispenden, wie folgt: „ein Gesetz, das in seinem Wortlaut eine ungleiche Behandlung vermeidet und seinen Geltungsbereich abstrakt-allgemein umschreibt, widerspricht dem Gleichheitssatz dann, wenn sich aus seiner praktischen Auswirkung eine offenbare Ungleichheit ergibt und diese ungleiche Auswirkung gerade auf die rechtliche Gestaltung zurückzuführen ist. Nicht die äußere Form sondern der materiell-rechtliche Gehalt ist entscheidend“, BVerfGE 8, S. 51; zit. nach *Pfarr/Bertelsmann*, Gleichbehandlungsgesetz 1985, S. 96-97.

[235] BAG v. 6.4.1982 - 3 AZR 134/7, BB 1982, S. 1176, AP Nr. 1 zu § 1 BertAVG „Gleichbehandlung“ mit Anm. *Pfarr*; BAG v. 5.6.1984 - 3 AZR 66/83, DB 1984, S. 1577; Vorlagebeschluß beim EuGH, *Bilka-Kaufhaus*-Urteil, s. NZA 1986, S. 599; im Rahmen des Problems der Gesetzmäßigkeit der Frage nach der Schwangerschaft wird die Diskriminierung einer schwangeren Frau bei der Begründung des Arbeitsverhältnisses implizite eher als „mittelbar“ bezeichnet, vgl. ArbG-Frankfurt v. 5.8.1982 - 5 CA 534/81, KJ 1982, S. 419 ff. und ArbG-München v. 6.9.1984 - 11 Ca 6968/84, BR 1985, S. 21 f.

[236] Eine umfassende Definition des Begriffs haben schon *Pfarr/Bertelsmann*, Gleichbehandlungsgesetz 1985, S. 91 ff. vorgeschlagen.

[237] Vgl. COM-Network Report 1987, Rdnr. 2.1.2 und 2.6.1.

[238] ABl. Nr. C 176 v. 5.7.88, S. 5-7; Art. 3 (1) des Vorschlags sieht vor, daß „wenn Personen, die sich (...) für beschwert halten, (...) Umstände darlegen, die eine Vermutung für das Vorliegen einer Diskriminierung begründen, so stellen die Mitgliedstaaten sicher, daß die Gegenpartei den Beweis dafür anzutreten hat, daß kein Verstoß gegen den Grundsatz der Gleichbehandlung vorliegt. Der verbleibende Zweifel wird zugunsten der beschwerdeführenden Partei entschieden.“; Art. 5 (1) des Vorschlags beinhaltet weiter eine Definition der mittelbaren Diskriminierung, s.o. Teil II Fn. 104; vgl. auch *Docksey*, Soziales Europa 1/88, S. 24-25.

[239] COM-Network Report 1987, Rdnr. 2.7.6.

§ 4 Das Verhältnis des EG-Normensystems zum nationalen Recht

In seinem *Costa g. ENEL* Urteil[240] stellt der EuGH fest, daß „der EWG-Vertrag eine eigene Rechtsordnung geschaffen hat, die in den Rechtsordnungen der Mitgliedstaaten aufgenommen worden und von ihren Gerichten anzuwenden ist". Damit wurde die Eigenständigkeit und der Vorrang des Normensystems der Gemeinschaft vor den innerstaatlichen Rechtsordnungen betont[241]. Das Gemeinschaftsrecht ist insofern ein gegenüber älteren oder neueren einfachen sowie verfassungsrechtlichen[242] Normen höherrangiges Recht, daß diese Normen „überlagert und verdrängt"[243]. Die Integrität und Effizienz des Gemeinschaftsrechts gegenüber zwölf Rechtsordnungen werden durch seine unmittelbare Anwendbarkeit und Wirkung[244] sichergestellt. Die Direktwirkung der verschiedenen Normen des primären Gemeinschaftsrechts wurde vom EuGH in einer Reihe von Urteilen[245] anerkannt: sie kann vertikal, d. h. in den Rechtsbeziehungen zwischen natürlichen Personen und staatlichen Behörden, sowie unter Umständen horizontal, d. h. unter Privaten, ihre Wirkung entfalten. Vorausgesetzt ist allerdings, daß die Vertragsvorschrift eine klare, genaue und uneingeschränkte Verpflichtung enthält und weder von seiten der Gemeinschaft noch der Mitgliedsländer irgendeine Vollzugsmaßnahme erfordert[246]. Dieselbe Voraussetzung gilt grundsätzlich für die Vorschriften des abgeleiteten Gemeinschaftsrechts, zu denen auch die Richtlinien zu zählen sind[247]. Die einheitliche

---

[240] EuGH v. 15.7.1964, Rs. 6/64, Slg. 1964, S. 1141 ff.; wiederholt in *Walt Wilhelm* v. 13.2.1969, Rs. 14/68, Slg. 1969, S. 1 ff.

[241] Der Vorrang des Gemeinschaftsrechts entsteht direkt aus dem Römervertrag (Monismus) und braucht nicht auf die innerstaatliche Rechtsordnung zurückgeführt zu werden (Dualismus); vgl. *Louis*, 1983, S. 98; und die Rechtsprechung des EuGH in *Simmenthal*, EuGH v. 9.3.78, Rs. 106/77, Slg. 1976, S. 455; auch *Freestone*, MLR 1982, S. 81 m. w. N. über die monistische Tendenz in Großbritannien.

[242] Vgl. aber den Vorbehalt in bezug auf die Grundrechte in den Urteilen des italienischen Verfassungsgerichtshofes v.27.12.1973, CDE 1975, S. 114 ff.; und des BVerfG v. 29.5.1974, BVerfGE 37, S. 271.

[243] BVerfG v. 9.6.71, EuR 1972, S. 51, 56; vgl. BGH v. 13.5.77, MDR 1977, S. 771.

[244] Die unmittelbare Anwendbarkeit und die unmittelbare Wirkung sind zwei Seiten derselben Münze; mit dem Begriff „unmittelbar anwendbar" bringe man im Sinne von Art. 189 EWGV die rechtstechnische Seite der Einbeziehung des Gemeinschaftsrechts in die Rechtsordnung der Mitgliedstaaten zum Ausdruck; eine Gemeinschaftsvorschrift sei danach unmittelbar anwendbar, weil und insofern sie keine Übernahme und keine Umsetzung in nationales Recht erfordert; *J. Boulouis/R. M. Chevalier*, Grands arrêts de la CJCE, Bd. I, Paris 1977, S. 164-167; die unmittelbare Wirkung dagegen beziehe sich auf die Begründung von Rechten zugunsten der Einzelnen, die sich vor den staatlichen Gerichten darauf berufen könnten, *Winter*, CMLR 1972, S. 425 ff.; *Pescatore*, ELR 1983, S. 155.

[245] Dazu im einzelnen *Louis*, 1983, S. 76 ff.

[246] EuGH v. 5.2.1963, Rs. 26/62 *(Van Gend & Loos)*, Slg. 1963, S. 1; EuGH v. 16.7.1966, Rs. 57/65 *(Lütticke)*, Slg. 1966, S. 257.

[247] EuGH v. 6.10.1970, Rs. 9/70 *(Grad)*, Slg. 1970, S. 825; EuGH v. 17.12.1970, Rs. 33/70 *(Sace)*, Slg. 1970, S. 1213.

Auslegung des gesamten Gemeinschaftsrechts obliegt dem Europäischen Gerichtshof, dessen Beitrag zur europäischen Integration manchmal unterschätzt wird[248].

Die Durchsetzung des Gemeinschaftsrechts hängt aber direkt von der Tätigkeit der innerstaatlichen Gerichte, die den sich für die Einzelnen aus der unmittelbaren Wirkung des Gemeinschaftsrechts ergebenden Rechtschutz zu gewährleisten haben. Sie sind im Rahmen dieser Aufgabe gehalten, nationale Vorschriften eher „gemeinschaftsfreundlich" auszulegen und alles Erforderliche zu tun, „um diejenigen innerstaatlichen Rechtsvorschriften auszuschalten, die unter Umständen ein Hindernis für die volle Wirksamkeit der Gemeinschaftsnormen bilden"[249]. Die Rechtsprechung des EuGH zur unmittelbaren Anwendbarkeit des Normensystems der Gemeinschaft über die Gleichberechtigung von Männern und Frauen besonders in *Defrenne-II*[250], *von Colson*[251] und *Marshall*[252] ist nicht nur im Rahmen dieser Analyse von Bedeutung, sondern legt Maßstäbe für die Anwendung des Gemeinschaftsrechts im allgemeinen.

A. Die unmittelbare Anwendbarkeit des Art. 119 EWGV

Zum ersten Mal wurde eine Frage über die unmittelbare Anwendbarkeit des Art. 119 dem EuGH in der zweiten *Defrenne*-Rechtssache von der Cour du Travail Brüssel vorgelegt[253]. Damals bestritt die überwiegende Meinung, daß Art. 119 für die Einzelnen individuelle Rechte begründete, die vor einem mitgliedstaatlichen Gericht geltend gemacht werden konnten[254]. Nach Ansicht der britischen und irischen Regierung gehörte Art. 119 EWGV auf keinen Fall zu den "self-executing" Vorschriften des Vertrags, zum einen weil es den vom EuGH in *Van Gend & Loos*-Urteil aufgestellten Maßstäben der Klarheit und Präzision nicht genüge, zum anderen aus Gründen der rechtlichen, sozialen und wirtschaftlichen Sicherheit in den Mitgliedstaaten[255]. Ihrerseits bejahte die Kom-

---

[248] Dazu vgl. *Kovar,* CDE 1978, S. 527-538; *J. V. Louis,* in Les Cahiers du CEDE, 1977, S. 130-138.

[249] *R. Lecourt,* L'Europe des juges, Brüssel 1976, S. 240; EuGH v. 9.3.1978, Rs. 106/77 *(Simmenthal),* Slg. 1978, S. 629.

[250] EuGH v. 8.4.76, Rs. 43/75 *(Defrenne-II),* Slg. 1976, S. 455.

[251] EuGH v. 10.4.1984, Rs. 14/83 *(Von Colson),* Slg. 1984, S. 1981.

[252] EuGH v. 26.2.1986, Rs. 152/84 *(Marshall),* Slg. 1986, S. 723-751.

[253] Im ersten *Defrenne*-Urteil, EuGH v. 25.5.1971, Rs. 80/70, Slg. 1971, S. 445 ff., war dagegen die unmittelbare Anwendbarkeit des Art. 119 vom belgischen Conseil d'Etat nicht in Frage gestellt, weil Fräulein Defrenne sich auf Art. 14 des Arrêté Royal Nr. 40 v. 24.10.1967 stützte, wonach eine Arbeitnehmerin eine solche Klage „gemäß Art. 119 EWGV" erheben könnte; es ging deshalb nur um die Auslegung des Begriffs „Entgelt" im Art. 119 EWGV; dagegen stützte sich der zweite Klageantrag eben unmittelbar auf Art. 119 EWGV.

[254] Dazu im einzelnen *Louis,* Politique Social, Bd. 7, Brüssel 1974, S. 17; *Vogel-Polsky,* JT 1967, S. 287.

mission nur die vertikale unmittelbare Anwendbarkeit des Artikels. Ihrer Ansicht nach handelte es sich dabei nicht um ein klares Verbot etwas zu tun, wie bei den schon als unmittelbar anwendbar erklärten Art. 48 und 52 EWGV, sondern nur um die Verpflichtung, die Anwendung eines Grundsatzes sicherzustellen. Daher sei Art. 119 keine unter Privaten unmittelbar wirkende Norm. Eine vertikale unmittelbare Anwendbarkeit sah jedoch die Kommission seit Ablauf der Frist[256] als gegeben[257].

Der EuGH hat eine unmittelbare Anwendbarkeit des Artikels durch die Konstruktion der „nützlichen Wirkung"[258] aus seiner doppelten Zielsetzung abgeleitet[259]. Der Grundsatz des gleichen Entgelts gehöre danach zu den Grundlagen der Gemeinschaft und genieße damit den gleichen Rang wie die Vorschriften des freien Waren-, Personen- und Leistungenverkehrs. Der EuGH hat keine einschränkende Schlußfolgerung aus dem Gebrauch des Wortes „Grundsatz" hergeleitet und bemerkte, daß dieser Ausdruck nach dem Sprachgebrauch des Vertrags eben gerade dazu dient, bestimmte Vorschriften als grundlegende Bestimmungen zu kennzeichnen. Die Tatsache, daß bestimmte Vertragsvorschriften ausdrücklich die Mitgliedstaaten ansprechen, schließe nicht aus, daß zugleich allen an der Einhaltung der so umschriebenen Pflichten interessierten Privatpersonen Rechte verliehen sein können. Schließlich spreche Art. 119 nicht nur die nationale gesetzgebende Gewalt an, sondern alle staatlichen Instanzen, die ihrer Funktionen nach einen nützlichen Beitrag zur Verwirklichung des Grundsatzes leisten können, damit auch den Gerichten, und sei wegen seines zwingenden Charakters nicht nur für die öffentlichen Behörden verbindlich, sondern es erstreckt sich auch auf alle die abhängige Erwerbstätigkeit kollektiv regelnde Tarifverträge und alle Verträge zwischen Privatpersonen[260].

---

[255] Die Anerkennung einer unmittelbaren Anwendbarkeit hätte tausende von Rechtsklagen zur Folge gehabt; dies hätte freilich die sozialen und wirtschaftlichen Verhältnisse in Großbritannien und Irland erschüttern können; Irland machte dazu geltend, daß viele Arbeitgeber mit Sicherheit nicht in der Lage wären, eine solche finanzielle Belastung zu tragen; die rechtliche Unsicherheit war grundsätzlich durch das Verhalten der Kommission veranlaßt, die in ihren Berichten nur auf eine vertikale Direktwirkung hingewiesen und noch kein Vertragsverletzungsverfahren eingelegt hatte; vgl. KOM Dok. SEC (73) 3000 endg., S. 4, und SEC (74) 2721 endg., S. 6; der EuGH hat die Kommission wegen dieses Verhaltens ausdrücklich für verantwortlich für die Rechtsunsicherheit in den Mitgliedstaaten gehalten, *Defrenne-II*, Nr. 72-73 der Gründe.

[256] Dazu oben Teil I Fn. 24.

[257] Die Geschäftsanteile der SABENA befanden sich größtenteils in der Hand des belgischen Staates; die Frage ob SABENA sich als „Verwaltungsträger" charakterisieren läßt, muß hier dahingestellt bleiben; jedoch kann sich der Staat durch Verwendung privatrechtlicher Organisationsformen (z.B. Kapitalgesellschaften) der Grundrechtsbindung nicht entziehen, *Achterberg*, Allg. Verwaltungsrecht 1988, S. 68.

[258] „effet utile", dazu mehr *Louis*, 1983, S. 33.

[259] s.o. Teil I Fn. 23.

[260] Anmerkungen des *Defrenne-II*-Urteils, s. in *Imbrechts*, RTDE 1986, S. 231; *Kohl*, RCJB 1977, S. 231; *Crisham*, CMLR 1977, S. 102 und CMLR 1981, S. 601; *Louis*, EuGRZ 1976, S. 178; *Stocker*, CDE 1977, S. 180.

Als schwierigstes Problem erwies sich dagegen nicht die Abgrenzung zwischen der vertikalen und der horizontalen unmittelbaren Anwendbarkeit des Artikels, sondern die Abgrenzung zwischen Fallgestaltungen, bei denen Art. 119 eine unmittelbare Wirkung entfalten könnte und anderen, wo dagegen die Anwendbarkeit des Artikels den Erlaß gemeinschaftsrechtlichen oder innerstaatlichen Konkretisierungsmaßnahmen voraussetzte. Um dieses Problem zu lösen hat der EuGH die häufig als unrichtig kritisierte[261] Unterscheidung zwischen einerseits den unmittelbaren/offenen Diskriminierungen, die sich schon anhand der im Artikel selbst beinhalteten Merkmale „gleiche Arbeit“ und „gleiches Entgelt“ feststellen lassen, und den mittelbaren/versteckten Diskriminierungen andererseits, die nur mit Hilfe eingehender Maßstäbe festgestellt werden können, eingeführt. Bei einer Diskriminierung der ersten Gruppe sei das nationale Gericht in der Lage, relativ einfach die Entscheidung darüber zu treffen, ob der Grundsatz des gleichen Entgelts verletzt worden ist. In diesem Fall solle Art. 119 unmittelbar anwendbar sein und zwar nicht nur vertikal sondern auch horizontal. Bei einer Diskriminierung der zweiten Gruppe dagegen reiche Art. 119 nicht allein für einen gerichtlichen Einsatz, sondern bedürfe es eindeutigerer Durchführungsvorschriften, die sowohl auf Gemeinschafts- als auch auf Nationalebene erlassen werden könnten. Diese Formulierung wurde im wesentlichen auch im *Macarthys*-Urteil[262] erneut wiederholt. Als Beispiel einer schon anhand der im Art. 119 verwendeten Merkmale gerichtlich feststellbaren Diskriminierung hat hier der EuGH insbesondere den Fall des ungleichen Entgelts für männliche und weibliche Arbeitnehmer bei gleicher Arbeit in ein und demselben Dienst oder Betrieb genannt.

Diese Formulierung führte zu der unzutreffenden Folgerung, daß zum einen als „indirekte“ nur solche Diskriminierungen zu bezeichnen sind, die sich nicht schon anhand der Merkmale „gleiches Entgelt“ und „gleiche Arbeit“ einfach feststellen lassen, sondern eine eindeutigere, speziellere Gesetzgebung benötigen[263], zum anderen, daß Art. 119 nur beim Vorliegen einer „direkten“ Diskriminierung unmittelbar anwendbar ist[264].

---

[261] Besonders vom Generalanwalt Warner in seinen Schlußanträgen zu *Worringham*, Anträge v. 11.12.1980, Slg. 1981, S. 803, und *Jenkins*, Anträge v. 28.1.1981, Slg. 1981, S. 937.

[262] EuGH v. 27.3.1980, Rs. 129/79 *(Macarthy's Ltd. g. Wendy Smith)*, Slg. 1980, S. 1287, Nr. 10-11 der Gründe.

[263] Vgl. *Thomson/Wooldridge*, LIEI 1980, S. 3; bei dieser Schlußfolgerung wurde aber meistens übersehen, daß nach der Rechtsprechung in *Defrenne-II*, Nr. 18 der Gründe, eine entsprechende gesetzgeberische Tätigkeit *nur* „in bestimmten Fällen“ erforderlich sei; zutreffend dazu *Steiner*, ICLQ 1983, S. 417.

[264] *Crisham*, CMLR 1977, S. 111, in Erwähnung des *Fink Frucht* Urteils, EuGH, Rs. 27/67, Slg. 1968, S. 328, Nr. 20-23 der Gründe; *Wyatt*, ELR 1976, S. 418, und ELR 1980, S. 379; ferner die britischen Entscheidungen *Macarthy's v. Smith*, 3 AllER 1979 (CA), S. 325; und *O'Brien v. Sim Chem*, 2 AllER 1980 (HL), S. 307; vgl. aber *Stocker*, CDE 1977, insb. S. 189, 194 und 196, der dieser Formulierung keine große Bedeutung beimißt; so später *Post*, LIEI 1981, S. 82.

Diese Schlußfolgerungen wurden von GA-Warner in seinen Schlußanträgen zu *Worringham* und *Jenkins*[265] als unzutreffend abgewiesen, weil sie auf einer verwirrenden Terminologie beruhten[266]. Die Abhängigkeit der unmittelbaren Wirkung des Art. 119 von der Art der vorliegenden Diskriminierung sei danach mit der ständigen Rechtsprechung des EuGH nicht vereinbar. Es liege schon auf der Hand, daß die Gemeinschaftsregelung, welche die Diskriminierungen aufgrund der Nationalität untersagt, nicht nur offene Diskriminierungen verbietet, sondern alle anderen versteckten Diskriminierungsformen, die zu demselben Ergebnis durch Anwendung anderer Kriterien führen[267]. Jedoch sei in keinem der über Diskriminierungen auf Grund der Nationalität getroffenen Urteilen gesagt worden oder hätte vernünftigerweise gesagt werden können, daß sich die Unterscheidung zwischen offener und versteckter Diskriminierung auf die Frage auswirkt, ob die einschlägige Vorschrift des Gemeinschaftsrechts unmittelbare Geltung hat oder nicht. Eine solche Unterscheidung wäre nach Ansicht des Generalanwalts eher verwirrend. Wie er weiter in *Jenkins* vorgetragen hat, könnten diese Äußerungen in *Defrenne-II* und *Macarthys* dahin ausgelegt werden, daß der Prüfungsmaßstab für die Entscheidung, ob eine „versteckte" Diskriminierung im Sinne der Rechtssachen *Sotgiu, Kommission/Irland* und *Toia* vorliegt, der gleiche ist, wie der Prüfungsmaßstab für die Feststellung der Art von Diskriminierung, bei der Artikel 119 keine unmittelbare Geltung hat. Seiner Ansicht nach wären aber die beiden Prüfungsmaßstäbe nicht gleich und er bezweifelte, daß der EuGH jemals hat sagen wollen, daß sie dies sind. Er bezeichnete das gesamte Mißverständnis als terminologisches Problem. Unter diesen Umständen machte er geltend, daß Art. 119 nur in dem Fall keine unmittelbare Geltung haben kann, in dem ein Gericht seine Bestimmungen nicht unter Bezugnahme auf die einfachen Kriterien anwenden kann, die im Artikel selbst festgelegt sind, und infolgedessen entweder gemeinschaftsrechtliche oder innerstaatliche Anpassungsvorschriften erforderlich sind, um die entscheidungserheblichen Kriterien festzulegen. Anschließend riet er dem EuGH, dieses Mißverständnis sobald wie möglich entweder im *Jenkins*- oder auch im *Worringham*-Urteil aufzuklären. Der EuGH scheint diesem Hinweis gefolgt zu sein[268]. So hat er in *Worringham*, obwohl er die Urteile in *Defrenne-II* und *Macarthys* noch einmal erwähnte, nicht mehr auf den Zusammenhang zwischen unmittelbarer Anwendbarkeit und direkter Diskriminierung Bezug genommen und dazu eine Unterscheidung zwischen unmittelbarer und mittelbarer Diskriminierung auf der Grundlage von *Defrenne-II* „auffälligerweise"[269] vermieden. Dagegen entschied er[270], daß Art. 119 unter einer Voraussetzung unmittelbar auf alle Arten von Diskriminierun-

---

[265] a.a.O. Teil II Fn. 261.

[266] *Forman*, in GBTE-Kommentar, 3. Aufl. 1983, Rdnr. 14 zu Art. 119.

[267] EuGH v. 12.2.1974, Rs. 152/73 *(Sotgiu)*, Slg. 1974, S. 153.

[268] Vgl. *Arnull*, ELR 1986, S. 204.

[269] *Jansen*, in Grabitz/Kommentar, 1. Grdlfg. 1983, Rdnr. 19 zu Art. 119.

[270] *Worringham*-Urteil, Slg. 1981, S. 791, Nr. 23 der Gründe.

gen anwendbar ist, nämlich, daß der nationale Richter „in der Lage wäre, alle Tatsachenfeststellungen zu treffen, die es ihm ermöglichen zu beurteilen, ob ein weiblicher Arbeitnehmer ein geringeres Entgelt erhält als ein männlicher Arbeitnehmer, der die gleiche oder eine gleichwertige Arbeit leistet".

Diese Aufklärung ist sehr wichtig. Erstens wird die unmittelbare Anwendbarkeit von Art. 119 auch für die „mittelbare" Diskriminierung etabliert, zumindest insofern als sie sich anhand der in diesem Artikel verwendeten Merkmale erkennen läßt. So kann sich ein Arbeitnehmer, der einen Anspruch auf gleiches Entgelt für gleichwertige Arbeit hat und der eine Klage nur wegen mittelbarer Diskriminierung erheben kann, direkt auf Art. 119 stützen. Dies wird auch in *Kommission g. Vereinigtes Königreich*[271] vorgetragen, wo der EuGH die gerichtliche Feststellbarkeit der Gleichwertigkeit verschiedenartiger Arbeiten trotz der Argumentation der britischen Regierung, daß der Begriff der „gleichwertigen Arbeit" zu abstrakt wäre, um eine gerichtliche Anwendung zu erlauben, grundsätzlich angenommen hat. Wie schon der Generalanwalt Trabuchi in diesem Urteil betonte, gebe es keine überall geltende Methode des Arbeitwertvergleichs und trotzdem werde in vielen Mitgliedstaaten dieser Vergleich von den Gerichten vorgenommen. Zweitens läßt sich aus dem Anschluß an *Defrenne-II* und *Macarthys*[272] ableiten, daß der EuGH keine Änderung seiner ständigen Rechtsprechung hier vorgenommen hat. Es handelt sich hier nicht um eine Erweiterung der unmittelbaren Geltung von Art. 119 auf Sachverhalte, die früher angeblich ausgeschlossen worden wären, sondern bloß um eine Aufklärung einer scheinbaren Ambiguität[273].

B. Die unmittelbare Anwendbarkeit der Richtlinien für die Gleichberechtigung der Geschlechter

Obwohl die uneingeschränkte Direktwirkung des Art. 119 EWGV schon lange nicht mehr umstritten ist[274], schien eine ähnliche Wirkung der EG-Gleichbehandlungsrichtlinien eher problematisch. Die Frage nach der unmittelbaren Anwendbarkeit von Art. 1 der Richtlinie 75/117/EWG wurde von den britischen Gerichten dem EuGH in *Macarthy's*[275], *Worringham*[276], *Jenkins*[277], *Gar-*

---

[271] EuGH v. 6.7.1982, Rs. 61/81 *(Kommission g. V.K. I)*, Slg. 1982, S. 2616, Nr. 12-13 der Gründe.

[272] Sowie der Anschluß an *Worringham*, was *Jenkins* betrifft.

[273] Nach Ansicht von *Arnull*, ELR 1986, S. 205, ist der EuGH für dieses Mißverständnis nicht ausschließlich verantwortlich.

[274] Die unmittelbare Wirkung von Art. 119 wurde erneut in EuGH v. 9.2.1982, Rs. 12/81 *(Burton)*, Slg. 1982, S. 370, Nr. 14-15 anerkannt; seine Anwendbarkeit auf mittelbare Diskriminierungen in EuGH v. 13.5.1986, Rs. 170/84 *(Bilka-Kaufhaus)*, Nr. 29-31 der Gründe.

[275] EuGH v. 27.3.80, Slg. 1980, S. 1287, Nr. 7 der Gründe.

[276] EuGH v. 11.3.81, Slg. 1981, S. 771; Frage Nr. 3; zusammen mit der Frage nach der Direktwirkung von Art. 1 Abs. 1 und Art. 5 Abs. 1 der Rl. 76/207; sie haben in den Entschei-

land[278] und *Burton*[279] vorgelegt. Diese Fragen bezogen sich sowohl auf die vertikale als auch auf die horizontale Direktwirkung der EG-Richtlinien[280]. Der EuGH hat in diesen Urteilen entweder wegen der Einschränkungen durch den Tatbestand der vorliegenden Rechtssachen oder durch die Anerkennung der Direktwirkung von Art. 119 die Frage nach der unmittelbaren Anwendbarkeit der Richtlinien umgehen können[281].

Diese Ausweichmanöver des EuGH sind auf gewisse Schwierigkeiten zurückzuführen, die horizontale Direktwirkung von Richtlinien zu bestätigen. Was zunächst die vertikale Direktwirkung von Richtlinien betrifft, so hat der EuGH nach ständiger Rechtsprechung[282] erklärt, daß die Einzelnen in allen Fällen, in denen die Bestimmungen einer Richtlinie inhaltlich als unbedingt und hinreichend genau erscheinen, so daß sie aus sich selbst heraus angewandt werden können, ohne zusätzlicher Durchführungsmaßnahmen auf Gemeinschafts- oder Nationalebene zu bedürfen, berechtigt sind, sich gegenüber dem Staat auf diese Bestimmungen zu berufen, wenn und insoweit der Staat die Richtlinie nicht fristgemäß in nationales Recht umsetzt oder eine unzutreffende Umsetzung der Richtlinie vornimmt. Die vertikale unmittelbare Anwendbarkeit einer Richtlinie beruht auf der Erwägung, daß es mit dem verbindlichen Charakter, den Art. 189 EWGV der Richtlinie zuerkennt, unvereinbar wäre, grundsätzlich auszuschließen, daß sich betroffene Personen auf die in der Richtlinie enthaltene Verpflichtung berufen können. Der EuGH hat aus dieser Erwägung gefolgert, daß ein Mitgliedstaat, der die in der Richtlinie vorgeschriebenen Durchführungsmaßnahmen nicht frist- oder ordnungsgemäß erlassen hat, dem Einzelnen nicht entgegenhalten kann, daß er die aus der Richtlinie erwachsenen Verpflichtungen überhaupt nicht oder nur mangelhaft erfüllt hat[283]. Würde deshalb ein Mitgliedstaat, entweder als Hoheitsträger oder als Arbeitgeber, die in einer Richtlinie

---

dungsgründen wegen einer Umformulierungskonstruktion des EuGH keinen Ausdruck gefunden, vgl. dazu Nr. 20 und insb. 22 der Gründe.

277 EuGH v. 31.3.81, Slg. 1981, S. 924, Nr. 8 der Gründe.

278 EuGH v. 9.2.82, Slg. 1982, S. 368, Nr. 3 der Gründe; zusammen mit der Frage nach der Direktwirkung von Art. 1 der Rl. 76/207.

279 EuGH v. 16.2.82, Slg. 1982, S. 574, Nr. 6 der Gründe; zusammen mit der Frage nach der Direktwirkung von Art. 1 (1), Art. 2 (1) und Art. 5 (1) der Rl. 76/207.

280 Die Vorlagebeschlüsse enthielten zwar keinen ausdrücklichen Hinweis auf diesen Unterschied, es hing jedoch in jedem einzelnen Fall davon ab, ob die Klage gegen eine Behörde oder eine Privatperson gerichtet war.

281 Zweck des Art. 1 der Richtlinie 75/117 ist nur die Erleichterung der konkreten Anwendung von Art. 119; *Jenkins*, Nr. 21-22 der Gründe; *Worringham*, Nr. 21 der Gründe; *Macarthys*, Nr. 17 der Gründe.

282 Insbesondere EuGH v. 19.1.82, Rs. 8/81 *(Becker g. Finanzamt Münster-Innenstadt)*, Slg. 1982, S. 52, 70 ff., Nr. 23-25 der Gründe; vgl. auch EuGH v. 5.4.1979, Rs. 148/78 *(Pubblico Ministero v. Ratti)*, Slg. 1979, S. 1629.

283 Das britische Estoppel-Prinzip; darüber im einzelnen *Green*, ELR 1984, S. 302 ff. m.w.N.; vgl. auch die Ausführungen von GA-Warner in LQR 1977, S. 93, und EuGH-Urteil v. 23.12.77, Rs. 38/77 *(Enka BV v. Inspector of Customs and Excise)*, Slg. 1977, S. 2223, über die Argumente aus dem Estoppel-Prinzip gegen eine horizontale Direktwirkung von Richtlinien.

begründeten Rechte verletzen, so ist der Einzelne in der Lage, diese Rechte gerichtlich geltend zu machen, und die nationalen Gerichte sind ihrerseits verpflichtet, die Bestimmungen der Richtlinie anzuwenden, wenn sie keinerlei Bedingungen beinhalten und ausreichend präzise sind, um eine gerichtliche Anwendung zu ermöglichen.

Was den Anspruch auf effektiven gerichtlichen Rechtschutz betrifft, hat der EuGH bis jetzt entschieden, daß Art. 2 (1) in Verbindung mit Art. 3 (1), Art. 4[284], Art. 5 (1)[285] und Art. 6[286] der Richtlinie 76/207 sowie Art. 4 (1)[287] der Richtlinie 79/7 in diesem Sinne unmittelbar anwendbar sind und einem Mitgliedstaat, der ihre volle Anwendung in seiner innerstaatlichen Rechtsordnung nicht sicherstellt, vor Gericht entgegengehalten werden können[288]. Der EuGH hat dagegen Art. 6 der Richtlinie 76/207 hinsichtlich der Sanktionen für eine etwaige Diskriminierung, nicht als unbedingte und hinreichend bestimmte Vorschrift angesehen und infolgedessen zu diesem Artikel eine unmittelbare Wirkung insoweit abgesprochen[289].

Die Frage, ob eine Richtlinie gegenüber einem Einzelnen gerichtlich in Anspruch genommen werden kann, war dagegen seit langem der Mittelpunkt einer heftigen Diskussion gewesen. Die horizontale Direktwirkung einer Richtlinie wurde im Schrifttum einerseits als notwendig für die effektive Durchsetzung des Gemeinschaftsrechts gefordert, andererseits wegen erheblicher institutioneller Einwände und aus Gründen der Rechtssicherheit mit Überzeugung abgelehnt[290]. Der EuGH hat in *Marshall* zum ersten Mal die Gelegenheit genutzt, die Frage der horizontalen Direktwirkung von Richtlinien zu beantworten. Danach können die Bestimmungen der Richtlinie keine Wirkung dieser Art haben, weil der aus Art. 189 EWGV abgeleitete verbindliche Charakter einer Richtlinie, auf dem gerade ihre vertikale unmittelbare Anwendbarkeit beruht, nur für „jeden Mitgliedstaat, an den sie gerichtet wird" besteht. Demzufolge kann eine Richtlinie selbst keine Verpflichtungen für einen Einzelnen begründen und daher eine

---

[284] EuGH v. 15.5.1986, Rs. 222/84 *(Johnston)*, Nr. 5 desTenors.

[285] EuGH v. 26.2.1986, Rs. 152/84 *(Marshall)*, Nr. 2 des Tenors.

[286] EuGH v. 10.4.1984, Rs. 14/83 *(Von Colson)*, Slg. 1984, S. 1908, Nr. 22 der Gründe; EuGH v. 10.4.84, Rs. 79/83 *(Harz)*, Slg. 1984, S. 1941, Nr. 22 der Gründe; vgl. auch das *Johnston*-Urteil, Nr. 58 der Gründe.

[287] EuGH v. 4.12.1986, Rs. 71/85 *(Niederländischer Staat g. F.N.V.)*, Nr. 2 des Tenors; EuGH v. 24.3.1987, Rs. 286/85 *(McDermott)*, Nr. 1 des Tenors.

[288] EuGH v. 24.6.1987, Rs. 384/85 *(Clarke g. Chief Adjudication Officer)*, Nr. 1 des Tenors; EuGH v. 8.3.88, Rs. 80/87 *(Dik u. a. g. College van Burgemeester en Wethouders Arnheim en Winterswijk)* Nr. 7-10 der Gründe, Nr. 1 des Tenors.

[289] *Von Colson* und *Harz* Urteile, Nr. 27 der Gründe; vgl. auch *Johnston*, Nr. 58 der Gründe.

[290] Für eine Zusammenfassung der früheren Argumentation von beiden Seiten vgl. *Bebr*, ICLQ 1970, S. 257; *Winter*, CMLR 1972, S. 425; *Warner*, LQR 1977, S. 349; *Easson*, ICLQ 1979, S. 319, *ders.*, ELR 1979, S. 67; *Timmermans*, CMLR 1979, S. 553; *Steiner*, ELR 1982, S. 229; *Wyatt*, ELR 1980, S. 380; *ders.*, ELR 1983, S. 241; *Pescatore*, ELR 1983, S. 155, *ders.*, RTDE 1982, S. 617 (638), *ders.*, Rec.Dalloz 1980, S. 171; *Green*, ELR 1984, S. 295, jeweils m.w.N.

Richtlinienbestimmung als solche nicht gegenüber einer derartigen Person in Anspruch genommen werden[291]. Arbeitnehmer des privaten Sektors sollten danach auf den Erlaß entsprechender Anpassungsvorschriften auf nationaler Ebene warten[292]. Die britische Regierung hatte in diesem Punkt geltend gemacht, daß eine solche Rechtsprechung eine willkürliche und ungerechte Unterscheidung zwischen den Rechten der Arbeitnehmer im öffentlichen und denen im privaten Sektor zur Folge hätte, da sich die erste Gruppe auf die Richtlinie berufen könnte, die zweite aber nicht. Der Staat solle aber, soweit er als Arbeitgeber handele, genauso wie ein privater Arbeitgeber behandelt werden. Der EuGH hat dieses Argument zurückgewiesen. Die Lage des Staates sei mit der Lage eines privaten Arbeitgebers nicht vergleichbar, weil der Staat Recht setzen kann, um sein Versäumnis, die betreffende Richtlinie durchzuführen, wiedergutzumachen[293]. Der Generalanwalt hat darüber hinaus geltend gemacht, daß eine andere Lösung die vom EWGV in den Art. 189 und 191 getroffene Unterscheidung zwischen Verordnungen und Richtlinien vollständig verwischen würde, und bemerkte, daß eine Richtlinie dem Einzelnen nicht bekanntgegeben werden muß und im Amtsblatt nur mitteilungshalber veröffentlicht wird[294].

C. Die „europarechtskonforme" Auslegung

Diese Rechtsprechung markiert zugleich die Grenzen der Anwendbarkeit der Richtlinien im Fall einer Sperrwirkung einer Bestimmung des nationalen Rechts. Die ausdrückliche Ablehnung einer horizontalen Direktwirkung läßt nur noch eine Möglichkeit für die Anwendung der Richtlinie in Rechtsverhältnissen unter Privaten zu: die Konstruktion der „europarechtskonformen Auslegung" des nationalen Rechts[295]. Der EuGH hat dieses Prinzip in den Urteilen *Verbond*[296], *Enka BV*[297] und *Delkvist*[298] entwickelt und in bezug auf die Richtlinie 76/207 in

---

[291] EuGH-*Marshall*, Nr. 48 der Gründe.

[292] Vgl. *Curtin*, CMLR 1987, S. 254; *Arnull*, ICLQ 1986, S. 943; *Nicolaysen*, EuR 1986, S. 370.

[293] *Marshall*, Nr. 51 der Gründe.

[294] Anträge des GA Sir Gordon Slynn v. 18.9.1985, S. 25-28 des vervielf. Mskr.; mehr über dieses aus Gründen der Rechtssicherheit vorgebrachte Argument vgl. *Dashwood*, JCMS 1978, S. 243.

[295] Von *H. P. Ipsen* prägend als „in dubio pro communitate" bezeichnet, „Das Verhältnis des Rechts der EG zum nationalen Recht", Europäisches Kolloquium in Bernsheim 1964, S. 1, 11, zit. nach *Zuleeg*, RdA 1984, S. 329 (FN 47), der als Vorbild dieser interpretatorischen Konstruktion die „verfassungskonforme Auslegung" erwähnt; in dieser Richtung auch *Bleckmann*, DB 1984, S. 1567 m.w.N.

[296] EuGH v. 1.2.77, Rs. 51/76 *(Verband van Nederlandse Ondernehmingen)* Slg. 1977, S. 113.

[297] EuGH v. 23.12.77, Rs. 38/77 *(Enka BV v. Inspector of Customs and Excise)*, Slg. 1977, S. 2223.

[298] EuGH v. 29.11.1978, Rs. 21/78 *(Delkvist v. Public Procecutor)*, Slg. 1978, S. 2327.

Von Colson und *Harz*[299] vervollständigt. So hat er klargestellt, „daß die sich aus einer Richtlinie ergebende Verpflichtung der Mitgliedstaaten, das in dieser vorgesehene Ziel zu erreichen, sowie die Pflicht der Mitgliedstaaten gemäß Art. 5 EWGV, alle zur Erfüllung dieser Verpflichtung geeigneten Maßnahmen allgemeiner oder besonderer Art zu treffen, *allen** Trägern öffentlicher Gewalt in den Mitgliedstaaten obliegen, und zwar im Rahmen ihrer Zuständigkeiten auch den Gerichten". Daraus folgt, so der EuGH weiter, „daß das nationale Gericht bei der Anwendung des nationalen Rechts, insbesondere auch der Vorschriften eines speziell zur Durchführung der Richtlinie 76/207 erlassenen Gesetzes[300], dieses nationale Recht im Lichte des Wortlauts und des Zwecks der Richtlinie auszulegen hat, um das in Art. 189 Abs. 3 EWGV genannte Ziel zu erreichen"[301].

Die Doktrin der „Direktwirkung" der Richtlinien trägt erheblich dazu bei, die Durchschlagskraft und Effizienz des Gemeinschaftsrechts zu erhöhen. Jedoch im Falle einer fehlerhaften Durchführung einer Bestimmung, die den Mitgliedstaaten einen Ermessensspielraum einräumt und deshalb keine unmittelbare Wirkung haben kann, ist diese Doktrin nicht mehr in der Lage, die Rechte des Einzelnen sicherzustellen. In einer solchen Situation hat die Konstruktion der „konformen" Auslegung des nationalen Rechts bessere Erfolgschancen und einen erheblichen Vorteil[302]: Sie hat die Tendenz den Ermessensspielraum der Mitgliedstaaten in bezug auf die Anpassungsmittel drastisch einzuschränken. Stellt ein innerstaatliches Gericht fest, daß diese Mittel für eine zielgerechte Durchführung der Richtlinie nicht ausreichen, so kann es an den EuGH eine Frage über die im Konkretfall „konforme" Auslegung richten[303].

---

[299] *Von Colson* und *Harz*-Urteile, Nr. 26 der Gründe.

* Hervorhebung hinzugefügt.

[300] Es handelte sich in diesem Fall um den sog. „Portoparagraph" des § 611 a II Satz 1 BGB, vgl. dazu u. Teil II Fn. 332.

[301] Über die Konstruktion der „europarechtskonformen Auslegung" im einzelnen *Timmermans,* CMLR 1979, insb. S. 535 und S. 550.

[302] Dazu im einzelnen *Steiner,* LQR 1985, S. 491; danach sei diese Methode von dem nationalen Richter leichter als die Doktrin der unmittelbaren Anwendbarkeit akzeptiert; vgl. auch *Curtin,* CMLR 1985, S. 531-532.

[303] Obwohl der EuGH keine Kompetenz zur Auslegung des nationalen Rechts hat und deshalb auf die vorliegenden Beschlüsse und Regierungserklärungen angewiesen ist, findet er jedoch nach ständiger Praxis immer die Gelegenheit, anhand des konkreten Tatbestands bestimmte Hinweise auf eine mögliche „konforme" Auslegung zu geben; dazu *Bleckmann,* DB 1984, S. 1574; *ders., RIW* 1984, S. 774.

§ 5 Mittel zur Durchsetzung der Gleichberechtigung

Die im Rahmen dieser Analyse zu besprechende Sozialpolitik der Gemeinschaft bezweckt die Durchsetzung des Grundsatzes der Gleichberechtigung in den Rechtsordnungen der einzelnen Mitgliedsländern in dem Sinne, daß Angehörige beiderlei Geschlechts gleiches Entgelt für gleiche oder gleichwertige Arbeit bekommen, gleiche Chancen bei der Einstellung und Beförderung haben und gleichen Arbeits- und Versorgungsbedingungen unterliegen. Gemäß Art. 119 EWGV und den diesbezüglichen EG-Richtlinien sind die Mitgliedstaaten verpflichtet, „die erforderlichen Maßnahmen" zu treffen, um alle mit diesen Normen „unvereinbaren nationalen Rechts- und Verwaltungsvorschriften" zu beseitigen[304], und sicherzustellen, daß ähnliche Bestimmungen in Tarifverträgen, Einzelarbeitsverträgen, Betriebsordnungen sowie in den Statuten der freien Berufe „nichtig sind, für nichtig erklärt oder geändert werden können"[305]. Ferner sind sie gehalten, alle notwendigen innerstaatlichen Rechtsvorschriften zu erlassen, damit jeder, der sich als Opfer einer Diskriminierung empfindet, „nach etwaiger Befassung anderer zuständiger Stellen seine Rechte gerichtlich geltend machen kann"[306].

Insofern haben nach Art. 189 Abs. 3 Satz 1 in Verbindung mit Art. 5 EWGV die Mitgliedstaaten keinen freien Beurteilungsspielraum, denn hinsichtlich des zu erreichenden Ziels sind die EG-Normen eher zwingend[307]. Es ist in diesem Zusammenhang denkbar, daß in den meisten Mitgliedstaaten erhebliche Probleme in bezug auf die verfassungsrechtlich garantierte Vertragsfreiheit[308], Meinungsfreiheit[309] oder Tarifautonomie[310] auftreten. Eine allgemeine theoretische

---

[304] Art. 3 der Rl. 75/117, Art. 3 (2) (a), 4 (a) und 5 (2) (a) der Rl. 76/207, Art. 5 der Rl. 79/7 und Art. 4 der Rl. 86/613.

[305] Art. 4 der Rl. 75/117, Art. 3 (2) (b), 4 (b) und 5 (2) (b) der Rl. 76/207 und Art. 7 (a) der Rl. 86/378.

[306] Art. 2 der Rl. 75/117, Art. 6 der Rl. 76/207 und der Rl. 79/7, Art. 10 der Rl. 86/378 und Art. 9 der Rl. 86/613.

[307] Vgl. die EuGH-Urteile *Von Colson*, Nr. 15 der Gründe, *Harz*, Nr. 15 der Gründe; und *Johnston*, Nr. 53 der Gründe.

[308] Dazu *Hanau*, Fest. Kahn-Freund, 1980, S. 467 (FN 32) m. w. N.; vgl. aber *H. C. Nipperdey*, RdA 1949, S. 214, und RdA 1950, S. 121; der keine Kollisionen des Gleichheitssatzes von Art. 3 II GG mit Freiheitsgrundrechten, insb. mit dem Grundrecht der Vertragsfreiheit sah: in dieser Richtung auch *Hohmann-Dennhardt*, ZRP 1979, S. 243; *dies.*, in Frauenquoten 1983, S. 43 ff. bezüglich der Quoten; *Pfarr*, BlStSozArbR 1980, S. 20-21; vgl. auch die britische Rechtsprechung in *Nagle v. Feilden*, 1 AllER 1966 (CA), S. 689, (Vorrang des Diskriminierungsverbots vor der Vertragsfreiheit); dazu auch *Shaw*, MLR 1984, S. 351-352; einschränkend aber *Dix*, Gleichberechtigung 1984, S. 33, unter Berufung auf die Monopolstellung des beklagten Jockey Clubs.

[309] Anders aber das belgische Urteil *Houbeau c. Regnier et Requier* v. 17.11.81 (CdA Liège 4. ch.), JT 1982, S. 312, wo die ausdrückliche Mitteilung eines Schöffenrates beim Auswahlverfahren für die Einstellung in einer Gemeindeschule, daß die Ernennung eines Mannes für den Posten wünschenswert wäre, als Meinungsäußerung bezeichnet wurde, die gemäß art. 14

Besprechung der denkbaren Auseinandersetzungen kann im Rahmen dieser Arbeit nicht unternommen werden. Es wird jedoch hier darauf hingewiesen, daß die Gleichberechtigung der Geschlechter genauso wie alle anderen Grundrechte, die durch dieses zugrunde liegende Prinzip eingeschränkt werden[311], in den meisten Mitgliedstaaten in der nationalen Verfassung verankert sind und deshalb im Rahmen einer Güterabwägung nicht nur der Vorrang des Gemeinschaftsrechts gegenüber verfassungsrechtlichen innerstaatlichen Normen, sondern auch die einschlägigen Regeln und die Rechtsprechung zur Lösung ähnlicher Grundrechtenkollisionen berücksichtigt werden müssen.

Die Wahl der Form und der Mittel für die Durchsetzung der Richtlinien ist jedoch Sache der Mitgliedstaaten, denen ein weiter Regelungsspielraum hinsichtlich der rechtlichen Folgen und der eventuellen Sanktionen eines Verstoßes gegen den Gleichbehandlungsgrundsatz zur Verfügung steht[312]. Die Richtlinie schreibt insoweit kein bestimmtes Durchsetzungsverfahren und keine konkrete Form von Sanktionen vor. Die Durchsetzung des Gleichberechtigungsgebots kann auf individuellen, kollektiven und institutionellen Ebenen sichergestellt werden[313]. Die Mitgliedstaaten können weiter Rechtsfolgen und Sanktionen zivilrechtlicher, strafrechtlicher oder verwaltungsrechtlicher Art einführen[314]. Dieser Ermessensspielraum wird aber durch das Effektivitätsprinzip *(effet utile)* des Gemeinschaftsrechts erheblich eingeschränkt.

Danach können die Mitgliedstaaten einerseits den gerichtlichen Weg nicht durch die Einrichtung einer speziellen Stelle zur Lösung solcher Streitigkeiten völlig ausschalten[315]. Sie sind aber befugt, eine Verwaltungsstelle[316] mit solchen

---

der belgischen Verfassung und Art. 10 der EMRK, welche die Meinungsfreiheit garantieren, nicht wegen des Diskriminierungsverbots von Art. 121 des Gesetzes v. 4.8.1978 eingeschränkt werden konnte; dieses Urteil wurde von der Cour de Cassation (2. ch.) v. 11.5.1983, CDS 1983, S. 493 mit Anm. *M. T. Cuvelliez,* allerdings nur im Interesse des Gesetzes aufgehoben; vgl. ferner *Gitter,* NJW 1982, S. 1569.

310 Im einzelnen über die Kollision mit Art. 9 III GG vgl. *Däubler,* ArbuR 1981, S. 195-197; *Pfarr/Bertelsmann,* Lohngleichheit 1981, S. 379 ff.; *Martiny,* in Janssen-Jurreit (Hrsg.), 1979, S. 345.

311 Z. B. Art. 6 II und III GG (Ehe- und Familienschutz), Art. 2 I GG (Vertrags- bzw. Unternehmensfreiheit), Art. 9 I und III GG (Tarifautonomie), Art. 12 I GG (Berufsfreiheit) oder Art. 14 GG (Eigentumsgarantie); ferner über mögliche Kollisionen mit anderen Grundrechten, z. B. der Kunstfreiheit (Art. 5 III GG), vgl. die von der Bundesregierung am 21. und 22.1.82 veranstaltete Anhörung, zusammenfassend *Gitter,* NJW 1982, S. 1569 ff.; über Art. 33 GG (Zugang zu öffentlichen Ämtern) in bezug auf die Quotierung s. *Hohmann-Dennhardt,* Frauenquoten 1983, S. 49-50.

312 s. *Hepple,* CPL 1983, S. 71 ff.

313 Den Mitgliedstaaten ist aber nicht erlaubt, aus Gründen der Tarifautonomie die Anwendung der Richtlinie fristlos den Sozialpartnern zu überlassen; Art. 19 des französischen Gesetzes Nr. 83-635 beinhaltet jedoch eine Regelung in dieser Richtung und ist deshalb, nach Ansicht des EuGH, mit der Rl. 76/207 nicht vereinbar; so im EuGH-Urteil v. 25.10.88, Rs. 312/86 *(Kommission g. Französische Republik)* (unveröff.) Nr. 22-23 der Gründe.

314 Im einzelnen über die verschiedenen Kontrollinstanzen in den Mitgliedstaaten s. *R. Seeland,* ZVglRWiss 1982, S. 303-308.

315 In dieser Richtung auch Art. 6 (1) der EMRK.

Kompetenzen auszustatten und den Zugang zum Gericht von der vorherigen Einschaltung dieser Stelle abhängig zu machen. Solche Stellen funktionieren in Großbritannien - die *Equal Opportunities Commission*[317] -, in Irland - der *Employment Equality Officer*[318] - und in den Niederlanden - die *Commissie Gelijke Behandeling van mannen en vrouwen bij de arbeit*[319]. Eine obligatorische Einschaltung der Verwaltungsstelle, bevor eine Klage vor Gericht erhoben werden kann, ist nur in bezug auf Lohndiskriminierungsklagen in den Niederlanden erforderlich[320]. Andere Gleichheitsstellen, wie die *Employment Equality Agency* in Irland[321], der *Arbeitsstab Frauenpolitik* in der Bundesrepublik[322], der *Ligestillingsrad* in Dänemark[323], der *Conseil Supérieur de l'égalité professionelle entre les femmes et les hommes* in Frankreich[324], die *Comité du Travail Feminin* in Luxemburg[325], die *Commission du Travail des Femmes* in Belgien und die Abteilung für die Gleichheit der Geschlechter (*Τμήμα Ισότητας των Φύλλων*) in Griechenland[326] sind weitgehend nur Koordinierungs- und Beratungsgremien, die hauptsächlich Stellungnahmen fertigen und Öffentlichkeitsarbeit betreiben[327]. Überwachungs-, Klage- und Unterstützungskompetenzen beim gerichtlichen Verfahren haben nur die Verwaltungsstellen in Großbritannien, Irland, den Niederlanden und Dänemark[328]. Weitere Überwachungs- und Unterstützungsmöglichkeiten haben in der Regel in allen Mitgliedstaaten die Betriebsräte[329] und die Gewerkschaften[330].

---

[316] Im Sinne einer Verwaltungsstelle, die mit eigenen Rechtsschutzzuständigkeiten ausgestattet ist; eine solche Institution, die mit der amerikanischen Equal Employment Opportunities Commission ähnlich wäre, gibt es nur in Großbritannien, Irland und den Niederlanden; über die Vorteile einer Verwaltungsstelle zum Rechtsschutz vor Diskriminierungen im einzelnen *J. Jowell*, The Administrative Enforcement of Laws against Discrimination, PL 1965, S. 119; Einrichtungen dagegen, die mehr oder weniger umfassende Kontroll- und Klagebefugnisse haben, gibt es in verschiedenen Mitgliedstaaten, wie z.B. die Arbeitsaufsicht in Belgien, Dänemark, Frankreich, Griechenland, Italien und Luxemburg; jedoch wird die Unzulänglichkeit der personellen und finanziellen Mittel der Inspection du Travail im Schrifttum als notorisch bezeichnet, z.B. *Stocker*, CDE 1977, S. 224 (FN 177).

[317] Sec. 53 des SDA 1975; dazu *Sacks*, MLR 1986, S. 560 ff.

[318] Sec. 19-21 des EEA 1977; vgl. auch KOM (82) 832 endg., S. 189; die Equality Officers sind Beamte des Industrial Tribunal; diese Rechtsprechungsinstanz ist nicht von Richtern belegt; dazu im einzelnen *Corcoran/Donnelly*, KOM D.G.V./564/84, S. 40-41.

[319] Art. 9-16 des Gesetzes v. 20.3.1975 und Art. 6 (1) des Gesetzes v. 1.3.1980.

[320] Art. 16 (1) des Gesetzes v. 20.3.1975.

[321] Sec. 35 ff. des EEA 1977.

[322] Bei dem Bundesministerium für Jugend, Familie und Gesundheit 1979 eingerichtet.

[323] 1975 eingerichtet; seine Zuständigkeiten im Bereich der "positive action" wurden durch das Gesetz Nr. 164 v. 12.4.1978 erweitert.

[324] Art. L 330-2 des CT und Dekret v. 22.2.84, JO v. 26.2.84.

[325] Ministerielle Verordnung v. 19.2.1980.

[326] Art. 9 des Gesetzes Nr. 1414/84.

[327] Einen vergleichenden Überblick s. in *R. Seeland*, ZVglRWiss 1982, S. 306-308; und KOM (82) 832 endg., S. 124 ff.

[328] Die Finanzierung der Unterstützung ist allerdings nicht zufriedenstellend, vgl. *Corcoran/Donnelly*, KOM D.G.V./564/84, S. 35-37.

[329] In der Bundesrepublik sind sie sogar dazu gesetzlich verpflichtet, § 75 I 1 BetrVG 1972.

Eine weitere Einschränkung des Regelungsspielraums der Mitgliedstaaten durch das Effektivitätsprinzip des Gemeinschaftsrechts erfolgt im Bereich der Rechtsfolgen und Sanktionen einer Diskriminierung aufgrund des Geschlechts. Die Mitgliedstaaten können zwar Sanktionen zivilrechtlicher, strafrechtlicher oder verwaltungsrechtlicher Art einführen, die ausgewählten Sanktionen müssen jedoch geeignet sein, einen tatsächlichen und wirksamen Rechtschutz zu gewährleisten und ferner eine wirklich abschreckende Wirkung gegenüber dem Arbeitgeber haben[331]. So hat der EuGH entschieden[332], daß die Erstattung der Bewerbungskosten des Opfers einer Diskriminierung beim Zugang zur Beschäftigung eine rein symbolische Entschädigung darstellt, die in keinem angemessenen Verhältnis zu dem erlittenen Schaden steht[333]. Die Verpflichtung des Arbeitgebers zur Einstellung des diskriminierten Bewerbers ist nur in Italien als möglich angesehen[334]. Strafrechtliche Sanktionen sind in Frankreich[335],

[330] Allerdings mit unterschiedlichem Umfang und Reichweite.

[331] So der EuGH in *Von Colson* und *Harz*, Nr. 23 der Gründe; vgl. *Curtin*, CMLR 1985, S. 518 ff.

[332] Ebenda, Nr. 28 der Gründe; nach diesen Urteilen des EuGH wurde § 611 a II BGB so ausgelegt, daß er den Schadensersatzanspruch in einem solchen Fall nicht auf den Vertrauensschaden in dem Sinne beschränkt, daß er gleichzeitig die weitergehenden Bestimmungen des § 823 BGB ausschaltet (sog. Sperrwirkung des § 611 a II BGB); der Schadensersatz wegen Verletzung des Persönlichkeitsrechts der diskriminierten Bewerberin (Schmerzensgeld) wurde auf §§ 823 Abs. 2, 611 a I BGB und 823 Abs. 2 i. V. m. 89 analog, 31 BGB oder auch 823 Abs. 1 i. V. m. 847 BGB in zwei darauffolgenden Urteilen gestützt; ArbG-Hamm v. 6.9.1984 - 4 Ca 1076/82 - DB 1984, S. 2700-2701, und ArbG-Hamburg v. 7.3.1985 - 8 Ca 124/81 - DB 1985, S. 1402; diese Lösung wurde jedoch im Urteil des LAG-Niedersachsen v. 23.11.1984 - 14 Sa 111/83, DB 1985, S. 1401-1402 für unrichtig gehalten: „... diese gerichtliche Zuständigkeit es jedoch jedenfalls zur Zeit nach der Auffassung des Gerichts *nicht gestattet, die Vorschrift des § 611 a II BGB hinsichtlich ihrer Sperrwirkung* für einen Rückgriff auf allgemeine Vorschriften für *gegenstandslos* zu erachten“, DB 1985, S. 1401; diese Rechtsprechung ist insofern nicht zutreffend, als die Sperrwirkung des § 611 a II BGB auf dem Willen des Gesetzgebers und den allgemeinen Regeln der systematischen Auslegung begründet ist; die vom EuGH in diesem Fall für einschlägig gehaltene „europarechtskonforme“ Auslegung findet aber nach Ansicht von *Bleckmann*, DB 1984, S. 1576, ihre Grenzen nur im Wortlaut der Vorschrift (hier des § 611 a BGB) selbst und drängt die Prinzipien der historischen und systematischen Auslegung zurück; Bleckmann, ebenda, hält eine sperrwirkende Auslegung aus dem Wortlaut des § 611 a BGB für unbegründet; vgl. die heftige Diskussion in *Bleckmann*, DB 1983, S. 1102-1104; *Curtin*, CMLR 1985, S. 511; 505-532; *Bertelsmann*, BB 1983, S. 1805-1809; *Nicolaysen*, EuR 1984, S. 380-392; *Garde-Emden*, KJ 1984, S. 332; *Bertelsmann/Pfarr*, DB 1984, S. 1297-1301; *Birk*, NZA 1984, S. 145-149.

[333] Die Sprache des EuGH in *Von Colson* und *Harz* klingt mehr nach einem Urteil gemäß Art. 169 EWGV; das liegt nach Ansicht von *Arnull*, ELR 1974, S. 270, an dem Meinungsunterschied zwischen dem vorlegenden Arbeitsgericht und der Bundesregierung hinsichtlich der Möglichkeit einer sperrwirkenden Auslegung des Art. 611 a BGB.

[334] Vgl. *Curtin*, CMLR 1985, S. 511; im einzelnen dazu *Ballestrero*, in Verwilghen (Hrsg.), Bd. II 1986, S. 269, jedoch ohne Bestätigung in der Rechtsprechung; theoretisch für eine ähnliche Möglichkeit im Bereich des öffentlichen Dienstes in der Bundesrepublik, vgl. *Bertelsmann/Pfarr*, DB 1984, S. 1298; s. BAG v. 31.3.76, NJW 1976, S. 1708; und BVerwG v. 30.8.62, BVerwGE 15, S. 3 ff.; und in der Privatwirtschaft bei Monopolstellung des Unternehmens aufgrund des § 826 BGB, vgl. *Rust*, BlStSozArbR 1982, S. 337 ff. m. w. N.; *Birk*, NZA 1984, S. 148; für eine vergleichbare Anwendung der §§ 185, 189, 192, 201 und 288 i. V. m. §§ 648, 649 und 653

Belgien[336], Italien[337], Dänemark[338] und Irland[339] vorgesehen. Ein Schadensersatzanspruch ist ausdrücklich in den Anpassungsgesetzen von Belgien[340], Dänemark[341] und Irland[342] vorgeschrieben[343]. In allen Mitgliedstaaten kann aber eine Entschädigung auf der Grundlage der allgemeinen zivilrechtlichen Vorschriften gewährt werden[344]. Verwaltungsbußgelder werden in Belgien[345] und Griechenland[346] verhängt.

---

des griechischen BGB vgl. *Mitsou*, in Verwilghen (Hrsg.), Bd. II 1986, S. 207-208, m. w. N. über die diesbezügliche Rechtsprechung.

335 Verstoß gegen Art. L.123-1 CT (Art. 1 des Gesetzes Nr. 83-635) wird mit Gefängnis von 2 Monaten bis 1 Jahr oder Geldstrafe von 2000 bis 20000 FF laut Art. L.152-1 CT bestraft.

336 Gefängnis und Geldstrafe; Kap. V, Titel V des Gesetzes v. 4.8.1978.

337 Art. 16 des Gesetzes Nr. 903/1977 sieht grundsätzlich Strafgelder von 200.000 bis 1 Million Lire vor.

338 Art. 12 des Gesetzes Nr. 161 v. 12.4.1978, ILO-LegS. 1978-Den. 3.

339 Art. 23 und 26 des EEA 1977; Strafgelder wegen Schikanierung.

340 Art. 136 (4) des Gesetzes v. 4.8.78 sieht eine Abfindung in Höhe von sechs Monatsgehältern vor.

341 Art. 9 (2) des Gesetzes Nr. 161 v. 12.4.78 schreibt eine Entschädigung bis zu einem Arbeitsentgelt für 26 Wochen vor.

342 Gemäß sec. 26 EEA 1977 kann sie die Grenze des Entgelts für 104 Arbeitswochen nicht überschreiten.

343 Vgl. *Birk*, NZA 1984, S. 146.

344 Ausführlich *Corcoran/Donnelly*, in COM D.G.V/564/84, Rdnr. 96-106.

345 Kapitel V des fünften Titels des Gesetzes v. 4.8.78.

346 Art. 12 des Gesetzes Nr. 1414/84; Geldbuße von 20000-300000 Drs.

Teil III

Einsatzbereiche des Diskriminierungsverbots – Modalitäten und Fragen der Anwendung der einzelnen Vorschriften

Alle Bereiche des Erwerbslebens unterliegen dem Verbot der Diskriminierung aufgrund des Geschlechts. Beispielsweise könnte man besonders die Ausgestaltung der beruflichen Ausbildung, die Ausschreibung von Arbeitsplätzen und die Veröffentlichung von Stellenangeboten, das Auswahlverfahren bei Einstellungen und Beförderungen, die Personalplanung, die Zuweisung der Arbeitsaufgabe und des Arbeitsplatzes, die Ausgestaltung sämtlicher Arbeitsbedingungen, die berufliche Eingruppierung, die Entlohnung, die Gewährung von Nebenleistungen *(fringe benefits),* die Versetzung, die Durchsetzung disziplinarischer Maßnahmen, die Festsetzung des Alters für die Beendigung des Arbeitsverhältnisses oder für die Gewährung der Altersrente, die Entlassung, die betriebsbedingte Kündigung, die Ausgestaltung der betrieblichen Alters-, Kranken-, oder Invaliditätsversorgung, die Gewährung von Sozialleistungen, sowie alle denkbaren Handlungsmöglichkeiten des öffentlichen oder privaten Arbeitgebers in bezug auf den einzelnen oder eine Gruppe von Erwerbstätigen nennen.

Eine ungleiche Behandlung ist nur im Rahmen einer ausdrücklichen Ausnahmeregelung gestattet, es sei denn, sie kann durch tätigkeitsbezogene objektive Gründe, die nichts mit dem Geschlecht zu tun haben, gerechtfertigt werden. Positiv betrachtet entspricht dieses Verbot einem Gleichbehandlungsgebot. Der allgemeine Grundsatz der Gleichberechtigung von Erwerbstätigen des einen oder anderen Geschlechts ist im Gemeinschaftsrecht systematisch und gesetzestechnisch in drei konkrete Sondergrundsätze gespalten: der Grundsatz der Lohngleichheit, der Grundsatz der Gleichbehandlung und der Grundsatz der Versorgungsgleichheit[1].

Die Tragweite der Anwendung dieser Grundsätze in den entsprechenden Einsatzbereichen wird hauptsächlich durch zwei Faktoren bedingt: zum einen durch die Auslegung der jeweils vorgesehenen Ausnahmebefugnisse, zum anderen durch die Festlegung der Kriterien und Grenzen einer plausiblen Rechtfertigung, die unter Umständen den diskriminierenden Charakter der Ungleichbehandlung ausschalten kann. Fragen in bezug auf diese Einflußfaktoren sowie Abgren-

---

[1] Über die Anwendung dieses Grundsatzes vgl. schon oben § 1 C; und die einschlägigen Anpassungsvorschriften die in mehreren Mitgliedstaaten bereits erlassen worden sind, oben § 2.

zungsprobleme, die bei der Anwendung der einzelnen Richtlinienbestimmungen im Konkretfall eintreten, werden in den folgenden Paragraphen erläutert.

§ 6 Spezifische Fragen der Lohngleichheitsproblematik

Lohngleichheit im EG-Bereich bedeutet „gleiches Entgelt für männliche und weibliche Arbeitnehmer, die eine gleiche oder gleichwertige Tätigkeit ausüben"[2]. Bei der Anwendung dieses Grundsatzes entstehen in der Regel drei Problemkreise: Was läßt sich im Rahmen der Lohngleichheitsproblematik als „Entgelt" bezeichnen, wann sind zwei Tätigkeiten „gleichwertig" und schließlich unter welchen Voraussetzungen ist eine unterschiedliche Entlohnung zweier am gleichen oder gleichwertigen Arbeitsplatz beschäftigten Arbeitspersonen berechtigt?

A. Der Begriff des Entgelts

Eine Definition des Entgeltbegriffs liefert der zweite Absatz von Art. 119 EWGV: danach werden als Entgelt alle gegenwärtigen oder künftigen in bar oder in Sachleistungen gezahlten Vergütungen angesehen, vorausgesetzt sie werden vom Arbeitgeber an den Arbeitnehmer wenigstens mittelbar aufgrund des Dienstverhältnisses gezahlt. Trotz dieser klaren Umschreibung des Entgelts im Römervertrag ist die Abgrenzung von anderen Leistungen, die nicht als Entgelt im Rahmen einer Diskriminierungsproblematik charakterisiert werden können, in der Praxis nicht immer leicht. Diese Schwierigkeit liegt freilich an der großen Komplexität und Vielfältigkeit der Entlohnung, deren zahlreiche Komponenten oft nicht einmal im Lohnstreifen zu finden sind[3]. Darüber hinaus ist der Begriff des Entgelts eher relativ. Jeder Interessent versucht das Entgelt so zu definieren, daß es seinen eigenen Bedürfnissen und Besonderheiten entspricht. So unterscheidet sich das Entgelt als Grundlage für die Berechnung der Sozialversicherungsbeiträge deutlich vom Entgeltbegriff, den der Fiskus als Basis für die Bemessung der Einkommenssteuer verwendet. Auch für die Bedürfnisse der Diskriminierungsproblematik soll ein spezifischer Entgeltbegriff entwickelt werden[4].

---

[2] Art. 119 EWGV und Art. 1 der Richtlinie 75/117/EWG.

[3] Eine Studie des Centre d'Etudes des Revenus et des Coûts (C.E.R.C.) hat im März 1987 gezeigt, daß in Frankreich 15 % des Entgelts in Form von Prämien, Gratifikationen u.s.w. nicht in den „fiche de paie" erscheint.

[4] *Vellieux,* Dr.Soc. 1984, S. 720-728; über die Doppeldeutigkeit des Lohnbegriffs und die terminologischen Abgrenzungen zwischen dem § 323 BGB und dem Arbeitsrecht im einzelnen *Zöllner,* Arbeitsrecht, 3. Aufl. 1983, S. 152 ff.; vgl. auch *Lyon-Caen,* Les Salaires, Traité de Droit de Travail, G. H. Camerlynck (Hrsg.), Bd. II. 2. Aufl. 1981; *Koukiadis,* EED 1976, S. 249.

Die wirksame Durchsetzung des Grundsatzes der Lohngleichheit setzt einen weitgefaßten Entgeltbegriff voraus. Der gesamte Arbeitslohn im weitesten Sinne wird so als „Entgelt" im Rahmen von Art. 119 angesehen. Sämtliche Bestandteile des Arbeitsentgelts, die der Arbeitgeber aufgrund oder in Zusammenhang mit dem Arbeitsverhältnis erbringt, können bei einer Lohndiskriminierungsklage berücksichtigt werden. Die innerstaatlichen Gerichte haben sich schon öfters mit solchen Fragen beschäftigt. Im Gegensatz dazu hat sich bis jetzt die Rechtsprechung des EuGH über den Begriff des Entgelts im Sinne von Art. 119 EWGV nur mit einer Grenzfrage der Problematik befaßt[5], nämlich mit den Leistungen im Rahmen eines Versicherungssystems sowie mit dem Beitrag des Arbeitgebers zur Finanzierung dieser Leistung[6]. Die Anwendung von Art. 119 im Bereich der Systeme der sozialen Sicherheit wurde vom EuGH in *Defrenne-I, Bilka-Kaufhaus, Worringham* und *Liefting* konkretisiert.

I. Die Leistungen im Rahmen eines gesetzlichen Sozialversicherungssystems – *Defrenne g. Belgien*

Zur Zeit der Vorbereitung der Lohngleichheitsrichtlinie war eine Subsumtion der verschiedenen Versicherungsleistungen im Artikel 119 EWGV eher problematisch. Der erste Anlaß des EuGH, sich überhaupt mit der Problematik der geschlechtsspezifischen Diskriminierung zu beschäftigen, betraf gerade die Frage nach der Anwendbarkeit von Art. 119 in bezug auf die Altersrente im ersten *Defrenne*-Urteil[7]. Fraglich war damals, ob der Entgeltbegriff im Art. 119 sich auf die „traditionelle" synallagmatische Funktion des Arbeitsentgelts beschränkte, nämlich das, was der Arbeitnehmer als Gegenleistung für die erbrachte Arbeit bekommt, oder ob er sich vielmehr an der Theorie des „Soziallohns"[8] orientierte und damit auch Versorgungsleistungen umfaßte. Der indirekte Lohn[9], der die Totalität der vom Unternehmen finanzierten Sozialleistun-

---

[5] Abgesehen von den Urteilen v. 7.6.71, Rsn 20/71 *(Sabbatini-Bertoni g. Parlament)*, Slg. 1972, S. 345, und 32/71 *(Chollet-Bauduin g. Kommission)*, ebenda, S. 363; v. 20.2.75, Rsn 21/74 *(Airola g. Kommission)*, Slg. 1975, S. 221, und 37/74 *(Van den Broeck g. Kommission)*, ebenda, S. 235; sowie v. 14.12.79, Rs. 257/78 *(Kenny-Levick-Devred g. Kommission)*, Slg. 1979, S. 3767; die sich mit den Auswirkungen der Unterschiede zwischen EG-Beamten und Beamtinnen auf die Gewährung der Auslandszulage beschäftigen; der Entgeltcharakter dieser Zulage ist jedoch von den Urteilen nicht angesprochen.

[6] Die vom Arbeitnehmer direkt bezahlten Versicherungsbeiträge kommen im Rahmen dieser Problematik nicht in Frage, vgl. Art. 6 (1) (i) der Rl. 86/378 und Art. 4 (1) Satz 3 der Rl. 79/7.

[7] EuGH v. 25.5.71, Rs. 80/70 *(Defrenne g. Belgischen Staat)*, Slg. 1971, S. 445 ff.; vgl. auch die Schlußanträge des GA Dutheillet de Lamothe v. 29.4.71, Slg. 1971, S. 454 ff.

[8] Nach Ansicht des Generalanwalts handelte es sich dabei um eine mehr wirtschaftliche als juristische Theorie, ebenda, S. 457.

[9] Auf Französisch „salaire indirect"; schlechthin auch als Ruhelohn oder aufgeschobener Lohn bezeichnet.

gen umfaßt, bildet für die Anhänger der letzteren Auffassung mit dem direkten Lohn zumindest aus dem Blickwinkel des Arbeitnehmers eine Einheit[10]. Infolgedessen führen heute die Lohnverhandlungen zwischen den Sozialpartnern in der Regel zum Abschluß von "package-deals", die eine Reihe verschiedenartiger Vorteile[11] beinhalten, von Grundlohn, Zulagen und Vergünstigungen aller Art, Prämien, Provisionen und Tantiemen[12], Gratifikationen, Essensgeldzuschüssen, Urlaubsgeldern, Naturallohngefügen, Deputaten und Sachleistungen, über Leistungen der betrieblichen Altersversorgung[13], Leistungen bei Krankheit, Invalidität oder Mutterschaft, und Abfindungen beim Ausscheiden aus dem Betrieb, bis schließlich zu Krediterleichterungen, Unterhaltungseinrichtungen und soziokulturellen Aktivitäten[14] und letztendlich allem, was für den Arbeitnehmer von Wert sein kann[15] und vom Arbeitgeber finanziert wird.

Diese Ausdehnung des Entgeltbegriffs erscheint auf der ersten Blick mit dem Wortlaut des Art. 119 völlig vereinbar[16]. Zwar ist hier von „Vergütungen" die Rede[17], und nicht wie in der Mehrheit der anderen Textsprachen von „Vorteilen"[18], daraus läßt sich aber kein Argument für eine einschränkende Auslegung gewinnen, weil die verschiedenen Texte von multilateralen Völkerverträgen als gleichwertig anerkannt werden[19].

Für eine breite Auslegung spricht weiter der Doppelzweck von Art. 119 EWGV[20]. Zum einen würden so die sozialen Ansprüche dieser Bestimmung hervorgehoben, zum anderen wäre dem wirtschaftlichen Ziel der Unterbindung von Wettbewerbsverzerrungen besser gedient. Die Gewährung gleicher Versorgungsrechte an Frauen und Männer kann freilich u.a. in Anbetracht der

---

[10] *G. Lyon-Caen*, Les Salaires, in „Traité de Droit du Travail", G. Cammerlynck (Hrsg.) 1973, Rdnr. 202; *J. J. Dupeyroux*, Droit de la Sécurité Sociale, 1980, S. 809-811.

[11] In den britischen industriellen Beziehungen werden die gesamten Vorteile als "total employment package" bezeichnet, vgl. *Curtin*, CMLR 1987, s. 216; sowie die Rechtsprechung in *Hayward v. Cammel Laird Shipbuilders Ltd.*, ICR 1986 (EAT), S. 870.

[12] Vgl. BAG v. 21.12.70, ArbuR 1971, S. 310.

[13] Im einzelnen bezüglich der unterschiedlichen Haustrunkmengen im Brauereigewerbe oder der Deputate in der Zigarettenindustrie vgl. *Pfarr/Bertelsmann*, Lohngleichheit 1981, S. 222ff.

[14] Vgl. die französische Vorschrift über die „activités sociales et culturelles", Art. L. 432 des CT.

[15] So die Formulierung des irischen Labour Court in *University College Dubin v. IFUT*, 1979, LCAR 1981, S. 132-133, wonach "anything of value to the employee is part of the remuneration"; die Rechtssache betraf ein nur Männern zugängliches System der Hinterbliebenenversorgung; so auch der irische Equality Officer in *Linson Ltd. v. ASTMS* (1977), EP 1/77, wo er bemerkte, daß in der gesetzlichen Definition des gleichen Entgelts alle „einkommensbezogene" Vergütungen, darunter auch Altersrente, einbegriffen sind.

[16] So ausführlich der GA Warner in *Worringham*, Slg. 1981, S. 803-805.

[17] Vgl. auch das Wort "consideration" im englischen Text.

[18] Französisch „avantages", italienisch „vantagi", niederländisch „voordellen", griechisch „οφέλn".

[19] *Thomson/Wooldridge*, LIEI 1980, S. 15; vgl. Art. 248 EWGV.

[20] Dazu oben § 1 A I.

längeren Lebenserwartung der Frau oder der Anrechnung der Zeit eines Mutterschaftsurlaubs mit der für die Altersrente zu berücksichtigenden Beschäftigungszeit zusätzliche Kosten für einzelne Arbeitgeber verursachen. Trotzdem bezweckt Art. 119 in erster Linie die Gleichheit des Entgelts der Arbeitnehmer, nicht die Gleichheit der Sozialkosten, die vom Arbeitgeber getragen werden[21]. Insofern würde die Subsumtion aller sozialen Leistungen, die das Unternehmensbudget belasten, im Entgeltbegriff des Art. 119 zum Ausgleich des Soziallohns[22] für Männer und Frauen[23] und vermutlich zur langfristigen Beseitigung der Konkurrenzvorteile der Mitgliedstaaten führen, die über eine auf niedrige Sozialkosten eingestellte Industrie verfügen. Ein weiteres Argument in dieser Richtung läßt sich aus Art. 1 des IAO-Übereinkommens Nr. 100 ableiten[24], der nach geltender Meinung[25] die gleiche Tragweite wie Art. 119 hat. So macht der Expertenausschuß der Internationalen Arbeitskonferenz geltend, daß die Leistungen der sozialen Sicherheit ein klassisches Beispiel von Vergütungen darstellen, die vom Arbeitgeber aufgrund des Arbeitsverhältnisses bezahlt werden[26].

Auf den ersten Blick schien der EuGH in *Defrenne-I* dieser Auffassung folgen zu wollen und bemerkte, daß „Vergütungen, die ihrer Natur nach Leistungen der sozialen Sicherheit sind, grundsätzlich nicht vom Entgeltbegriff auszuschließen sind"[27]. Im Anschluß an die vom Generalanwalt Dutheillet de Lamothe in dieser Rechtssache formulierten Unterscheidung zwischen gesetzlichen und betrieblichen Systemen der sozialen Sicherheit entschied jedoch der EuGH, daß Versorgungsleistungen, wie z. B. in diesem Fall die Altersrente, die im Rahmen eines „unmittelbar durch Gesetz geregelten" und, wie für solche Systeme üblich, durch „Beiträge der Arbeitnehmer, der Arbeitgeber sowie der öffentlichen Hand finanzierten" Sozialversicherungssystems gewährt werden, nicht in den Entgeltbegriff von Art. 119 einbezogen werden können. Für eine solche Subsumtion wäre vielmehr ein fester Zusammenhang zwischen der Versicherungsleistung und dem

---

[21] Vgl. GA Warner in *Worringham*, Slg. 1981, S. 806; *Imbrechts*, RTDE 1986, S. 236.

[22] Der Ausgleich sollte wegen des Günstigkeitsprinzips im Gemeinschaftsrecht nach oben erfolgen.

[23] Was in der Zeit vom ersten *Defrenne*-Urteil (1970) überhaupt nicht der Fall war; heute noch, obwohl schon große Fortschritte gemacht worden sind, bleibt die Gleichbehandlung im Bereich der betrieblichen Systeme der sozialen Sicherheit bis 1.1.1993 – und auch länger, wenn man die Ausnahmen dieser Richtlinie berücksichtigt – noch nicht zwingend vorgeschrieben, vgl. oben § 1 C II 2.

[24] Vgl. die Schlußanträge des GA Dutheillet de Lamothe in bezug auf die Erklärungen der Bundesregierung bei der Ratifizierung des IAO-Übereinkommens Nr. 100 im Bundestag, *Defrenne-I*, Slg. 1971, S. 546.

[25] So *Clair*, Dr.Soc. 1968, S. 149 ff.; *Budiner*, 1975, S. 34.

[26] Dazu im einzelnen *Koukoulis-Spiliotopoulos*, ToS 1983, S. 155; vgl. auch ILC 34th Session, Equal Remuneration for men and women workers for work of equal value, Report VII-I, Geneva 1951, S. 16; sowie 60th Session, Equal Remuneration, Rapport III-IV-B, Geneva 1975, Rdnr. 52-53, 60-62 und 169.

[27] *Defrenne-I*, Nr. 7 der Gründe.

Arbeitsverhältnis erforderlich. Ein ähnlicher Zusammenhang sollte weiter zwischen dem Arbeitsverhältnis und den Versicherungsbeiträgen bestehen, die vom Arbeitgeber im Rahmen eines gesetzlichen Systems der sozialen Sicherheit geleistet werden. In beiden Fällen fehlt jedoch dieser Zusammenhang, nämlich weil diese Systeme[28]:

i) mehr von sozialpolitischen Erwägungen und weniger vom Dienstverhältnis zwischen Arbeitnehmern und Arbeitgebern abhängen und

ii) zwingend für allgemein umschriebene Gruppen von Arbeitnehmern ohne jedes Vereinbarungselement innerhalb des Unternehmens oder des entsprechenden Gewerbezweigs gelten, und dennoch weil

iii) der Arbeitgeberanteil an der Finanzierung solcher Systeme keine unmittelbare oder mittelbare Zahlung an den Arbeitnehmer darstellt und

iv) in letzter Analyse der Leistungsanspruch des Arbeitnehmers nicht aus den Arbeitsvertrag entsteht, sondern allein deswegen, weil er die gesetzlichen Voraussetzungen für die Gewährung der Leistung erfüllt.

Artikel 119 findet danach auf Altersrente im Rahmen eines gesetzlichen Systems[29] der sozialen Sicherheit keine Anwendung. Die Versicherungsbeiträge des Arbeitgebers zur Finanzierung solcher Systeme können weiter nicht als „Entgelt" im Sinne von Art. 119 bezeichnet werden. Die Rechtsprechung des EuGH beruht hier insbesondere auf der Abwesenheit eines wesentlichen Faktors, der diese Beiträge mit dem Arbeitsverhältnis zusammenknüpfen würde, so daß sowohl die Höhe als auch die Modalitäten der Bezahlung dieser Geldsummen zum Gegenstand einer Konzertation zwischen Arbeitnehmer und Arbeitgeber gemacht würde. Wie der EuGH im dritten *Defrenne*-Urteil charakteristisch bemerkte, „beruht Artikel 119 auf dem engen Zusammenhang zwischen der Art der Arbeitsleistung [*die im Rahmen eines gewissen Arbeitsverhältnisses aufgebracht wird**] und der Höhe des Arbeitsentgelts" [*das für diese Leistung bezahlt wird***][30].

Das Interesse dieser Entscheidung liegt in der grundsätzlichen Festlegung der Rechtsnatur eines Sozialversicherungssystems[31], dessen Leistungen sowie der Anteil des Arbeitgebers zur seiner Finanzierung nicht in den Anwendungsbereich von Art. 119 und der Richtlinie 75/117 einbezogen werden können[32].

---

[28] *Defrenne-I*, Nr. 8-12 der Gründe; vgl. auch *Thomson/Wooldridge*, LIEI 1980, S. 19; kritisch zu dieser Entscheidung *Lyon-Caen*, RTDE 1972, S. 110-112; *Vogel-Polsky*, JT 1973, S. 92-94; *Wyatt*, ELR 1976, S. 414; *McCallum/Snaith*, ELR 1977, S. 267.

* Präzisierung des Verfassers.

** Präzisierung des Verfassers.

[29] Manchmal schlechthin auch als „staatliche" Systeme bezeichnet.

[30] EuGH v. 15.6.78, Rs. 149/77 *(Defrenne g. SABENA)*, Slg. 1978, S. 1378, Nr. 19-23 der Gründe.

[31] Über den Einfluß dieses Urteils auf die Gesetzgebung der Gemeinschaft im Bereich der Gleichberechtigung s.o. § 1 C.

Der EuGH hat im Rahmen des konkreten Tatbestandes keine Gelegenheit gehabt, sich mit der Rechtsnatur der Versicherungsleistungen oder der Arbeitgeberversicherungsbeiträge im Rahmen eines betrieblichen Systems der sozialen Sicherheit zu beschäftigen. Die Rechtsnatur der Sozialleistungen der betrieblichen Versorgung wurde erst in *Bilka-Kaufhaus* aufgeklärt.

II. Die Leistungen im Rahmen eines betrieblichen Sozialversicherungssystems – *Bilka-Kaufhaus*[33]

Die in dieser Rechtssache umstrittene betriebliche Versorgungsordnung gewährte den vollzeitbeschäftigten Angehörigen des Unternehmens ein betriebliches Altersruhegeld und galt als Teil der Arbeitsverträge zwischen der Firma und ihren Beschäftigten. Nach dieser Ordnung waren die Teilzeitbeschäftigten – in diesem Fall 91 % Frauen[34] – von den betrieblichen Versorgungsleistungen praktisch ausgenommen[35]. Das BAG hat mit Beschluß v. 5.6.1984[36] dem EuGH die Frage vorgelegt, ob in diesem Fall ein Verstoß gegen Art. 119 EWGV in Form der „mittelbaren Diskriminierung" in Betracht käme. Diese Frage[37] hat natürlich auch die Frage nach der Anwendbarkeit von Art. 119 auf Versicherungsleistungen im Rahmen eines Systems der betrieblichen Altersversorgung aufgeworfen.

Der EuGH bemerkte in seinem Urteil, nachdem er vom ersten *Defrenne*-Urteil ausführlich zitiert hatte, daß die Versorgungsordnung des Unternehmens, „zwar entsprechend den vom deutschen Gesetzgeber für derartige Systeme erlassenen Bestimmungen ausgestaltet wurde, ihren Ursprung aber in einer Vereinbarung zwischen der Beklagten und dem ihre Beschäftigten vertretenden Betriebsrat findet, die dazu führt, daß die Sozialleistungen, die nach den allgemein geltenden deutschen Rechtsvorschriften gewährt werden, durch Leistungen ergänzt werden, die allein vom Arbeitgeber finanziert werden". Der vertragliche Ursprung des Systems sei dennoch „dadurch bestätigt, daß dieses System und die dazugehörige Versorgungsordnung (...) als Teil der Arbeitsverträge zwischen

---

[32] Dieses Systeme werden schon seit 23.12.1984 von der Richtlinie 79/7 geregelt.

[33] EuGH v. 13.5.1986, Rs. 170/84 *(Bilka-Kaufhaus GmbH g. K. Weber v. Hartz)*, NZA 1986, S. 599 mit Anm. *Pfarr*, NZA 1986, S. 585 ff.

[34] 90 % der männlichen Angestellten arbeiteten als Vollzeit- und 10 % als Teilzeitbeschäftigte, während die Anteile von Frauen entsprechend bei 61,5 % und 38,5 % lagen; im Verhältnis zur Gesamtbelegschaft waren somit 2,8 % der männlichen und 27 % der weiblichen Arbeitnehmer Teilzeitbeschäftigte; nach Formulierung des Generalanwalts „kämen auf einen Mann zehn Frauen", Schlußanträge v. 15.10.85, S. 6 des vervielf. Mskr.

[35] Für den Beitritt zum Versorgungssystem war eine Mindestzeit von 15 Jahren in der Vollzeitbeschäftigung vorausgesetzt.

[36] DB 1984, S. 1577; zur Vorgeschichte s. LAG-Frankfurt v. 5.11.82 mit Anm. *Pfarr*, DB 1983, S. 1763; BAG v. 6.4.82, BB 1982, S. 1176 mit Anm. *Sieg*, SAE 1982, S. 260 ablehnend.

[37] Auf die hier nicht näher eingegangen wird, s.o. § 3 B III b.

der beklagten und ihren Beschäftigten gelten"[38]. Folgerichtig entschied der EuGH, daß „die den Beschäftigten aufgrund des streitigen Systems gewährten Leistungen eine Vergütung darstellen, die der Arbeitgeber dem Arbeitnehmer gemäß Art. 119 Abs. 2 aufgrund des Dienstverhältnisses zahlt"[39].

Diese Schlußfolgerung beweist schon die Richtigkeit der vom Generalanwalt de Lamothe in *Defrenne-I* vorgenommenen Umschreibung eines betrieblichen Systems der sozialen Sicherheit, dessen Leistungen als „Entgelt" im Sinne von Art. 119 angesehen werden können. Entscheidende Merkmale eines solchen Systems sind danach:

i) die Gewährung einer Versicherungsleistung, wie z.B. der Altersrente, an den Arbeitnehmer, wegen des konkreten Dienstverhältnisses zwischen ihm und dem konkreten Arbeitgeber und nicht bloß wegen seines Stands als Arbeitnehmer im allgemeinen;

ii) die Organisation der Verwaltung und Finanzierung des Systems auf betrieblicher Basis unabhängig vom staatlichen Sozialversicherungssystem;

iii) die Finanzierung der Leistung vom Arbeitgeber in der Art, daß sie nicht gezahlt würde, wenn der Arbeitgeber die notwendigen Versicherungsbeiträge nicht leistete, und

iv) der vertragliche Ursprung des Systems auf freiwilliger Basis im Rahmen eines Tarifvertrags zwischen dem Arbeitgeber und der Gewerkschaft[40].

Der EuGH hat sich in *Defrenne-I* und *Bilka-Kaufhaus* ausschließlich mit den Versicherungsleistungen im Rahmen sowohl der gesetzlichen als auch der betrieblichen Systeme der sozialen Sicherheit beschäftigt. Dennoch hat er in *Defrenne-I* auch die Frage nach der Rechtsnatur des Arbeitgeberbeitrags zur Finanzierung eines gesetzlichen Systems endgültig aufgeklärt. Eine völlig andere Frage betrifft jedoch die Beiträge der Arbeitnehmer zu den Sozialversicherungssystemen im allgemeinen. Die Frage, ob diese Beiträge als „Entgelt" im Sinne von Art. 119 gelten, stellt sich natürlich nicht in bezug auf solche Beiträge, die der Arbeitnehmer vorschriftsgemäß an das System unmittelbar entrichtet, sondern vielmehr in bezug auf Beträge des Arbeitgebers, die er zur Deckung der Beitragspflicht der Arbeitnehmer in Form eines Zuschlags zum Bruttolohn gewährt und anschließend abzieht, um an der Kasse des betreffenden Versicherungssystems direkt für Rechnung der Arbeitnehmer zu zahlen. Offensichtlich ist es für den Arbeitnehmer in diesem Fall völlig gleichgültig, ob der Arbeitgeber diese Beträge an ein gesetzliches oder betriebliches System entrichtet. Eine Unterscheidung zwischen beiden Arten von System anhand der in *Defrenne-I* und *Bilka-Kaufhaus* festgelegten Merkmale wäre deswegen in diesem Fall irrelevant. Die Charakterisierung dieser Beträge als „Entgelt" im Sinne von Art. 119 und dem-

---

[38] *Bilka-Kaufhaus*, Nr. 20-21 der Gründe.

[39] Ebenda, Nr. 22 der Gründe.

[40] Vgl. die Schlußanträge des Generalanwalts in *Defrenne-I*, Slg. 1971, S. 458 ff.

zufolge die Anwendbarkeit dieser Vorschrift im Konkretfall beruht auf anderen Kriterien, die vom EuGH in den *Worringham-* und *Liefting*-Urteilen festgelegt worden sind. Es ist in diesem Punkt zu bemerken, daß die neuen Merkmale unterschiedslos auf Versicherungsbeiträge im Rahmen von gesetzlichen sowie betrieblichen Systemen angewandt werden können.

III. Die Beiträge zu den betrieblichen und gesetzlichen Versicherungssystemen – *Worringham*[41] und *Liefting*[42]

Bei der umstrittenen „Vergütung" in der *Worringham*-Rechtssache handelte es sich um einen Lohnzuschlag. Nach den Vorschriften des Altersversorgungssystems von Lloyds-Bank war jedes Mitglied der Bank mit Ausnahme der Frauen unter 25 Jahren verpflichtet, einen Beitrag in Höhe von 5% seines Gehalts an einen Fonds zu leisten. Die Beiträge wurden von dem Gehalt des Mitglieds einbehalten und von der Bank unmittelbar an Treuhänder gezahlt. Um diesen geschuldeten Beitrag zu decken, zahlte Lloyds einen Zuschlag in dieser Höhe auf dem Bruttolohn der Beitragspflichtigen. Dieser Zuschlag wurde als Lohnbestandteil angesehen und den Arbeitnehmern beim Ausscheiden zuzüglich Zinsen zurückerstattet[43]. Eine Diskriminierung zwischen männlichen und weiblichen Angestellten der Bank, die in ihrer jeweiligen Eingruppierung den gleichen Nettolohn erhielten, wurde unter diesen Umständen erst bemerkbar, wenn ein Mitglied unter 25 Jahren aus dem Dienst der Bank ausschied: Männliche Bankangestellte erhielten die in ihrem Namen in der Vergangenheit von der Bank geleisteten Beiträge zuzüglich Zinsen, eine weibliche Bankangestellte, die keine Beiträge geleistet hatte, erhielt dagegen keine Erstattung[44].

Nach der Klassifikation des Generalanwalts in *Defrenne-I* könnte das System von Lloyds leicht als betriebliches System bezeichnet werden und damit der Anwendung von Art. 119 unterliegen. Der EuGH hat jedoch vermieden, sich auf seine Rechtsprechung in *Defrenne-I* zu stützen. Diese Weigerung läßt sich aber nicht aus der Eigenartigkeit des britischen Sozialversicherungssystems erklären[45], wonach ein betriebliches System unter bestimmten gesetzlich festgelegten

---

[41] EuGH v. 11.3.81, Rs. 69/80 *(Worringham und Humphreys g. Lloyds Bank)*, Slg. 1981, S. 767 ff.; für einen Überblick der Vorgeschichte vgl. die Entscheidung des EAT sowie den Vorlagebeschluß des CA, CMLR 1980, S. 293 ff.; *Szyszczak*, NLJ 1981, S. 528, findet die vorgelegte Frage nach dem Entgeltcharakter angesichts der weitgehenden Anerkennung eines solchen Charakters für die Versicherungsbeiträge in Großbritannien eher überraschend und zitiert in dieser Richtung die Rechtsprechung in *Parry v. Cleaver*, 1 AllER 1969, S. 555, und in *"The Halcyon Skies"*, 1 AllER 1976, S. 856.

[42] EuGH v. 18.9.84, Rs. 23/83 *(Liefting g. Academisch Ziekenhuis bij de Universiteit van Amsterdam)*, Slg. 1984, S. 3225.

[43] Wenn er nicht für die Übertragung der erworbenen Ansprüche auf ein anderes System entscheidet.

[44] s. *Post*, LIEI 1981, S. 79; *Snaith*, ELR 1981, S. 193 ff.

Voraussetzungen an die Stelle des gesetzlichen Systems treten kann, so daß seine Mitglieder von dem einkommensbezogenen Teil des staatlichen „befreit" werden können[46]. Im Schrifttum wird die Ansicht vertreten, daß wegen dieser Eigenschaft der britischen betrieblichen Systeme in derartigen Fällen die Unterscheidung zwischen gesetzlichen und betrieblichen Rentensystemen eher „künstlich" wirke[47]. Diese Ansicht, die an sich vielleicht nicht völlig unzutreffend ist[48], kann nicht als Erklärung für die Rechtsprechungswende in *Worringham* hingenommen werden. Diese allerdings nur vorübergehende[49] Entfernung von der Rechtsprechung in *Defrenne-I* liegt hauptsächlich daran, daß zwischen der Rechtsnatur eines Systems der sozialen Sicherheit und der Charakterisierung der Versicherungsbeiträge der Arbeitnehmer als „Entgelt" im Sinne von Art. 119 EWGV keine sinnvolle innere Beziehung besteht. Eine andere Schlußfolgerung wurde im Gegenteil zu einer willkürlichen Unterscheidung zwischen Mitgliedern von gesetzlichen und betrieblichen Versorgungssystemen führen, weil die Versicherungsbeiträge der ersten vermutlich nicht als „Entgelt" angesehen werden könnten.

Unter diesen Umständen stützt sich der EuGH in *Worringham* auf zwei andere Kriterien, um den Anwendungsbereich von Art. 119 zu erweitern: die Rückzahlbarkeit der Beiträge bei Ausscheiden aus dem Betrieb und die Einbeziehung dieser Beiträge in den Bruttolohn. Beide Merkmale beziehen sich nicht auf die Rechtsnatur des Versorgungssystems sondern vielmehr auf die konkrete Funktion des Systems und insbesondere auf die Methode der Beitragszahlung. So machte der EuGH geltend, daß „Beträge, (...) die in die Berechnung des dem Arbeitnehmer geschuldeten Bruttolohns mit einbezogen werden und die unmittelbare die Berechnung anderer, mit dem Lohn verbundener Vergünstigungen

[45] Das britische System wird im wesentlichen durch den Social Security Act 1975 und den Social Security Pensions Act 1975 geregelt und sieht vor, daß die Altersrenten aus zwei Bestandteilen bestehen: einem Grundbestandteil, der für alle gleich ist, und einem veränderlichen einkommensbezogenen Bestandteil; eine ausführliche Beschreibung des Systems bietet der GA Warner in seinem Antrag in *Worringham*, Slg. 1981, S. 798 ff.

[46] Die Freistellungsbescheinigung (contracting-out certificate) wird von der Occupational Pensions Board erteilt; nachdem ein System freigestellt worden ist, haben seine Mitglieder nur Anspruch auf den Grundbestandteil der staatlichen Rente; den einkommensbezogenen Teil zahlt das betriebliche "contracted-out"-System.

[47] So *Jansen* in Grabitz/EWG-Kommentar, 1. Grdlfg. Dez. 1983, Rdnr. 9 zu Art. 119; vgl. auch *Ellis/Morrell*, ILJ 1982, S. 19, wonach eine solche Unterscheidung wegen der mittelbaren staatlichen Subventionierung der „freigestellten" betrieblichen Systeme (auf der Grundlage des Finance Act 1970) in der Praxis nicht aufrechterhalten werden könnte.

[48] Es ist jedoch fraglich, ob allein das "contracting-out"-Verfahren ausreicht, um die britischen betrieblichen Systeme in einer Sonderkategorie einzuordnen, die von GA de Lamothe in seiner ersten Systemklassifizierung nicht vorgesehen war; vgl. dazu den Antrag des GA Warner in *Worringham*, Slg. 1981, S. 802, der die durch diese Freistellung geschaffene Verbindung als einen entscheidenden Faktor gegen die Anwendbarkeit des Art. 119 auf solche Systeme betrachtet; diese Meinung überschätzt die Rolle der Freistellungsbescheinigung, die grundsätzlich Zwecken der Solvenz des Systems und der Sicherung der Ansprüche der Mitglieder dient.

[49] Vgl. so die Rechtsprechung in *Bilka-Kaufhaus*, die sich erneut auf *Defrenne-I* bezieht, s.o. §6A II.

(...) bestimmen, einen Bestandteil des Entgelts des Arbeitnehmers im Sinne von Art. 119 Abs. 2 EWGV darstellen, selbst wenn sie der Arbeitgeber unmittelbar einbehält, um sie für Rechnung des Arbeitnehmers an einen Rentenfonds zu überweisen. Dies gilt um so mehr, wenn die Beiträge dem Arbeitnehmer unter bestimmten Voraussetzungen und nach bestimmten Abzügen als Leistungen zurückerstattet werden, die ihm für den Fall zustehen, daß er dem vertraglichen Rentensystem, aufgrund dessen sie einbehalten worden sind, nicht mehr angehört"[50]. Als Beispiele „anderer mit dem Lohn verbundener Vergünstigungen" erwähnte der EuGH die Entschädigungen beim Ausscheiden, die Leistungen bei Arbeitslosigkeit, die Familienbeihilfen sowie die Erleichterungen in bezug auf Hypothekarkredite und sonstige Darlehen, und bemerkte weiter, daß bei den weiblichen Arbeitnehmern diese Vergünstigungen um 5 % niedriger gewesen waren, weil ihre Berechnungsgrundlage, nämlich der Bruttolohn, entsprechend niedriger war[51].

Diese Rechtsprechung, die schon Beiträge zu betrieblichen Systemen als „Entgelt" betrachtet, soweit sie in dem Bruttolohn einbezogen sind und unmittelbar die Berechnung anderer Vergünstigungen mitbestimmen, wurde vom EuGH konsequent weiter in *Liefting*[52] fortgesetzt, mit dem Unterschied, daß es sich in diesem Fall um Sozialversicherungsbeiträge handelte, die von einer Anstellungsbehörde in ihrer Eigenschaft als Arbeitgeber im Namen der Beamten an das Finanzamt abgeführt wurden.

In diesem Fall, wie auch in *Worringham,* wurde die Diskriminierung allein durch die Organisation und die Methode der Beitragszahlung des niederländischen staatlichen Altersrentensystems[53] verursacht. In bezug auf die Altersversorgung von Beamten sah dieses System vor, daß:

- der Beitrag nach dem Gehalt des Arbeitnehmers berechnet wird, aber einen bestimmten Höchstsatz nicht überschreiten kann[54],
- Ehegatten als Einheit angesehen werden und der Beitrag – wiederum bis zum festgesetzten Höchstsatz – nach ihren zusammengerechneten Gehältern berechnet wird, und
- die Behörden verpflichtet sind, für Rechnung ihrer Arbeitnehmer die von diesen geschuldeten Beiträge abzuführen.

---

[50] *Worringham,* Nr. 15-18 der Gründe und Nr. 1 des Tenors.

[51] Vgl. *Freestone,* MLR 1982, S. 84; *Crisham,* CMLR 1981, S. 606-608; *Imbrechts,* RTDE 1986, S. 233-237.

[52] EuGH v. 18.9.1984, Rs. 23/83 *(Liefting),* Slg. 1984, S. 3225.

[53] Die „Algemene Oudersdomswet" (Allgemeines Altersversicherungsgesetz, AOW) und die „Algemene Weduwen- en Wezenwet" (Allgemeines Witwen- und Waisengesetz, AWW), die für in den Niederlanden wohnende Personen eine allgemeine Altersversorgung vorsehen, sowie die „Algemene Burgerlijke Pensioenwet" (Allgemeines bürgerliches Pensionsgesetz, ABPW) bezüglich der Pensionierung von Beamten.

[54] Im Rahmen allerdings des allgemeinen Rentensystems der AOW/AWW, das alle gebietsansässigen Personen betrifft.

Wenn beide Ehegatten Beamte sind, wird der von beiden einheitlich geschuldete Sozialversicherungsbeitrag wie folgt bezahlt: zunächst muß der öffentliche Arbeitgeber des Ehemannes den Beitrag abführen und der öffentliche Arbeitgeber der Frau ist nur dann dazu verpflichtet, wenn der Höchstsatz durch den für Rechnung des Ehemannes abgeführten Beitrag nicht erreicht wird. Die Beiträge, die so abgeführt werden, werden in die Berechnung des Bruttogehalts des entsprechenden Beamten einbezogen. Diese Methode der Beitragszahlung hat zur Folge, daß, besonders wenn das Gehalt des Ehemannes relativ hoch ist, der gesamte oder ein großer Teil des einheitlichen Beitrags durch seinen Arbeitgeber abgeführt und anschließend nur ein kleiner Betrag oder auch kein Betrag überhaupt dem Bruttolohn der Beamtin zugerechnet wird. Die Diskriminierung erscheint in diesem Fall zwischen einem Beamten und einer mit einem Beamten verheirateten Beamtin, die den gleichen Posten haben: Obwohl beide das gleiche Nettogehalt beziehen, ist das Bruttogehalt des Beamten größer.

Der EuGH entschied unter Berufung des *Worringham*-Urteils, „daß zwar der von den Arbeitgebern geschuldete Beitrag zur Finanzierung von gesetzlichen Systemen der sozialen Sicherheit, bei denen Arbeitnehmer und Arbeitgeber Beiträge leisten, kein Entgelt im Sinne des Art. 119 darstellt“[55]. Insoweit bleibt der EuGH bei seiner Rechtsprechung in *Defrenne-I*[56]. Anders ist es aber bei Beiträgen, die der Arbeitgeber unmittelbar einbehält, um sie für Rechnung des Arbeitnehmers an einen Rentenfonds zu überweisen. Der EuGH hat in *Liefting* genauso wie in *Worringham* hervorgehoben,

> „daß die Beiträge, die die Behörden als von den Arbeitnehmern im öffentlichen Dienst geschuldete Sozialversicherungsbeiträge abzuführen haben und die in die Berechnung des dem Arbeitnehmer zu zahlenden Bruttogehalts einbezogen werden, als Entgelt im Sinne von Art. 119 anzusehen sind, soweit sie unmittelbar die Berechnung anderer mit dem Gehalt verbundener Vergünstigungen bestimmen, wie z.B. Entschädigungen beim Ausscheiden ...“ u.s.w.[57]

Das gesetzliche Sozialversicherungssystem in den Niederlanden war danach genauso wie das betriebliche System von Lloyds mit dem Grundsatz der Lohngleichheit von Art. 119 unvereinbar. Mit *Liefting* wird die Rechtsprechungslinie, die mit *Defrenne-I* angefangen worden ist, vervollständigt. Ohne die Klassifikation des Generalanwalts de Lamothe, die für eine Abgrenzung der gesetzlichen von den betrieblichen Systemen immerhin gültig bleibt, aufzuheben, gelang es dem EuGH auf der Grundlage der Einbeziehung der Versicherungsbeiträge in den Bruttolohn, diese Beiträge als „Entgelt“ zu charakterisieren, und zwar unabhängig davon, ob diese Beiträge im Rahmen eines gesetzlichen oder betrieblichen Systems abgeführt werden. Nach dieser Rechtsprechung ist für die Subsumtion der Versicherungsleistungen im Art. 119 EWGV die Rechtsnatur

---

[55] *Liefting*, Nr. 12 der Gründe.
[56] *Defrenne-I*, Nr. 9 der Gründe.
[57] *Liefting*, Nr .13 der Gründe.

des diesbezüglichen Systems nicht entscheidend. Im Gegenteil hängt diese Subsumtion in bezug auf Versicherungsbeiträge nur von der Einbeziehung der Beiträge in dem Bruttolohn. Der Umstand, daß manchmal der Arbeitgeber entscheidet, durch einen Zuschlag im Bruttolohn, die Verpflichtung der Arbeitnehmer zur Beitragszahlung selber zu decken, ist dabei unerheblich. Das *Liefting*-Urteil wurde drei Monate vor dem Inkrafttreten der Richtlinie 79/7 gefällt. Weitere Urteile des EuGH über die Gleichberechtigung im Bereich der gesetzlichen Systeme der sozialen Sicherheit beruhen nur noch auf dieser Richtlinie. Die Rechtsprechung des EuGH in bezug auf die Anwendbarkeit von Art. 119 bleibt jedoch zumindest bis zum Inkrafttreten der Richtlinie 86/378 für die betrieblichen Systeme von Bedeutung[58]. In Anbetracht der zahlreichen Ausnahmen in beiden Richtlinien wird zweifellos der EuGH noch in der Zukunft die Gelegenheit bekommen, Art. 119 im Bereich der Versorgung anzuwenden.

IV. Andere im Rahmen der Lohndiskriminierungsproblematik unerhebliche Merkmale

Die Rechtsprechung des EuGH zum Entgeltbegriff im Rahmen einer Diskriminierungsproblematik hat weiterhin eine Reihe von rechtlichen Argumenten zur Einschränkung der Anwendbarkeit von Art. 119 zurückgewiesen. Die zwei Merkmale, die in dieser Hinsicht als unerheblich angesehen wurden, sind zum einem die vertragliche Verpflichtung des Arbeitgebers, zum anderen die Möglichkeit den Wert einer Vergünstigung in bar zu ermitteln.

Die britische Regierung hat in *Worringham* geltend gemacht, daß eine Charakterisierung des Lohnzuschlags als Entgelt implizite zu der Schlußfolgerung führe, dieser Betrag sei tatsächlich ein Teil des dem Arbeitnehmer geschuldeten Gehalts, der aber fiktiv an den Arbeitgeber zurückgegeben würde, um anschließend für Rechnung des Arbeitnehmers an die Treuhänder des Systems gezahlt werden zu können. Eine solche Betrachtungsweise führe zu gewissen Schwierigkeiten, weil nämlich der Arbeitnehmer zu keinem Zeitpunkt verlangen könne, daß ihm dieser Betrag von dem Arbeitgeber ausgezahlt werde. So behauptete dieses Argument, daß die Formulierung „Vergütung in bar oder in Sachleistungen“ all das nicht erfasse, worauf der betroffene Arbeitnehmer keinen Anspruch aufgrund seines Arbeitsvertrags hat[59]. Die Annahme dieses Arguments könnte alle freiwilligen Leistungen, die ein Arbeitgeber in wirtschaftlich günstigen Zeiten an sein Personal zahlt, vom Anwendungsbereich des Art. 119 ausschließen. Eine unterschiedliche Behandlung von Männern und Frauen bei der Zahlung z. B. der Weihnachtsgratifikation[60] wäre aber nach Art. 119 ein-

---

[58] Wie es schon in *Bilka-Kaufhaus* der Fall war.

[59] Der GA Warner führt in seinem Antrag in *Worringham*, Slg. 1981, S. 805, dieses Argument auf die Bedeutung des Wortes "consideration" im britischen Recht zurück.

[60] Ebenda; dieses Beispiel wird vom GA angeführt.

deutig verboten[61]. Der EuGH stimmte dieser Meinung zu und hielt das britische Argument ausdrücklich für unerheblich, „wenn die Zahlung tatsächlich erfolgt, einer Beitragspflicht des Arbeitnehmers entspricht und von dessen Lohn abgezogen wird“[62]. Danach werden vom Entgeltbegriff des Art. 119 nicht nur vertragliche Vergütungen oder Versorgungsleistungen erfaßt, sondern darüber hinaus auch alle freiwilligen Leistungen des Arbeitgebers an den Arbeitnehmer selbst oder seine Familie[63], soweit sie sich überhaupt unter dem arbeitsrechtlichen Entgeltbegriff subsumieren lassen. Es ist für den Entgeltcharakter dieser Leistungen unerheblich, ob sie mit oder ohne Rechtsanspruch gewährt werden[64].

Diese Rechtsprechung wurde auch in *Garland*[65] fortgesetzt. In Frage kam die Anwendbarkeit von Art. 119 auf die besonderen Vergünstigungen im Reiseverkehr, die der Arbeitgeber Familienangehörigen nur männlicher Arbeitnehmer nach dem Eintritt in den Ruhestand eingeräumt hatte, ohne hierzu vertraglich verpflichtet zu sein. Obwohl alle Arbeitnehmer der BREL während der Dauer ihrer Beschäftigung erhebliche Reisevergünstigungen für sich selbst, ihre Ehegatten und Kinder erhielten, wurden nach dem Eintritt in den Ruhestand diese Vergünstigungen zwar für alle gekürzt, besonders aber für die Familienangehörigen der weiblichen ehemaligen Arbeitnehmer völlig eingestellt.

Nach Ansicht von BREL stellten diese Reisevergünstigungen kein Entgelt dar. Sie seien weder Barvergütungen noch Sachleistungen, die der Arbeitgeber aufgrund des Dienstverhältnisses dem Arbeitnehmer zahlt: Zum einen wurden sie als einseitige Vergünstigung und nicht aufgrund eines Vertrags zwischen Arbeitgeber und Arbeitnehmer gewährt, zum anderen ließ sich ihr Wert nicht in Geld ausdrücken. Darüber hinaus zeige der Umstand, daß ein früherer Arbeitnehmer diese Vergünstigungen nach seinem Eintritt in den Ruhestand erhalte, daß sie Teil der Vorsorge seien, die ein Arbeitgeber freiwillig für den Ruhestand des Arbeitnehmers treffe.

Nach Ansicht des EuGH war für diese Vergünstigungen grundsätzlich ihre Gewährung aufgrund des Dienstverhältnisses kennzeichnend. Wie es sich aus einem Schreiben des British Railways Board an die Gewerkschaften vom 4.12.1975 ergab, waren die nach dem Eintritt in den Ruhestand gewährten besonderen Vergünstigungen im Reiseverkehr als Fortsetzung der während der Dauer des Dienstverhältnisses gewährten Vergünstigungen anzusehen. Das Argument, diese Vergünstigungen würden nicht aufgrund einer vertraglichen Verpflichtung gewährt, war im Gegenteil für die Anwendung von Art. 119 unerheblich. Auf die Rechtsnatur dieser Vergünstigungen kommt es nicht an, soweit

---

[61] Vgl. BAG v. 18.10.61, AP Nr. 69 zu Art. 3 GG, ArbuR 1962, S. 124.

[62] *Worringham*, Nr. 16 der Gründe.

[63] *Steiner*, ICLQ 1983, S. 405.

[64] So über Versorgungsleistungen in BAG v. 10.3.72, DB 1972, S. 534.

[65] EuGH v. 9.2.82, Rs. 12/81 *(Garland g. British Rail Engineering Ltd. – BREL)*, Slg. 1982, S. 359.

sie im Zusammenhang mit dem Dienstverhältnis gewährt werden[66]. Räumt daher ein Arbeitgeber, ohne hierzu vertraglich verpflichtet zu sein, männlichen ehemaligen Arbeitnehmern nach dem Eintritt in den Ruhestand besondere Vergünstigungen im Reiseverkehr ein, so stellt dies im Sinne von Art. 119 eine Diskriminierung der weiblichen ehemaligen Arbeitnehmer dar, denen diese Vergünstigungen nicht gewährt werden[67].

Ebensowenig kommt es auf die Möglichkeit an, den Wert einer Vergünstigung in bar zu ermitteln. Schließlich können ähnliche Vergünstigungen nicht als „Versorgung im Hinblick auf den Ruhestand" angesehen werden, die laut sec. 6 (4) vom Anwendungsbereich des britischen SDA 1975 ausgenommen worden sind[68], weil sie kaum aufgrund des Ruhestands[69], sondern vielmehr aufgrund des Dienstverhältnisses gewährt wurden.

Die Rechtsprechung des EuGH zum Entgeltbegriff befaßt sich ausschließlich mit Sozialbeiträgen und -leistungen. Nationale Gerichte hatten dagegen bisher viele Gelegenheiten gehabt, sich über die Anwendung der innerstaatlichen und gemeinschaftsrechtlichen Vorschriften für die Lohngleichheit zu äußern. Jedoch stützte sich meistens die Argumentation der Arbeitgeber in Fällen von Differenzierungen in der Bezahlung von verschiedenen Entgeltsbestandteilen wie Zulagen, Prämien, Sachleistungen, Renten und sogar Ausscheidungs- oder Arbeitslosigkeitsabfindungen auf objektive Gründe, die eine Differenzierung in der Zahlung dieser Beträge rechtfertigen und den Vergleich zwischen Mann und Frau im Konkretfall unzulässig machen, ohne der Entgeltnatur der umstrittenen Summe zu widersprechen[70].

B. Gleichwertigkeit verschiedenartiger Arbeiten

Gemäß Art. 119 Abs. 1 EWGV sind die Mitgliedstaaten verpflichtet den Grundsatz des gleichen Entgelts bei *gleicher** Arbeit anzuwenden. Im Rahmen der Lohndiskriminierungsproblematik lassen sich die verschiedenen Tätigkeiten in zwei Kategorien einordnen:

- gleichartige Arbeiten: Zu dieser Gruppe gehören identische oder weitgehend ähnliche Arbeiten. Als solche werden die Tätigkeiten zweier Personen angesehen, wenn in der Art der Tätigkeit, dem Arbeitsvorgang und der

---

[66] *Imbrechts*, RTDE 1986, S. 235.

[67] *Garland*, Nr. 10-11 der Gründe.

[68] Der EqPA 1970 wird sowieso nur bei vertraglichen Bedingungen angewandt.

[69] Erwägungen der Kommission in *Garland*, Slg. 1982, S. 364; so auch der GA Verloren van Themaat, ebenda, S. 374.

[70] Über die Möglichkeiten einer geschlechtsneutralen Rechtfertigung von Entgeltunterschieden vgl. im einzelnen unten §6C.

* Hervorhebung hinzugefügt.

Arbeitsplatzumgebung keine erheblichen Unterschiede gegeben und die bestimmten Arbeitnehmer absolut austauschbar sind. Eventuelle Unterschiede in der vertraglichen Beschreibung oder dem tatsächlichen Inhalt der Tätigkeiten erweisen sich besonders im Rahmen einer gerichtlichen Überprüfung in bezug auf Lohndiskriminierung als praktisch unerheblich[71].

- verschiedenartige Arbeiten: Diese Arbeiten haben, zumindest äußerlich, keine Ähnlichkeiten.

Das Spektrum der in Betracht kommenden Vergleiche bei einer Gleichwertigkeitsproblematik variiert in seiner Breite sehr stark und kann z. B. die Tätigkeit eines Sozialarbeiters und eines Psychologen[72] oder aber auch die Tätigkeit einer Krankenschwester und eines Automechanikers umfassen[73].

Ein entscheidender Faktor für die Verzögerung der effektiven Anwendung des Art. 119 bis 1976[74] war auch der Streit über die Auslegung des in dieser Norm beinhalteten Begriffs „gleiche Arbeit“[75]. Im EG-Bereich gab es schon seit 1958 zwei Auffassungen über eine mögliche Interpretation dieser Formulierung: eine „minimalistische“ und eine „maximalistische“[76]. Erstere, von den BENELUX-Staaten vertretene Meinung[77], ging davon aus, daß die Anwendung des Grundsatzes der Lohngleichheit auf die sog. gemischten Tätigkeiten (fonctions mixtes) beschränkt sei, die im gleichen Unternehmen unter gleichen Bedingungen von einem Mann und einer Frau ausgeübt werden[78]. Auf der anderen Seite befand sich Frankreich, das mit dieser Auffassung nicht zuletzt wegen der geschlechtsspezifischen Segregation der Industrie und der entsprechenden Rarität an gemischten Tätigkeiten[79] völlig unzufrieden war und eine maximalistische Inter-

---

[71] So die britische Rechtsprechung bei der Überprüfung der Frage, ob zwei Arbeiten von "broadly similar nature" sind; vgl. auch *Pfarr/Bertelsmann*, Lohngleichheit 1980, S. 55 ff.

[72] Gegenstand eines Wertvergleichs in *Schulte v. State of New York*, zit. nach *Weiler*, HLR 1986, S. 1748.

[73] Nach der Gleichwertigkeitsklage in *Lemons v. City of Denver*, 449 U.S. 888 (1980); s. auch 620 F.2d 228 (10th Cir 1980).

[74] EuGH v. 8.4.1976 *(Defrenne-II)* und Rl. 75/117 (Inkrafttreten 12.2.1976), im einzelnen s. o. § 1 A I 2.

[75] Umgekehrt sei die weitgehende Formulierung „gleichwertige Arbeit“ gerade wegen der angeblichen Auslegungsschwierigkeiten abgelehnt worden, vgl. *Knolle*, in Groeben / Boeckh / Thiesing-Kommentar, 2. Aufl. 1974, Bd. I, S. 1523.

[76] Dazu *Boudard*, in Verwilghen (Hrsg.), Bd. I 1986, S. 65.

[77] Vgl. auch den Brief des Präsidenten der Kommission *W. Hallstein* v. 28.7.60, abgedruckt in *Budiner*, 1975, Annexe VII, S. 231, wo er betont, daß „das Problem der Gleichwertigkeit verschiedenartiger Arbeitsposten außerhalb des Anwendungsbereichs von Art. 119 bleibt“; vgl. im Schrifttum *van Lint*, CDE 1969, S. 398; *Taquet / Wautier*, JTT 1976, S. 138.

[78] Vgl. die Antwort des belgischen Ministers für Arbeit und Beschäftigung auf eine Anfrage des Senators *L. E. Troclet* am 21.8.1962, in *Schouwenaar-Franssen*, Anwendung von Artikel 119 EWGV am 30.6.62, Zwischenbericht im Namen des Sozialausschusses des PE, Sitzungsdokument v. 25.6.1963, Dok. 46, S. 3; vgl. auch *Louis*, in Megret / Louis u. a. (Hrsg.), Politique Sociale, Droit de la CEE, Bd. 7, Brüssel 1974, S. 15.

[79] *Budiner*, 1975, S. 70.

pretation, die eine Ausdehnung des Anwendungsbereichs von Art. 119 EWGV auf die sog. ungemischten Tätigkeiten (fonctions non-mixtes) bezweckte, für richtig hielt. Nach seiner Auffassung sollte ein Vergleich ganzer Industriezweige möglich sein und zwar in dem Sinne, daß die dadurch zu realisierende Lohngleichheit sich in die Durchschnittslöhne, wie sie in der allgemeinen Einkommensstatistik zum Ausdruck kommen, widerspiegeln würde[80]. Der Wortlaut von Art. 119 hat das Hauptargument für eine minimalistische Auslegung geliefert. Nach Ansicht der Anhänger dieser Theorie war die weitergehende Formulierung der „als gleichwertig anerkannten" Arbeit bereits bei der Ausarbeitung des EWG-Vertrags vorgeschlagen und bewußt abgewiesen worden. Diese Interpretation war ohne Zweifel zu eng und mit der weiten Zielsetzung und Vorgeschichte von Art. 119 nicht vereinbar[81]. Außerdem stimmte sie auch mit der Formulierung des unbestrittenen Vorbildes für Art. 119, nämlich Art. 1 des IAO-Übereinkommens Nr. 100[82], wo von „Arbeit, die als gleichwertig anerkannt wird" die Rede ist, nicht überein. Erst durch die Richtlinie 75/117 wurde die Reichweite von Art. 119 in diesem Punkt konkretisiert[83].

Art. 1 (1) der Richtlinie 75/117 fordert gleiches Entgelt bei gleicher Arbeit oder bei einer Arbeit, „die als gleichwertig anerkannt wird". Nach weiterer Präzisierung im zweiten Absatz des Artikels muß ein zur Festlegung des Entgelts verwendetes System beruflicher Einstufung auf für männliche und weibliche Arbeitnehmer gemeinsamen Kriterien beruhen und so beschaffen sein, daß Diskriminierungen aufgrund des Geschlechts ausgeschlossen werden. Diese Bestimmung wirft eine Reihe von rechtsdogmatischen, arbeitswissenschaftlichen und tarifpolitischen Fragen auf, die freilich im Rahmen dieser Arbeit nicht abschließend beantwortet werden können. Es wird jedoch versucht, zumindest aus einer gemeinschaftsrechtlichen Perspektive die Fragestellung aufzuklären und eine Grenze zwischen dem, was als Mindestanforderung seitens der EG-Norm gestellt wird, und dem, was darüber hinaus immer noch den Kompetenzen der Mitgliedstaaten obliegt, deutlich zu ziehen.

---

[80] Wie es in den USA während der Carter-Administration von der EEOC gefordert war; die Entscheidung des US-S.Ct. in *County of Washington v. Gunther*, 452 U.S. 161 (1981), die in dieser Richtung eine rechtliche Grundlage auf der Basis von Titel VII geschaffen hat, wurde jedoch von den Gerichten während der Reagan-Administration nicht fortgesetzt; dazu im einzelnen *E. Livernash*, Comparable Worth: Issues and Alternatives, 2. Aufl. 1984.

[81] Vgl. *Louis*, Politique Sociale, Bd. 7, Brüssel 1974, S. 16.

[82] Das auf Arbeitsplätze aller Art, gemischt oder ungemischt, anwendbar ist, vgl. *Budiner*, ebenda, S. 41.

[83] Vgl. aber schon seit 6.4.55 die Entscheidung vom BAG, AP Nr. 7 zu Art. 3 GG, ArbuR 1955, S. 284, wonach der Begriff der „gleichen" auf „gleichwertige" Arbeit erweitert wurde; danach sollte die Gleichwertigkeit verschiedenartiger Tätigkeiten anhand „objektiver Kriterien der arbeitswissenschaftlichen Bewertung" festgestellt werden; der Einfluß dieser Entscheidung auf die Ratifizierung am 7.12.55 des IAO-Übereinkommens Nr. 100 vom Bundestag, BGBl. 1956 II, S. 23, kann hier nicht näher erläutert werden.

Auf den ersten Blick erheben sich bezüglich der o.g. Regelung drei Fragen: Wie lassen sich die zu vergleichenden Sachverhalte bestimmen? Anhand welcher Kriterien erfolgt der Vergleich? Wer ist für die Festlegung dieser Kriterien zuständig? Juristisch formuliert wird in diesem Zusammenhang grundsätzlich nach drei Parametern gefragt: nach der Tragweite des Arbeitsvergleichs, nach dem grundlegenden Arbeitsbewertungsverfahren und schließlich nach der Möglichkeit einer von der entsprechenden tariflichen Festlegung unabhängigen gerichtlichen Überprüfbarkeit der Gleichwertigkeit von zwei verschiedenen Tätigkeiten.

Unproblematisch ist zuerst die Feststellung der Gleichwertigkeit, wenn die Tätigkeiten des Vergleichspaars gleichartig sind. In solchen Fällen braucht das angerufene Gericht keine komplizierte Arbeitsbewertung durchzuführen. Vielmehr reicht ein grober Vergleich, der hauptsächlich ermitteln sollte, ob und inwieweit wesentliche Unterschiede zwischen den beiden Tätigkeiten oder den zwei Personen bestehen[84]. Dabei werden meist Faktoren wie Körperbelastung, Verantwortlichkeit, Ausbildung o.a. berücksichtigt. In der Regel ergeben sich beim Vergleich von identischen oder weitgehend gleichartigen Arbeiten keine wesentlichen Unterschiede in bezug auf den Arbeitsplatz. Dagegen ist es immer möglich, daß ein mehr oder weniger erheblicher Unterschied hinsichtlich der persönlichen Eigenschaften der zu vergleichenden Arbeitnehmer oder der Bedingungen der Ausübung der Tätigkeit vorkommt[85]. Wenn der Vergleich im Ergebnis positiv verläuft, dann handelt es sich um unvergleichbare Sitsuationen. Grundsätzlich besteht ein Anspruch auf gleiches Entgelt in diesem Fall nicht. Ist dagegen das Ergebnis negativ, dann gibt es entweder überhaupt keine Unterschiede, was selten vorkommt, oder es reichen die festgestellten Unterschiede nicht aus, um eine unterschiedliche Entlohnung der zwei Tätigkeiten zu rechtfertigen. In dieser Fallgestaltung geht das Gericht oder die jeweils dafür zuständige Stelle davon aus, daß die zwei Tätigkeiten als gleichwertig betrachtet werden müssen, und prüft weiter, ob ein objektiver Grund für die ungleiche Entlohnung besteht.

Viel schwieriger ist dagegen die Lage beim Vergleich von verschiedenartigen Arbeiten. In diesem Fall verrichtet das Vergleichspaar zwei Tätigkeiten, die nach dem äußeren Erscheinungsbild nicht miteinander vergleichbar sind. Das Gericht soll aber hier dennoch überprüfen, ob trotz der Verschiedenartigkeit der Arbeiten materiell beide Tätigkeiten von gleichem Wert sind und deshalb gleich ent-

---

[84] Die Tätigkeitsbeschreibung im Arbeitsvertrag sollte dabei keine entscheidende Rolle spielen; so das irische Labour Court in *Department of Posts and Telegrafs v. Kennefick*, DEP 2/1980; vgl. dazu *v. Prondzynski*, in Verwilghen (Hrsg.), Bd. II 1986, S. 234.

[85] Zahlreiche französische Entscheidungen beweisen in diesem Punkt die Bereitwilligkeit der Gerichte u.a. *Weil c. Koepff* v. 1.12.1981 (Cass. ch.crim), Dr.Soc. 1983, S. 127; *S.A. Castrataro c. Coutart* v. 10.7.1984 (CdA Paris), zit. nach *Arsequel/Reynes*, in Verwilghen (Hrsg.), Bd. II 1986, S. 126 m.w.N.; *Pavolini c. Bosch* v. 14.6.82 (CdA Paris), Dr.Soc. 1983, S. 128; anders aber die erstinstanzliche Entscheidung v. 28.1.82 (Trib. Ind. St-Denis), ebenda, S. 127-128.

lohnt werden müssen. Hier tritt die Frage nach der Definition des Arbeitswerts in den Vordergrund.

I. Der Arbeitswert

Theoretisch kann der Wert einer Arbeit anhand mindestens drei Kriterien ermittelt werden. Problematisch ist dagegen, welches Kriterium für die Gleichwertigkeitsproblematik im Rahmen von Art. 119 EWGV und Art. 1 der Richtlinie 75/117 akzeptabel ist.

Die erste Ermittlungsmethode knüpft sich an den Marktwert einer Arbeit[86]. Der Arbeitswert gleich danach dem Marktwert oder wirtschaftswissenschaftlich formuliert dem Preis, den ein entsprechendes Produkt oder eine Dienstleistung auf dem Markt erzwingen kann. Andere betrachten im Rahmen dieser Anschauung den Arbeitswert als einen Kompromiß zwischen dem, was der Arbeitgeber bereit ist anzubieten, und dem, was der Arbeitnehmer gezwungen[87] ist anzunehmen[88]. Diese Definition des Arbeitswerts kann im Rahmen einer Klage wegen Lohndiskriminierung nicht angenommen werden[89]. Sie widerspricht gerade der Ratio des Art. 119 EWGV und der gesamten Gesetzgebung für die Lohngleichheit: Danach sollte nämlich die Möglichkeit des Arbeitgebers eingeschränkt werden, billige Frauenarbeit für gleichwertige Tätigkeiten wegen der Marktsituation zu bekommen.

Eine zweite Methode ermittelt den Arbeitswert anhand der Grenzproduktivität. Hier wird der tatsächliche wirtschaftliche Wert errechnet, der von der Arbeit an der Gesamtproduktion beigetragen wird. In dieser Berechnung werden sowohl die Nutzen als auch die Kosten jeder Arbeitsstelle einbezogen. Frauenarbeit sei nach Ansicht der Arbeitgeber weniger rentabel als Männerarbeit und sollte deshalb nicht gleich entlohnt werden. In dieser Weise wurde in den sechziger Jahren in Italien und der Bundesrepublik[90] für die Zulässigkeit der 10-25%igen Lohnabschlagsklauseln für Arbeiterinnen in den Tarifverträgen argumentiert. Die geringere Produktivität ihrer Arbeit ließe sich angeblich durch ihre häufigere Abwesenheit oder durch die höheren Sozialkosten erklären, die den Arbeitgeber wegen der zugunsten von Frauen geltenden Arbeitsschutzbestimmungen[91] belasten.

---

[86] Dazu im einzelnen *McCrudden,* ILJ 1983, S. 201 ff. m. w. N.

[87] Rein theoretisch sind die Wörter „bereit" und „gezwungen" in diesem Satz austauschbar.

[88] So in *Christensen v. Iowa,* 563 F.2d 353 (8th Cir. 1977).

[89] Über die sog. "market forces defence" s. u. §6CII.

[90] Im einzelnen dazu *McCrudden,* in Verwilghen (Hrsg.), Bd. I 1986, S. 96; und *Pfarr/Bertelsmann,* Lohngleichheit 1980, S. 63-125 mit zahlreichen Entscheidungen.

[91] AZO, HausarbTagsGe, MuSchG u. a.

Das Bundesarbeitsgericht[92] sowie der italienische Kassationsgerichtshof[93] haben sich mehrmals mit diesem Problem beschäftigt und entschieden, daß der Begriff der gleichwertigen Arbeit weniger an eine gleiche Produktivität als an einen gleichen Arbeitsinhalt anknüpft und es deshalb sinnvoll ist, diesen Begriff aufgrund objektiver Maßstäbe arbeitswissenschaftlicher Bewertung der Arbeitsplätze zu identifizieren. Diese Auffassung wird heute als die zutreffendste für die Problematik der Lohngleichheit angesehen. Danach wird ausschließlich auf die Totalität der aktiven und passiven Anforderungen einer Tätigkeit an die Arbeitspersonen abgestellt[94].

II. Der Arbeitsvergleich

Die Anpassungsvorschriften der Mitgliedstaaten fordern ohne weitere Präzisierungen im allgemeinen gleiches Entgelt für gleichwertige Arbeit. Nur das niederländische Gesetz sieht vor, daß in Abwesenheit eines Vergleichsmannes, der eine genau gleichwertige Arbeit verrichtet, eine nur annähernd gleichwertige Tätigkeit ausreiche[95]. Diese Erläuterung ermöglicht den Vergleich auch dann, wenn der Wert der zu vergleichenden Tätigkeiten nicht genau derselbe ist. Die Abwesenheit eines Vergleichsmannes in stark segregierten Bereichen kann jedoch gewisse Schwierigkeiten im Rahmen der Gleichwertigkeitsproblematik verursachen.

In diesem Zusammenhang ist die irische Rechtsprechung zu einer formalistischen Schlußfolgerung gekommen. So entschied der Labour Court, daß ein Vergleich dann unzulässig ist, wenn der Wert der von einer Frau verrichteten Arbeit größer als der Wert des Vergleichsmannes ist, trotzdem aber ihre Tätigkeit schlechter bezahlt wird. Sind die von der Tätigkeit der Frau gestellten Anforderungen höher als die Anforderungen der Tätigkeit des Vergleichsmannes, so handelt es sich nicht mehr um eine *gleichwertige* Arbeit und muß deshalb die Lohngleichheitsklage abgewiesen werden[96]. Nach dieser Rechtsprechung kann ein Arbeitgeber den niedrigeren Lohn, den er an eine Arbeitnehmerin bezahlt, durch den höheren Wert ihrer Tätigkeit rechtfertigen[97]. Die Argumentation des Labour Court stützt sich auf den Wortlaut des irischen Gesetzes von 1974[98], das keinen gleichen Lohn für *„mindestens"* gleichwertige

---

[92] BAG v. 15.1.55, AP Nr. 4 zu Art. 3 GG; BAG v. 2.3.55, AP Nr. 6 zu Art. 3 GG; BAG v. 6.4.55, AP Nr. 7 zu Art. 3 GG; BAG v. 23.3.57, AP Nr. 16, 17 und 18 (m. versch. AZR) zu Art. 3 GG; BAG v. 1.2.61, AP Nr. 70 zu Art. 3 GG; BAG v. 25.7.62, AP Nr. 114 zu § 1 TVG – „Auslegung".

[93] Dazu im einzelnen *Ballestrero*, in Verwilghen (Hrsg.), Bd. II 1986, S. 262.

[94] Dazu im einzelnen unten § 6 B III.

[95] Art. 3 (2) des Gesetzes v. 20.3.1975, Staatsblad 1975, Nr. 129.

[96] In *Arthur Guiness Son & Co. Dublin Ltd. v. Federated Workers' Union of Ireland*, EP 17/1983, DEP 11/1983; und *An Bord Telecom v. Irish Women Workers' Union*, DEP 6/1984.

[97] Kritisch dazu *v. Prondzynski*, in Verwilghen (Hrsg.), Bd. II 1986, S. 235-236.

[98] Sec. 3 (c) des Anti-Discrimination (Pay) Act 1974.

Arbeit vorschreibt oder im allgemeinen zum *„fair play"* zwischen Männern und Frauen verpflichtet. Der Equality Officer hat in einer Stellungnahme im Anschluß an die Rechtsprechung des Labour Court in *Guiness*[99] geltend gemacht, er hätte keine Kompetenz eine gleiche Entlohnung in einem Fall vorzuschreiben, in dem eine gleichwertige Arbeit nicht verrichtet wird. Weiterhin, so der Equality Officer, sei eine höherwertige Arbeit anscheinend keine „gleichwertige" Arbeit, zumindest im Sinne des irischen Gesetzes[100]. Diese äußerst grammatikalische Auslegung ist mit der gemeinschaftsrechtlichen Forderung nach Lohngleichheit auf jeden Fall unvereinbar. Der EuGH entschied in *Murphy*, daß

> „Art. 119 (...) auch den Fall erfaßt, daß ein Arbeitnehmer, der sich auf diese Vorschrift beruft, um das gleiche Entgelt im Sinne dieser Vorschrift zu erhalten, eine höherwertige Arbeit verrichtet, als derjenige, der als Vergleichsperson herangezogen wird."[101]

Unter diesen Umständen ist entweder eine Gesetzesänderung oder vielmehr eine Flexibilisierung des gerichtlichen Arbeitsbewertungsverfahrens angebracht[102].

Die Kehrseite dieses Problems umfaßt Fallgestaltungen, in denen die Arbeitnehmerin eine Tätigkeit verrichtet, die vermutlich einen niedrigeren Wert[103] als die Arbeit des Vergleichsmannes hat, dafür aber unverhältnismäßig schlechter bezahlt wird. Anders formuliert bekommt die Frau weniger als das, was ein Mann bekommen würde, wenn er diese Tätigkeit verrichtete. Die betroffene Arbeitnehmerin vergleicht in diesem Fall ihren Lohn mit dem Arbeitsentgelt, das ein „hypothetischer" Mann in der Lage gewesen wäre, für die Ausübung dieser Tätigkgeit mit dem Arbeitgeber auszuhandeln. Der sog. "notional-man test"[104] würde einen Vergleich zwischen typischen Frauenarbeiten und typischen Männerarbeiten erlauben, die trotz des unterschiedlichen Erscheinungsbilds gleiche Anforderungen an die Arbeitsperson stellen, gleiche oder gleichrangige formelle Qualifikationen voraussetzen und schließlich für den Arbeitgeber oder die Gesellschaft einen vergleichbaren „Wert" haben. Diese freilich großzügige Anschauung beruht aber mehr auf sozialpolitischer als rechtlicher Grundlage. Es mag schon auf der Hand liegen, daß gewisse Frauentätigkeiten nur deswegen niedriger entlohnt werden als vergleichbare Männertätigkeiten in anderen Sektoren, weil sie von Frauen verrichtet werden. Der Grund dafür liegt sowohl an Marktfaktoren, wie z.B. die mangelnde gewerkschaftliche Vertretung von

---

[99] A.a.O., Teil III Fn. 96.

[100] In *Department of Posts and Telegrafs v. Twenty-nine Female Post Office Factory Workers*, EP 28/1983, DEP 11/1983; kritisch dazu *Quintin*, RMC 1985, S. 312.

[101] Der *Murphy*-Fall wurde von dem High Court dem EuGH vorgelegt; EuGH-Urteil v. 4.2.88, Rs. 156/86 *(Murphy g. An Bord Telecom)*, Nr. 1 des Tenors.

[102] Flexibler erscheint eine ältere Entscheidung des britischen EAT in *Waddington v. Leicester Council for Voluntary Services*, ICR 1977, S. 266 ff.

[103] Wegen kleinerer Anforderungen oder niedrigerer Qualifikation.

[104] Mehr über den "notional-man test" *Szyszczak*, MLR 1985, S. 151-152; vgl. auch *Plender*, AJCL 1982, S. 647; *Forman*, LIEI 1982, S. 17.

Frauen, als auch an Vorurteilen und Diskriminierungen. Eine gerichtliche Wiedergutmachung dieses Zustands ist aber äußerst schwierig[105]. In den USA[106] wird die allgemeine Lohnerhöhung von bestimmten Frauenarbeiten meist außergerichtlich zwischen dem Staat und den Gewerkschaften vereinbart. Eine Gesetzesformulierung in dieser Richtung wurde vom britischen Gewerkschaftsbund *(Trades Union Congress)* und dem nordirischen Ausschuß für Chancengleichheit *(Equal Opportunities Commission)* während der Konsultationen in bezug auf den Erlaß des Sex Discrimination Act 1975 vorgeschlagen[107], jedoch im endgültigen Text nicht zum Ausdruck gebracht.

Die Aufnahme einer Bestimmung in die Anpassungsgesetze der Mitgliedstaaten, die einen Vergleich zwischen der diskriminierten Frau und einem „hypothetischen" Vergleichsmann ausdrücklich ermöglichte, hätte eine große Wirkung zugunsten der Frauen entfalten können, die in geschlechtsspezifisch abgetrennten Sektoren des Arbeitsmarkts beschäftigt sind. Jedoch entschied kein Mitgliedstaat für eine gesetzliche Formulierung dieser Art. Einzelstaatliche Urteile, die den "notional-man test" angewandt haben, liegen vermutlich nicht vor[108]. Der Grund dafür könnte vielleicht gerade eine Formulierung des EuGH in *Macarthys* sein[109]. Danach

> „fiele offensichtlich diese (...) Möglichkeit [eines hypothetischen Vergleichs] in den Bereich der mittelbaren, versteckten Diskriminierungen, deren Feststellung nach den Ausführungen des Gerichtshofes im zweiten *Defrenne*-Urteil den Vergleich ganzer Industriezweige und somit die vorherige Festlegung von Beurteilungskriterien durch die gemeinschaftlichen oder innerstaatlichen Gesetzgebungsorgane erfordert. Deswegen ist die vergleichende Untersuchung bei Fällen tatsächlicher Diskriminierungen, die in den Bereich der unmittelbaren Geltung des Artikels 119 fallen, auf Vergleiche

---

[105] In *Briggs v. City of Madison*, 536 F.Supp. 435, 444-45 (D.C. Wis. 1982), bemerkt das amerikanische Gericht, daß keiner "possesses the intellectual tools and data base that would enable [him] to identify the extent to which the factor of discrimination has contributed to, or created, sex-segregated jobs, and to separate that factor from the myriads of nondiscriminatory factors that may have contributed to the same result".

[106] Ein positives Gleichwertigkeitsurteil in *American Federation of State, County and Municipal Employees (AFSCME) v. State of Washington*, 770 F.2d 1401 (9th Cir 1985), hätte dem Bundesland von Washington an Lohnerhöhungen und Entschädigungen insgesamt $ 838 Millionen gekostet, *F. Yoshihashi*, Los Angeles Backing Equal Pay for Jobs of "Comparable Worth", New York Times v. 9.5.1985 (A I, col.I); nachdem der Ninth Circuit Court of Appeals die Klage jedoch abgewiesen hat, beschloß Washington State nach Verhandlungen mit AFSCME während einer sechsjährigen Zeitspanne $ 500 Millionen zu bezahlen, um Unterschiede in solchen Lohngruppen aufzuheben, die von überwiegend weiblichen Arbeitspersonen dominiert sind; eine ähnliche außergerichtliche Abfindung wurde auch zwischen AFSCME und der City of Los Angeles für $ 12 Millionen verhandelt, Yoshihashi, ebenda; Ohio State entschied nach einer zweijährigen Untersuchung zu diesem Zweck jährlich $ 4.5 Millionen auszugeben, vgl. Pay Equity in Ohio's State Jobs, Labor Relations Reports 1986, S. 242; vgl. auch *Weiler*, HLR 1986, S. 1753 ff.

[107] So *McCrudden*, in Verwilghen (Hrsg.), Bd. I 1986, S. 99.

[108] Ausdrücklich ablehnend dagegen der Equality Officer in *Ostlanna Iompair Eireann v. Nine Female Employees*, EP 38/1981.

[109] EuGH v. 27.3.80, Rs. 129/79, Slg. 1980, S. 1289, Nr. 15 der Gründe.

beschränkt, die sich anhand konkreter Bewertungen durchführen lassen und tatsächliche Arbeitsleistungen von Arbeitnehmern verschiedenen Geschlechts in ein und demselben Betrieb oder Dienst betreffen."

Somit ist vom EuGH der *"notional-man"*-Test nicht im allgemeinen ausgeschlossen. Es wird nur präzisiert, daß für die Durchführung dieses Tests weitgehende in Art. 119 nicht beinhaltete Vergleichskriterien erforderlich sind[110], die von nationalen Gerichten erst nach dem Erlaß einschlägiger gesetzlicher Bestimmungen gehandhabt werden können. Art. 119 hat in diesem Fall keine unmittelbare Geltung[111].

1. Die Reichweite des Wertvergleichs

Die Feststellung der Gleichwertigkeit verschiedener Tätigkeiten setzt immer einen Wertvergleich voraus. Im ersten Glied der logischen Relation befindet sich ein weiblicher, im zweiten ein männlicher Arbeitnehmer oder auch umgekehrt[112]. Zweck des Vergleichs ist die Beantwortung der Frage, ob die Arbeit der Frau und des Vergleichsmannes von gleichem Wert sind. Stimmt diese Behauptung, so muß die Frau grundsätzlich auch das gleiche Entgelt wie der Mann bekommen. Erst bei der Gestaltung der Vergleichsrahmen und -kriterien sowie der Skalierung der in Betracht kommenden Bewertungsmaßstäbe treten erhebliche Probleme auf.

a) Persönliche und zeitliche Grenzen

Alle Angehörigen der Gruppe „weibliche Arbeitnehmer" können mit Angehörigen der Gruppe „männliche Arbeitnehmer" verglichen werden. Der Gleichbehandlungsgrundsatz verbietet alle Diskriminierungen auf Grund des Geschlechts. In dem Fall einer mittelbaren Diskriminierung unter Bezugnahme auf den Ehe- oder Familienstand wird nicht das gesamte Geschlecht sondern nur eine kleinere Gruppe davon, z. B. „verheiratete Frauen", „Witwer" u. a., benachteiligt. Alle anderen Angehörigen der Gesamtgruppe [die Geschlechtgruppe] werden gleich behandelt. In diesem Fall ist die Bestimmung des Vergleichspaares manchmal problematisch. Jedoch ist nur die Diskriminierung aufgrund des Geschlechts untersagt[113]. So dürfen in diesem Fall verheiratete Frauen mit verheirateten Männern und Witwen mit Witwern verglichen werden.

---

[110] Vgl. *Szyszczak,* MLR 1985, S. 152.
[111] Zur unmittelbaren Anwendbarkeit des Art. 119 s.o. § 4 A.
[112] Der Anspruch auf gleichen Lohn steht auch Männern zur Verfügung.
[113] s.o. § 3 B III 4.

Bezüglich der zeitlichen Grenzen eines Vergleichs enthalten die gemeinschaftsrechtlichen Vorschriften keine Bestimmung. Es kann logischerweise angenommen werden, daß ein Vergleich nur innerhalb desselben Zeitraums erlaubt ist, sonst werden die allgemeine Bedingungen nicht mehr gleich sein. Das ist in den irischen und britischen Gesetzen ausdrücklich vorgesehen[114]. So entschied der irische Labour Court in *Veha Ltd., Wicklow v. ITGWU*[115], daß eine Arbeitnehmerin, die die Stelle eines Mannes einnahm und die gleiche Arbeit wie er verrichtete, keinen Anspruch auf gleichen Lohn hatte. Nach Ansicht des Gerichts war beim Inkrafttreten des Anti-Discrimination (Pay) Act 1974[116] kein Vergleichsmann im Unternehmen tätig. Dieselbe Auffassung wurde auch vom britischen Court of Appeal in *Macarthys Ltd. v. Smith*[117] vertreten, der jedoch diese Rechtssache dem EuGH vorgelegt hat.

Der Gerichtshof entschied[118], daß die Tragweite des Begriffs „gleiche Arbeit" nicht durch ein Erfordernis der Gleichzeitigkeit eingeschränkt werden darf, denn es handelt sich um einen rein qualitativen Begriff, der sich ausschließlich auf die Art der betreffenden Arbeitsleistung bezieht. Er hat aber hinzugefügt, daß eine unterschiedliche Entlohnung zweier Arbeitnehmer, die den gleichen Arbeitsplatz zu verschiedenen Zeiten innehaben, mit Umständen erklärt werden kann, die nichts mit einer Diskriminierung zu tun haben. Nach diesem Urteil wurde von den britischen Gerichten ein Vergleich sowohl mit dem Prädezessor[119] als auch mit dem Nachfolger[120] zugelassen.

b) Räumliche Grenzen

Der Wertvergleich ist in der Gemeinschaftsregelung räumlich uneingeschränkt. Büro, Betrieb oder Unternehmen scheitern deshalb als Anknüpfungspunkte für das Gebot der geschlechtsneutralen Entlohnung, das vielmehr den bestimmten Arbeitgeber tangiert, der an verschiedenen Orten beschäftigen kann. Nach dem EuGH[121] soll „das Ziel des Art. 119 nicht nur auf der Ebene der

---

[114] Sec. 2 (1) des irischen ADPA 1974 und sec. 1 (3) des britischen EqPA 1970 sind im Präsens formuliert und bedeuten, so die frühere Auslegung der Gerichte, daß die Vergleichspersonen gleichzeitig beschäftigt werden müssen; vgl. *Freestone*, MLR 1982, S. 81.

[115] DEP 10/1978; vgl. *Landau*, Working Women 1985, S. 128.

[116] Am 31.12.75.

[117] IRLR 1980 (CA), S. 211 ff.; vgl. aber die zutreffende Auslegung von sec. 1 (2)(a)(i) EqPA 1970 in dem Sinne von Art. 119 EWGV durch Phillips J. in der vorinstanzlichen Entscheidung des EAT, ICR 1978, S. 500; diese Interpretation wurde jedoch von der Mehrheit im CA nicht gefolgt; im einzelnen *Thomson/Wooldridge*, LIEI 1980, S. 8-9.

[118] EuGH v. 27.3.80, Rs. 129/79, Nr. 11 der Gründe; vgl. *Wyatt*, ELR 1980, S. 375 ff.

[119] In *Albion Shipping Agency v. MB Arnold*, IRLR 1981, S. 198; für Irland vgl. *Byrne v. Champion Fire Defence Ltd.*, Ep 8/1985.

[120] In *Stankovitch v. Phillips Mans Shops Ltd.*, Urteil Nr. 18287/82 vom 16.8.82 (unveröff.), vgl. Anhang I in Towards Equality, Equal Opportunities Commission (Hrsg.), 1983, S. 27.

[121] EuGH v. 8.4.76, Rs. 43/75 *(Defrenne-II)*, Slg. 1976, S. 474, Nr. 16-20 der Gründe.

einzelnen Unternehmen, sondern auch auf der ganzer Gewerbezweige und der der gesamten Wirtschaft erreicht werden". Die innerstaatlichen Anpassungsregelungen folgen zwei verschiedenen Grundmodellen: Ersteres beinhaltet eine mehr oder weniger präzise Abgrenzung des Vergleichsraums, letztes folgt dem Wortlaut der Richtlinie und wendet sich an den einzelnen Arbeitgeber.

aa) Präzise Raumabgrenzung

Die räumliche Abgrenzung wird beispielsweise in sec. 1 (2) des britischen Equal Pay Act 1970 vorgesehen. Danach sind Vergleiche zwischen Arbeitnehmern desselben Betriebs oder verschiedener Betriebe desselben Konzerns erlaubt, solange der Betrieb sich in Großbritannien befindet und zwischen den verschiedenen Betrieben des Konzerns die gleichen Arbeitsbedingungen, entweder im allgemeinen oder nur für Arbeitnehmer der betroffenen Gruppe bestehen[122]. In dieser Richtung bewegt sich auch der irische Akt von 1974[123], der Vergleiche nur innerhalb desselben „Beschäftigungsortes" zuläßt, womit eine Stadt oder eine Ortschaft gemeint ist. Die engste Abgrenzung ist im dänischen Gesetz von 1976 beinhaltet, das nur Vergleiche innerhalb derselben Werkstatt erlaubt[124].

Aufgrund einer besonders engen grammatikalischen Auslegung wurde das Wort *"establishment"* vom britischen Court of Appeal[125] als "men's work" oder "women's work" innerhalb desselben Warenhauses definiert. So könnte eine Frau ihre Tätigkeit mit der Tätigkeit eines Mannes im gleichen Betrieb nicht vergleichen, weil der Mann eine „Männerarbeit" verrichtete. Diese Auffassung ist offensichtlich mit der Gemeinschaftsregelung nicht vereinbar[126]. Die irische Rechtsprechung hat dagegen versucht die im Gesetz relativ eng gefaßten räumlichen Grenzen des Vergleichs so weit wie möglich auszudehnen. So wurden z. B. Arbeitnehmer, die in drei verschiedenen Schwimmbädern in Dublin für denselben Arbeitgeber arbeiteten, so behandelt, als ob sie in demselben Ort beschäftigt gewesen wären[127]. Darüber hinaus entschied der Equality Officer[128], daß drei

---

[122] "an establishment in Great Britain ... in the same employment ... by her employer or any associated employer at the same establishment or at establishments in Great Britain which include that one and at which common terms and conditions of employment are observed either generally or for employees of relevant classes".

[123] Sec. 1 (1) des irischen ADPA 1974: "place" includes a city, town or locality"; vgl. auch sec. 2 (2) "same employer or associated employers"; in *Clonskeagh Hospital v. Two telephonists*, EP 40/1979, wurden zwei Krankenhäuser unter demselben Aufsichtsrat als "associated" angesehen.

[124] Art. 1 des Gesetzes v. 4.2.76.

[125] In *Noble v. David Gold & Son (Holdings) Ltd.*, ICR 1980, S. 543; danach sei "men's work" mit "women's work" nicht vergleichbar.

[126] So auch *Lester*, in Verwilghen (Hrsg.), Bd. II 1986, S. 416.

[127] In *Dublin Corp. v. Sixteen Female Baths Attendants*, EP 5/1980.

[128] In *PMPA v. Three Women Insurance Officials*, EP 29/1981.

Angestellte, die in drei verschiedenen Lokalitäten für dieselbe Firma arbeiteten, trotzdem im Sinne des Gesetzes so angesehen werden sollten, als ob sie in dem gleichen Ort beschäftigt wären, weil ihre Entlohnung von der Firmenzentrale bestimmt war[129]. Diese Rechtsprechung wurde aber in *ITGWU v. Twenty-three Female Employees* nicht fortgesetzt[130].

Diese Gesetzgebung ist mit der Gemeinschaftsnorm unvereinbar. Beschäftigt ein Arbeitgeber Arbeitspersonen in verschiedenen Orten innerhalb der Gemeinschaft, – z. B. eine deutsche Firma hat einen Betrieb in Irland und einen weiteren in Griechenland –, so können die weiblichen Arbeitnehmer in Irland ihre Löhne mit denen von männlichen Arbeitnehmern in Griechenland gerichtlich vergleichen lassen. Es obliegt dem Arbeitgeber, die Beweise vorzubringen, daß wegen unterschiedlicher Bedingungen – Lebenskosten, Währungsunterschiede o. a. – die Lage zwischen beiden Betrieben nicht vergleichbar ist und eine unterschiedliche Entlohnung erforderlich und angebracht ist.

bb) Anpassungsgesetze ohne räumliche Abgrenzung

Beispielsweise[131] könnte man hier die französische Norm von 1972 erwähnen[132], die keine räumlichen Einschränkungen beinhaltet, sondern gemeinschaftsrechtskonform die Verpflichtung des Arbeitgebers tangiert. Diese Regelung wurde in *Carré, Guillou e.a. v. Société Essilor Internationale*[133] in bezug auf die Problematik der räumlichen Vergleichsgrenzen ausgelegt. Die Klägerinnen, die in der Fabrik der Firma in Câlons-sur-Marne arbeiteten, hatten einen Anspruch auf gleichen Lohn wie die Männer erhoben, die in einer anderen Fabrik derselben Firma in Ligny-en-Barrois, etwa hundert Kilometer entfernt tätig waren. Der erstinstanzliche *Conseil de Prud'hommes* hat in seinem Urteil vom 13.2.1980 die beklagte Firma verurteilt, eine Entschädigung von 21452 und 25604 FF an die zwei Klägerinnen entsprechend wegen diskriminierender Lohnunterschiede zu bezahlen. Die von der Firma eingelegte Berufung wurde trotzdem von der Cour d'Appel Reims mit folgendem Tenor zugelassen:

---

[129] Danach konnten Frauen, die in dem Firmenbüro in Waterford tätig waren, ihre Löhne mit denen der Männer vergleichen, die in Kilkenny arbeiteten.

[130] EP 19/1983; hier entschied der Equality Officer, daß Angestellte, die in Castlebar, Athlone and Dublin arbeiteten, nicht an dem gleichen Ort tätig waren, obwohl ihre Entlohnung von der Gewerkschaftszentrale fixiert wurde.

[131] Eine ähnliche, an den Arbeitgeber anknüpfende Bestimmung haben Belgien: Art. 116-117 des Gesetzes v. 4.8.78; Bundesrepublik: § 611 a (1) BGB; Griechenland: Art. 4 des Gesetzes Nr. 1414/84; Italien: Art. 2 des Gesetzes Nr. 903/77; Luxemburg: Art. 1 der Verordnung v. 10.7.74.

[132] Art. 1 Abs. 1 des Gesetzes Nr. 72-1143 v. 22.12.72.

[133] Dr.Ouvr. 1981, S. 389-391.

„i) Der Entgeltunterschied zwischen den beiden Betrieben hat mit dem Geschlecht nichts zu tun, sondern ist auf exogene Faktoren zurückzuführen, die auf Arbeitnehmer beider Geschlechter in den zwei Betrieben anwendbar waren. Es gibt im Gesetz keine Vorschrift, die einen Arbeitgeber verpflichtet, in mehreren Betrieben landesweit den gleichen Lohn zu bezahlen. Seine Verpflichtung erstreckt sich nur auf die gleiche Entlohnung von Männern und Frauen.

ii) Der in Art. 1 des Gesetzes von 1972 beinhaltete Begriff „jeder Arbeitgeber" *(chaque employeur)* kann nicht dahin ausgelegt werden, daß der „Unternehmensleiter auf höchster Ebene", nämlich die natürliche oder juristische Person an der Spitze des Unternehmens oder Konzerns damit gemeint ist. Hätte der Gesetzgeber eine solche Absicht gehabt, so könnte er diese wörtlich im Gesetz zum Ausdruck bringen. Mit dem Begriff „jeder Arbeitgeber" ist deshalb nur der unmittelbare Betriebsleiter gemeint. Unter diesen Umständen hat der Arbeitgeber in der Fabrik von Châlons-sur-Marne den Lohngleichheitsgrundsatz nicht verletzt".

Diese Entscheidung, die in mehreren Punkten mit der europarechtlichen Lohngleichheit völlig inkompatibel ist, wurde hier nur deswegen ausführlich erläutert, weil sie ein Beispiel für die weitgehende Möglichkeit der innerstaatlichen Gerichte darstellt. Vorschriften die auf den ersten Blick mit der EG-Norm vereinbar sind, in einer völlig unakzeptablen Weise auszulegen und anzuwenden[134]. Ein Vergleich mit der Rechtsprechung in Großbritannien und Irland, wo im Gegenteil eine räumliche Abgrenzung ausdrücklich vorgeschrieben ist, kann diesen Punkt noch mehr verdeutlichen. Auf jeden Fall ging die Formulierung des Gerichts an dem Gesetzgeber nicht vorbei. Das französische Gesetz von 1983[135] präzisiert deshalb ausdrücklich, daß Entgeltunterschiede zwischen verschiedenen Betrieben desselben Unternehmens nicht mit der geschlechtsspezifisch getrennten Belegschaft gerechtfertigt werden können. Der Regierungsrunderlaß vom 2.5.84[136] erklärt, daß die neue Gesetzesvorschrift es ermöglicht, bestehende geschlechtsspezifische Lohnunterschiede zwischen verschiedenen Betrieben eines Unternehmens *(d'une seule et même entreprise)* gerichtlich zu bestreiten. So wird der Vergleichsbereich auch für Frankreich landesweit auf Unternehmensebene gebracht. Problematisch erscheint dagegen der Vergleich im Rahmen eines Konzerns.

Weitgehender ist aber das niederländische Gesetz von 1975. Art. 3 (2) enthält eine Formulierung, die von der Kommission als flexibel und sachgerecht bewertet wurde[137]: „Wird in dem Betrieb keine gleichwertige oder annähernd gleich-

---

[134] Diese Entscheidung wurde scharf kritisiert, im einzelnen *Tillie,* Dr.Ouvr. 1981, S. 367-369; *de Marguerye,* Dr.Soc. 1983, S. 119-145; *Lanquetin,* Dr.Soc. 1983, S. 238; *Landau,* Working Women 1985, S. 120.

[135] Art. L.140-2 des Code du Travail.

[136] Liaisons Sociales v. 20.6.1984.

[137] In KOM (78) 711 v. 16.1.79, S. 140.

wertige Arbeit von einem Arbeitnehmer des anderen Geschlechts verrichtet, so dient als Vergleichsgrundlage das normale Entgelt eines Arbeitnehmers des anderen Geschlechts, der in einem möglichst gleichartigen Betrieb des gleichen Industriezweigs beschäftigt ist und gleichwertige oder annähernd gleichwertige Arbeit verrichtet." Diese Formulierung, die einen weitgehenden Vergleich erlaubt, sei nach Ansicht der Kommission die einzige, die mit den weitgefaßten Zielen von Art. 119 völlig kompatibel ist und darüber hinaus einen Durchbruch in der geschlechtsspezifischen Segregation des Arbeitsmarkts zumindest im Entgeltbereich bewirken kann.

2. Einschränkungen durch die Rechtsnatur des Arbeitsverhältnisses

Der Wertvergleich kennt keine Grenzen in bezug auf die Rechtsnatur des Arbeitsverhältnisses. So kann sich ein Arbeitnehmer in der Privatwirtschaft mit jemandem im öffentlichen Dienst vergleichen. Unter Arbeitnehmern des privaten Sektors gibt es weiter keine Vergleichsbegrenzung zwischen tarifvertraggebundenen und anderen Arbeitnehmern oder Arbeitgebern.

III. Arbeitsbewertung und Lohnfindung

Der Expertenausschuß der Internationalen Arbeitskonferenz versteht unter Arbeitswert den objektiven, inhaltlichen Wert der Arbeit und nicht etwa den Marktwert oder den Beitrag zur Grenzproduktivität. Diese Auffassung wird in Art. 3 Abs. 1 des IAO-Übereinkommens Nr. 100 zum Ausdruck gebracht: „Wird die Anwendung des Übereinkommens dadurch erleichtert, so sind Maßnahmen zu treffen, die einer objektiven Bewertung der Beschäftigungen aufgrund der dabei erforderlichen Arbeitsleistung dienlich sind". Wenn zur Festlegung des Entgelts ein System beruflicher Einstufung verwendet wird, so muß dann gemäß Art. 1 (1) der Richtlinie 75/117 dieses System weiter, „auf für männliche und weibliche Arbeitnehmer gemeinsamen Kriterien beruhen und so beschaffen sein, daß Diskriminierungen aufgrund des Geschlechts ausgeschlossen werden". Es ist fraglich, ob in Anbetracht der weitgehenden Tarifautonomie die internationalen und regionalen Arbeitsnormen konkretere Anforderungen für die Arbeitsbewertung hätten stellen können.

Offene Diskriminierungen in den tariflichen Lohnfindungssystemen, wie z. B. die „Frauenlohnabschläge" in den fünfziger Jahren, sind heute weitgehend abgeschafft. In der Diskussion werden heute die mittelbaren Formen der Lohndiskriminierung einbezogen, die insbesondere wegen der „Verobjektivierung" der Arbeitsbewertungssysteme und wegen der für Frauen immer noch ungünstigen Marktlage schwer zu entdecken und zu beseitigen sind[138]. Traditionelle

Methoden der Einstufung werden heute noch oft von mittelgroßen und kleineren Betrieben verwendet, größere Unternehmen und Konzerne haben meistens eine arbeitswissenschaftliche Aufgabenbewertungsmethode eingeführt. Elemente, die sich im Ergebnis diskriminierend auswirken können, befinden sich in allen Systemen[139].

Bei der Einstufung nach der Qualifikation sind die Frauen aufgrund ihres Berufsbildungsdefizits überwiegend in den Lohngruppen mit lediglich betrieblicher Einarbeitung konzentriert, während männliche Arbeitnehmer vorwiegend in den Gruppen für Gelernte oder Facharbeiter zu finden sind. Die Eingruppierung aufgrund der Betriebszugehörigkeit hat für Frauen eine nachteilige Wirkung, weil sie häufiger als Männer aus dem Erwerbsleben ausscheiden und wegen schwangerschafts- oder mutterschaftsbezogener Fehlzeiten die tariflichen altersbedingten Endstufen der Entlohnung nicht erreichen können. Weiter kommen Frauen selten in den Genuß von Zuschlägen in Zusammenhang mit bestimmten Arbeitsbedingungen, wie z. B. der Nachtarbeit, bei denen die Beschäftigung für sie gesetzlich verboten ist[140].

Summarische wie analytische Arbeitsbewertungsverfahren können zu einer Frauendiskriminierung führen[141], wenn sie entweder zu weit und abstrakt gefaßt sind und deshalb eine diskriminierende Auslegung bei der Anwendung im einzelnen Betrieb ermöglichen oder wenn sie nur von speziell Ausgebildeten voll verstanden werden, in der Öffentlichkeit als Erkenntnisse der Arbeitswissenschaft gelten und damit einen gewissen Vertrauenskredit haben. Bei der Auswahl der Anforderungsarten können vorwiegend für Frauenarbeit zutreffende Merkmale, wie Geschicklichkeit, Fingerfertigkeit oder Genauigkeit vernachlässigt werden. Weiterhin können die Grenzkriterien zwischen den Lohngruppen durch solche Anforderungsarten festgelegt werden, die auf Frauenarbeit nur in geringerem Maße zutreffen, wie beispielsweise bei der „körperlichen Schwere" der

[138] Vgl. dazu im einzelnen *C. Helberger/H. J. Krupp*, Die Einstufungsgrundsätze der Tätigkeiten hinsichtlich des Grundsatzes des gleichen Arbeitsentgelts für Männer und Frauen (Art. 119 EWGV), Forschungsbericht im Auftrag der EG, Kommission für soziale Angelegenheiten, Frankfurt 1973.

[139] Für mögliche Ansatzpunkte einer diskriminierenden Lohnfindung zwischen Männern und Frauen bei der Arbeitsbewertung vgl. die Studie des Rationalisierungs-Kuratoriums der Deutschen Wirtschaft e.V. (Hrsg.), Frauenarbeit und technischer Wandel, verfaßt von *H. Friedrich, L. Lappe, I. Schwinghammer* und *I. Wegehaupt-Schneider*, des soziologischen Forschungsinstitutes Göttingen unter Beratung des RKW-Arbeitskreises Frauenerwerbstätigkeit, Frankfurt 1973; die Studie des Internationalen Arbeitsamts (Hrsg.), Chancengleichheit und Gleichbehandlung der berufstätigen Frau, Genf 1974; weiter *W. Rohmert/J. Rutenfranz*, Arbeitswissenschaftliche Beurteilung der Belastung und Beanspruchung an unterschiedlichen industriellen Arbeitsplätzen (Gutachten), Bonn 1975; *K. Wolf*, Leichtlohngruppen – Ein gesellschaftspolitisches Problem, Köln 1974.

[140] Vgl. aber BAG v. 11.9.74, AP Nr. 39 zu § 242 BGB; im einzelnen dazu *Martiny*, RabelsZ 1978, S. 141 (FN 102), 146.

[141] Ausführlich dazu ILO, Job Evaluation, Studies and Reports, New Series, Nr. 56, Geneva 1960; weiter COM D.G.V./660/80, Rdnr. 15-23.

Arbeit, die zur Abgrenzung der Leichtlohngruppen gegenüber vorzugsweise von Männern verrichteten Hilfsarbeiten diente. Die Gewichtung der Anforderungsarten spielt dabei eine entscheidende Rolle: Anforderungen, die für Männerarbeiten maßgeblich sind, können mit einem stärkeren Wichtungsfaktor versehen werden als solche für Frauenarbeit. Insgesamt wird deutlich, daß die Verfahren der Arbeitsbewertung einen Spielraum der Auslegung und Manipulation lassen, der zum Nachteil von Frauen genutzt werden kann. Diese sog. „statischen"[142] Aspekte der Lohndiskriminierungsproblematik werden durch eine Reihe „dynamischer" Einflußfaktoren ergänzt: verengtes Spektrum von Auswahlmöglichkeiten durch Schaffung eines frauenspezifischen Arbeitsplatzangebots, Beschränkung dieses Angebots auf niedrige Positionen mit relativ geringen Qualifikationsansprüchen, geringere Wiedereingliederungs- oder Aufstiegsmöglichkeiten, und Abweichungen des Tariflohnes vom Effektivlohn[143] durch tarifvertraglich nicht abgesicherte Leistungs- und Erschwerniszuschläge.

Ohne Zweifel kann die Arbeitswissenschaft keine vollständige Lösung zum Ausgleich der nachteiligen Wirkung dieser Faktoren anbieten. Diese Fragen sind grundsätzlich im Rahmen der Tarifpolitik und der Arbeits- und Ausbildungspolitik zu besprechen. Der Beitrag der Arbeitswissenschaft bezieht sich lediglich auf die Entwicklung von objektiven Lohnfindungsmethoden. Andere Probleme, die mit der Bereitschaft zur Einführung dieser Methoden und der Anwendung der arbeitswissenschaftlichen Erkenntnisse in der Praxis zusammenhängen, können sinnvoll nur gesetzlich oder tariflich gelöst werden. Was die Anforderungen des Gemeinschaftsrechts angeht, so ist zu betonen, daß weder die Tarifautonomie noch die gesetzgeberische Trägheit die Justitiabilität der Gleichwertigkeitsklage einschränken können.

IV. Die Anforderung der EG-Norm

In Großbritannien erfolgte die Anpassung der Richtlinie 75/117 durch den Equal Pay Act von 1970 in der Fassung des Sex Discrimination Act 1975. In sec. 1 (5) EqPA 1970 hieß es:

> „Eine von einer Frau verrichtete Arbeit ist dann und nur dann als einer von einem Mann verrichteten Arbeit gleichwertig anzusehen, wenn die Gleichwertigkeit der betreffenden Beschäftigungen im Hinblick auf die unter verschiedenen Gesichtspunkten an einen Arbeitnehmer gestellten Anforderungen (z. B. Leistungsanforderungen, Kenntnisse, Entscheidungsbefugnisse) auf der Grundlage einer Unternehmensstudie festgestellt worden ist, mit der nach Maßgabe dieser verschiedenen Gesichtspunkte die

---

[142] Dazu im einzelnen *Helberger/Krupp* und *Rohmert/Rutenfranz*, a. a. O., Teil III Fn. 138 und 139.

[143] Im Bereich des Lohngaps steht den Arbeitgebern ein lohnpolitischer Handlungsspielraum zur Verfügung, in dem die Frauen häufig etwas schlechter wegkommen als die Männer; wesentlich wird dieser Faktor auch von der Arbeitsmarktlage bestimmt, *Rohmert/Rutenfranz*, ebenda, S. 20-21.

von der Gesamtheit oder von einem Teil der Arbeitnehmer eines Unternehmens oder einer Unternehmensgruppe zu erbringenden Arbeitsleistungen bewertet werden sollen oder wenn die Gleichwertigkeit nur deshalb nicht festgestellt worden ist, weil die Bewertung nach einem System erfolgt ist, das für Männer und Frauen für die gleichen Anforderungen hinsichtlich eines jeden dieser Gesichtspunkte verschiedene Werte festlegt."

Einerseits wurde nach dieser Vorschrift die Überprüfbarkeit der Gleichwertigkeit zweier verschiedener Tätigkeiten davon abhängig gemacht, ob im Unternehmen eine entsprechende Studie oder ein Arbeitsbewertungssystem *(job evaluation system)* durchgeführt worden war. Andererseits war nach ständiger Rechtsprechung der britischen Gerichte eine Bewertungsstudie nicht ohne Zustimmung der Betroffenen – einschließlich selbstverständlich des Arbeitgebers – zu erstellen[144]. Auf Grund dieser Regelung, die einer im britischen Recht weitgehend anerkannten Tarifautonomie[145] in bezug auf die Lohnfindung zugrunde lag[146], hat die Kommission beim EuGH ein Vertragsverletzungsverfahren gegen Großbritannien eingeleitet. Es ging dabei grundsätzlich um die Frage, ob die Schaffung eines Stellenbewertungssystems auf dem Wege der Vereinbarung zwischen Arbeitgeber und Arbeitnehmern auf betrieblicher oder tariflicher Ebene eine Voraussetzung für die Anwendung des Grundsatzes des gleichen Entgelts war, was von der britischen Regierung behauptet wurde, oder ob im Gegenteil, was von der Kommission geltend gemacht wurde, ein Arbeitnehmer selbst dann gleiches Entgelt für eine gleichwertige Arbeit verlangen könnte, wenn kein derartiges Stellenbewertungssystem bestand.

Die Kommission stützte ihre Position auf das Argument des mangelhaften Rechtsschutzes für die Arbeitnehmer, die keine gleiche oder im wesentlichen gleichartige Arbeit verrichteten und gleichzeitig von keinem Stellenbewertungssystem erfaßt wurden. Die britische Regierung vertrat dagegen die Ansicht, ein allgemeiner Anspruch des Arbeitnehmers auf eine Bewertung seiner Arbeit auch unabhängig davon, ob ein entsprechendes System schon durchgeführt worden war, führe zu beträchtlichen praktischen Schwierigkeiten, insbesondere weil die von der Kommission vorgeschlagene Methode[147] zur Feststellung der Gleichwertigkeit zweier verschiedener Stellen stark vereinfachend und für eine gericht-

---

[144] In *O'Brien v. Sim-Chem Ltd.*, IRLR 1980 (CA), S. 151; und ICR 1980 (HL), S. 573; vgl. aber ICR 1979 (EAT), S. 13.

[145] Die beschränkte Möglichkeit einer Schichtung im Rahmen der Central Arbitration Committee, die für den Fall einer geschlechtsspezifischen Tarifregelung in sec. 3 EqPA 1970 vorgesehen ist, wurde von *O. Kahn-Freund* als "fundamental departure from the principles of autonomy and voluntary regulation – the very foundations of british collective labour law" bezeichnet, Labour and the Law, P. Davies/M. Freedland (Hrsg.), 3. Aufl. 1983, S. 191-192.

[146] Vgl. die Rechtsprechung in *Electrolux Ltd. v. Hutchinson*, ICR 1977 (EAT), S. 228; *Dance v. Dorothy Perkins Ltd.*, ICR 1978, S. 760; *Waddington v. Leicester Council for Voluntary Services*, ICR 1977 (EAT), S. 266, die eine Kompetenz der Gerichte zum Unternehmen von "evaluation studies" ablehnt oder nur sehr einschränkend zuläßt; vgl. aber *R. v. Central Arbitration Committee ex parte Hy-Mac*, IRLR 1979, S. 461.

[147] KOM (78) 711 endg., S. 140; diese Methode stammte aus dem niederländischen Gesetz v. 20.3.1975.

liche Anwendung ungeeignet sei. Nach dieser Methode kam es darauf an, ob ein männlicher Arbeitnehmer, der auf den von der Frau besetzten Arbeitsplatz versetzt würde, mit demselben Arbeitsentgelt zufrieden wäre oder dagegen seinen Verbleib an dieser Stelle von einer Lohnerhöhung abhängig machen würde. Nach Ansicht der Kommission ging es letztenendes nur um die im Rahmen eines Gerichtsverfahrens uneingeschränkt feststellbare Gleichwertigkeit.

Der EuGH entschied, daß es in erster Linie den Mitgliedstaaten obliegt, eine Behörde mit der erforderlichen Zuständigkeit dafür auszustatten, gegebenenfalls nach Einholung aller sachdienlichen Auskünfte[148] zu entscheiden, ob eine Arbeit einer anderen gleichwertig ist[149]. Ein neues Rechtsinstitut[150] hat nach diesem Urteil den Gerichten gestattet, notfalls unter Berufung eines Sachverständigen, die Gleichwertigkeit zweier Tätigkeiten festzustellen[151]. Als einziger Hinweis auf die von dem Sachverständigen anzuwendenden Bewertungskriterien sehen die Equal Pay Amendment Regulations vor, daß das Bewertungsgutachten die Anforderungen berücksichtigen muß, die an die Arbeit in den Bereichen Anstrengung, Geschicklichkeit und Entscheidungsbefugnis gestellt werden. Die neue Klage wurde nach geltender Meinung nur als Restklage geplant[152]. Sie greift nur dann ein, wenn kein gültiges, nicht-diskriminierendes "job evaluation system" angewandt werden kann. Eine ähnliche Regelung beinhaltet sec. 3 (c) des irischen Anti-Discrimination (Pay) Act 1974: danach wird die Gleichwertigkeit anhand von Kriterien wie Geschicklichkeit, körperliche und geistige Anstrengung, Verantwortung und die Arbeitsbedingungen überprüft[153]. Art.

---

[148] Vgl. aber die französische Entscheidung in *Bouvier c. Vigneras et Soc. „Le Printemps"* v. 7.11.80 (Trib. de Police Paris), Dr.Ouvr. 1981, S. 392, die eine Gleichwertigkeit und infolgedessen eine Diskriminierung trotz des zuwiderlaufenden Sachverständigenberichts festgestellt hat.

[149] EuGH v. 6.7.82, Rs. 61/81 *(Kommission g. Vereinigtes Königreich)*, Slg. 1982, S. 2617, Nr. 13 der Gründe.

[150] Equal Pay (Amendment) Regulations 1983 (SI Nr. 1974/1983 – Inkrafttreten am 1.1.84) und Industrial Tribunals (Rules of Procedure) Regulations (SI Nr. 16/1985); über die neue Klage und die verfahrenstechnischen Schwierigkeiten, vgl. *Szyszczak*, MLR 1985, S. 146-147; *Newell*, NLJ 1984, S. 551; *McCrudden*, ILJ 1983, S. 197 und ILJ 1984, S. 50; Zweifel in bezug auf die Auswirkungen der Regulations im Tarifbereich, sowie das Vorliegen einer richtlinienkonformen Anpassung im Konkretfall äußert *Fredman*, ILJ 1984, S. 121.

[151] Mehr über die Modalitäten der Einbeziehung eines unabhängigen Sachverständigen in *Hayward v. Cammel Laird Shipbuilders Ltd.*, IRLR 1984 (IT), S. 463; vgl. auch CMLR 1987 (CA), S. 489.

[152] "residual right", *Szyszczak*, MLR 1985, 146.

[153] Die irischen Tribunals stützen sich mehr auf eine Faustregel (a rule of thumb) als auf ein systematisches Bewertungsverfahren; vgl. die Rechtsprechung in *Linson Ltd. v. Two Female Group Leaders (Stomahesive)*, EP 24/1981, "paperwork" wird mit einer "onerous supervisory function" gleichbewertet; weiter in *Youghall Carpet Yarns v. ITGWU;* EP 25/1981, zwei Tätigkeiten müssen gleich entlohnt werden, wenn "roughly the same amount of physical effort has to be expendet"; in *Coombe Lying-In Hospital v. Bracken*, EP 14/1979, und DEP 21/1980, "the fact that the applicant had to use a somewhat higher degree of mental effort, than her male counterpart, compensated for the fact that his work involved more substained physical effort"; im Gegenteil aber in bezug auf Verantwortung vgl. *Blood Transfusion Service Board v. O'Sullivan*, EP 23/1981, "responsibility is more importand than physical effort", vgl. *v. Prondzynski*, in Verwilghen, Bd. II 1986, S. 234-235.

L.140-2 al. 3 des französischen Code du Travail beschreibt auch die allgemeinen Kriterien für die Bestimmung der Gleichwertigkeit[154]. Ähnliche allgemeine Beschreibungen befinden sich auch in den anderen Mitgliedstaaten besonders in Manteltarifverträgen[155] oder Rahmenvorschriften der Arbeitsministerien.

V. Die gerichtliche Überprüfbarkeit der Eingruppierung

Weder das IAO-Übereinkommen Nr. 100 noch die Gemeinschaftsregelung verpflichten die Mitgliedstaaten ein Arbeitsbewertungssystem gesetzlich vorzuschreiben[156]. Der Arbeitgeber ist frei darüber zu entscheiden, ob er überhaupt oder was für ein System in seinem Unternehmen benutzen wird. Die einzige von der Lohngleichheitsrichtlinie abzuleitende Verpflichtung für die Mitgliedstaaten ist die Gewährleistung eines diesbezüglichen Justizgewährungsanspruchs der diskriminierten Einzelarbeitspersonen. Der einzelne Arbeitnehmer muß unter allen Umständen das Recht haben, seinen Anspruch auf gleiches Entgelt für gleichwertige Arbeit im Rahmen eines gerichtlichen Verfahrens gegen den Willen des Arbeitgebers oder der TVG-Parteien prüfen zu lassen.

Nachdem die Abschlagsklauseln gerichtlich für rechtswidrig erklärt worden waren, ersetzten diese die Tarifvertragsparteien durch vorgeschaltete Leichtlohngruppen, die unterhalb der Tarifgruppen angesiedelt deren Bezeichnungen mit dem Zusatz „körperlich leichte Arbeiten“ wiederholten. In diesen vorgeschalteten Gruppen waren fast ausschließlich Frauen eingruppiert. Der Bewertung der Tätigkeiten als „leichte körperliche Arbeit“ hat in der Regel keine arbeitswissenschaftliche Prüfung zugrundegelegen[157]. Das Kriterium der körperlichen Belastung spielt insbesondere bei der Eingruppierung der Un- und Angelernten im gewerblichen Bereich eine dominierende Rolle. An sich ist das Merkmal der leichten oder schweren körperlichen Arbeit geschlechtsneutral formuliert. Die Bewertung einer konkreten Arbeit als körperlich leicht, normal oder schwer kann sich dagegen diskriminierend auswirken, besonders wenn nur der Einsatz von Muskelkraft berücksichtigt, nicht aber die Belastung der Sinne und Nerven mit einbezogen wird. Der relative Wert von zwei Tätigkeiten in bezug auf die einzelnen Anforderungsarten, wie z. B. die körperliche Belastung, kann heute arbeitswissenschaftlich ermittelt werden. Das Zwischenspiel der verschiedenen Anforderungsarten, wie z. B. die geistige Belastung bei verschiedenen

---

[154] „... l'égalité de valeur est reconue dès lors que les deux emplois, objet de la comparaison, requièrent des salariés concernés un ensemble comparable de connaissances professionnelles, qu'elles soient reconnues par un titre, un diplome ou une pratique professionnelle, de capacités dêcoulant de l'expérience acquise, de responsabilités, ainsi que de charge physique ou nerveuse liée au post de travail“.

[155] Wie z. B. in Dänemark die Vereinbarung im Rahmen einer tariflichen Schlichtungskommission am 28.3.1974, dazu im einzelnen KOM (78) 711 endg., S. 56-57.

[156] Vgl. *Budiner*, 1975, S. 41 ff.; *Steiner*, ICLQ 1983, S. 411.

[157] *Pfarr/Bertelsmann*, Lohngleichheit 1980, S. 427.

Lärmwerten oder Vorkenntnissen variiert, ist jedoch noch immer nicht genau zu erfassen. Die Eingruppierungsmerkmale sowie deren Auslegung und Anwendung in der Praxis werden immer häufiger gerichtlich angegriffen. Die Rechtsprechung der innerstaatlichen Gerichte in der Bundesrepublik[158], Großbritannien und Irland waren nicht immer konsequent: Manchmal wurde die ungleiche Entlohnung schon deswegen als gerechtfertigt angesehen, weil die Frau sich in einer anderen Lohngruppe als der Mann befand[159]; oft wurde nach der Bestellung eines Sachverständigen, die „richtige" Eingruppierung vom Gericht vorgenommen[160]; das zugrundeliegende Eingruppierungssystem wurde jedoch selten in Frage gestellt. Konkrete Hinweise, wie ein innerstaatliches Gericht bei einer solchen Klage vorgehen muß, liefert das Urteil des EuGH in *Rummler g. Dato-Druck GmbH*[161].

Der EuGH hat sich hier mit der Frage beschäftigt, wie ein System beruflicher Einstufung beschaffen sein sollte, um Diskriminierungen auf Grund des Geschlechts auszuschließen. In dieser Rechtssache wurde nicht die tatsächliche betriebliche Eingruppierung, sondern vielmehr das Lohngruppenbildungssystem des zuständigen Tarifvertrags als diskriminierend angegriffen. In Frage geriet der Lohnrahmentarifvertrag für die gewerblichen Arbeitnehmer der Druckindustrie im Bundesgebiet einschließlich Berlin-West vom 6.7.84. Der TRV sah sieben Lohngruppen je nach den verrichteten Tätigkeiten vor. Diese waren nach dem Grad der Kenntnisse, der Beanspruchung oder Belastung und der Verantwortung im einzelnen dargestellt.

Der ArbG-Oldenburg[162] hat dem EuGH zwei Hauptfragen vorgelegt. Die erste Frage ging im wesentlichen dahin, ob ein System beruflicher Einstufung, das von Kriterien wie die muskelmäßige Beanspruchung oder Belastung und die Schwere der Arbeit ausgeht, mit dem Grundsatz des gleichen Entgelts für Männer und Frauen vereinbar ist. Die britische Regierung war der Auffassung, das Diskriminierungsverbot schließe die Verwendung eines Kriteriums nicht deshalb aus, weil die Angehörigen des einen Geschlechts insoweit von Natur aus besser befähigt sind als die des anderen Geschlechts, sofern dieses Kriterium repräsentativ für die Gesamtheit der Tätigkeiten ist, die bei dem betreffenden Arbeitsplatz anfallen. Ein auf das Kriterium „muskelmäßige Beanspruchung" gestütztes System sei nur diskriminierend, wenn es die Tätigkeit der kleinen

[158] *Pfarr/Bertelsmann*, Lohngleichheit 1980, S. 146-172, 197-202.

[159] Vgl. die irische Rechtsprechung in *Ostlanna Iompair Eireann v. Nine Female Employees*, EP 38/1981, und in *Coras Iompair Eireann v. Four Female Clerks*, Ep 55/1981; anders aber in *ITGWU v. Twenty-three Female Employees*, EP 19/1983.

[160] Vgl. ArbG Wetzlar v. 6.8.1980 - 2 Ca 475/79; ArbG Berlin v. 19.3.1979 - 27 Ca 497/78; ArbG Berlin v. 19.3.1979 - 27 Ca 494/78; ArbG Mönchengladbach v. 16.2.76 - 1 Ca 251/75; LAG Köln v. 13.4.52 - 2 Sa 9/52; alle in *Pfarr/Bertelsmann*, Lohngleichheit 1980, abgedruckt, S. 170, 162, 158, 154, 146 entsprechend.

[161] EuGH v. 1.7.1986, Rs. 237/85.

[162] ArbG Oldenburg v. 25.6.1985, BB 1985, S. 1667.

Muskelgruppen außer Acht läßt, die charakteristisch für die manuelle Geschicklichkeit sind. Die Kommission machte darüber hinaus geltend, daß ein System in seiner Gesamtheit geprüft werden sollte und nicht erst deshalb als diskriminierend anzusehen sei, weil es auf ein bestimmtes Kriterium abstellt. Der EuGH hat beide Punkte akzeptiert: Es ist mit dem Grundsatz des gleichen Entgelts grundsätzlich vereinbar, daß bei einem Arbeitsbewertungssystem auf Eigenschaften abgestellt wird, die Männer eher besitzen, soweit es aber gleichzeitig, wenn die Art der in Frage stehenden Tätigkeiten es zuläßt, auch andere Eigenschaften berücksichtigt, hinsichtlich derer die weiblichen Arbeitnehmer besonders geeignet sein können. Es ist Sache der innerstaatlichen Gerichte, im Einzelfall zu beurteilen, ob das System in seiner Gesamtheit eine gerechte Berücksichtigung aller Kriterien ermöglicht[163].

Die Beantwortung dieser Frage ist zutreffend. Die körperliche Belastung ist ein generelles und komplexes Kriterium. Es gibt zahlreiche besondere Belastungsmerkmale, die insgesamt gesehen den Grad der Schwere einer Tätigkeit ermitteln. Nach der Auffassung des EuGH sollte ein System alle diese Merkmale berücksichtigen.

Als Diskriminierung gilt deshalb nur die einseitige Berücksichtigung von Fähigkeiten, die besonders häufig bei Angehörigen des einen Geschlechts vorkommen, und die Außerachtlassung von Fähigkeiten, die bei Angehörigen des anderen Geschlechts vorkommen, wenn und soweit auch diese Fähigkeiten für die Verrichtung der bestimmten Tätigkeit erforderlich sind. Damit ist aber noch nicht die Frage beantwortet, wie die Wertigkeitsskala für ein Belastungsmerkmal festzulegen ist. Um ein eindeutiges Beispiel zu geben: Wenn bei einer Tätigkeit, die das Umgehen mit Paketen umfaßt, zwei Lohngruppen gebildet werden müssen, die erste für leichtere, die zweite für schwerere Arbeit, wo sollte dann die Grenzlinie zwischen den beiden Gruppen gezogen werden? Stellen wir uns vor, daß die Pakete 10 bis 30 kg wiegen. Sollte ein Gewicht von 20 kg pauschal als Grenze gestellt werden? Sollte dann die erste Gruppe als „leicht“, die zweite als „schwer“ bezeichnet werden? Nach welchem Maßstab aber? Dem einer Frau, dem eines Mannes oder schließlich nach dem Durchschnitt zwischen den beiden Geschlechtern. Dieses war grundsätzlich die zweite Vorlagefrage.

Nach Ansicht der britischen Regierung könne eine Männer als Bezugspunkt zugrundelegende Feststellung der absoluten Stufe der muskulären Beanspruchung oder des absoluten Grads der Schwere der Arbeit nur eine mittelbare Diskriminierung darstellen, die nicht durch Art. 119 EWG-Vertrag verboten sei, wenn sie auf objektiv gerechtfertigte Gründe gestützt wird. Diese Gründe lägen vor, wenn der Arbeitgeber, um Arbeitnehmer für einen bestimmten Arbeitsplatz zu finden und zu behalten, bei der diesbezüglichen Entlohnung die besondere Beanspruchung berücksichtigen muß, die mit diesem Arbeitsplatz verbunden ist. Die Kommission hat dagegen die Ansicht vertreten, die Richtlinie enthalte dies-

---

[163] EuGH v. 1.7.86, Rs. 237/85 *(Rummler)*, Nr. 15-16 der Gründe.

bezüglich keinen allgemeinen Rechtsgrundsatz. Danach sei ein innerstaatliches Gericht befugt, sich hauptsächlich oder sogar ausschließlich auf Frauenwerte zu stützen, wenn das Diskriminierungsverbot es zu dieser Lösung zwingt, weil anderenfalls die Frauen tatsächlich benachteiligt würden.

Der EuGH hat beide Einstellungen abgewiesen. Er hat geltend gemacht, daß

„... die tatsächlich verrichtete Arbeit ihrem Wesen nach entlohnt werden muß. Kriterien, die sich auf allein den Arbeitnehmern des einen Geschlechts angepaßte Werte stützen, bringen die Gefahr einer Diskriminierung mit sich: sie können die Erreichung des Hauptziels der Richtlinie, die Gleichbehandlung bei gleicher Arbeit, gefährden. Dies trifft selbst dann zu, wenn einer Anforderungsart Werte zugrunde gelegt werden, die den durchschnittlichen Leistungen der Arbeitnehmer des Geschlechts entsprechen, bei dem davon ausgegangen wird, daß es in bezug auf dieses Kriterium geringere natürliche Fähigkeiten besitzt; daraus ergibt sich nämlich eine andere Form der Diskriminierung bei der Entlohnung, da eine Arbeit, die objektiv den Einsatz größerer Kräfte erfordert, in der gleichen Art entlohnt wird, wie eine Arbeit, die geringere Kräfte erfordert[164].

Die Nichtberücksichtigung der Werte, die der durchschnittlichen Leistungsfähigkeit der weiblichen Arbeitnehmer entsprechen, bei der Festlegung einer auf das Ausmaß der muskelmäßigen Beanspruchung und Belastung gestützten ansteigenden Lohnskala kann gewiß dazu führen, daß die weiblichen Arbeitnehmer, die keine Arbeitsplätze übernehmen können, bei denen sie körperlich überfordert werden, benachteiligt werden. Dieser Unterschied in der Behandlung läßt sich jedoch objektiv durch die Art des Arbeitsplatzes rechtfertigen, wenn er erforderlich ist, um eine Entlohnung zu gewährleisten, die der mit der Verrichtung der Arbeit verbundenen Beanspruchung angemessen ist, und damit einem wirklichen Bedürfnis des Unternehmens dient[165]. Wie bereits ausgeführt, muß das System der beruflichen Einstufung jedoch, soweit die Art der in Frage stehenden Tätigkeiten es zuläßt, andere Kriterien umfassen, die bewirken, daß das System in seiner Gesamtheit nicht diskriminierend ist"[166].

Als Diskriminierung gilt deshalb in diesem Punkt die Feststellung der körperlichen Schwere einer Arbeit, wenn dabei von Werten ausgegangen wird, die der durchschnittlichen Leistungsfähigkeit der Arbeitnehmer nur des einen Geschlechts entspricht. Damit schilderte der EuGH zwei konkrete Anhaltspunkte, die eine gerichtliche Überprüfbarkeit einer Klage gegen eine tatsächliche betriebliche Eingruppierung oder gegen den Inhalt eines tarifvertraglichen Einstufungssystems erleichtern können. Dabei muß nämlich das zuständige innerstaatliche Gericht gegebenenfalls unter Bestellung eines Sachverständigen prüfen:

i) ob alle für die Verrichtung der bestimmten Tätigkeit erforderlichen körperlichen, nervlichen und geistigen Fähigkeiten und Geschicklichkeiten bewertet werden;

---

164 EuGH v. 1.7.1986, Rs. 237/85 *(Rummler)*, Nr. 23 der Gründe.

165 EuGH v. 13.5.1986, Rs. 170/84 *(Bilka-Kaufhaus)*, insb. Nr. 36 der Gründe.

166 EuGH v. 1.7.1986, Rs. 237/85 *(Rummler)*, Nr. 24 der Gründe.

ii) ob bei der Herstellung der Wertigkeitsskala für jede zu berücksichtigende Fähigkeit von Werten ausgegangen wird, die sich objektiv durch die Art des Arbeitsplatzes rechtfertigen lassen und nicht an der durchschnittlichen Leistungsfähigkeit der Arbeitnehmer nur des einen Geschlechts anknüpfen.

Die Gemeinschaftsnorm stellt so eine Mindestanforderung dar, die nämlich darauf abzielt, die volle Justitiabilität der beruflichen Eingruppierung zu gewährleisten, und zwar unabhängig davon, ob die Diskriminierung erst auf betrieblicher[167] oder schon auf tariflicher Ebene vorliegt[168]. Die innerstaatlichen Gerichte sind befugt, selbst eine Tätigkeit anhand der in dem vorhandenen Einstufungssystem zugrundegelegten Kriterien umzugruppieren. Weiterhin kann das Gericht, sowohl wenn die konkrete Umgruppierung wegen des Wortlauts oder der Systematik des Tarifvertrags unmöglich ist oder gegen den Willen der Tarifvertragsparteien verstößt, als auch wenn die Diskriminierung nicht erst bei der betrieblichen Anwendung und Auslegung des Einstufungssystems eintritt, sondern vielmehr „systemimmanent“ ist, den gesamten System für nichtig erklären[169]. Es obliegt dann den Sozialpartnern, ein neues diskriminierungsfreies System zu entwickeln. Bei der Prüfung der Geschlechtsneutralität des Systems muß das Gericht grundsätzlich die o. g. zwei Kriterien berücksichtigen. Läßt sich anhand dieser Kriterien keine Diskriminierung feststellen, so liegt auch keine Diskriminierungsform vor, bei der Art. 119 unmittelbar angewandt werden könnte. Ob dennoch das System irgendwelche diskriminierenden Auswirkungen hat oder unter Umständen haben könnte, kann nur auf der Grundlage speziellerer Gemeinschafts- oder Nationalvorschriften im Bereich der Arbeitsbewertung und -einstufung festgestellt werden, so daß sich durch entsprechende Maßnahmen die eventuellen Diskriminierungen aufheben lassen. Solche Vorschriften liegen bekanntlich noch nicht vor.

---

[167] Bei Geltung eines Tarifvertrags gilt die betriebliche Eingruppierung als bloßer Normenvollzug, vgl. *Wiedemann/Stumpf*, TVG, 5. Aufl. 1977, § 4 Anm. 109 m. w. N.

[168] In diesem Fall wird vielmehr die tariflich abgestimmte lohnpolitische Entscheidung in Frage gestellt.

[169] Die Frage, ob eine gerichtliche Überprüfbarkeit dieser Weite ein unerlaubtes Eindringen in den Bereich der Tarifautonomie darstellt, was freilich im Rahmen einer gemeinschaftsrechtskonformen Auslegung des Grundrechts der Lohngleichheit nicht angenommen werden könnte, muß hier dahingestellt bleiben; im einzelnen dazu, *Dix*, Gleichberechtigung 1984, S. 262 ff., 334 ff.; *Pfarr/Bertelsmann*, Lohngleichheit 1980, S. 382 ff.; *Däubler*, AuR 1981, S. 197; *Pfarr*, WSI-Mitt. 1981, S. 270; *Wolter*, AuR 1981, S. 134; *Hesse*, Grundzüge des Verfassungsrechts, 14. Aufl. 1984, S. 29 ff.; *Lorenz*, DB 1980, S. 1747; *Knigge*, BB 1980, S. 1275; sowie die Entscheidungen vom BAG-Ap Nr. 69 zu Art. 3 GG; BAG-AP Nr. 16 zu Art. 3 GG; BVerfG v. 13.11.79, NJW 1980, S. 823; vgl. auch die britische Auseinandersetzung mit dieser Frage in *Greene g. Broxtowe DC*, ICR 1977, S. 241; *England g. Bromley Council*, ICR 1978, S. 1; *Neil v. Ford*, IRLR 1984, S. 339; sowie *McCrudden*, ILJ 1983, S. 197; *Rubenstein*, ILJ 1983, S. 121; *ders.* IRLR 1984, S. 337; *Szyszczak*, MLR 1985, S. 144-145.

C. Die Rechtfertigung eines Lohnunterschieds

Bei einem positiven Vergleich zwischen den Tätigkeiten einer Frau und eines Mannes, wenn also das Vergleichspaar in der Tat gleiche oder gleichwertige Arbeit verrichtet, muß grundsätzlich auch die Entlohnung gleich sein. Aus dem Wortlaut des Art. 119. EWGV läßt sich kein Rechtfertigungsgrund für Lohnunterschiede in diesem Fall entnehmen. Trotzdem hat der EuGH eingeräumt, daß die unterschiedliche Entlohnung von Arbeitnehmern an gleichen oder gleichwertigen Arbeitsplätzen durch Umstände „objektiv gerechtfertigt" sein kann, „die nichts mit einer Diskriminierung aufgrund des Geschlechts zu tun haben"[170]. Die Identifizierung dieser Umstände ist eine Tatsachenfrage, die von den innerstaatlichen Gerichten beantwortet werden muß. Die Möglichkeit einer Rechtfertigung kommt manchmal auch in der Gesetzgebung und Rechtsprechung der Mitgliedstaaten zum Ausdruck[171].

Diese grundlegende Formulierung wurde in *Bilka-Kaufhaus* näher erläutert. Danach reicht eine Lohnpolitik nicht aus, die irgendwelche anderen Ziele als die Diskriminierung von Frauen verfolgt, um einen Verstoß gegen Art. 119 auszuschließen. Die vom Unternehmen gewählten Mittel müssen vielmehr einem wirklichen Bedürfnis des Unternehmens dienen und nach dem Verhältnismäßigkeitsprinzip geeignet und erforderlich sein, diesem Bedürfnis zu genügen[172]. Die Beantwortung der Frage, ob im Konkretfall sachliche Gründe vorliegen, die einen Lohnunterschied geschlechtsneutral rechtfertigen können, oder im Gegenteil dieser Lohnunterschied eine rechtswidrige Diskriminierung darstellt, hängt in großem Maß von den innerstaatlichen tatsächlichen und rechtlichen Besonderheiten ab. Die Rechtsprechung in den Mitgliedstaaten läßt nur schwerlich die Ableitung allgemeiner Regeln zu. Bezüglich des Wertvergleichs könnten die in Betracht kommenden Gründe zwei Hauptkategorien zugeordnet werden: endogene Gründe, die von den konkreten Vergleichspersonen und -tätigkeiten abhängen[173], und exogene Gründe, die auf Marktfaktoren beruhen.

---

[170] EuGH v. 27.3.80, Rs. 129/70 *(Macarthys)*, Nr. 12 der Gründe; EuGH v. 31.3.81, Rs. 96/80 *(Jenkins)*, Nr. 11 der Gründe.

[171] Vgl. § 612 Abs. 3 Satz III BGB (sachliche Gründe); sec. 1 (3) des irischen Anti-Discrimination (Pay) Act 1974 (reasons other than sex); sec. 1 (3) des britischen Equal Pay Act 1970 (variation genuinely due to a material difference other than sex); "genuinely due" heißt nach der Rechtsprechung des EAT in *Jenkins v. Kingsgate*, IRLR 1981, S. 388, daß der Lohnunterschied nicht nur billig (honestly material) sondern auch erforderlich (reasonably material) sein muß; vgl. *Steiner*, ICLQ 1983, S. 401; s. ferner die Rechtsprechung des irischen Labour Court in *Department of Public Service v. Association of Highter Civil Servants*, DEP 23/1979; "the Oireachtas [irisches Parlament] has not given the Court any power to prohibit the use of any other criteria for pay differentials than sex based ones"; die Anpassungsvorschriften der anderen Mitgliedstaaten haben eine solche Rechtfertigungsmöglichkeit nur im Bereich der Gleichbehandlung ausdrücklich vorgesehen, vgl. u. § 7 C.

[172] EuGH v. 13.5.86, Rs. 170/84 *(Bilka)*, Nr. 36 der Gründe.

[173] In der britischen Rechtsprechung auch als Faktoren der "personal equation" bezeichnet; vgl. *Clay Cross (Quarry Services) Ltd. v. Fletcher*, 1 AllER 1979, S. 474; *Steiner*, ICLQ 1983, S. 401.

I. Endogene Faktoren

Als endogene geschlechtsneutrale Faktoren, die den Lohnunterschied auch bei gleicher oder gleichwertiger Arbeit rechtfertigen können, werden in erster Linie die Arbeitsbedingungen, wie z. B. die Arbeitsplatzumgebung und die Arbeitszeit[174], sowie persönliche Eigenschaften wie das Alter[175], die Qualifikation[176], die berufliche Erfahrung[177], die Eignung zur Übernahme von Verantwortung[178], die individuelle Leistungsfähigkeit[179] und die Dauer der Betriebszugehörigkeit[180], sowie verschiedene Charakterzüge[181] aufgezählt. Diese Faktoren könnten auch einen Lohnunterschied zwischen zwei männlichen Arbeitnehmern an gleichen Arbeitsplätzen rechtfertigen[182]. Das Vorliegen von Unterschieden sowohl hinsichtlich der persönlichen Eigenschaften als auch des Arbeitsvorganges des Vergleichspaars muß konkret überprüft werden. Stereotype Vorstellungen scheitern somit als zulässige Gründe bei der Rechtfertigung[183]. Besondere höher zu entlohnende Eigenschaften der beiden Vergleichspersonen können gegeneinander gewichtet werden[184].

Eine ungleiche Entlohnung unter Bezugnahme auf solche persönlichen Eigenschaften der Arbeitsperson, die keinen Bezug zur Tätigkeit oder zum tatsäch-

---

[174] In der britischen Rechtsprechung galt vor *Jenkins* der Unterschied zwischen Teilzeit- und Vollzeitbeschäftigung als "genuine material difference" im Sinne der sec. 1 (3) EqPA 1970, obwohl die beiden Arbeitnehmergruppen „gleiche Arbeit" (like work) verrichten; vgl. *Handley v. Mono*, IRLR 1978 (EAT) S. 534; *Durrant v. North Yorkshire Area Health Authority and Secretary of State for social Services*, IRLR 1979 (EAT), S. 401; im Gegensatz ist manchmal die Nachtarbeit an sich nicht als "difference of practical importance" angesehen worden; z. B. in *Dugdale v. Kraft Foods Ltd.*, ICR 1977, S. 48; in bezug auf die Zulässigkeit von Nachtarbeitszulagen vgl. BAG v. 11.9.74, ArbuR 1975, S. 189 mit Anm. Frey; und *Däubler*, ArbuR 1981, S. 198; kritisch dazu *Bertelsmann / Pfarr*, ArbuR 1982, S. 88.

[175] In *Pointon v. The University Sussex*, IRLR 1979 (CA), S. 119.

[176] In *Murray v. Lothian Regional Council*, (1977) 6 Current Law Nr. 123 (EAT), zit. nach *Dix*, Gleichberechtigung 1984, S. 106.

[177] In *ARW Transformers Ltd. v. Cupples*, IRLR 1977 (EAT), S. 228.

[178] In *Edmonds v. Computer Services (South-West) Ltd.*, IRLR 1977 (EAT), S. 359-360.

[179] In *Buckland v. Dowty Rotol Ltd.*, IRLR 1976, S. 162-163.

[180] In *Shields v. Coomes (Holdings) Ltd.*, 1 AllER 1979, S. 464; und *Capper Pass Ltd. v. Lawton*, ICR 1977, S. 83.

[181] Wie z. B. "co-operativeness", "time-keeping", "efficiency", "reliability" in *Buckland v. Dowty Rotol Ltd.*, IRLR 1976, S. 163; vgl. auch das irische Urteil *Department of Agriculture v. Instructors*, DEP 10/1979.

[182] Nach dem amerikanischen Equal Pay Act 1963 ist ein Lohnunterschied zulässig, wenn er durch "(i) a seniority system; (ii) a merit system; (iii) a system which measures earnings by quantity or quality of production; or (iv) a differential based on any other factor other than sex;" bedingt wird, 29 U.S.Code § 206 (d) (1); eine ähnliche Präzisierung wurde im britischen EqPA 1970 nicht aufgenommen, weil sie den Grundsatz der Lohngleichheit zu stark einschränken würde, H.C.Deb. vol. 893, col. 1507, dazu im einzelnen *Dix*, Gleichberechtigung 1984, S. 104-109 m. w. N.

[183] Vgl. *Schields v. Coomes (Holdings) Ltd.*, 1 AllER 1979 (EAT), S. 465.

[184] In *Parsons v. Gomshall & Associated Tanneries*, 1976, und *Nicholas v. AB Electronic*, 1977, zit. nach *Dix*, ebenda, S. 107.

lichen Arbeitsvorgang haben, stellt dagegen zumindest nach der Rechtsprechung des EuGH in *Bilka* eine mittelbare Diskriminierung dar[185]. Darüber hinaus können Unterschiede in der Arbeitsumgebung und Arbeitszeit keine Grundlohnungleichheiten rechtfertigen[186]. Besonders lästige Bedingungen, wie z.B. Lärm und Rauch, oder auch Nacht- und Schichtarbeit, können nur als Grundlage für die Gewährung von diesbezüglichen „benannten" Zulagen[187], die auf jeden Fall besser geeignet sind, solchen Unterschieden bei der Ausübung der Arbeit Rechnung zu tragen, berücksichtigt werden. Unbenannte Zulagen sind dagegen diskriminierungsverdächtig[188].

II. Exogene Faktoren

In dieser Gruppe befinden sich Einflußfaktoren, die in keinem Zusammenhang zu den persönlichen Eigenschaften der Vergleichspersonen oder zu den konkreten Arbeitsbedingungen stehen sondern mit der Markt- oder Tariflage zu tun haben. Zum einen besteht kein Zweifel daran, daß Faktoren, wie das Verhältnis von Angebot und Nachfrage, die Größe des Unternehmens, die Machtverhältnisse zwischen Männern und Frauen innerhalb der Gewerkschaft, die Lohnfindung durchaus beeinflussen können. Zum anderen läßt sich jedoch die Frage, inwieweit eine Bezugnahme auf diese Faktoren mit dem Grundsatz der Lohngleichheit zu vereinbaren ist, nicht allgemein beantworten.

In der Regel begründet der Arbeitgeber die höhere Entlohnung oder die Gewährung von speziellen Marktzulagen an männliche Arbeitnehmer mit dem Argument, diese Arbeitsplätze seien schwerer zu besetzen und deshalb würden sich Männer bei „Frauenlohn" für diese Arbeiten nicht interessieren. Die frühere Rechtsprechung des britischen Court of Appeal über die Zulässigkeit der sog. "market forces"-Rechtfertigung hat eine ungleiche Entlohnung unter Bezugnahme auf Marktfaktoren als Diskriminierung bewertet[189]. Lord Denning

---

[185] Zweifel in bezug auf die Lage in Großbritannien äußert *Dix*, ebenda, m.w.N.

[186] So der US-S.Ct. in *Corning Glass Works v. Brennan*, 417 U.S. 188 (1974), hinsichtlich der Nachtarbeit; vgl. aber die Entscheidung des britischen IT in *Dugdale v. Kraft Foods Ltd.*, IRLR 1977, S. 166, (Zulässigkeit eines Abschlags von 10% des Frauengrundlohns wegen Nicht-Leistung von Nacht- bzw. Sonntagsarbeit).

[187] Z.B. als Erschwerniszulagen; vgl. BAG v. 11.9.74, AP Nr. 39 zu § 242 BGB mit Anm. *Birk;* ArbuR 1975, S. 189 mit Anm. *Frey;* vgl. auch LAG-Hamm v. 21.9.76, BB 1977, S. 1450 mit Anm. *Dix;* so die britische Rechtsprechung in *National Coal Board v. Sherwin*, ICR 1978 (EAT), S. 700; *Kerr v. Lister & Co. Ltd.*, IRLR 1977 (EAT), S. 259; *Shields v. Coomes (Holdings) Ltd.*, 1 AllER 1979, S. 456 (insb. S. 464 per Lord Denning).

[188] Vgl. *Bertelsmann/Pfarr*, ArbuR 1982, S. 86.

[189] In Anwendung von sec. 1 (3) EqPA 1974 in *Clay Cross (Quarry Services) Ltd. v. Fletcher*, 1 AllER 1979, S. 474; unter Berufung allerdings auf die ältere amerikanische Rechtsprechung in Anlehnung an den US-EqPA 1963, 29 U.S.C. § 206 (d) (1982), in *Shultz v. Wheaton Glass Co.*, 421 F.2d 259 (3d Cir. 1970); *Hodgson v. Brookhaven General Hospital*, 436 F.2d 719, 726 (5th Cir. 1970); *Hodgson v. J.M. Fields Inc.*, 335 F.Supp. 731 (1971); *Brennan v. City Stores Inc.*, 479

bemerkte in *Fletcher,* daß nur die Unterschiede im persönlichen Vergleich *(personal equation)* der Arbeitspersonen wesentlich sind *(material difference)* und deshalb als zulässige Rechtfertigungsgründe akzeptiert werden können[190]. Marktfaktoren[191] könnten dagegen einen Lohnunterschied nicht rechtfertigen[192].

Dieser Rechtsprechung wurde in *Rainey v. Greater Glaskow Health Board Eastern District* nicht gefolgt[193]. In diesem Urteil wurde die höhere Entlohnung von männlichen Zahntechnikern dadurch gerechtfertigt, daß sonst die nach der Einstellung von weiblichen Zahntechnikern bei einer niedrigeren Lohnstufe übriggebliebenen Leerstellen in der neugegründeten Dienstabteilung des schottischen National Health Service hätten nicht besetzt werden können[194]. Die marktbedingte Notwendigkeit einer neuen Einstellung zu höherem Lohn als bei einer betriebsinternen Beförderung zur gleichen Stelle ist weiter im französischen

F.2d 235 (5th Cir. 1973); *Corning Glass Works v. Brennan,* 417 U.S. 188 (1974) und *Brennan v. Prince William Hospital Corp.,* 503 F.2d 282, 290 (4th Cir. 1974); diese Rechtsprechung wurde jedoch später durch eine Entscheidung des Eighth Circuit in *Christensen v. Iowa,* 563 F.2d 353 (8th Cir. 1977) sowie neuerdings durch zwei Entscheidungen des Ninth Circuit in *Spaulding v. University of Washington,* 740 F.2d 686 (9th Cir. 1984) und *AFSCME v. Washington State,* 770 F.2d 1401 (9th Cir. 1985) zugunsten der Anerkennung von Marktfaktoren als objektiven Rechtfertigungsgrund geändert; so auch manche frühere britische Urteile des EAT; z. B. in *Clay Cross (Quarry Services) Ltd. v. Fletcher,* IRLR 1977, S. 258; *Kerr v. Lister & Co. Ltd.,* IRLR 1977, S. 249 und *Pointon v. University of Sussex,* IRLR 1977, S. 294.

190 "Red circling" (Besitzstandswahrung) wird in der Regel als Unterschied in den persönlichen Vergleich einbezogen; so z. B. Lord Denning in *Fletcher,* S. 477; dieses „Einfrieren" einer Lohnkategorie auf einem höheren Lohnniveau - dazu *Dix,* Gleichberechtigung 1984, S. 111-115 m. w. N.; s. auch *Martiny,* RabelsZ 1978, S. 149 -, das im Lohngruppenkatalog optisch durch einen roten Kreis gekennzeichnet wurde, ist von den britischen Gerichten früher als "material difference" angenommen worden; so z. B. in *Bedwell v. Hellermann Deutsch Ltd.,* IRLR 1976, S. 98; *Trico Folberth Ltd. v. Groves and Aiston,* IRLR 1976, S. 327; *Farthing v. Ministry of Defence,* ICR 1980 (EAT - zugunsten von Frauen), S. 705; einschränkend aber später in *Snoxell & Davies v. Vauxhall Motors ltd.,* 3 WLR 1977 (EAT), S. 189; und *Charles Early & Marriott (Witney Ltd.) v. Smith,* 2 AllER 1977 (EAT), S. 770; vgl. auch *Sun Alliance & London Insuranse v. Dudman,* ICR 1978, S. 552; sowie *Outlook Supplies Ltd. v. Parry,* ICR 1978, S. 388; vgl. auch die irische Rechtsprechung in *Coras Iompair Eireann v. Six Female Carriage Cleaners, DEP 15/1980; Central Bank of Ireland v. One Female Cleaner,* EP 48/1980; und *ITGWU v. Twenty-three Female Employees,* EP 19/1983, wo "red cirling" als "genuine reason for pay differentials" angesehen wird.

191 "Marcet forces" oder auch "extrinsic forces" nach der Formulierung von Lord Denning in *Fletcher,* IRLR 1979, S. 477; in diesem Punkt wurde die Entscheidung des Court of Appeal in *Shields v. Coomes (Holdings) Ltd.,* ICR 1979, S. 46, erwähnt.

192 In dieser Richtung auch das EAT in *National Coal Board v. Sherwin,* ICR 1978, S. 700 (710-711).

193 IRLR 1984 (EAT per Lord McDonald), S. 88 ff.; kritisch dazu *Fredman,* ILJ 1984, S. 122; *Newell,* NLJ 1984, S. 552, sieht jedoch hier kein Abweichen von der Rechtsprechung in *Fletcher;* er bemerkt, daß die objektive Rechtfertigung in *Rainey* mehr mit dem Unterschied in der Einstellungsmethode zwischen Männern und Frauen im Konkretfall zu tun hat, als mit einer direkten Bezugnahme des Gerichts auf rechtfertigende Marktfaktoren, die hinter dieser unterschiedlichen Einstellungsmethode steckten; diese Anschauung ist eher formalistisch.

194 Die Zulässigkeit von Marktfaktoren zur Rechtfertigung von Entgeltunterschieden wurde auch im Gesetzgebungsverfahren bezüglich einer Änderung der sec. 1 (3) EqPA 1970 durch die Regulations von 1983 ausdrücklich anerkannt, vgl. H.L.Deb., vol. 1284, col. 486.

Urteil *Van den Broucques c. Sodireg* gebilligt worden[195]. Diese Rechtsprechung ähnelt der Problematik der Arbeitsmarktzulage in der Bundesrepublik[196]. Nach neueren Entscheidungen des BAG[197] liegt ein zulässiger Lohnunterschied immer dann vor, wenn die Gewährung einer Arbeitsmarktzulage nur die Besetzung bestimmter Arbeitsplätze sichern soll und sowohl bei Männern als auch bei Frauen erfolgen kann. Wenn eine solche Zulage dagegen nur an Männer bezahlt wird, weil sie für den gleichen Arbeitsplatz nur zu höherem Lohn als Frauen zu gewinnen sind, so muß der Arbeitgeber entweder die Löhne der Frauen an den betreffenden Arbeitsplätzen entsprechend erhöhen oder auf die Einstellung von Männern verzichten[198].

Diese Rechtsprechung ist auch mit der EG-Norm kompatibel. Zum einen können Marktfaktoren nicht immer dann, wenn sie einen Lohnunterschied bedingen, als diskriminierend bewertet werden. Es ist wahr, daß wegen einer schwächeren Verhandlungsposition, die durch verschiedene Faktoren bedingt ist, besonders beim gegenwärtigen Stand der Arbeitslosigkeit, Frauen nur schwer einen Anspruch auf „Männerlohn" durchsetzen können. Der Arbeitgeber kann aber diese Tatsache nicht benutzen, um billigere weibliche Arbeitskräfte zu gewinnen[199]. Bei einer Lohndiskriminierungsklage kann er in diesem Fall nicht auf die Marktlage zurückgreifen, um einen Lohnunterschied objektiv zu rechtfertigen, weil nämlich der Rechtfertigungsgrund geschlechtsneutral sein muß. In diesem Sinne wirkt das Lohndiskriminierungsverbot direkt gegen Einflußfaktoren, wie höhere Sozialkosten wegen Mutterschutzvorschriften, gewerkschaftliche Unterrepräsentation[200] u.a., die die Verhandlungsposition von Frauen auf dem Arbeitsmarkt abschwächen[201].

---

[195] Cour d'Appel Paris v. 18.3.1981, zit. nach *Arseguel/Reynes*, in Verwilghen (Hrsg.), Bd. II 1986, S. 126.

[196] Vlg. BAG v. 9.9.81, ArbuR 1982, S. 102, mit Anm. *Bertelsmann/Pfarr*, ArbuR 1982, S. 86, 87.

[197] BAG v. 25.8.1982, DB 1982, S. 2354 ff.

[198] So auch der Court of Appeal in *Fletcher*, AllER 1979, S. 476; s. *McCrudden*, ILJ 1983, S. 218; vgl. auch *Hunold*, DB 1984, Blg. 5/84, S. 14.

[199] Über die sog. „Alibifrauen" vgl. *Kurz-Scherf/Stahn-Willig*, WSI-Mitteilungen 1981, S. 220.

[200] So das EAT in *Rainey*; obwohl das Gericht eine "market forces"-Rechtfertigung in diesem Fall für zulässig gehalten hat, bemerkte es trotzdem, daß wenn der Lohnunterschied nur die "provision of cheap female labour" bezweckt, dann liegt eine gesetzwidrige Diskriminierung vor; IRLR 1984, S. 90.

[201] Vgl. die französischen Entscheidungen in *Bommensath/Filatures de Florival* v. 6.12.79 (Trib.d'inst. Guebwiller), Dr.Ouvr. 1981, S. 391; und *Sté Marcoux Lafay* v. 22.6.1977 (Cass. crim), Dr.Soc. 1978, S. 132, in bezug auf eine Anwesenheitszulage (prime d'assiduité); vgl. auch *Pfarr/Bertelsmann*, Lohngleichheit 1980, S. 434-434.

§ 7 Die Gleichstellung im Bereich der Beschäftigung

Der europarechtliche Gleichberechtigungsgrundsatz umfaßt den Zugang zur Berufsbildung, zur Beschäftigung und zum beruflichen Aufstieg sowie die Arbeitsbedingungen und die soziale Sicherheit. Bei der Anwendung des Grundsatzes stellen sich insbesondere die Fragen der Abgrenzung des Anwendungsbereichs der einzelnen Richtlinienbestimmungen, der Definition von zwei Sonderausformungen des Grundsatzes, nämlich in bezug auf die Mutterschutzvorschriften und die „positiven" Aktionen, und schließlich der Rechtfertigung von Ungleichbehandlungen in Konkretfällen.

A. Die einzelnen Einsatzbereiche

I. Der Zugang zur Berufsbildung

Die faktische Chancenungleichheit von Frauen auf dem Arbeitsmarkt ist zum Teil auf die Bildungs- und Ausbildungssituation der Frau zurückzuführen. Frauen sind in der Berufsbildung im Vergleich zu Männern immer noch unterrepräsentiert. Gemäß Art. 4 der Richtlinie müssen alle Arten und Stufen der Berufsberatung, der beruflichen Bildung, Weiterbildung und Umschulung zu gleichen Bedingungen ohne Diskriminierung aufgrund des Geschlechts zugänglich sein. Inbegriffen sind Einrichtungen des öffentlichen oder des privaten Sektors.

Die Einrichtungen der Allgemeinbildung und die Privatschulen fallen nicht unter den Anwendungsbereich der Richtlinie[202]. Die Ausnahme der Allgemeinbildung vom Anwendungsbereich der Richtlinie verhindert so die Durchsetzung des Gleichbehandlungsgrundsatzes im Raum des Bildungswesens. Die Einbeziehung des allgemeinbildenden Unterrichts in den Anwendungsbereich der Richtlinie und zwar „zu allen Stufen" war im endgültigen Vorschlag der Kommission ausdrücklich vorgesehen[203]. Der Wirtschafts- und Sozialausschuß war mit diesem Vorschlag einverstanden. Er machte darüber hinaus geltend, daß allein der Zugang zu allen Bereichen der allgemeinen und beruflichen Bildung dann nicht ausreiche, wenn unterschiedliche Lehrstoffe vermittelt werden. Nach Ansicht des Ausschusses sollte in dem entsprechenden Artikel die Pflicht der Mitgliedstaaten zum Angebot gleicher Lehrplaninhalte für Männer und Frauen klar angesprochen werden[204]. Der Vorschlag ist jedoch in diesem Punkt vom Rat abgewiesen worden[205]. Diese Entscheidung des Rates hat freilich zwei wesent-

---

202 Erklärung im Anhang zum Sitzungsprotokoll des Rates v. 9.2.1976, KOM (80) 832 endg., S. 111-112; KOM (85) 587 endg., S. 19.

203 Art. 3 (1) des Vorschlags, ABl. Nr. C 124 v. 4.6.1975, S. 3.

204 ABl. Nr. C 286 v. 15.12.75, S. 19.

205 Der Rat hat allerdings die enge Beziehung zwischen allgemeiner und beruflicher Bildung

liche Faktoren nicht berücksichtigt: zum einen übermitteln heute gerade die sekundäre und tertiäre Stufe eine stärkere berufliche Orientierung[206], zum anderen ist eine koedukative Erziehung, die keine geschlechtsspezifische Fächerverteilung aufweist und deshalb zumindest theoretisch die traditionelle Rollentrennung in einem niedrigeren Grad als bei getrennten Schulen weitergibt, nicht überall in den Mitgliedstaaten die Regel[207]. Obwohl die allgemeine Ausbildung während der Sekundär- und insbesondere der Tertiärstufe eine bedeutende Rolle für die berufliche Orientierung von Männern und Frauen spielt, wurde diese für die Berufswahl entscheidende Periode trotzdem vom Anwendungsbereich der Richtlinie völlig ausgenommen[208].

Im Bereich der beruflichen Ausbildung ist die faktische Ungleichheit der Situation zwischen Jungen und Mädchen besonders markant. Während dieser ersten Phase des Zugangs zum Erwerbsleben sind in den Mitgliedstaaten, die eine betriebliche oder gemischt betrieblich-schulische Ausbildung eingeführt haben, die Unterschiede in den Anteilen von männlichen und weiblichen Auszubildenden im allgemeinen sowie im einzelnen Berufsgruppen sehr deutlich zu erkennen. Männliche Auszubildende bilden in allen Ländern einen bedeutend höheren Anteil: ungefähr zwei Drittel aller Auszubildenden in Italien und der BRD, 80 % in Großbritannien und den Niederlanden, 99,8 % in Irland, drei Viertel in Frankreich und Belgien[209]. Art. 4 der Richtlinie verbietet hier nur die formelle Ungleichbehandlung bei den Bedingungen zur Teilnahme an der betrieblichen oder schulischen Berufsbildung. Damit sind alle staatlichen oder privaten Einrichtungen, die eine berufliche oder beschäftigungsbezogene Beratung, Ausbildung oder Lehre erteilen, weiterhin alle Ausbildungs-, Umschulungs- oder Weiterbildungs- und Spezialisierungsmaßnahmen, welche der öffentliche oder private Arbeitgeber zugunsten seines Personals selbst veranstal-

---

hervorgehoben und darauf hingewiesen, daß das Problem der Chancengleichheit im Hinblick auf den uneingeschränkten Zugang zu allen Bildungseinrichtungen geprüft werden sollte.

[206] Die berufliche Bildung ist im allgemeinen Schulsystem eingebettet; berufliche Orientierungen werden schon sehr früh durch geschlechtsspezifische Tendenzen und Hinweise im Lehrmaterial verstärkt oder es kann auch das berufliche Bildungssystem völlig in das schulische integriert sein; dazu im einzelnen *Hörburger/Rath-Hörburger*, Europas Frauen 1983, S. 128 ff. m. w. N.; vgl. auch *Marshall*, in Guest/Milne (Hrsg.), 1985, S. 61, mit einem Beispiel aus einem Lehrbuch.

[207] Mit der Philosophie der Richtlinie besonders unvereinbar obwohl schon geduldet, sind geschlechtsspezifisch getrennte Schuleinrichtungen; in Großbritannien waren 1975 von den höheren staatlichen Schulen 74 %, von den privaten fast 98 % geschlechtsspezifisch getrennt, und in den katholischen Ländern ist die Geschlechtertrennung ebenfalls noch weit verbreitet; in Irland findet Koedukation nur in 47 % der Sekundarschulen statt; in Luxemburg besuchen 25 % aller Mädchen private Mädchenschulen, dazu im einzelnen *Byrne*, Schul- und Berufsausbildung für Mädchen, 1978, S. 39 ff.; *I. R. McMullen*, Beratung und Orientierung in Sekundarschulen, 1976, S. 43-50; weiter der Maij-Weggen-Bericht, PE Dok. 1-1229/83/C, S. 75 ff.

[208] *Hörburger/Rath-Hörburger*, 1983, S. 136, weisen auf die Möglichkeit hin durch Eingliederung von beruflichen Bildungseinrichtungen in das allgemeinbildende System die Richtlinie zu umgehen und bezeichnen die Richtlinie in diesem Punkt als unzureichend.

[209] Dazu im einzelnen *F. Hayes*, Studie der Kommission über Tendenzen in der Lehrlingsausbildung in der EG, Konferenz „Alternierende Ausbildung“ v. 25-27.6.1980 in Berlin, Tab. 5.

tet oder finanziert, und schließlich ähnliche Einrichtungen im Rahmen der Statuten der freien Berufe gemeint. Weitere positive Maßnahmen, die unbestritten notwendig sind, um die Lage der Frauen im Bereich der Ausbildung für frauenuntypische Berufe zu verbessern, können deshalb nur auf der Grundlage von art. 2 (4) der Richtlinie getroffen werden.

Ein Verbot der Diskriminierung bei der Berufsbildung im Sinne von Art. 4 der Richtlinie 76/207 ist in allen Anpassungsvorschriften der Mitgliedstaaten vorgesehen[210]. Trotzdem machte die Kommission geltend[211], daß die tatsächliche Anwendung von Art. 4 entweder wegen der begrenzten Tragweite der Anpassungsvorschriften[212] oder wegen der zahlreichen Ausnahmen[213] und Einschränkungen zugunsten von getrennten Einrichtungen als unzufriedenstellend zu bewerten ist[214]. Man sollte hier bemerken, daß Art. 4 der Richtlinie sehr weit gefaßt ist und deshalb nur im Rahmen der in der Richtlinie selbst vorgesehenen Ausnahmen eine abweichende Regelung erlaubt[215].

II. Der Zugang zur Beschäftigung

Das Recht auf Arbeit ist ein Menschenrecht, das Männern und Frauen in gleichem Maße und unter gleichen Bedingungen zustehen sollte. Die aktuelle Situation der arbeitssuchenden Frau läßt jedoch viel zu wünschen übrig. Abgesehen

---

210 Belgien: Art. 124 und 125 des Gesetzes v. 4.8.78 und Königlicher Durchführungserlaß v. 29.6.83; Dänemark: Art. 3 des Gesetzes Nr. 161 v. 12.4.78 ergänzt durch das Gesetz Nr. 117 v. 1.4.1984; Bundesrepublik: § 611 a (1) BGB; Frankreich: Art. L.123-1 (c) des CT; Griechenland: Art. 2 des Gesetzes Nr. 1414/84; Irland: sec. 6 (1) EEA 1977; Italien: Art. 1 (2) II des Gesetzes Nr. 903/1977; Luxemburg: Art. 4 des Gesetzes v. 8.12.81 (sowie das Gesetz v. 21.5.79); die Niederlande: Art. 1 und 4 WGB (Privatwirtschaft) und Art. 1 WGBO (öffentlicher Dienst); Großbritannien: sec. 6 (2) (a), 14, 22, 23, 24, 25, 29 (2) (d).

211 KOM (82) 832 endg., S. 111-138.

212 Z.B. verbieten manche Anpassungsgesetze nur die Diskriminierung im Bereich der von privaten Arbeitgebern getroffenen Bildungsmaßnahmen, so § 611 a BGB (BRD) oder Art. 2 des Gesetzes Nr. 1414/84 (Griechenland); vgl. auch Art. 3 (1) des Gesetzes Nr. 161 v. 12.4.78 (Dänemark), der eine Verpflichtung des „Arbeitgebers, der Männer und Frauen in demselben Betrieb beschäftigt", vorschreibt.

213 Der Erlaß v. 29.6.83 in Belgien verpflichtet z.B. eine Berufsschule für Jungen (oder Mädchen), Angehörige des anderen Geschlechts nur dann aufzunehmen, wenn es in derselben oder in angrenzenden Gemeinden keine ähnliche Berufsschule gibt; darüber hinaus werden Sonderschulen ausgenommen, unabhängig davon, ob sie eine berufliche oder allgemeine Bildung leisten; sec. 26, 27 und 28 SDA 1975 sieht eine Reihe von Ausnahmen für "single-sex establishments"; Ausnahmen für Sonderschulen sind auch in den Niederlanden vorgesehen.

214 Nach Ansicht von *Vogel-Polsky*, in Verwilghen (Hrsg.), Bd. II 1986, S. 24, ist es jedoch zweifelhaft, ob alle diese Ausnahmen mit Art. 4 der Richtlinie vereinbar sind.

215 Eine Ausnahme ist schon zugunsten von „positiven" Bildungsmaßnahmen gemäß Art. 2 (4) der Rl. vorgesehen; eine andere betrifft die Ausbildung für solche Tätigkeiten, für die das Geschlecht aufgrund ihrer Art oder der Bedingungen ihrer Ausübung eine unabdingbare Voraussetzung darstellt (Art. 2 (2) der Rl.); als solche gilt z.B. die Ausbildung für den Beruf der Hebamme, vgl. EuGH v. 8.11.83, Rs. 165/82 *(Kommission g. Vereinigtes Königreich)*, Slg. 1983, S. 3449, Nr. 20 der Gründe; und EuGH v. 21.5.85, Rs. 248/83 *(Kommission g. Bundesrepublik)*, Nr. 27-28 der Gründe.

von den „allgemeinen" Gründen, die die Lage der Frau im Erwerbsleben erschweren, wie u. a. die mangelnde oder nicht angepaßte Berufsausbildung, die geschlechtsspezifische Segregation des Arbeitsmarktes und die zahlreichen Vorurteile bezüglich ihrer traditionellen Rolle, bestehen noch in diesem Bereich eine Reihe von Hindernissen, wie z. B. die verschiedenen Arbeitsverbote, die aus Schutzgedanken oder ähnlichen Überlegungen „zugunsten" der Frau die Ausübung von Tätigkeiten einer bestimmten Natur oder unter bestimmten Bedingungen verbieten. Die Richtlinie 76/207 hat zum Ziel, den gesamten Prozeß des Zugangs zur Beschäftigung von Sperren und Diskriminierungen zu befreien. Neben einer an den qualitativen und quantitativen Bedürfnissen von Frauen angepaßten beruflichen Bildung ist ein diskriminierungsfreier Arbeitsmarkt die wichtigste Etappe für die Herstellung der Chancengleichheit im Erwerbsleben. Art. 3 der Richtlinie verbietet jede Diskriminierung bei der Veröffentlichung von Stellenangeboten und während des gesamten Auswahlverfahrens und bezweckt den Abbau beruflicher Schranken und Verbote, die das Vordringen von Frauen oder Männern in bestimmte Sektoren und Beschäftigungen erheblich erschweren oder absolut unmöglich machen[216].

1. Das Verbot diskriminierender Stellenausschreibungen

Die Diskriminierung durch Stellenangebote oder Anzeigen ist schon in den Anpassungsvorschriften aller Mitgliedstaaten[217] mit der Ausnahme der Bundesrepublik[218] ausdrücklich verboten. Die Kommission hat der Bundesrepublik vorgeworfen, § 611 b BGB sollte gemäß Art. 6 der Richtlinie 76/207 als zwingende Vorschrift ausgestaltet sein. Im Rahmen des diesbezüglichen Vertragsverletzungsverfahren vor dem EuGH hat die Bundesregierung das Argument vorgebracht, Stellenausschreibungen fielen nicht in den Anwendungsbereich der Richtlinie, weil sie dem Zugang zur Beschäftigung vorgelagert seien. Der EuGH bemerkte dazu, daß die Frage der Ausschreibung von Arbeitsplätzen insoweit nicht von vornherein vom Anwendungsbereich der Richtlinie ausgenommen werden kann, „als diese [Ausschreibungen] in einem engen Zusammenhang mit dem Zugang zur Beschäftigung stehen und sich auf den Zugang restriktiv auswirken können". Er räumte aber ein, daß die Richtlinie keine Verpflichtung zu Lasten der Mitgliedstaaten begründet, Rechtsvorschriften mit allgemeiner

---

[216] *Pramann*, DB 1983, S. 1148, bemerkt kritisch, daß 1983 unter den 170 Auslandskorrespondenten der ARD keine Frau anzutreffen war.

[217] Belgien: Art. 121 (1) des Gesetzes v. 4.8.78; Dänemark: Art. 6 des Gesetzes Nr. 161/1978; Griechenland: Art. 3 (2) des Gesetzes Nr. 1414/84; Frankreich: Art. L.123-1 (a) des CT; Irland: sec. 8 (1) des EEA 1977; Italien: Art. 1 (2) des Gesetzes Nr. 903/1977; Luxemburg: Art. 3 (2) des Gesetzes v. 8.12.1981; Niederlande: Art. 3 (1) des Gesetzes v. 1.3.1980; Großbritannien: sec. 38 des SDA 1975.

[218] § 611 b BGB gilt als „Sollvorschrift" im Bereich des privaten Sektors; vgl. *Dix*, in Janssen-Jurreit (Hrsg.), 1979, S. 363; *Bertelsmann/Rust*, in Verwilghen (Hrsg.), Bd. II 1986, S. 103.

Geltung für die Ausschreibung von Arbeitsplätzen einzuführen. Dies gelte, nach dem EuGH, „um so mehr, als diese Frage ihrerseits eng mit der Frage der nach Art. 2 (2) der Richtlinie zulässigen Ausnahmen verknüpft ist“[219]. Der EuGH hat die Rüge der Kommission somit zurückgewiesen. Diesbezügliche Bestimmungen in den Mitgliedstaaten sind nach diesem Urteil nicht als Anpassungsvorschriften, sondern als autonome Rechtsnormen anzusehen, die zur Verwirklichung des Grundsatzes der Gleichbehandlung erlassen worden sind.

Die Mehrheit der einschlägigen Bestimmungen erklären es für rechtswidrig, Berufsbezeichnungen oder andere Hinweise zu verwenden, die mit einem bestimmten Geschlecht in Verbindung gebracht werden können. Eine explizite oder ausdrückliche Bezugnahme[220] auf das Geschlecht des zu suchenden Arbeitnehmers wird nicht gefordert. Vielmehr wird dabei auf den spontanen Eindruck abgestellt, den der Durchschnittsleser bei der Lektüre der Anzeige bekommt. Könnte man dabei an ein bestimmtes Geschlecht denken, so wird die Anzeige als diskriminierend angesehen. Das Diskriminierungsverbot gilt für öffentliche und private Arbeitgeber, für die freien Berufe, sowie für die öffentlichen oder privaten Arbeitsvermittlungsstellen. Die Art und das Medium der Veröffentlichung sind meistens unerheblich. Erfaßt werden Zeitungen und Publikationen sowie Rundfunk und Fernsehen. Bei einer diskriminierenden Ausschreibung handelt es sich nicht um ein Pressedelikt, es sei denn, das Angebot verstößt gegen die guten Sitten.

Fraglich ist dagegen im allgemeinen die Haftung der Vermittlungsstelle. Sec. 8 (1) des irischen Employment Equality Act 1977 präzisiert, daß das Gesetz sich nicht nur an denjenigen richtet, der die Veröffentlichung der Anzeige veranlaßt hat, sondern auch an die Vermittlungsstelle[221]. Unter diesen Umständen sollten grundsätzlich die Verantwortlichen für die Veröffentlichung von Stellenangeboten dazu befugt sein, eine diskriminierende Anzeige den Anforderungen der Gleichberechtigung anzupassen. Trotzdem beschränken sich meistens die Zeitungen auf die gesetzlichen Verpflichtungen als Überschrift zu Beginn ihres Anzeigenteils hinzuweisen, lassen jedoch die diskriminierenden Anzeigen ohnehin frei erscheinen. Eine solche Methode stimmt mit dem Zweck der Bestimmung nicht überein. Vielmehr sollte immer wenn Zweifel aus einer Anzeige entstehen könnten, ausdrücklich darauf hingewiesen werden, daß eine Einstellungsmöglichkeit beiden Geschlechtern unter den gleichen Bedingungen zusteht. Aus praktischen Gründen darf auch die Abkürzung m/w verwendet werden[222].

---

[219] EuGH v. 21.5.85, Rs. 248/83 *(Kommission g. BRD)*, Nr. 43 der Gründe.

[220] Wie z.B. bei der Anzeige "Lady is required for canteen work" in *Bradley v. Quinnsworth Power Supermarkets Ltd.*, EE 1/1981.

[221] Gemäß sec. 7 (1) des EEA 1977 haftet jedoch eine Vermittlungsstelle nicht, wenn sie beweisen kann, daß "(i) it acted in reliance on a statement made to it by the employer concerned ... and (ii) that it was reasonable for it to rely on the statement".

[222] Die Ausführung der Abkürzung m/w ist laut sec. 8 (2) des irischen EEA 1977 im Zweifelsfall zwingend vorgeschrieben.

Diese Methode könnte auch dann nützlich sein, wenn sprachliche Schwierigkeiten für die Umsetzung einer Berufsbezeichnung in die weibliche oder männliche Form auftauchen. Nach Auffassung der französischen Regierung eignet sich die französische Sprache schwerlich für eine systematische Umsetzung dieser Art[223]. Im Allgemeinen wird dagegen in den Rechts- und Verwaltungsvorschriften zur Bezeichnung von Arbeitnehmern unabhängig von deren Geschlecht die männliche Form verwendet. Sind Zweifel möglich (insbesondere im Eherecht), so wird angegeben, ob die Bestimmungen für das eine oder das andere oder für beide Geschlechter gelten. In Verträgen wird auch meistens nur die männliche Form verwendet, es sei denn, es handelt sich um traditionell Frauen vorbehaltene Stellen (z. B. hôtesse d'accueil oder assistante sociale). Will man einen neutralen Ausdruck verwenden, so werden Stellenbezeichnungen und -beschreibungen in die männliche Form umgesetzt (agent d'accueil)[224]. Trotzdem wurde es in Belgien empfohlen, diese Umsetzung auch bei recht künstlich klingenden Berufsbezeichnungen vorzunehmen, um den geschlechtlich neutralen Charakter der Angebote besser zu gewährleisten. Ein dort erschienener offizieller Leitfaden regt eine Änderung des üblichen Vokabulars an. Aufgrund dieser Ratschläge setzte eine gewisse Änderung in diesem Bereich ein, welche in zwei konsekutiven Untersuchungen des Zentrums für ständige Weiterbildung der Frau[225] 1978 und 1979 bestätigt wurden: Von den in den Tageszeitungen veröffentlichten Angebote entsprachen 1978 den Vorschriften nur 9 %, 1979 hingegen 25 %. Leitfaden und amtliche Broschüren solcher Art wurden in die meisten EG-Länder von den zuständigen Stellen verteilt. Außerdem wurden oft Sonderarbeitsgruppen eingesetzt, wie z. B. in den Niederlanden, mit der Aufgabe bestimmte Berufsnennungen zu überdenken und neue Berufsgruppenbezeichnungen ohne Diskriminierungen aufgrund des Geschlechts vorzuschlagen.

2. Abbau beruflicher Schranken und Berufsverbote

Ein weiterer Schritt für einen freien Zugang zur Beschäftigung ist der Abbau von bestehenden Schranken und Berufsverboten, die das Eindringen von Frauen aber seltener auch von Männern in bestimmte Beschäftigungsbereiche erschweren. Dieser Abbau braucht trotzdem nicht alle Berufe oder Tätigkeiten, unter denselben Bedingungen für beide Geschlechter verfügbar zu machen. Eine schematisierende Gleichbehandlung könnte und sollte nicht erstrebt werden.

---

[223] KOM (80) 832 endg., S. 99-100.

[224] Der systematische Gebrauch der männlichen Form ist auch nach Ansicht von *Vogel-Polsky*, in Verwilghen (Hrsg.), Bd. II 1986, S. 18, die geeignete Lösung, wegen einer gewissen Sprachverlegenheit bei Wörter wie „la Ministre", „l'Ambassadrice", „la chauffeuse" u.s.w.

[225] Centre Féminin d'Education Permanente; s. vom belgischen Arbeitsministerium, „Guide pratique sur la manière de formuler une offre d'emploi", 1978, und von der Commission du Travail de Femmes, „Comment formuler une offre d'emploi non discriminatoire", 1979.

Ein absolutes Differenzierungsverbot ist deshalb nicht gefordert. Die Richtlinie sieht, wie oben schon erwähnt, zwei wichtige Einschränkungen vor: bei Schutzvorschriften und wenn das Geschlecht eine „unabdingbare" Voraussetzung für die Ausübung der Tätigkeit darstellt. Diese sind auch limitativ zu verstehen. Keine weitere Ausnahme vom Gleichberechtigungsgrundsatz dürfte im Bereich des Zugangs zur Beschäftigung aufrechterhalten werden[226].

3. Diskriminierungsfreies Auswahlverfahren

Der Bereich der Personalauswahl für die Besetzung einer Lehrstelle oder eines Arbeitsplatzes ist für die Verwirklichung der Chancengleichheit sehr wichtig[227]. In diesem Bereich verfügt der Arbeitgeber über einen weiten Ermessensspielraum[228]. Die Art der Kriterien, die für die Einstellung entscheidend sind, und ihre Anwendung in der Praxis, ist oft nicht ersichtlich. Eine Bewerberin kann in aller Regel nur schwer eine Diskriminierung bei der Auswahl beweisen.

Die Einstellungsverhandlungen sollen geschlechtsneutral gestaltet sein[229]. Fragen, die in die persönlichen Angelegenheiten oder in die familiäre und eheliche Sphäre des Bewerbers eindringen, sind nur insoweit zulässig, als sie für die zu besetzende Stelle erheblich sind[230]. In diesem Fall müssen die Fragen in gleicher Weise bei Männern und Frauen gestellt und die Antworten aufgrund derselben Kriterien bewertet werden[231]. Ein diskriminierendes Personalgespräch kann nicht dadurch gerechtfertigt werden, daß der höchstqualifizierte Bewerber in der Tat eingestellt worden ist[232]. Auf der anderen Seite sollte die diskriminierte Bewerberin zumindest den Nachweis erbringen können, daß ihr Geschlecht einer der verschiedenen Entscheidungsfaktoren gewesen ist[233].

---

226 Ausführlich über die verschiedenen Ausnahmen s. u. § 7 B.

227 *Pfarr/Bertelsmann*, Gleichbehandlungsgesetz 1985, S. 57.

228 In bestimmten Fällen auch verfassungsrechtlich abgesichert, z. B. durch Art. 2 I GG, BVerfGE 50, S. 290 (366) Wirtschaftsfreiheit.

229 Die britischen Gerichte haben den Begriff der Einstellungsverhandlungen (arrangements made for the purposes of recruitement) in sec. 6 (1) (a) SDA 1975 sehr weit ausgelegt; vgl. *Brennan v. Dewhurst Ltd.*, ICR 1984 (EAT), S. 52.

230 Vgl. *Hanau*, Fest. Kahn-Freund 1980, S. 466-467.

231 Vgl. aber bezüglich der Unzulässigkeit der Frage nach Heiratsabsichten, LAG Baden-Württenberg v. 13.5.57, DB 1957, S. 972; oder nach Unregelmäßigkeiten der Menstruation, ArbG Kaiserslautern v. 30.7.69, ARSt 1971, S. 71; sowie nach dem letzten Regelbeginn LAG Düsseldorf v. 30.9.71, BB 1972, S. 706 mit Anm. *Fischer;* vgl. auch die irische Rechtsprechung in *O'Connor v. Southern Health Board*, EE 8/1984; und *University College Dublin v. Chaney*, EE 15/1983.

232 So in *Carey v. McCarthy Daly Stapleton*, DEE 6/1981.

233 Vgl. dazu *Hewitt v. Air Lingus Teoranta*, EE 8/1983.

III. Gleichbehandlung bei den Arbeitsbedingungen

Gemäß Art. 5 (1) der Richtlinie 76/207 sollen Männern und Frauen dieselbe Arbeitsbedingungen einschließlich der Entlassung gewährt werden. Geschlechtsspezifische Arbeitsbedingungen sind nur im Rahmen der generalklauseln von Art. 2 (2), 2 (3) und 2 (4) oder aufgrund eines noch bestehenden Schutzgedankens gemäß Art. 5 (2) (c) der Richtlinie 76/207 zulässig. Art. 2 (3) erfaßt besonders für Frauen während der Schwangerschaft und der Stillzeit oder im allgemeinen für Frauen im gebärfähigen Alter geltenden Schutzvorschriften, wie z. B. Vorschriften über den Schutz bei ionisierender Strahlung[234], die in der Regel die Beschäftigung an einem durch hohe Strahlung belasteten Arbeitsplatz untersagen. Auf der anderen Seite werden von Art. 5 (2) (c) hauptsätzlich Sondervorschriften über die Dauer der Arbeitszeit sowie über Nacht-, Schicht- oder Überstundenarbeit erfaßt. Hier sind auch solche Vorschriften geregelt, welche die Ausübung einer Tätigkeit nicht absolut[235], sondern nur unter bestimmten Bedingungen untersagen. Die Anwendung von Art. 5 wirft verschiedene Abgrenzungs- und Auslegungsprobleme auf.

1. Abgrenzung von der Lohn- und Versorgungsgleichheit

Im weiten Sinne sind alle arbeitsvertraglich festgelegten Vereinbarungen zwischen Arbeitgeber und Arbeitnehmer als Arbeitsbedingungen anzusehen. Inbegriffen werden alle Entgeltbestimmungen und Modalitäten der Versorgung des Arbeitnehmers und zwar unabhängig davon, ob die Versicherungsleistungen vom staatlichen oder betriebseigenen System herkommen. Die entsprechenden Diskriminierungsfragen sind aber in fünf verschiedenen Richtlinien geregelt, so daß es manchmal unvermeidlich zu einer Normenkonkurrenz kommt. Um so mehr als dieses Verstreuen der verschiedenen Sachverhalte freilich mehr auf historischen und praktischen als auf rechtsmethodischen Gründen beruht[236].

Die Grenze zwischen Entgeltgleichheit und Gleichbehandlung bei den übrigen Arbeitsbedingungen wurde vom EuGH endgültig im dritten *Defrenne*-Urteil gezogen[237]. Die Tatsache, daß die Aufstellung bestimmter Beschäftigungsbedingungen finanzielle Auswirkungen haben kann, sei kein hinreichender Grund dafür, diese Bedingungen in den Geltungsbereich des Art. 119 fallen zu lassen. Praktisch haben alle Arbeitsbedingungen irgendwelche unmittelbare oder mittelbare finanzielle Folgen. Das reiche aber nicht aus, um sie in den Anwendungsbereich der Lohngleichheit zu bringen, die auf dem engen Zusam-

---

[234] Vgl. dazu die Richtlinie 76/579/Euratom v. 1.6.76, ABl. Nr. L 187 v. 12.7.76, S. 1 ff.

[235] Absolute Berufsverbote aus Schutzgründen werden dagegen in Art. 3 (2) (c) der Richtlinien 72/207 geregelt.

[236] Dazu im einzelnen *Treu*, in Verwilghen, Bd. I 1986, S. 137 ff.

[237] EuGH v. 15.6.78, Rs. 149/77, Slg 1978, S. 1378, Nr. 19-23 der Gründe.

menhang zwischen der Art der Arbeitsleistung und der Höhe des Arbeitsentgelts beruht. Das gilt um so mehr, als das Bezugskriterium, das Art. 119 zugrundeliegt, nämlich die Vergleichbarkeit der von Arbeitnehmern beiderlei Geschlechts erbrachten Arbeitsleistungen, ein Faktor ist, in bezug auf den sich alle Arbeitnehmer mutmaßlich in der gleichen Lage befinden, während die Beurteilung der übrigen Arbeits- und Beschäftigungsbedingungen in mancherlei Hinsicht Faktoren ins Spiel bringt, die – wegen der Rücksichten, die der besonderen Position der Frau im Arbeitsprozeß gebühren – mit dem Geschlecht der Arbeitnehmer zusammenhängen. Dieser Stellung des EuGH ist freilich zuzustimmen. Ein anderes Urteil hätte vielleicht den Begriff der „Arbeitsbedingungen" zugunsten des Entgeltbegriffs entleeren können. Eine positive Unterscheidung zwischen beiden Begriffen ist jedoch nicht offensichtlich[238].

Auf der anderen Seite unterscheidet sich die soziale Sicherheit von den übrigen arbeitsvertraglich geregelten Arbeitsbedingungen durch eine weitgehende strukturelle und gesetzliche Autonomie. In die meisten Mitgliedstaaten geht das Recht der sozialen Sicherheit weit über den Anwendungsbereich des Individualarbeitsrechts hinaus. Seine Entwicklung und Ausgestaltung hängt vielmehr von sozial- und wirtschaftspolitischen Entscheidungen ab, die nicht von den Sozialpartnern sondern in Regierungsebenen getroffen werden. Aus diesen Gründen wurde bekanntlich die soziale Sicherheit vom Anwendungsbereich der Gleichbehandlungsrichtlinie ausgenommen und in der Richtlinie 79/7 getrennt geregelt. Dies hat auch die Regelung der betrieblichen Versorgung aus dem Anwendungsbereich der Richtlinie 76/207 verdrängt, weil die meisten betrieblichen Versorgungssysteme eng mit den „gesetzlichen" verknüpft sein sollten, so daß ihre Anpassung mehr oder weniger von der Anpassung der gesetzlichen Systeme der sozialen Sicherheit abhängig war. Zum anderen könnte die Gemeinschaft vom privaten Arbeitgeber das eben nicht verlangen, was von den Mitgliedstaaten nicht gefordert war.

2. *Definition der „Arbeitsbedingungen"*

Die Richtlinie selbst enthält keine Definition der „Arbeitsbedingung". Allerdings wird dieser Begriff an anderen Stellen des EWG-Vertrages, wo er vorkommt, im weitesten Sinne verstanden[239]. Die Mitgliedstaaten haben zwei verschiedene Methoden verwendet, um der aus Art. 5 der Richtlinie ergebenden Verpflichtung entgegenzukommen: entweder durch eine der Gemeinschaftsvor-

[238] So z.B. präzisiert sec. 3 (4) des irischen EEA 1977, daß "conditions of employment includes terms of employment other than pay"; die Lohngleichheit wird nämlich vom Anti-Discrimination (Pay) Act 1974 geregelt.

[239] So z.B. in Art. 48 Abs. 2 EWGV über die Freizügigkeit der Arbeitnehmer; vgl. dazu die Bemerkungen des Vertreters der Kommission bei den Vorarbeiten zur zweiten Richtlinie im Rat, Ratsdokument 463/75 (Soz. 64) v. 10.4.75; KOM (80) 832, S. 139.

schrift ähnliche Generalklausel, die auch keine nähere Definition beinhaltet, oder durch eine erschöpfende Aufzählung bestimmter Bedingungen, bei denen die Gleichbehandlung sicherzustellen ist. Generalklauseln beinhalten die Anpassungsvorschriften von Dänemark[240], Frankreich[241], Griechenland[242], Großbritannien[243], Irland[244], Luxemburg[245] und den Niederlanden[246].

Für die zweite Lösung ist die belgische Bestimmung maßgebend. Zum einen sieht Art. 116 des belgischen Gesetzes vom 4.8.1978 vor, daß der Grundsatz der Gleichbehandlung in bezug auf die Arbeitsbedingungen im allgemeinen gilt. Insofern ist dieser Artikel ähnlich gefaßt wie die o.g. Generalklauseln. Andererseits beinhaltet Art. 128 desselben Gesetzes eine erschöpfende Aufzählung der in Betracht kommenden Arbeitsbedingungen. Danach sind „unter Arbeitsbedingungen alle Vorschriften und Praktiken zu verstehen, die folgendes betreffen:

- den Arbeitsvertrag, die verwaltungsrechtlichen Statuten und die auf das Lehrpersonal der staatlichen und der subventionierten Schulen anwendbaren Regelungen;
- den Lehrvertrag;
- die Tarifverträge;
- die Arbeitszeit und die Schichtzeit;
- die Feiertage;
- die Sonntagsruhe;
- die Nachtarbeit;
- die Arbeitsordnung;
- die Jugendarbeit;
- die Betriebsräte, Ausschüsse für Betriebssicherheit, Arbeitshygiene und Verschönerung der Arbeitsstelle, die Gewerkschaftsvertretungen sowie gleichgelagerte Räte und Ausschüsse im öffentlichen Dienst;
- die Förderung der Arbeit und der Arbeitnehmer;
- das Entgelt und seinen Schutz;
- die Stundenkredite und soziale Aufstiegsvergütungen;
- den Jahresurlaub;

---

240 Art. 4 des Gesetzes Nr. 161 v. 12.4.78.

241 Art. L.123-1 (a) (b) und (c) des CT verbietet alle diskriminierenden Maßnahmen (toute mesure), insbesondere bei der Stellenausschreibung, Einstellung, Kündigung, Versetzung, Zuweisung, Qualifikation, Einstufung, Entlohnung, Ausbildung sowie beim beruflichen Aufstieg; es ist fraglich, ob Art. L.123-1 (c), der die Formulierung „toute mesure" beinhaltet, als eine Generalklausel von der Weite des Art. 5 der Rl. 76/207 angesehen werden könnte.

242 Art. 5 des Gesetzes Nr. 1414/84.

243 Sec. 6 des SDA 1975.

244 Sec. 3 (1) des EEA 1977; das Entgelt und alle Bedingungen in bezug auf ein System der betrieblichen Altersversorgung werden ausdrücklich ausgenommen.

245 Art. 1 des Gesetzes v. 8.12.81.

246 Art. 1 des Gesetzes vom 1.3.80 – Art. 1637ij des niederländischen BGB; ausgenommen werden Ansprüche oder Vorteile aus irgendwelchen Altersversorgungssystemen.

- sowie allgemein die Praktiken in bezug auf die physischen, moralischen und psychischen Arbeitsbedingungen.

Diese Liste kann durch Königlichen Erlaß ergänzt werden"[247].

Schließlich beinhalten das deutsche[248] sowie das italienische Anpassungsgesetz[249] kein allgemeines Diskriminierungsverbot für die gesamten Arbeitsbedingungen. Die in diesen Gesetzen ausdrücklich erwähnten Situationen sind ohne Zweifel nicht abschließend, sondern nur andeutend aufgezählt. Jedoch hat die Kommission beim EuGH ein Vertragsverletzungsverfahren gegen Italien wegen dieser Regelung eingeleitet[250].

Nach Ansicht der italienischen Regierung enthalte die Richtlinie keine zwingende Definition des Begriffs „Arbeitsbedingungen", anhand deren der Inhalt der zu erlassenen innerstaatlichen Bestimmungen verbindlich festgelegt würde. Die Frage, ob die Mitgliedstaaten ihre Verpflichtungen erfüllt hätten, sei vielmehr anhand von Art. 5 (2) zu prüfen, in dem der Inhalt der von den Mitgliedstaaten zu treffenden Durchführungsmaßnahmen festgelegt sei. Außerdem sei Art. 15 des Gesetzes Nr. 300 vom 20.5.70 durch Art. 13 des Gesetzes Nr. 903/1977 dahin geändert worden, daß jede Vereinbarung oder Handlung für nichtig erklärt werde, die darauf gerichtet sei, einen Arbeitnehmer wegen seines Geschlechts zu entlassen oder *anderweitig zu benachteiligen*[251].

Der EuGH hat in seinem Urteil zuerst darauf hingewiesen, daß eine Richtlinie nur hinsichtlich des zu erreichenden Ziels verbindlich ist und die Wahl der Form und der Mittel den innerstaatlichen Stellen überläßt. Deshalb ließe sich also nichts dagegen einwenden, daß der italienische Gesetzgeber eine Reihe spezifischer Vorschriften über die wichtigsten Arbeitsbedingungen erlassen hat, sich im übrigen aber auf eine Generalklausel beschränkt hat - nämlich Art. 13 des Gesetzes Nr. 903 -, die alle anderen nicht ausdrücklich ausgeführten Arbeits-

---

[247] Ähnlich auch die irische Regelung, die in sec. 3 (1) EEA 1977 eine Generalklausel enthält, in sec. 3 (4) aber das Diskriminierungsverbot insbesondere bei "terms of employment, overtime, shift work, short time, transfers, layoffs, redundancies, dismissals and disciplinary measures" wiederholt.

[248] Art. 611 a BGB sieht ein Diskriminierungsverbot bei der Begründung des Arbeitsverhältnisses, beim beruflichen Aufstieg, bei einer Weisung oder einer Kündigung vor; die Stellenausschreibungen und die Entlohnung werden in § 611 b und 612 (3) BGB entsprechend geregelt.

[249] Das Gesetz Nr. 903/77 verbietet eine Diskriminierung bei der Einstufung (Art. 2), der Festsetzung des Alters für die Beendigung des Arbeitsverhältnisses (Art. 4), der Gewährung von Urlaub aus familiären Gründen oder wegen einer Adoption (Art. 6 des Gesetzes 903 und Art. 4 des Gesetzes 1204 v. 30.12.71, ILO-LegS. 1971-It.1), der Entlohnung (Art. 2), der Versicherung gegen Arbeitsunfälle und Berufskrankheiten (Art. 10) und bei der Entlassung (Art. 13).

[250] EuGH v. 26.10.83, Rs. 163/82 *(Kommission g. Italien)*, Slg. 1983, S. 3273.

[251] Die Kommission hat die Generalklausel des Art. 15 des Gesetzes Nr. 300/1970 in der durch Art. 13 des Gesetzes Nr. 903/1977 geänderten Fassung nicht berücksichtigt; dagegen betrachtete sie diesen Artikel als ausschließlich auf die Entlassung bezogen, vgl. KOM (80) 832, S. 142, Rdnr. 148.

bedingungen erfaßt, es sei denn, die Kommission könnte den Nachweis erbringen, daß das mit der Richtlinie verfolgte Ziel in Wirklichkeit durch die konkrete Regelung nicht erreicht worden war. Die Kommission hatte jedoch nicht dargetan, daß diese aus spezifischen Vorschriften und einer ergänzenden Generalklausel bestehende Regelung im Verhältnis zu dem Geltungsbereich der Richtlinie lückenhaft wäre[252]. So wurde die Klage der Kommission wegen mangelnder Nachweise abgewiesen.

Dieses Urteil gibt auch keine abschließende Definition der Arbeitsbedingungen im Sinne von Art. 5 der Richtlinie 76/207. Es weist jedoch implizite daraufhin, daß dieser Begriff im weitesten Sinne ausgelegt werden sollte. Darüber hinaus ist die Entscheidung de EuGH vielmehr für die Art und Weise einer zufriedenstellenden Durchführung der Richtlinie in diesem Bereich maßgebend. Danach ist die Anpassungsmethode an sich für die Beurteilung der innerstaatlichen Gesetzgebung insoweit nicht erheblich, als diese Gesetzgebung im Ergebnis den durch die Richtlinie bekanntgegebenen Grundsatz verwirklicht. Der hier in Rede stehende Grundsatz, nämlich die Gleichbehandlung bei sämtlichen Arbeitsbedingungen, überläßt den Mitgliedstaaten keinen großen Ermessensspielraum hinsichtlich des zu erreichenden Ziels. Sie müssen eine effektive Gleichbehandlung von männlichen und weiblichen Arbeitnehmern bei allen denklichen „Arbeitsbedingungen" sicherstellen. Dafür ist meist die Methode der erschöpfenden Aufzählung nicht geeignet. Denn sie muß alle Gesetze, Regelungen oder Maßnahmen berücksichtigen, die möglicherweise in der Lage sind, eine diskriminierende Wirkung zu erzeugen. Das kann aber nur eine aufgabenbezogene (funktionelle), keine strukturelle, typisierende oder katalogisierende Darstellung realisieren. Nur eine generalklauselartige Bestimmung könnte diese funktionelle Anwendung des Gleichbehandlungsgrundsatzes sicherstellen. Damit ist es auch fraglich, ob die belgische und die deutsche Regelung allein genügen oder ob immerhin auf die Generalklauseln[253] zurückgegriffen werden muß.

Schließlich wird durch Art. 5 der Richtlinie 76/207 eine rechtliche Grundlage für das Verbot der sexuellen Belästigung[254] am Arbeitsplatz geschaffen[255].

---

[252] EuGH v. 26.10.83, Nr. 7-10 der Gründe.

[253] Für Belgien kommt in erster Linie Art. 6 der Verfassung in Betracht; Art. 116 des Gesetzes v. 4.8.78 stellt zwar eine Generalklausel dar, kann aber in bezug auf die Arbeitsbedingungen wegen der in Art. 128 des Gesetzes erschöpfenden Aufzählung (die Liste kann nur durch Königlichen Erlaß ergänzt werden) nur schwer als solche angesehen werden; für die Bundesrepublik steht immerhin Art. 3 II GG zur Verfügung.

[254] "Sexual harassment", „harcèlement sexuel"; in *A Worker v. a Garage Proprietor*, DEE 2/1985, hat der irische Labour Court die sexuelle Belästigung als Diskriminierung im Sinne des irischen EEA 1977 [sec. 3 (4) hinsichtlich der Arbeitsbedingungen], angesehen; nach Ansicht des Gerichts "freedom from sexual harassement is a condition of work which an employee of either sex is entitled to expect"; ähnlich das britische EAT in bezug auf sec. 6 (2) (a) des SDA 1975 in *Porcelli v. Strathclyde Regional Council*, IRLR 1984, S. 467; s. auch *Vogel-Polsky*, in Verwilghen, Bd. II 1986, S. 28; ferner *Rubenstein*, ILJ 1983, S. 1 ff.; für einen vergleichenden

IV. Die Entlassung

Die Entlassung ist auch in Art. 5 (1) der Richtlinie 76/207 geregelt, kann aber freilich nicht als „Arbeitsbedingung" im wahren Sinn des Wortes verstanden werden. Der EuGH hat sich in einer Reihe von Urteilen mit der Auslegung des Begriffes „Entlassung" im Sinne dieser Richtlinienvorschrift beschäftigt. In seinem *Burton*-Urteil[256] bemerkte der Gerichtshof, daß im Rahmen der Richtlinie das Wort „Entlassung" in dem Sinne weit auszulegen ist, daß es die Beendigung des Beschäftigungsverhältnisses einschließt, auch wenn sie aufgrund einer Regelung über freiwilliges Ausscheiden erfolgt. Diese Präzisierung ist eher problematisch. Danach sollten für Männer und Frauen aufgrund des Art. 5 (1) der Richtlinie dieselbe Voraussetzungen für die Inanspruchnahme einer solchen Möglichkeit gelten. Die Festsetzung dagegen unterschiedlicher Altersgrenzen für den Eintritt in den Ruhestand bleibt nach wie vor vom Gleichbehandlungsgrundsatz unberührt[257]. Ob es im Konkretfall um eine Entlassung im Sinne von Art. 5 (1) der Richtlinie 76/207 oder im Gegenteil um den Eintritt in den Ruhestand und die Gewährung einer Altersrente geht, ist aber nicht immer leicht erkennbar. Die Urteile des EuGH in *Burton, Roberts, Marshall* und *Beets-Proper,* die im folgenden dargestellt werden, bieten einige Hinweise, die die Abgrenzung der zwei Fallgestaltungen erleichtern können.

In *Burton* ging es im wesentlichen um die Frage, ob die Voraussetzung, daß ein männlicher Arbeitnehmer das 60. Lebensjahr erreicht haben mußte, um gewisse Leistungen zu beanspruchen, während ein weiblicher Arbeitnehmer sie mit dem 55. Lebensjahr erhalten konnte, eine durch die Richtlinie 76/207 verbotene Diskriminierung darstellte. Der Kläger wollte im Alter von 58 Jahren diese Leistungen in Anspruch nehmen. Sein Antrag wurde jedoch abgelehnt, weil er noch nicht das für männliche Beschäftigte vorgeschriebene Mindestalter von 60 Jahren erreicht hatte. Er machte deshalb geltend, er sei weniger günstig behandelt worden als ein weiblicher Arbeitnehmer, da diese Leistungen einer mit ihm gleichaltrigen Frau gewährt worden wären. Die in Rede stehenden Abfindungen waren grundsätzlich Leistungen, die die gesetzliche Rente ergänzten und mit dem staatlichen System der Altersversorgung in Großbritannien eng verbunden waren. Nach britischem Recht betrug das Mindestalter für den Bezug einer staatlichen Altersrente für weibliche Arbeitnehmer 60, für männliche Arbeitnehmer dagegen 65 Jahre. Zum einen ist aber ein solcher Unterschied des Mindestrentenalters für Männer und Frauen zulässig, zum anderen rührte der Unterschied der Altersvoraussetzungen in bezug auf das freiwillige Ausschei-

---

Überblick der Rechtsprechung in Großbritannien und den USA s. *McGinley,* MLR 1986, S. 425-427.

[255] Dieses Verbot kommt vermutlich nur in der belgischen Liste unter „conditions physiques et morales" zum Ausdruck.

[256] EuGH v. 16.2.82, Rs. 19/81 *(Burton),* Slg. 1982, S. 575, Nr. 9 der Gründe.

[257] Art. 7 (1) (a) der Rl. 79/7 und Art. 9 (a) der Rl. 86/378.

den daher, daß die nationalen Rechtsvorschriften für Männer und Frauen nicht dasselbe Mindestrentenalter vorsahen. Unter diesen Umständen entschied der EuGH, daß „die geschlechtsspezifisch unterschiedliche Mindestaltervoraussetzung nicht als Diskriminierung im Sinne von Art. 5 (1) der Richtlinie 76/207 angesehen werden könnte"[258]. Der EuGH hat somit im Ergebnis eine Ausdehnung der im Rahmen der Richtlinie 79/7 vorgesehenen Ausnahme - die unterschiedliche Festsetzung des Ruhestandsalters - auf einen nach seiner eigenen Präzisierung[259] angeblich von der Richtlinie 76/207 geregelten Sachverhalt - die Voraussetzungen des freiwilligen Ausscheidens - bewirkt[260]. Diese Schlußfolgerung ist aber um so mehr unzufriedenstellend[261], als der EuGH keine Argumente für die Erhärtung dieser Ausdehnung vorgebracht hat[262]. Auf jeden Fall wurde nach der Rechtsprechung in *Burton* als Merkmal für die Abgrenzung des Eintritts in den Ruhestand - Richtlinie 79/7 - von allen weiteren Situationen der Unterbrechung eines bezahlten Arbeitsverhältnisses - Richtlinie 76/207 - unrichtigerweise die Gewährung einer Rente angenommen[263].

Der EuGH hat die Gelegenheit in *Roberts*[264] genutzt, um diese dogmatische Unklarheit aufzuheben[265]. In diesem Fall handelte es sich nicht mehr um ein freiwilliges Ausscheiden sondern um eine durch die Schließung des Betriebs bedingte Massenentlassung. Das beklagte Unternehmen hatte sich mit der Gewerkschaft geeinigt, allen entlassenen Angestellten beiderlei Geschlechts im Alter von 55 Jahren als Entschädigung für den Verlust des Arbeitsplatzes eine vorgezogene Rente aus der Rentenkasse anzubieten. Jüngere Entlassene sollten bloß eine einmalige Zahlung erhalten. Normalerweise war auch hier eine obligatorische Pensionierung im Alter von 65 für Männer und von 60 Jahren für Frauen vorgesehen. Die Klägerin, die zu diesem Zeitpunkt 53 Jahre alt war, machte deshalb geltend, daß ihre Entlassung eine rechtswidrige Diskriminierung

---

258 *Burton*, Slg. 1982, S. 577, Nr. 16 der Gründe.

259 *Burton*, Slg. 1982, S. 575, Nr. 9 der Gründe.

260 Vgl. BSG v. 17.2.82, BSGE 53, S. 109, wonach eine Regelung (wie z.B. des § 25 Abs. 3 AVG = § 1248 Abs. 3 RVO), die ein vorzeitiges Ruhegeld nur an Frauen gewährt, sich daraus begründe, die Doppelbelastung der Frau durch Beruf und Haushalt auszugleichen; vgl. auch BT-Drs. 2/3080, S. 10.

261 Kritisch *Schrubsall*, MLR 1985, S. 383; *Forman*, LIEI 1982, S. 31.

262 Nach Ansicht von *Koopmans*, in Smit/Herzog-Commentary, Rdnr. 7 zu Art. 119 EWGV, sei der EuGH zu dieser Entscheidung gekommen, weil er „den Einfluß von Art. 119 auf die „umgekehrte Diskriminierung" (reverse discrimination) nicht hätte definieren wollen"; *Koopmans* vertritt hier implizite die Auffassung, daß die niedrigere Altersgrenze für Frauen in bezug auf das freiwillige Ausscheiden eine Art „positiver Aktion" zu ihren Gunsten sei, die die Doppelbelastung der Frau durch Familie und Beruf ausgleicht; im einzelnen über den Begriff der „umgekehrten" Diskriminierung s.u. § 7 B II.

263 *Atkins*, MLR 1986, S. 509.

264 EuGH v. 26.2.86, Rs. 151/84 *(Roberts g. Tate & Lyle Industries Ltd.)*, Slg. 1986, S. 703-722.

265 Vgl. aber *Foster*, ELR 1986, S. 231, der in *Roberts* vielmehr eine Wandlung der Rechtsprechung des EuGH im Verhältnis zu *Burton* sieht, als eine bloße Einschränkung der Tragweite der Ausnahme von Art. 7 (1) (a) der Rl. 79/7, wie sie in *Burton* festgelegt war.

darstellte, weil nach der Entschädigungsregelung männliche Angestellte zehn Jahre vor Erreichen des normalen Rentenalters für Männer, weibliche Angestellte dagegen erst fünf Jahre vor Erreichen des normalen Rentenalters für Frauen Anspruch auf eine sofortige Rente hätten. Der EuGH bemerkte, daß so ein obligatorisches Ausscheiden der Arbeitnehmer unter den Begriff der Entlassung fällt, auch wenn dieses Ausscheiden die Gewährung einer vorgezogenen Altersrente mit sich bringt[266].

In *Roberts*, sowie auch in *Marshall*[267], hat der EuGH in Erwähnung des *Burton*-Urteils darauf hingewiesen, daß das Wort „Entlassung" in Art. 5 (1) der Richtlinie 76/207 weit auszulegen ist, ohne jedoch die Formulierung von *Burton* zu wiederholen, daß auch eine Regelung über freiwilliges Ausscheiden, als Bedingung des Beschäftigungsverhältnisses im Sinne von Art. 5 (1) angesehen werden könnte. Es läßt sich daraus folgern, daß der zwingende oder freiwillige Charakter der betreffenden Regelung ein wesentliches Kriterium in diesem Punkt für die Entscheidung zwischen der Anwendbarkeit der Richtlinie 76/207 oder der Richtlinie 79/7 darstellt. Ist Männern und Frauen grundsätzlich gestattet, bis zum gleichen Zeitpunkt ihre Beschäftigung fortzusetzen, so fallen die Voraussetzungen für eine eventuelle, freiwillige Inanspruchnahme einer vorgezogenen Rente in den Anwendungsbereich der Richtlinie 79/7 und wird ihr diskriminierender Charakter nach den Bestimmungen dieser Richtlinie beurteilt. Werden dagegen Frauen und Männer aus irgendeinem Grund zur Beendigung des Arbeitsverhältnisses gezwungen, so handelt es sich in diesem Fall um eine „Entlassung" in dem weiten Sinne von Art. 5 (1) der Richtlinie 76/207, und es müssen dann die Bedingungen des Ausscheidens aus diesem Verhältnis geschlechtsneutral ausgestaltet sein. Die Verbindung dieses Ausscheidens mit der Gewährung der normalen oder einer anderen Rente ist für die Anwendbarkeit der einen oder der anderen Richtlinie unerheblich. Die Gewährung einer Rente nach einer Betriebsschließung kann unter diesen Umständen als eine Kollektivmaßnahme angesehen werden, die gemäß Art. 5 (1) unabhängig vom Geschlecht der Entlassenen getroffen werden sollte. So entschied der EuGH, daß eine Vereinbarung, in der dasselbe Alter für die Gewährung einer vorgezogenen Altersgrenze im Rahmen einer Massenentlassung festgestellt ist, während das normale Alter des Eintritts in den Ruhestand für Männer und Frauen unterschiedlich ist, keine durch das Gemeinschaftsrecht verbotene Diskriminierung aufgrund des Geschlechts darstellt[268]. Die Voraussetzungen für die Teilnahme am Sozialplan bei einer betriebsbedingten Kündigung fallen danach in den Anwendungsbereich der Richtlinie 76/207. Regelungen dagegen, die unmittelbar mit der gesetzlichen Altersversicherung verbunden sind und keine Auswirkungen auf die

[266] *Roberts*, Nr. 32 der Gründe.

[267] EuGH v. 26.2.86, Rs. 152/84 *(Marshall g. Southampton and South West Hampshire Area Health Authority)*, Slg. 1986, S. 723-751.

[268] *Roberts*, Nr. 37 der Gründe.

Fortsetzung der Beschäftigung haben, werden von der Richtlinie 79/7 geregelt[269]. Folgerichtig betreffen die Ausnahmen in Art. 7 (1) (a) der Richtlinie 79/7 und Art. 9 (a) der Richtlinie 86/378 ausschließlich die Auswirkungen, die sich aus der Altersgrenze für Leistungen der sozialen Sicherheit ergeben. Die Bedingungen der Entlassung oder einfach des endgültigen Auslaufens des Arbeitsvertrags fallen dagegen unter Art. 5 (1) der Richtlinie 76/207 und dürfen nicht geschlechtsspezifisch ausgestaltet sein.

Diese Rechtsprechung wurde weiter in den *Marshall-* und *Beets-Proper-*Urteilen konsequent fortgesetzt. In *Marshall*[270] war die Klägerin nach Vollendung ihres 62. Lebensjahres entlassen worden, obwohl sie ihren Arbeitsplatz bis zum 65. Lebensjahr beibehalten wollte. Grund dafür war eine allgemeine Politik des Arbeitgebers, wonach als „normale Höchstaltersgrenze [für die Beendigung des Arbeitsvertrags] das Alter [galt], von dem an die Sozialversicherungsrenten ausgezahlt werden“[271]. Der EuGH setzte seine Rechtsprechung in *Burton* und *Roberts* fort und entschied, daß „im Hinblick auf die fundamentale Bedeutung des Grundsatzes der Gleichbehandlung die in Art. 1 (2) der Richtlinie 76/207 für das Gebiet der sozialen Sicherheit vorgesehene Ausnahme vom Anwendungsbereich dieser Richtlinie eng auszulegen ist. Die in Art. 7 (1) (a) der Richtlinie 79/7 enthaltene Ausnahme gilt deshalb nur für die Festsetzung des Alters für die Gewährung der Ruhestandsrente und ihre etwaigen Auswirkungen auf andere Leistungen der sozialen Sicherheit“[272]. Eine allgemeine Entlassungspolitik, wonach eine Frau aus dem Grund entlassen wird, weil sie das Alter erreicht oder überschritten hat, in dem sie Anspruch auf eine staatliche Rente erwirbt und das nach den nationalen Rechtsvorschriften für Männer und Frauen unterschiedlich ist, „stellt dagegen gemäß Art. 5 (1) der Richtlinie 76/207 eine verbotene Diskriminierung aufgrund des Geschlechts dar“[273]. Dieselben Fragen wurden dem EuGH auch in *Beets-Proper*[274] aufgrund des in den Niederlanden geltenden unterschiedlichen Mindestrentenalters und der bei der Erreichung dieser Grenze erfolgten Entlassung einer Frau vorgelegt. Der EuGH hat auch hier seine ständige Rechtsprechung ohne Abweichungen wiederholt.

---

[269] Vgl. *Steiner*, ICLQ 1983, S. 414.

[270] Über die Vorgeschichte s. *Foster*, ELR 1986, S. 223 (FN 4).

[271] Durch den Sex Discrimination Bill 1986 sind jetzt Männer und Frauen berechtigt, bis zum gleichen Alter ihre Arbeitsverhältnisse fortzusetzen; vgl. das Green Paper "Reform of Social Security", Cmnd. 9517/1985, paras 7.23-7.26; und Cmnd. 9518, ch. 1; sowie das Consultative Document "Sex Discrimination and Retirement" v. 1.4.86 des britischen Department of Employment; im einzelnen *Curtin*, CMLR 1987, S. 252-253.

[272] *Marshall*, Nr. 36 der Gründe.

[273] *Marshall*, Nr. 38 der Gründe; so auch die französische Entscheidung *Baudet c. Air France* v. 6.2.81 (CdE), Recueil Lebon 1981, S. 53; im einzelnen dazu *Neville-Brown*, MLR 1984, S. 692 ff.; über die Nachgeschichte dieser Rechtssache in bezug auf die erfolglose Schadensersatzklage der diskriminierten Stewardeß vgl. aber *Atkins*, MLR 1985, S. 179 ff.

[274] EuGH v. 26.2.86, Rs. 262/84 *(Beets-Proper g. F. van Lanschot Bankiers N.V.)*, insb. Nr. 40 der Gründe.

B. Sonderausformungen des Gleichbehandlungsgrundsatzes

Gleichbehandlung braucht nicht immer als „uniforme" Behandlung verstanden zu werden. Besonderheiten beanspruchen, wie schon oben erläutert, eine Sonderregelung. In dieser Hinsicht beinhalten die Richtlinien zwei Bestimmungen, in denen der Grundsatz der Gleichbehandlung zum einen die gegebenen bio-physiologischen Unterschiede der Geschlechter berücksichtigt, zum anderen einen Ausgleich in der Ausgangslage zwischen Frauen und Männern in den Bereichen ermöglicht, wo ein Geschlecht wegen in der Vergangenheit verbreiteter Diskriminierung in eine besonders nachteilige Lage geraten ist. Diese Vorschriften stellen eine spezielle Ausformung des Gleichbehandlungsgrundsatzes dar, der in dieser Weise den Besonderheiten und Unterschieden der Geschlechter angepaßt ist, und dürften deshalb nicht als Ausnahmen oder Einschränkungen der Gleichberechtigung angesehen werden. Ihre rechtliche Grundlage ist immerhin die Gleichheitsidee.

I. Schutzvorschriften zugunsten der Frau[275]

Die Schutzvorschriften zugunsten von Frauen lassen sich bezüglich ihrer Rechtsgrundlage in zwei Kategorien einordnen:

i) Vorschriften zum Schutz der Frau, insbesondere bei Schwangerschaft und Mutterschaft[276]; Ratio dieser Vorschriften ist der Schutz der Frau im Hinblick auf ihre biologischen Besonderheiten und ihre körperliche Verfassung; Beispiel dafür ist das Beschäftigungsverbot während der Schwangerschaft sowie Vorschriften zum Schutz der Frauen im gebärfähigen Alter vor ionisierenden Strahlen;

ii) sonstige Arbeitsschutzvorschriften; solche Vorschriften sind aus verschiedensten Gründen erlassen worden: Humanisierung der Arbeit, Berücksichtigung der besonderen soziokulturellen Rolle der Frau oder Gründe der Gesundheit und Hygiene der Arbeitnehmer; beispielsweise könnte man hier das Verbot der Beschäftigung von Frauen in Minen und des Umgangs mit zahlreichen Chemikalien anführen.

Schutzvorschriften der ersten Kategorie sind in Art. 2 (3), Art. 3 (2) (c) und 5 (2) (c) in Verbindung mit Art. 9 (1) der Richtlinie 76/207 geregelt. Danach können frauenspezifische, auf Schutzgedanken beruhende Berufsverbote oder Arbeitsschutzvorschriften, die Frauen die Ausübung bestimmter Tätigkeiten

---

[275] Ausführlich COM (87) 105 fin.; und *Halpern*-Bericht, COM D.G.V/707/3/82 fin.; betreffend Frankreich *Junter-Loiseau*, Diss. 1981, 2. Teil; *dies.*, Dr.Soc. 1987, S. 147 ff.; über die Lage in der BRD s. *Anzinger*, DB 1985, S. 2352 ff. m.w.N.

[276] Für einen vergleichenden Überblick der in Westeuropa geltenden Schutzvorschriften in diesem Bereich, s. *Paoli*, ILR 1982, S. 1 ff., 8 m.w.N.

oder die Arbeit unter bestimmten Bedingungen untersagen, nur dann als zulässig angesehen werden, wenn sie „zum Schutz der Frau" im Sinne von Art. 2 (3) der Richtlinie erlassen worden sind und der zugrundeliegende Schutzgedanke trotz der technologischen und sozialen Entwicklung noch immer begründet ist. Nur die Vorschriften der ersten Kategorie können diesem strengen Maßstab genügen. Alle weiteren Schutzvorschriften müssen deshalb revidiert werden. Jedoch seien die Grenzen zwischen beiden Kategorien nicht immer leicht zu ziehen. Ob eine Frau wegen ihrer biologischen Besonderheit geschützt wird, oder dagegen eine Vorschrift durch ein Schutzbedürfnis soziokultureller oder arbeitspolitischer Natur begründet ist, läßt sich nicht generell, sondern nur im Konkretfall beurteilen. Entscheidend für die Beantwortung dieser Frage ist die Auslegung des Begriffs „Schutz der Frau" im Sinne von Art. 2 (3) der Richtlinie 76/207.

Vorschriften zum Schutz der Frau, insbesondere bei Schwangerschaft und Mutterschaft, steht die Richtlinie der Gleichbehandlung gemäß Art. 2 (3) nicht entgegen[277]. Vielmehr sollen diese Vorschriften die Chancengleichheit von erwerbstätigen Frauen in einer nach männlichen Standards ausgestalteten Arbeitswelt sicherstellen. Im Rahmen dieser Problematik gilt deshalb der bezahlte Mutterschaftsurlaub nicht als eine ausnahmsweise erlaubte Diskriminierung gegenüber Männern, die keinen ähnlichen Urlaub beanspruchen können, sondern als eine notwendige Maßnahme, die eine gewisse Doppelbelastung der Frau ausgleicht, so daß sie an der Beschäftigung unter gleichen Bedingungen mit einem Mann teilnehmen kann. Der EuGH hat schon in seinem *Hofmann*-Urteil[278] hinsichtlich der Regelung von Art. 2 (3) hervorgehoben, daß die Richtlinie, indem sie den Mitgliedstaaten das Recht vorbehält, Vorschriften zum Schutz der Frau „bei Schwangerschaft und Mutterschaft" beizubehalten oder einzuführen, in bezug auf den Gleichheitsgrundsatz die Befugnis anerkennt, die Bedürfnisse der Frau in zweierlei Hinsicht zu schützen: Zum einen handelt es sich um den Schutz ihrer körperlichen Verfassung während und nach der Schwangerschaft bis zu dem Zeitpunkt, in dem sich ihre körperlichen und seelischen Funktionen nach der Entbindung normalisiert haben. Zum anderen geht es um den Schutz der Beziehung zwischen der Mutter und ihrem Kind während der Zeit, die sich an die Schwangerschaft und Entbindung anschließt, damit diese Beziehung nicht durch die Doppelbelastung aufgrund der gleichzeitigen Ausübung eines Berufs gestört wird.

In dieser Hinsicht wird allgemein anerkannt, daß die in allen Mitgliedstaaten gesetzlich vorgeschriebenen Schutzfristen für schwangere Frauen und Mütter von Art. 2 (3) der Richtlinie gedeckt sind. Unumstritten sind die Beschäftigungsverbote sowohl für werdende Mütter[279] als auch für Frauen nach der Entbin-

---

[277] Vgl. dazu *Evans*, Soziales Europa, Nr. 2/1984, S. 56.

[278] EuGH v. 12.6.84, Rs. 184/83 *(Hofmann g. Barmer Ersatzkasse)*, Slg. 1984, S. 3047-3088, besonders Nr. 25 der Gründe.

[279] Z.B. sechs Wochen laut § 3 Abs. 2 MuSchG.

dung[280]. Fraglich war dagegen die Rechtmäßigkeit eines Müttern allein reservierten Mutterschaftsurlaubs im Anschluß an die Schutzfrist des Beschäftigungsverbots nach der Entbindung. In *Hofmann* wurde von einem Vater der in Art. 8a MuSchG vorgesehene Mutterschaftsurlaub für ihn selbst beansprucht. Der Kläger ließ sich für den Zeitraum nach Ablauf der Schutzfrist bis zu dem Tag, an dem das Kind sechs Monate alt wurde, von seinem Arbeitgeber ohne Zahlung einer Vergütung beurlauben und betreute während dieser Zeit das Kind, während die Mutter ihrer Tätigkeit als Lehrerin nachging. Einen Antrag auf Gewährung von Mutterschaftsgeld hat aber die Krankenkasse abgelehnt. Der Mann machte geltend, daß die umstrittenen Vorschriften[281] in Wirklichkeit, anders als die Frist des § 6 MuSchG, nicht in erster Linie den Schutz der Mutter aus biologischen und medizinischen Gründen bezwecken, sondern den Schutz des Kindes. Im Gegenteil könnte der Schutz der Mutter gegen die Mehrfachbelastung durch Mutterschaft und Arbeitsverhältnis durch nichtdiskriminierende Maßnahmen, wie etwa die Einbeziehung des Vaters in die Urlaubsregelung oder die Schaffung eines Elternteilurlaubs, gewährleistet werden, um die Mutter von der Betreuung des Kindes freizustellen und es ihr dadurch zu ermöglichen, ihre Berufstätigkeit nach Ablauf der Schutzfrist wiederaufzunehmen. Die Kommission hat darauf hingewiesen, daß die Sozialgesetzgebung sich in mehreren Mitgliedstaaten auf einen „Elternteilurlaub" oder einen „Erziehungsurlaub" hin entwickelt, die aus mehreren Gründen einem ausschließlich der Mutter vorbehaltenen Urlaub vorzuziehen seien. Nach Ansicht der Kommission[282] fielen die zur Gewährung von Urlaub oder sonstigen Vergünstigungen zur Erziehung von Kleinkindern getroffenen Maßnahmen unter Art. 5 (1) der Richtlinie und sollten als „Arbeitsbedingungen" sowohl auf weibliche als auch auf männliche Arbeitnehmer Anwendung finden.

Der Gerichtshof ist dieser Auffassung nicht gefolgt. Er entschied dagegen, daß eine Maßnahme wie ein der Frau nach Ablauf der Schutzfrist gewährter Mutterschaftsurlaub grundsätzlich unter Art. 2 (3) fällt, und deshalb kann ein derartiger Urlaub zulässigerweise unter Ausschluß aller anderen Personen der Mutter vorbehalten werden, da allein sie dem unerwünschten Druck ausgesetzt sein kann, ihre Arbeit verfrüht wieder aufnehmen zu müssen. Hinsichtlich derartiger Maßnahmen, die den Schutz der Frau bei Schwangerschaft und Mutterschaft gewährleisten und die für die Frau anders als für den Mann tatsächlich bestehende Nachteile im Hinblick auf die Beibehaltung des Arbeitsplatzes ausgleichen, wird von der Richtlinie den Mitgliedstaaten weitgehend ein Beurteilungsermessen eingeräumt[283].

---

[280] Z. B. acht Wochen laut § 6 Abs. 1 MuSchG.

[281] Art. 8a, 9a und 13 MuSchG.

[282] Vgl. KOM (80) 832 endg. S. 62.

[283] *Hofmann*, Slg. 1984, S. 3075, Nr. 27 der Gründe.

Diese Rechtsprechung ist in einem weiteren EuGH-Urteil fortgesetzt und verdeutlicht worden. So wurde in *Johnston*[284] der völlige Ausschluß der Frau vom *bewaffneten* Polizeidienst nicht als Maßnahme zum Schutz der Frau im Sinne von Art. 2 (3) angesehen[285]. In dieser Rechtssache machte die britische Regierung geltend, daß wegen der besonderen Umstände in Ulster Frauen im Fall ihrer Ausrüstung mit Schußwaffen in höherem Maße der Gefahr von terroristischen Anschlägen ausgesetzt seien, so daß eine Ausnahme der weiblichen Polizisten von Posten mit bewaffneten Funktionen als „Schutz der Frau" gerechtfertigt werden könnte. Nach Ansicht des EuGH ergibt sich „aus der ausdrücklichen Erwähnung von Schwangerschaft und Mutterschaft, daß die Richtlinie zum einen die körperlichen Verfassung der Frau und zum anderen die besondere Beziehung zwischen Mutter und Kind schützen will. Somit können Frauen nicht unter Berufung auf diese Bestimmung mit der Begründung von einer Beschäftigung ausgeschlossen werden, daß die öffentliche Meinung für sie einen im Verhältnis zu Männern stärkeren Schutz gegen Gefahren fordere, die Männer und Frauen in gleicher Weise betreffen"[286]. Es sei weiter „nicht ersichtlich, daß Frauen bei der Ausübung ihres Dienstes bei der Polizei in einer Lage wie der in Nordirland herrschenden anderen Risiken und Gefahren ausgesetzt sind als Männer bei der Ausübung desselben Dienstes. Frauen wegen eines allgemeinen, nicht frauenspezifischen Risikos aus Gründen des Schutzes der öffentlichen Sicherheit von einer beruflichen Tätigkeit völlig auszuschließen", geht deshalb, nach dem EuGH, „über die nach Art. 2 (3) zum Schutz der Frau zulässige Ungleichbehandlung hinaus"[287].

Aus beiden Urteilen wird deutlich, daß für die Anwendung des Art. 2 (3) der Richtlinie eine aus physiologischen Gründen ausschließlich Frauen drohende Gefahr vorausgesetzt ist. Risiken dagegen, denen beide Geschlechter gleichmäßig ausgesetzt sind, können keine Schutzvorschriften zugunsten allein Frauen oder Männern rechtfertigen.

Unter diesen Umständen hat die Kommission beim EuGH ein Vertragsverletzungsverfahren gegen die Französische Republik eingeleitet. Nach Art. 1 des französischen Gesetzes Nr. 83/635 können Bestimmungen, wonach Maßnahmen Arbeitnehmern wegen ihres Geschlechts zugute kommen, in Kollektivverträge oder -vereinbarungen rechtswirksam nur aufgenommen werden, wenn sie sich auf die Anwendung der Vorschriften über die Schwangerschaft, das Stillen

---

[284] EuGH v. 15.5.86, Rs. 222/84 *(Johnston g. The Chief Constable of the Royal Ulster Constabulary)*, Slg. 1986, S. 1651-1694.

[285] Das Verbot der bewaffneten Dienstleistung für Frauen ergebe sich somit nicht direkt aus der biologischen Verschiedenheit von Mann und Frau; so auch *R. Seeland*, DB 1983, S. 1430, in bezug auf Art. 12 a Abs. IV GG und auf die Diskussion in den Mitgliedstaaten; die Wandlung der Einstellung gegenüber Frauenmilitärdienst ist nach Ansicht von Seeland an eine angesichts der geburtenschwachen Jahrgänge erforderlich gewordenen vermehrten Verwendung von Frauen in der Armee zurückzuführen, ebenda, S. 1430 (FN 11).

[286] *Johnston*, Nr. 44 der Gründe.

[287] *Johnston*, Nr. 45 der Gründe.

von Kindern oder auf den Urlaub vor und nach der Geburt beziehen. Nach Art. 19 desselben Gesetzes steht jedoch der o.g. Artikel der Geltung von Bräuchen sowie Bestimmungen in Arbeitsverträgen, Kollektivverträgen und -vereinbarungen, die zum Zeitpunkt der Verkündung dieses Gesetzes in Kraft sind, nich entgegen, soweit sie *Sonderrechte** für Frauen begründen[288]. Der EuGH wiederholte in *Kommission g. Französische Republik*[289] seine Rechtsprechung in *Hoffmann* in bezug auf die Ratio des Art. 2 (3) der Rl. 76/207 und entschied, daß sich

> „(...) sowohl aufgrund der Allgemeinheit der Formulierung der französischen Vorschriften über die Aufrechterhaltung von Bestimmungen, die „Sonderrechte für Frauen"[290] begründen, als auch aufgrund der in den Akten genannten Beispiele solcher Sonderrechte ergibt, daß die streitigen Bestimmungen nicht mit Art. 2 (3) gerechtfertigt werden können. Wie nämlich durch einige dieser Beispiele belegt wird, beziehen sich die aufrechterhaltenen Sonderrechte gelegentlich auf den Schutz von Frauen als ältere Arbeitnehmer oder als Eltern, somit auf Merkmale, die sowohl auf männliche wie auf weibliche Arbeitnehmer zutreffen können."[291]

Soziokulturelle Argumente, die auf eine größere Schutzbedürftigkeit oder Schutzwürdigkeit der Frau abstellen, scheitern somit als zulässige Begründungen für den Erlaß oder die Aufrechterhaltung einer Schutzvorschrift. Sollte deshalb eine Regelung, die ausschließlich Frauen betrifft, nicht unter Art. 2 (3) subsumiert werden können, dann besteht nur die Möglichkeit diese Vorschrift auf der Grundlage von Art. 2 (2) objektiv zu rechtfertigen.

Nach der o.g. Rechtsprechung des EuGH sind Bestimmungen zum Schutz der Frau von geschlechtsneutralen Arbeitsrisiken im Prinzip mit dem Grundsatz der Gleichberechtigung nicht vereinbar. Die Richtlinie geht davon aus, daß diese Rechtsvorschriften aufgrund der technologischen und sozialen Entwicklung, die in der Zwischenzeit stattgefunden hat, Frauen den Zugang zu bestimmten Berufen erschweren oder versperren und deshalb geändert oder sogar aufgehoben werden sollten[292]. Gemäß Art. 9 (1) Satz II der Richtlinie sollten die Mitgliedstaaten alle Rechts- und Verwaltungsvorschriften, welche Frauen den Zugang zu bestimmten Tätigkeiten untersagen oder für sie spezifische Arbeitsbedingungen zulassen, prüfen und revidieren. Die erste Revision mußte grund-

---

* Hervorhebung hinzugefügt.

[288] Nach Auffassung der Kommission können nach diesem Artikel auf unbestimmte Zeit Ungleichbehandlungen von Männern und Frauen aufrechterhalten werden, da ihre Beseitigung in das Ermessen der Sozialpartner gestellt sei und das Gesetz keine Regelung enthält, um möglicherweise ungenügende Ergebnisse von Kollektivverhandlungen zu korrigieren; der EuGH ist dieser Auffassung gefolgt und entschied, daß diese Regelung mit der Rl. 76/207 unvereinbar ist, EuGH v. 25.10.88, Rs. 312/86 *(Kommission der EG g. Französische Republik)* Nr. 20-24 der Gründe; s.o. Teil II Fn. 313.

[289] EuGH v. 25.10.88, Rs. 312/86 (unveröff.).

[290] „des droits particuliers pour les femmes".

[291] EuGH v. 25.10.88, Rs. 312/86, Nr. 14 der Gründe.

[292] So auch der Bericht der Enquête-Kommission Frau und Gesellschaft, BT-Drs. 8/4461, S. 12.

sätzlich bis 12.2.80 vorgenommen worden sein. In einem Bericht stellt die Kommission fest, daß es sich bei den in den Mitgliedstaaten geltenden Schutzvorschriften keinesfalls um gemeinsame und konstante Forderungen nach einem besonderen Schutz der Frauen handelt, dessen Notwendigkeit in allen Ländern gleichermaßen anerkannt worden ist, sondern vielmehr um ein Mosaik von sehr unterschiedlichen und spezifischen Regelungen, deren Begründung häufig nicht klar definiert ist. Außerdem werden bestimmte Rechtsvorschriften in einigen Ländern als „Beschäftigungsverbote", dieselben jedoch in anderen als „spezifische Arbeitsbedingungen" verstanden[293]. In einer neuen Mitteilung[294] unternimmt die Kommission eine vergleichende Untersuchung aller noch bestehenden Schutzvorschriften in den Mitgliedstaaten.

Der gesetzliche Arbeitsschutz dürfte freilich alle Arbeitnehmer vor bestimmten tätigkeitsbezogenen Risiken schützen. Es ist nicht mehr zulässig, bestimmte Arbeitsplätze durch *Schutz*vorschriften vor Frauen zu schützen. Eine Revision des Arbeitsschutzrechts ist unter diesen Umständen sicher erforderlich. Eine diesbezügliche Reform muß jedoch zwei entscheidende Faktoren berücksichtigen:

- Zum einen sind die meisten Schutzvorschriften in Anwendung von ratifizierten IAO-Übereinkommen erlassen worden, die noch immer für die EG-Mitgliedstaaten verbindlich sind[295] und deshalb zuerst gekündigt oder revidiert werden müssen.
- Zum anderen sind die Arbeitsrisiken wegen der Einführung des Grundsatzes der Gleichbehandlung nicht weniger gefährlich geworden. Eine Reform der Schutzvorschriften sollte deshalb vielmehr die Anwendung der erforderlichen Maßnahmen auch auf Männer ausdehnen[296].

---

[293] KOM (82) 832 endg., S. 161 ff.; das Verzeichnis umfaßt nicht weniger als 25 Berufsverbote, ohne nach Annahme der Kommission erschöpfend zu sein; dabei handelt es sich um verschiedene gewerbliche und industrielle Tätigkeiten, die entweder als besonders schwer gelten – Untertagearbeiten in Bergwerken, Gruben und Steinbrüchen, Arbeiten die mit der manuellen Beförderung von Lasten zu tun haben oder Dockarbeiten – oder den Umgang mit gefährlichen Chemikalien und Stoffen voraussetzen – Anstricharbeiten bei denen Bleiweiß, Bleisulfat oder andere Produkte, die diese Pigmente enthalten, verwendet werden; Aufarbeitung und Konditionierung von Thiophosphorester; Ausräumen von Industrieöfen, die mit feuerfestem Material ausgekleidet sind, das ungebundenes Silizium enthält – oder schließlich mit den Unterbringungsmöglichkeiten verbunden sind – Beschäftigung im Bereich der Verordnung über die Binnenschiffahrt v. 14.1.77; die entsprechende Aufzählung der Tätigkeiten, bei denen aus einem Schutzgedanken heraus spezifische Arbeitsbedingungen für Frauen vorgesehen sind, beträgt 22 verschiedene Situationen; besonders häufig kommen das Verbot der Nachtarbeit und der Sonntagsarbeit, sowie der Schutz vor ionisierenden Strahlen vor; Begrenzungen der täglichen und wöchentlichen Arbeitszeit und spezifische Regelungen für Schicht- und Überstundenarbeit sind auch üblich.

[294] KOM (87) 105 fin., Brüssel v. 20.3.87.

[295] Insbesondere Nr. 4/1919 (Nachtarbeit), 13/1921 (Anstricharbeiten bei denen Bleiweiß verwendet wird), 45/1935 (Arbeit in Bergwerken), 89/1948 (Nachtarbeit in der Industrie), 115/1960 (Schutz vor ionisierenden Strahlen), 127/1967 (manuelle Beförderung von Lasten), 136/1971 (Benzol-Vergiftung), 149/1947 (Sanitäterarbeitsbedingungen).

[296] Vgl. *Séguret*, ILR 1983, S. 305.

II. Positive Aktionen zur Förderung der Chancengleichheit der Geschlechter

Es wird zum einen sehr oft vorgetragen, daß ein Diskriminierungsverbot nicht mehr wert als die Wirksamkeit der zu seiner Durchsetzung zur Verfügung gestellten Rechtsmittel ist. Zum anderen seien aber die vorhandenen Mittel im Rahmen des klassischen Rechtssystems der Anerkennung von subjektiven Rechten für eine effektive Durchsetzung des Anspruchs auf Chancengleichheit unzureichend[297], nicht zuletzt wegen der Tatsache, daß sich die Diskriminierung der Frau weniger im rechtlichen als im tatsächlichen Bereich manifestiert, so daß gesetzliche Verbote dazu kaum geeignet sind, Mentalitäten, Einstellungen und Erziehungsmuster zu ändern[298]. Infolgedessen haben sich einige Staaten wie z. B. die USA[299] und Schweden entschieden, bestehende Ungleichheiten im „statistischen" Bild der Geschlechter[300] durch aktive Maßnahmen abzubauen.

Diese aktive Unterstützung von Frauen wird manchmal als „umgekehrte"[301] Diskriminierung bezeichnet. So werden auch Regelungen bezeichnet, welche die Doppelbelastung der erwerbstätigen Frauen durch Familie und Beruf zu kompensieren versuchen, wie z. B. die Möglichkeit der Inanspruchnahme einer früheren Pensionierung[302]. Durch diesen Begriffsgebrauch soll insbesondere die durch die aktive Bevorzugung des einen Geschlechts resultierende Benachteiligung der Angehörigen des anderen Geschlechts zum Ausdruck gebracht werden[303]. Die Gerechtigkeit der „umgekehrten" Diskriminierung ist sehr umstritten[304], obwohl die Rechtsprechung in den USA[305], wo die „positive Action"

---

297 Vgl. im einzelnen *Vogel-Polsky,* RIT 1985, S. 267 ff., 413 ff.; *dies.,* in Verwilghen (Hrsg.), Bd. II 1981, S. 32 ff.; *dies.,* Etude 1984.

298 s. *Slupik,* KJ 1982, S. 349 m.w.N.

299 Im einzelnen *R. Seeland,* ZVglWiss 1982, S. 307 m.w.N.

300 In der Regel werden durch positive Aktionen die Chancen von Frauen gefördert; jedoch sind Maßnahmen zugunsten von Männern zumindest prinzipiell im Rahmen der EG-Norm durchaus akzeptabel; vgl. dazu *Quintin,* in Verwilghen (Hrsg.), Bd. I 1986, S. 122.

301 "Reverse discrimination"; im amerikanischen Recht erscheint dieser Begriff zum ersten Mal 1964 in *Balaban v. Rubin,* 14 N.Y. 2d 193 (vgl. 250 N.Y.Supp.2d 281), in bezug auf die Politik des Vorstands einer Schule zur Herstellung eines Gleichgewichts zwischen schwarzen und weißen Schülern.

302 So *Koopmans,* in Smit/Herzog-Commentary, Rdnr. 7 zu Art. 119 hinsichtlich der Fallgestaltung in *Burton;* vgl. oben § 7 A IV.

303 In dieser Hinsicht stellt dieser Sprachgebrauch eine „Überredungs-Definition" dar; Ziel einer "persuasive definition" ist es, den Inbegriff eines bekannten Terminus neu zu definieren, ohne dabei seine emotive Stoßkraft zu ändern, die in dieser Weise auf neue Situationen übertragen wird; vgl. *C. L. Stevenson,* "Persuasive Defintions", Mind 1938, S. 331; *McCrudden,* S. 91; und *Waldron,* S. 93 ff., beide in Guest/Milne (Hrsg.), 1985, betrachten auch die „mittelbare Diskriminierung" als eine „Überredungs-Definition".

304 Besonders in den USA; aus moralischen, rechtlichen und philosophischen Gründen wird diese Aktion u.a. von *Goldman,* 1977 und 1979, als unzulässig bezeichnet; vgl. auch *Marshall,* in Guest/Milne (Hrsg.), 1985, S. 61 ff.; *Hanau,* in Fest. W. Herschel, 1982, S. 191 ff.; *Dworkin,* in Cohen/Nagel/Scanlon (Hrsg.), 1977, S. 63; *ders.,* NYRB v. 10.11.77, S. 11, 15.

305 Insb. *De Funis v. Odegaard,* 416 U.S. 312 (1974); *Bakke v. Regents of the University of*

schon über eine zwanzigjährige Anwendung verfügt[306], die Zulässigkeit sowohl von starren als auch von leistungsbezogenen Einstellungsquoten[307] zugunsten von schwarzen im Hinblick auf die Intensität ihrer Benachteiligung und den Rückstand in ihrer sozialen Lage trotz des Gleichbehandlungsgebots des Civil Rights Act 1964[308] grundsätzlich gebilligt hat. Ob diese Rechtsprechung auch auf Frauen übertragen werden kann, ist umstritten[309].

Gemäß Art. 2 (4) steht die Richtlinie 76/207 den Maßnahmen zur Förderung der Chancengleichheit für Männer und Frauen, insbesondere durch Beseitigung der tatsächlich bestehenden Ungleichheiten, die ihre Chancen im Arbeitsmarkt beeinträchtigen, nicht entgegen. Eine ähnliche Vorschrift beinhalten schon die Anpassungsgesetze von Belgien[310], Dänemark[311], Griechenland[312], Frankreich[313], Irland[314], Luxemburg[315], den Niederlanden[316] und Großbritannien[317].

California, 429 U.S. 1090 (1977) und 438 U.S. 265 (1978); weiter *United Steelworkers of America v. Weber*, 443 U.S. 193 (1979), und *Fullilove v. Klutznick*, 1980 (Billigung von "minority or special admissions programs"), dazu im einzelnen *Jones*, ILR 1981, S. 463 ff.; vgl. auch die Frauenförderungspolitik der Freien Universität Berlin: nach dem Beschluß des Akademischen Senats v. 2.7.1980 werden bei gleicher Qualifikation Frauen bevorzugt.

[306] Besonders aufgrund des Executive Order Programs, das alle Unternehmen, die mit staatlichen Instanzen Verträge abschlossen, verpflichtete u.a., ihre Arbeitnehmer nicht wegen ihres Geschlechts zu diskriminieren und aktiv Maßnahmen zu ergreifen, um die bestehenden Diskriminierungen zu beseitigen; vgl. EO 10925/1961, Title 3 Code of Federal Regulations: 1959-1963 compilation, Washington 1964, S. 448-454; und EO 11375/1968, ebenda 1966-1970 compilation, Washington 1971, S. 684-686; vgl. auch *Hohmann-Dennhardt*, 1982, S. 32 ff.

[307] Unter Quotierung wird grundsätzlich die Reservierung von festgelegten Anteilen an bestimmten Berufsgruppen in Unternehmen, Verwaltung oder anderen Institutionen für Angehörige benachteiligter Gruppen verstanden; eventuelle diskriminierende Auswirkungen der Quotierung auf Angehörige anderer, in der Vergangenheit privilegierter Gruppen wird dabei in Kauf genommen; vgl. *R. Seeland*, ZVglWiss 1982, S. 308.

[308] Sec. 703 (j) des Title VII lautet: „keine Bestimmung dieses Titels verpflichtet Arbeitgeber (...) zu einer Vorzugsbehandlung zugunsten eines Individuums oder einer Gruppe bestimmter Rasse (...) oder Geschlechts wegen eines Ungleichgewichts der Gesamtzahl oder des Prozentsatzes der Beschäftigung von Personen einer Rasse (...) oder Geschlechts im Vergleich mit der Gesamtzahl oder dem Prozentsatz von Personen solcher Rasse (...) oder Geschlecht in einem Gebiet (...)".

[309] Für eine analoge Anwendung vgl. *O'Donovan*, in Guest/Milne (Hrsg.), 1985, S. 76 ff. mit Argumenten aus der austeilenden und kompensatorischen Funktion der Gerechtigkeit; in dieser Richtung auch *Pfarr*, in Däubler-Gmelin/Pfarr/Weg (Hrsg.), 1985, S. 93-94; ablehnend dagegen *Hanau*, in Fest. W. Herschel, 1982, S. 220; für einen Überblick der aus feministischen Kreisen erhobenen Stimmen gegen die Quotierung, insbesondere wegen der Befürchtung, „spezielle" Gesetze würden Frauen in die „Ecke der Minderheit" drängen, oder der Behauptung, eine formelle Gleichsetzung würde eine unabhängige Frauenpolitik unmöglich machen, s. *Slupik*, KJ 1982, S. 351.

[310] Art. 119 des Gesetzes v. 4.8.78.

[311] Art. 11 (2) des Gesetzes Nr. 161 v. 12.4.78; die Förderungsmaßnahmen müssen allerdings vom Arbeitsminister nach Stellungnahme des Gleichheitsrates bewilligt werden.

[312] Art. 10 (2) des Gesetzes Nr. 1414/84; das Gesetz zählt jedoch zu den möglichen Beförderungsmaßnahmen auch Maßnahmen zum Schutz von Personen mit besonderen Familienlasten, was zu gewissen prinzipiellen Unklarheiten führen könnte.

[313] Art. L. 123-3, L.123-4, L.133-5(9), L.900-4 des CT, Decrét Nr. 84-69 v. 30.1.84, JO v. 1.2.84 und Runderlaß v. 11.8.84, J.O. v. 18.9.84; diese Regelungen sehen eine Reihe von

Auf der anderen Seite wurden schon positive Ausbildungsmaßnahmen zugunsten von Frauen in Italien als diskriminierend angesehen[318]. Die Verfassungsmäßigkeit von Quoten, jedoch nicht im Arbeitsrecht, ist auch in Frankreich umstritten[319]. Eine starre Quote von 25 % von Frauen in den Wahlvorschlagslisten für die Gemeindewahlen ist vom französischen Conseil Constitutionnel als verfassungswidrig abgewiesen worden[320]. Ähnliche Probleme könnten auch in anderen Mitgliedstaaten vorkommen, in denen das Gleichbehandlungsgebot in der Verfassung verankert ist[321]. Dennoch ist hier zu bemerken, daß die Verfassungsmäßigkeit von positiven Aktionen grundsätzlich von der Art der konkreten Maßnahme abhängt. Starre Quoten, die eine fixe Größe von Positionen in bestimmten Bereichen der Politik oder der Beschäftigung Angehörigen eines Geschlechts reservieren, sollten als „ultima ratio" angesehen werden[322]. Andere Arten von „Quoten", wie z.B. die „bevorzugte Behandlung"[323], bei denen zuerst nur auf die Qualifikation der Bewerber für eine Stelle abgestellt

---

positiven Maßnahmen (actions de rattrapage) vor, die zugunsten von Frauen getroffen werden können, um eine gewisse „mixité" im Bereich der Beschäftigung herzustellen; Adressaten dieser Aktion sind der Staat, die Tarifparteien und die einzelnen Arbeitgeber; die konkreten Maßnahmen sind auf freiwilliger Basis getroffen; die bereitwilligen Unternehmen können jedoch eine staatliche Beihilfe für die Durchführung des vom Arbeitsdirektor bewilligten Plans bekommen; im Rahmen dieser Gesetzgebung wurden zumindest bis Dezember 1986 von neun Firmen, wie Sofinco, s. Inter Social, Nr. 102, Mai 1984, S. 14; Moulinex, s. CFDT-Action Juridique, Nr. 36, Nov-Dez 1983, S. 13; Cogema, CEA, Aérospatiale, Superba, J. Vabre, Bull-Système und CIN solche „plans de rattrapage" durchgeführt; die Wirksamkeit dieser Pläne läßt sich jedoch noch nicht beurteilen, dazu im einzelnen *Arseguel/Reynes*, in Verwilghen (Hrsg.), Bd. II 1986, S. 136 ff.; *Junter-Loiseau*, Dr.Soc. 1987, S. 153 ff.

314 Sec. 15 des EEA 1977; die Zulässigkeit von positiven Maßnahmen betrifft jedoch nur die Veranstaltung von Ausbildungsprogrammen in Bereichen, in denen während der letzten 12 Monate die Repräsentation eines Geschlechts gering war; Bevorzugung bei der Einstellung ist dagegen nicht erlaubt.

315 Art. 2 (3) des Gesetzes v. 8.12.81.

316 Art. 1637ij Satz IV des niederländischen BGB.

317 Sec. 47 und 48 des SDA 1975; zulässig sind jedoch nur u.U. positive Ausbildungsmaßnahmen und Maßnahmen zur Förderung der Teilnahme von Frauen in Berufsverbänden.

318 Vgl. die Entscheidung des Pretore Penale Genova v. 4.6.84, wonach eine positive Aktion zugunsten von Frauen durch das Gesetz Nr. 903/1977 verboten sei, weil dieses Gesetz keinen ausdrücklichen Vorbehalt in dieser Richtung beinhaltet; eine unmittelbare Anwendbarkeit von Art. 2 (4) der Richtlinie 76/207 hat der Pretore aus denselben Gründen für unzulässig gehalten, vgl. im einzelnen *Ballestrero*, in Verwilghen (Hrsg.), Bd. II 1986, S. 267.

319 Skeptisch über die Verfassungsmäßigkeit von Quoten in der Bundesrepublik auch *R. Seeland*, DB 1983, S. 1435 m.w.N.

320 Urteil v. 18.12.82 über einen Gesetzesentwurf, der vom französischen Assemblée National mit 476 Stimmen pro, 4 contra und 3 Enthaltungen angenommen war; die Entscheidung, die auf der Grundlage der „umgekehrten" Diskriminierung beruhte, wurde heftig kritisiert; dazu im einzelnen *Lanquetin*, Dr.Soc. 1983, S. 243; *Loschak*, Dr.Soc. 1983, S. 131, m.w.N.; vgl. auch die parlamentarische Debatte v. 27.7.1982, JO Déb. A.N. 1982, S. 4913 ff.

321 In Belgien, der Bundesrepublik, Griechenland, Frankreich, Italien und den Niederlanden.

322 So *Hohmann-Dennhardt*, 1982, S. 48; *dies.*, ZRP 1979, S. 247 m.w.N.

323 "Preferential Treatment".

wird und nur bei gleicher Qualifikation, was freilich nicht so oft vorkommt, ein bestimmtes Gleichgewicht durch die Berücksichtigung des Geschlechts hergestellt werden sollte, sind verfassungsrechtlich weniger problematisch und schränken die Leistungsfähigkeit des Unternehmens nicht ein.

Auf jeden Fall ist Art. 2 (4) der Richtlinie eine „Sollvorschrift". Die Mitgliedstaaten sind nicht verpflichtet, Maßnahmen in dieser Richtung zu treffen. Die positive Aktion ist dennoch Bestandteil des Aktionsprogramms der Gemeinschaft[324]. Die positive Förderung der Chancengleichheit der Geschlechter ergänzt so das allgemeine Diskriminierungsverbot von Art. 2 (1) der Richtlinie: Dieses Verbot dient in erster Linie der individuellen Gerechtigkeit in der traditionellen Form der Gewährung von subjektiven Rechten, die eine Benachteiligung des Arbeitnehmers aufgrund seines Geschlechts ausschließt. Auf der anderen Seite sollten positive Maßnahmen die Chancen des unterrepräsentierten Geschlechts kollektiv fördern und das entsprechende öffentliche Interesse berücksichtigen.

C. Die Rechtfertigung von Ungleichbehandlungen im Bereich der Beschäftigung

I. Das Geschlecht als Qualifikation für die Ausübung einer Tätigkeit

Art. 2 (3) und 2 (4) der Richtlinie 76/207 beinhalten, wie schon oben dargestellt, spezielle Ausformungen des Gleichberechtigungsprinzips, und ihr zugrundeliegender Gedanke ist immer noch die Gleichheitsidee. Die einzige Ausnahmebestimmung, die eine Differenzierung aufgrund des Geschlechts erlaubt, befindet sich in der Generalklausel des Art. 2 (2) der Richtlinie. Dieser Absatz lautet wie folgt:

> „Diese Richtlinie steht nicht der Befugnis der Mitgliedstaaten entgegen, solche beruflichen Tätigkeiten und gegebenenfalls die dazu jeweils erforderliche Ausbildung, für die das Geschlecht aufgrund ihrer Art oder der Bedingung ihrer Ausübung eine unabdingbare Voraussetzung darstellt, von ihrem Anwendungsbereich auszuschließen."

Diese Ausnahmebestimmung ist eng gefaßt und darf nur einschränkend ausgelegt werden[325]. Der für die Anwendung dieser Norm entscheidende Begriff der

---

[324] Vgl. in dieser Richtung *Raetsen*, Soziales Europa, Nr. 2, Sep. 1984, S. 53 ff.

[325] Vgl. aber § 611 a Satz III, der eine Rechtfertigung zuläßt, wenn i) „das Geschlecht eine unverzichtbare Voraussetzung für die auszuübende Tätigkeit", oder ii) „wenn nicht auf das Geschlecht bezogene, sachliche Gründe für die unterschiedliche Behandlung vorliegen"; diese im ersten Blick doppelte Rechtfertigungsmöglichkeit kann schwer mit der Richtlinie in Einklang gebracht werden, die ausdrücklich nur die erstere Rechtfertigungsmöglichkeit vorsieht; vgl. zu dieser Formulierung die Kritik von *Pfarr*, BlStSozArbR 1980, S. 19; kritisch auch aus Gründen der Gesetzessystematik *Eich*, NJW 1980, S. 2331.

„unabdingbaren Voraussetzung" ist in den Rechtsordnungen der Mitgliedstaaten unterschiedlich formuliert, jedoch haben die innerstaatlichen Anpassungsvorschriften im wesentlichen dieselbe Ratio wie die gemeinschaftliche Bestimmung. Diese Ausnahme hat zum Ziel, verschiedene Grundrechte, die der heutigen Gesellschaft wichtiger als der Gleichbehandlungsgrundsatz sind, vor einer Durchsetzung dieses Grundsatzes zu schützen. Solche Rechtsgüter sind z. B. das Recht der freien Entfaltung der Persönlichkeit, das Recht zum Schutz der Intimsphäre, sowie verschiedene Einstellungen über das, was als gerecht, schön, wirksam, moralisch, authentisch oder modisch angesehen werden soll, insofern, als diese Anschauungen grundlegende Trends der aktuellen Gesellschaft darstellen. Im Grunde genommen läßt sich diese Anzahl von Rechtfertigungsgründen mit dem Begriff „unabdingbar" nicht in Einklang bringen. Würde man diesen Begriff wörtlich verstehen, so wäre nur die Amme[326] als Beispiel einer nur von Angehörigen eines Geschlechts auszuübenden Tätigkeit übriggeblieben. Die in der heutigen Gesellschaft „richtige" Definition einer Tätigkeit, die bona fide[327] nur von einem Mann oder einer Frau ausgeübt werden kann, distanziert sich sowohl von der Auslegung, die sich ausschließlich an „definitorische" Geschlechtsunterschiede knüpft und alle soziokulturellen Unterschiede verwirft, als auch von einer Ausnahmeliste, die, wie z. B. in Großbritannien, mehr als zwölf allgemeine Rechtfertigungsgründe vorsieht. Die Zahl der betroffenen Tätigkeiten darf freilich nicht besonders groß sein und sollte im Laufe der Zeit sowie der moralischen und technologischen Entwicklung noch kleiner werden.

Die Mitgliedstaaten haben drei verschiedene Methoden verwendet, um Art. 2 (2) der Richtlinie im nationalen Recht umzusetzen. Eine Generalklausel in der Form der EG-Norm beinhalten die Anpassungsgesetze in der Bundesrepublik[328], in Griechenland[329], Italien[330] und den Niederlanden[331]. Die Anpassungsgesetze von Großbritannien[332] und Irland[333] haben alle zulässigen Rechtfertigungsgründe in der Form einer erschöpfenden Aufzählung festgelegt. In der Mitte befinden sich die Regelungen von Frankreich[334], Belgien[335], Luxemburg[336] und

[326] So *Adomeit*, DB 1980, S. 2388.

[327] Über die Charakterisierung des Geschlechts als „Bona Fida Occupational Qualification" (BFOQ) im amerikanischen oder "Genuine Occupational Qualification" (GOQ) im britischen Recht und die dazugehörige Rechtsprechung vgl. *Dix*, Gleichberechtigung 1984, S. 174 ff.; *Carty*, NLJ 1984, S. 484; *Freedman*, YLJ 1983, S. 913, 928.

[328] § 611 a (1) Satz II BGB.

[329] Art. 10 (1) (b) des Gesetzes Nr. 1414/84.

[330] Art. 1 (5) des Gesetzes 903/1977.

[331] Art. 2 Satz II des Gesetzes v. 1.3.80.

[332] Sec. 7 des SDA 1975.

[333] Sec. 11, 12 und 17 des EEA 1977 i. d. F. von 1982.

[334] Art. L.123-1 Satz II des CT.

[335] Art. 122 des Gesetzes v. 4.8.1978.

[336] Art. 3 (2) des Gesetzes v. 8.12.81.

Dänemark[337], die einen Hoheitsträger, wie z.B. den Minister für Arbeit[338], ermächtigen, nach Konsultation aller Interessenten eine erschöpfende[339] Ausnahmeliste mit den betreffenden Tätigkeiten zu erlassen und sie regelmäßig zu revidieren.

Alle drei Methoden sind mit der Richtlinie grundsätzlich vereinbar. Art. 2 (3) der Richtlinie bezweckt oder bewirkt nicht, daß den Mitgliedstaaten für die Ausübung der Befugnis zu Ausnahmeregelungen eine bestimmte Form vorgeschrieben wird, um so weniger, als die in Frage stehenden Regelungen auf ganz unterschiedlichen Gründen beruhen können[340]. Jedoch ergibt sich aus Art. 9 (2) der Richtlinie, daß die Mitgliedstaaten und die Kommission verpflichtet sind, in regelmäßigen Abständen zu prüfen, ob die aufgrund von Art. 2 (2) vorgesehenen Ausnahmen vom Grundsatz der Gleichbehandlung gerechtfertigt sind. Diese doppelte Kontrolle soll dazu dienen, schrittweise diejenigen noch bestehenden Ausnahmen zu beseitigen, die nach Maßstäben des Art. 2 (2) – gegebenenfalls in Verbindung mit Art. 2 (3) – nicht mehr gerechtfertigt erscheinen. Den Mitgliedstaaten obliegt danach, die betreffenden Berufe und Tätigkeiten vollständig und in nachprüfbarer Form zu erfassen. Eine Generalklausel, wie sie in der Bundesrepublik, in Griechenland, Italien und den Niederlanden gilt, ist aber nicht in der Lage das erforderliche Maß an Transparenz bezüglich der Durchführung der Art. 2 (2) und 2 (3) in Verbindung mit Art. 9 (2) der Richtlinie herzustellen[341]. Wegen mangelnder Durchschaubarkeit wurde auch vom EuGH in *Kommission g. Französische Republik*[342] ein nach Geschlecht getrenntes Einstellungsverfahren

---

[337] Art. 11 (1) des Gesetzes Nr. 161 v. 12.4.78.

[338] So in Dänemark nach Beratung des Gleichheitsrates; in Belgien wird die Krone nach Beschluß des Ministerrats, Stellungnahme der Kommission für Frauenarbeit und der Gewerkschaften zum Erlaß der Liste beauftragt; in Frankreich ist die Regierung nach Anhörung des Conseil d'Etat zuständig; das luxemburgische Gesetz beinhaltet sowohl eine Ermächtigung der Regierung zur Feststellung der diesbezüglichen Tätigkeiten als auch eine Ausnahmeliste für den öffentlichen Dienst in Art. 2 (2) (3) und (4).

[339] Art. 416-3 des französischen Code Penal sah früher die Möglichkeit einer Rechtfertigung wegen „sachlicher Gründe" (motif légitime) vor; diese Norm ist nur auf diskriminierende Stellenangebote, Einstellungsverweigerungen und Entlassungen anwendbar; die Möglichkeit der Rechtfertigung wegen eines „motif légitime" wurde durch Art. 20-1 des Gesetzes v. 13.7.1983 abgeschafft; die Dauerhaftigkeit dieser Gesetzesänderung ist aber wegen des breiten Kreises der durch Art. 416-3 des CP geschützten Personen, das auch Diskriminierungen aufgrund der Rasse, der Religion und der Staatsangehörigkeit in den o. g. Situationen verbietet, sehr zweifelhaft; dazu *Savatier*, Dr.Soc. 1984, S. 340 ff.; dagegen beinhaltet § 611 a III BGB, obwohl er sich nur auf Diskriminierungen aufgrund des Geschlechts bezieht, die Rechtfertigung wegen „sachlicher Gründe".

[340] Mit dieser Erwägung wies der EuGH eine diesbezügliche Rüge der Kommission, wonach § 611 a BGB nicht ausreichend sei, weil er keinen genauen Katalog der zulässigen Ausnahmen enthalte, zurück; vgl. EuGH v. 21.5.81, Rs. 248/83 *(Kommission g. die Bundesrepublik)*, Nr. 32-36 der Gründe.

[341] So der EuGH in bezug auf Art. 9 (2) der Rl. 76/207; in diesem Punkt hat der EuGH entsprechend der Rüge der Kommission einen Verstoß der BRD gegen ihre Verpflichtungen aus dem EWGV festgestellt, weil sie die zur Durchführung dieses Artikels erforderlichen Maßnahmen nicht ergriffen hat, ebenda Nr. 39-40 der Gründe.

[342] EuGH v. 30.6.88, Rs. 318/86 (unveröff.).

für die Ernennung von Beamten in den „corps" des Führung- und des Fach- und Berufsausbildungspersonals im Außendienst des Strafvollzugs sowie in der Gesamtheit der fünf „corps" der Staatspolizei[343] als diskriminierungsverdächtig bezeichnet. Ein nach Geschlecht getrenntes Einstellungssystem macht es, nach Ansicht des EuGH,

> „sowohl der Kommission und den zuständigen Gerichten als auch den durch diskriminierende Maßnahmen beschwerten Personen unmöglich, in irgendeiner Form nachzuprüfen, ob die in den getrennten Einstellungsverfahren jeweils festgesetzten prozentualen Anteile tatsächlich den spezifischen Tätigkeiten entsprechen, für die das Geschlecht im Sinne von Art. 2 (2) der Richtlinie eine unabdingbare Voraussetzung darstellt."[344]

Genauso unzulässig sind aber zahlreiche Gründe, die in den Ausnahmelisten der Gesetze der anderen Mitgliedstaaten vorkommen. Die Rechtsprechung des EuGH in *Johnston* und die zahlreichen Entscheidungen der nationalen Gerichte lassen deutlich erkennen, welche Tätigkeiten aufgrund ihrer Natur oder der Bedingungen ihrer Ausübung ausgenommen werden können, oder für welche dagegen das Geschlecht keinen zulässigen Differenzierungsgrund darstellt.

1. Ausnahmen aufgrund der Natur der Tätigkeit

Aus Gründen der Authentizität einer künstlerischen Darstellung[345] oder der kommerziellen Wirksamkeit der Vorführung einer Ware sind hier die Tätigkeiten des Schauspielers oder Sängers und des Fotomodells einzuordnen[346]. Danach kann ein Regisseur oder ein Photograph nicht zur Einstellung eines Mannes oder einer Frau verpflichtet werden. Eine Kosmetikfirma kann auch ihre Mannequins frei auswählen. Hiermit sind aber die Tätigkeiten, die ihrer Natur nach das Geschlecht als Bezugspunkt rechtfertigen können, freilich erschöpft. Abgesehen von Klerikern[347] sollten eventuelle Ausnahmen weiterer Tätigkeiten sich ausschließlich an die konkreten Ausübungsbedingungen knüpfen.

Jedoch bestehen immer noch in den Mitgliedstaaten Tätigkeiten, insbesondere im öffentlichen Dienst, die vom Anwendungsbereich der Richtlinie ausgenommen worden sind, obwohl sie ihrer Natur nach von Männern als auch von

---

[343] s.u. Teil III Fn. 348.

[344] *Kommission g. Französische Republik,* Rs. 318/86, Nr. 27 der Gründe.

[345] Vgl. *R. Seeland,* ZVglWiss 1982, S. 301.

[346] Der belgische Königliche Erlaß v. 8.2.79, sowie das französische Dekret Nr. 84-395 v. 25.5.84 beinhalten genau dieselben Tätigkeiten: „artistes appelés à interpréter soit un rôle féminin soit un rôle masculin; mannequins chargés de présenter des vêtements et accessoires, modèles masculins et féminins"; das Geschlecht kann danach für die Ausübung von keiner weiteren Tätigkeit als „unabdingbar" angesehen werden.

[347] Vgl. in dieser Richtung sec. 19 des britischen SDA 1975.

Frauen ausgeübt werden können und die Bedingungen ihrer Ausübung keine Rechtfertigung für ihre Ausnahme ableiten lassen[348].

2. Ausnahmen aufgrund der Bedingungen der Ausübung einer Tätigkeit

Hier werden Tätigkeiten zugeordnet, die unter Umständen von Angehörigen eines bestimmten Geschlechts aus physiologischen oder psychologischen Gründen wesentlich besser ausgeübt werden können.

Ein Beispiel dafür bietet die Polizei und jeder andere bewaffnete Überwachungsdienst in Gefängnissen oder ähnlichen Einrichtungen. Zweifelsohne sind Frauen genau so gut wie Männer in der Lage mit Waffen umzugehen. Jedoch können, nach Ansicht des EuGH, besonders bei schweren Unruhen und terroristischen Anschlägen die Bedingungen der Ausübung bestimmter polizeilicher Tätigkeiten so beschaffen sein, daß das Geschlecht eine Voraussetzung für ihre Ausübung darstellt. In solchen Fällen kann ein Mitgliedstaat diese Aufgaben sowie die diesbezügliche Ausbildung Männern vorbehalten[349]. Hier wird aber nur die Einstellung für eine Stoßtruppe erfaßt, die zur Vorbeugung gefährlicher Terrorsituationen eingesetzt wird. Alltägliche bewaffnete polizeiliche Tätigkeiten sollen auch Frauen anvertraut werden. Unterschiede in der Physiologie, insbesondere was die körperliche Kraft und Konstitution betrifft, können auch im Bereich der meisten Sportdisziplinen getrennte Mann- und „Frauenschaften" rechtfertigen[350].

Ein weiteres Beispiel bietet der Beruf der Hebamme. Es wird eingeräumt, daß zum gegenwärtigen Zeitpunkt persönliche Empfindsamkeiten in den Beziehungen zwischen der Hebamme und ihrer Patientin eine bedeutende Rolle spielen

---

[348] Das luxemburgische Anpassungsgesetz hat die Einstellung bei der Polizei, der Armee, der Gendarmerie, der Post, sowie als Zöllner, Gefängniswärter, Feldwächter, Musiker in Armeeband, Gerichtsvollzieher oder Kleriker vom Anwendungsbereich des Gesetzes ausgenommen; in Frankreich werden durch das Gesetz Nr. 82-380 und dem Durchführungserlaß Nr. 82-886, JO 1982, S. 3154, eine Reihe ähnlicher Tätigkeiten ausgenommen: „commissaires, commandants, officiers, inspecteurs, enquêteurs, gradés et gardiens de la paix de la police nationale; les services exterieurs de l'administration pénitentiaire; les contrôleurs, agents de constatation et préposés des douanes; les professeurs d'éducation physique et les instituteurs de l'éducation nationale"; Art. 21 des Gesetzes Nr. 84-16 v. 11.1.85 über den öffentlichen Dienst, JO 1984, S. 271, sieht vor, daß bei bestimmten Tätigkeiten der o.g. Liste [die „corps" der (Hilfs-) Turn- und Sportlehrer sind inzwischen durch Dekret v. 29.4.88 von der Liste gestrichen worden] jeweils getrennte Einstellungsverfahren durchgeführt werden können; der EuGH entschied in *Kommission g. Französische Republik*, Rs. 318/86, daß solche Einstellungssysteme wegen mangelnder Durchschaubarkeit von der Rl. 76/207 nicht gedeckt werden können, s.o. Teil III Fn. 342 und 344; kritisch zu diesen Ausnahmen *Bonnechere*, Dr.Soc. 1984, S. 214-215; ähnlich für Belgien *Vogel-Polsky*, in Verwilghen (Hrsg.), Bd. II 1986, S. 22.

[349] EuGH v. 15.5.86, Rs. 222/84 *(Johnston)*, Nr. 37 der Gründe.

[350] Vgl. sec. 44 des britischen SDA 1975; im einzelnen dazu *Dix*, Gleichberechtigung 1984, S. 177; *Reid*, MLR 1976, S. 435.

können[351]. Der Schutz des Anstandsgefühls oder der Intimsphäre wird oft für Tätigkeiten der körperlichen Pflege oder persönlichen Betreuung[352] als Rechtfertigung herangezogen, z.B. für Jobs wie Herrenschneider, Verkäufer in einem Wäschegeschäft, Kontrollbeamte beim Zoll, Toilettenbediener, oder auch in Zusammenhang mit der Abwesenheit getrennter Unterkunfts- oder Toiletteneinrichtungen[353] in Schiffen, Bohrinseln, entlegenen Baustellen oder Leuchttürmen. In solchen Fällen kann aber das Verhältnismäßigkeitsprinzip eine einschränkende Rolle spielen: Wenn für den Arbeitgeber die Einrichtung getrennter sanitärer Anlagen für Männer und Frauen zumutbar ist, dann können diese Gründe nicht als Rechtfertigung für die Nicht-Einstellung von Personen eines Geschlechts vorgebracht werden[354].

In dieser Hinsicht werden auch bestimmte Erziehungstätigkeiten erwähnt, die am wirkungsvollsten von Personen eines bestimmten Geschlechts ausgeübt werden können, wie z.B. die Tätigkeit des Sportlehrers[355]. Dieser Ausnahmegrund soll aber nur unter ganz besonderen Umständen vorgebracht werden. Eine solche Rechtfertigung könnte z.B. für bestimmte Beschäftigungen in Privathaushalten eine entscheidende Rolle spielen, kann aber andere Situationen, die nicht als ein Zustand des Privatlebens angesehen werden können, wie z.B. die Einstellung in kleinen Unternehmen mit nicht mehr als fünf Beschäftigten, nicht decken. Solche Ausnahmen gehen über das Ziel hinaus, das im Rahmen des Art. 2 (2) berechtigterweise verfolgt werden kann[356].

II. Weitere Rechtfertigungsgründe

Weitere Gründe, die zur Rechtfertigung einer Ungleichbehandlung im Bereich des Zugangs zur Beschäftigung oder der Arbeitsbedingungen vorgebracht werden können, sind im Prinzip aus der Sicht der EG-Norm nicht zulässig. So kann beispielsweise die gegenüber Frauen erwartete Ritterlichkeit nicht zur Rechtfertigung ihrer Ausnahme von einer schmutzigen Arbeit vorgeschoben

[351] EuGH v. 8.11.83, Rs. 165/82 *(Kommission g. Vereinigtes Königreich)*, Nr. 20 der Gründe.

[352] Vgl. die britische Rechtsprechung in *Wylie v. Dee & Co. (Menswear) Ltd.*, IRLR 1978, S. 103.

[353] Vgl. sec. 46 ff. des britischen SDA 1975 und die Rechtsprechung in *Sisley v. Britannia Security Systems Ltd.*, IRLR 1983 (EAT), S. 404.

[354] Ausführlich *Dix*, Gleichberechtigung 1984, S. 178-179 m.w.N.

[355] So die ständige Rechtsprechung des belgischen Conseil d'Etat bezüglich der Auslegung des Ministeriellen Runderlasses v. 25.3.75; s. *Storms c. Etat Belge et Ministre de l'Education Nationale* v. 22.7.1980 (CdEB 4. ch.), PB 1982 (Teil IV), Nr. 7-8, S. 103-107; und *Van de Velde c. Ministre de l'Education Nationale*, v. 8.6.82 (CdEB 4. ch.), PB 1984 (Teil IV), Nr. 3, S. 44-77; *Vogel-Polsky*, in Verwilghen (Hrsg.), Bd. II 1986, S. 22, erwähnt eine weitere Ausnahme für „éducateurs" durch den Königlichen Erlaß v. 9.11.82.

[356] EuGH v. 8.11.83, Nr. 15-16 der Gründe; skeptisch aber *Hanau*, Fest. Kahn-Freund 1980, S. 475, in bezug auf kleine Arbeitgeber und leitende Angestellte.

werden[357]. Ebensowenig reicht die erforderliche „persönliche Kontaktpflege und Teilnahme an Unterhaltungen und Vergünstigungen" von in der Regel männlichen Kunden für die Nicht-Einstellung einer Frau aus[358].

Stereotype Vorstellungen über Kleidung, Haarschnitt oder andere äußerliche Erscheinungen eines Geschlechts können eine Ungleichbehandlung nicht rechtfertigen. In diesem Sinne kann der Arbeitgeber nur dann von weiblichen Angestellten in Anbetracht der möglicherweise altmodischen Vorstellungen der überwiegenden Mehrheit seiner Kundschaft das Tragen eines Rocks verlangen[359], wenn er gleichartige Vorschriften für die männlichen Angestellte - z. B. das Tragen einer Krawatte - aufgestellt hat. Die angebliche Präferenzen der Kundschaft für weibliche Stewardessen stellen weiter keinen zulässigen Rechtfertigungsgrund für die gegenüber Männern diskriminierende Einstellungspolitik einer Fluggesellschaft[360].

§ 8 Schlußbetrachtung

Gemeinschaftsrechtsakten wird oft Kleinmutigkeit und Neigung zum Kompromiß vorgeworfen. Die vom Rat erlassenen Vorschriften seien nach Ansicht von Kritikern das unzulängliche Endresultat langwieriger und peinlicher Verhandlungen, die sich grundsätzlich darum bemühen, die verschiedenen Interessen der Mitgliedstaaten auf den kleinsten gemeinsamen Nenner zu bringen. Anlaß zu ähnlicher Kritik geben gewissermaßen auch einzelne Regelungen der im Rahmen dieser Arbeit erläuterten EG-Normen: Besonders die in der ersten und zweiten Versorgungsrichtlinie vorgesehenen Ausnahmen können in dieser Hinsicht als Beispiel angeführt werden.

Im ganzen wäre jedoch die Sozialpolitik der Gemeinschaft in bezug auf die Gleichberechtigung männlicher und weiblicher Erwerbstätiger eher positiv zu werten. Art. 119 EWGV und die fünf Gleichbehandlungsrichtlinien bilden ohne Zweifel ein beachtliches Normensystem, das sowohl zur Angleichung der Rechtsordnungen der Mitgliedstaaten, und somit ferner zur europäischen Integration, als auch zur Besserung der rechtlichen Lage der erwerbstätigen Frauen beigetragen hat.

---

[357] In *Ministry of Defence v. Jeremiah*, ICR 1980 (CA), S. 13; als Zeichen erlaubter Ritterlichkeit wurde jedoch früher in *Peake v. Automotive Products Ltd.*, WLR 1977 (CA), S. 853, eine Betriebsordnung gebilligt, wonach Frauen den Betrieb fünf Minuten früher verlassen dürfen als Männer; diese frühere Rechtsprechung des britischen CA wurde scharf kritisiert, s. *Martiny*, RabelsZ 1978, S. 131.

[358] Vgl. den *Harz*-Fall beim EuGH; *Slupik*, KJ 1982, S. 357.

[359] Vgl. *Schmidt v. Austicks Bookshops Ltd.*, IRLR 1977 (EAT), S. 350.

[360] So die französische Rechtsprechung in *Beau c. Leclerc* v. 20.1.84 (Trib. Correctionnel Morlaix), Dr.Soc. 1984, S. 342 mit Anm. *Savatier*, ebenda, S. 339.

Die umfangreiche Gesetzgebung und die zahlreichen Entscheidungen der innerstaatlichen Gerichte, die auf diesem Normensystem beruhen, liefern in erster Linie den Beweis für die Richtigkeit dieser Schlußfolgerung. Für die einzelnen Arbeitnehmerinnen, die sich auf diese Vorschriften direkt oder indirekt gestützt haben, um ihre Rechte gerichtlich geltend zu machen, stellt weiter der gemeinschaftsrechtliche Gleichberechtigungssatz eine konkrete Rechtsgrundlage, die sich von den anderen mehr oder weniger programmatischen Regelungen des dritten Titels des Römervertrags deutlich unterscheidet. Insbesondere sollte man hier auf die Rolle des EuGH zur Konkretisierung dieses Grundsatzes hinweisen.

Dieses Normensystem betrifft jedoch im Prinzip die Beschäftigung der Frau und fordert ihre Gleichstellung am Arbeitsplatz. Insofern kann die Wirksamkeit des Gleichbehandlungsgebots durch eine bessere Unterrichtung und Bekanntmachung der einzelnen Vorschriften, durch die Weiterentwicklung der Überwachungsmechanismen sowie durch die Umkehrung der Beweislast[361] im Rahmen einer Diskriminierungsklage gefördert werden.

Die Verwirklichung einer Chancengleichheit von Männern und Frauen im wirtschaftlichen, sozialen und kulturellen Leben bedarf dagegen eines weitgehenden Bewußtseinwandels, der nur im Rahmen einer verstärkten Sensibilisierung der Öffentlichkeit und einer Änderung festverwurzelter Denkweisen vollgezogen werden kann. Eine bessere Organisation der allgemeinen und beruflichen Bildung, eine Bemühung zur Entwicklung von Mentalitäten, die zur gleichen Teilung der beruflichen und familiären Pflichten führen könnten, sowie eine stärkere Beteiligung der Frau an den Entscheidungsprozeß ist für den Abbau der Geschlechtertrennung am Arbeitsmarkt von erheblicher Bedeutung, hängt aber vielmehr von einer koherenten politischen Entscheidung als von der Durchsetzung eines Rechtsgrundsatzes ab.

---

[361] Vgl. dazu den Vorschlag der Kommission für eine Richtlinie zur Beweislast im Bereich des gleichen Entgelts und der Gleichbehandlung von Frauen und Männern, ABl. Nr. C 176 v. 5.7.88, S. 5; s.o. Teil II Fn. 104 und 238.

Literaturverzeichnis

Aaron, B.: Discrimination based on Race, Color, Ethnicity and National Origin, in F. Schmidt (Hrsg.), 1978, S. 53 ff.

Adamopoulou, P.: Notes sur la legislation relative à la nationalité hellénique et le principe de l'égalité des sexes, Revue Hellénique de Droit International, 1982/1983, Bd. 1-4, S. 131 ff.

Adomeit, K.: Gleichbehandlung von Mann und Frau bei Einstellung von Arbeitnehmern, Der Betrieb, 1980, S. 2388 ff.

Ahrend, P./*Beucher*, D./*Förster*, W.: Die Reform der Hinterbliebenenversorgung in der gesetzlichen Rentenversicherung und ihre rechtlichen und belastungsmäßigen Auswirkungen für die betriebliche Altersversorgung, Der Betrieb, 1985, Blg. 22, S. 1 ff.

Ahrend, P./*Förster*, W./*Rühmann*, J.: Betriebliche Altersversorgung auch für Teilzeitbeschäftigte?, Der Betrieb, 1982, S. 1563 ff.

Alkema, E. A.: The European Community and the European Convention of Rights: Immunity and Impunity for the Community?, Common Market Law Review, 1979, S. 501 ff.

Annoussamy, D.: La jurisprudence internationale en matière de travail féminin, Droit Social, Nr. 1/1976, S. 42 ff.

Anzinger, R.: Zur Neuregelung des Frauenarbeitsschutzes im Entwurf eines Arbeitszeitgesetzes, Der Betrieb, 1985, S. 2352 ff.

Arnull, A.: Sanctioning discriminatio, European Law Review, 1984, S. 267 ff.

- Article 119 and equal pay for work of equal value, European Law Review, 1986, S. 200 ff.
- Sex Discrimination in Occupational Pension Schemes, European Law Review, 1986, S. 363 ff.
- The Direct Effect of Directives: Grasping the Nettle, International and Comparative Law Quarterly, 1986, S. 939 ff.

Arseguel, A./*Reynes*, B.: L'égalité professionnelle entre hommes et femmes dans le droit français, in M. Verwilghen (Hrsg.), 1986, Bd. II, S. 117 ff.

Ashworth, J.: The supply of labour: the labour supply of married women, in Creedy/Thomas (Hrsg.), 1982, S. 68-73.

Atkins, S.: Air Hostesses: a reply, Modern Law Review, 1985, S. 179 ff.

- Equal treatment and retirement age, Modern Law Review, 1986, S. 508 ff.

Bahlmann, K.: Der Grundsatz der Gleichbehandlung von Mann und Frau im Gemeinschaftsrecht, Recht der Arbeit, 1984, S. 98 ff.

Barendrecht, J.-M./*Van der Wal*, G.: Equality in law between men and women in the Netherlands, in M. Verwilghen (Hrsg.), Bd. II 1986, S. 319 ff.

Bebr, G.: Directly applicable provisons of Community Law, International and Comparative Law Quarterly, 1970, S. 257 ff.

Beck, D.: Equal pay and implementation of article 119 of the Treaty of Rome, Irish Jurist, 1978, S. 112 ff.

Bellgardt, P.: Die Zulässigkeit der Frage nach der Schwangerschaft und das Benachteiligungsverbot des § 611 a BGB, Betriebs-Berater, 1983, S. 2187 ff.

Bellone, C. J. / *Darling,* D. H.: Implementing Affirmative Action Programs: Problems and Strategies, Public Personnel Management Journal, 1981, S. 184 ff.

Berenstein, A.: L'égalité des sexes en droit du travail, Rivista di diritto internationale e comparato del lavoro, 1977, S. 3 ff.

Bertelsmann, K.: Gleichbehandlung zwischen Frauen und Männern nach bundesdeutschen und EG-Recht, Betriebs-Berater, 1983, S. 1805 ff.

Bertelsmann, K. / *Pfarr,* H.: Gleichbehandlung von Frauen und Männern bei betrieblichen Zulagen, Arbeit und Recht, 1982, S. 86 ff.

- Diskriminierung von Frauen bei der Einstellung und Beförderung - Zu den Urteilen des EuGH von 10.4.1984 - Rs 14/83 und 79/83, Der Betrieb 1984, S. 1297 ff.

Bertelsmann, K. / *Rust,* U.: Arbeits- und sozialrechtliche Nachteile bei Teilzeitarbeit, Recht der Arbeit, 1985, S. 146 ff.

- Equal opportunity regulations for employed women and men in the Federal Republik of Germany, in M. Verwilghen (Hrsg.), Bd. II 1986, S. 83 ff.

Bertrand, M. / *Thibault,* M.-N.: Pourquoi pas la nuit?, CFDT-Aujourd'hui, Janvier/ fevrier 1982, S. 46 ff.

Beye, C.-J.: Bericht der Leitung der Fachvereinigung Mathematische Sachverständige, Betriebliche Altersversorgung, 1986, S. 125 ff.

Binkert, G.: Konzeptionelle Probleme bei arbeitsrechtlichen Teilreformen - Zum Entwurf eines Gesetzes über die Gleichbehandlung von Männern und Frauen am Arbeitsplatz und über die Erhaltung von Ansprüchen bei Betriebsübergang (Arbeitsrechtliches EG-Anpassungsgesetz), Juristen Zeitung, 1979, S. 747 ff.

Birk, R.: Tarifrechtliche Folgen von Strukturveränderungen im Unternehmens- und Betriebsbereich, Arbeit und Recht, 1975, S. 312 ff.

- Auswirkungen der Rechtsprechung des EuGH zur Gleichbehandlung von Frauen und Männern beim Berufszugang, Neue Zeitschrift für Arbeitsrecht, 1984, S. 145-149.

Blanpain, R. (Hrsg.): Equality and Prohibition of Discrimination in Employment, in Bulletin of Comparative Labour Relations, Nr. 14/1985.

Bleckmann, A.: Anmerkung zum „von Colson-Beschluß" des ArbG-Hamm von 6.12.82, Der Betrieb, 1983, S. 1103 ff.

- Gleichbehandlung von Männern und Frauen hinsichtlich des Zugangs zur Beschäftigung - Anmerkung zum Urteil des EuGH in der Rs. 14/83 vom 10.4.1984, Der Betrieb, 1984, S. 1574 ff.

Blomeyer, W.: Die zulässige Ungleichbehandlung im Arbeitsrecht - Dargestellt am Beispiel der betrieblichen Ruhegelder, in Festschrift für Gerhardt Müller, Berlin 1981, S. 51 ff.

Bokeloh, A.: Die Neuordnung der Hinterbliebenenversorgung und die Anerkennung von Kindererziehungszeiten in der gesetzlichen Rentenversicherung - Ein Überblick über das Hinterbliebenenrenten- und Erziehungszeiten-Gesetz, Der Betrieb, 1985, S. 1942 ff.

Bonnechere, M.: Egalité professionnelle entre les femmes et les hommes: réflexion sur les limites du droit, Droit Ouvrier, 1984, S. 207 ff.

Boré, J.: La Cour de cassation et le principe d'égalité, Droit Social, 1987, S. 137 ff.

Boudard, M. J.: Le droit communautaire et les droits des Etats Membres relatifs au principe de l'égalité de rémunération entre les travailleurs féminins et masculins, in M. Verwilghen (Hrsg.), Bd. I 1986, S. 64 ff.

Bouillaquet-Bernard, P. / *Gauvin-Ayel,* A.: Femmes au Travail, Prospérité et Crise, Paris 1981.

Bridge, J.: Procedural aspects of the enforcement of European Community law through the legal systems of the Member States, European Law Review, 1984, S. 28 ff.

Budiner, M.: Le droit de la femme à l'égalité de salaire et la Convention No. 100 de l'Organisation Internationale du Travail, Paris 1975.

Bülck, H.: Die Lohngleichheit von Mann und Frau als internationales Rechtsproblem, Recht der Arbeit, 1952, S. 1 ff.

Burrows, N.: The promotion of women's rights by the European Economic Community, Common Market Law Review, 1980, S. 191 ff.

Byrne, E.: Gleiche Schul- und Berufsausbildung für Mädchen (Altersgruppe 10-18 Jahre), EG-Kommission, Sammlung Studien, Bildungsreihe Nr. 9, Juli 1978.

Cartou, L.: Note d'arrêt: EuGH v. 10.4.84, Recueil Dalloz-Sirey, 1985, S. 23.

Carty, H.: Genuine occupational qualification and sex discrimination, New Law Journal, 1984, S. 484 ff.

Chevallier, R.-M.: Methods and reasoning of the European Court in its interpretation of community law, Common Market Law Review, 1964/65, S. 21 ff.

Choiste, M. / *Benoit-Eck,* A.: La discrimination dans l'emploi, Droit Social, 1974, S. 29 ff.

Clair, P.: L'art. 119 du Traité de Rome – Le principe de l'égalisation des salaires masculins et féminins dans la C.E.E., Droit Social, Nr. 3/1968, S. 149 f.f

Clausing, P.: Das Erwerbsverhalten verheirateter Frauen – einige überraschende Ergebnisse – Entwicklung seit der Entscheidung des BVerfG zur Neuregelung der Hinterbliebenenversorgung in der Rentenversicherung, Die Angestelltenversicherung, 1984, S. 61 ff.

Cohen, M. / *Nagel,* T. / *Scanlon,* T. (Hrsg.): Equality and Preferential Treatment, Princeton, 1977.

Corcoran, J.: Sex Discrimination Act – a wider look, New Law Journal, 1977, S. 1157 ff.

Cornu, R. B.: Women and employment in the United Kingdom, Irland und Denmark, Brüssel 1974 (COM D.G.V/649/75).

Creedy, J. / *Thomas,* B. (Hrsg.): The Economics of Labour, London 1982.

Crishan, C.: The equal pay principle: some recent decisions of the European Court of Justice, Common Market Law Review, 1981, S. 601 ff.

– Annotation on Case 43/75 (Defrenne II), Common Market Law Review, 1977, S. 102 ff.

Curtin, D.: Effective sanctions and the equal treatment directive: the Von Colson and Harz Cases, Common Market Law Review, 1985, S. 505 ff.

– Occupational Pension Schemes and Art. 119: Beyond the Fringe?, Common Market Law Review, 1987, S. 215 ff.

Dashwood, A.: The Principle of Direct Effect in European Community Law, Journal of Common Market Studies, 1978, S. 229 ff.

Däubler, W.: Lohngleichheit von Mann und Frau als Rechtsproblem, Arbeit und Recht, 1981, S. 193 ff.

Däubler-Gmelin, H./*Pfarr,* H./*Weg,* M. (Hrsg.): Mehr als nur gleicher Lohn – Handbuch zur beruflichen Förderung von Frauen, Hamburg 1985.

Dauses, M.: The Protection of Fundamental Rights in the Community Legal Order, European Law Review, 1985, p. 398 ff.

Davies, P. L.: The Central Arbitration Commitee and Equal Pay, Current Legal Problems, 1980, S. 165 ff.

de Marguerye, C.: Les Juges Français et la discrimination sexuelle, Droit Social, 1983, S. 119 ff.

de Neubourg, Ch.: Part-time work: An international quantitative comparison, International Labour Review, 1985, S. 559 ff.

Disney, R.: The Structure of Pay – The Labour Market in Britain, in Creedy/Thomas (Hrsg.) 1982, S. 130 ff.

Dix, A.: Wie man ein wirkungsloses Gesetz macht, in Janssen-Jurreit (Hrsg.) 1979, S. 354 ff.

– Gleichberechtigung durch Gesetz: Die britische Gesetzgebung gegen die Diskriminierung der Frau im Arbeitsleben – ein Modell für die Bundesrepublik Deutschland?, Diss., Baden-Baden 1984 (zit. Gleichberechtigung 1984).

Docksey, C.: Die Durchsetzung des Gemeinschaftsrechts auf Gleichstellung in den einzelnen Staaten, Soziales Europa, Nr. 1, 1988, S. 21 ff.

Dworkin, R. M.: De Funis v. Sweatt, in Cohen/Nagel/Scanlon (Hrsg.) 1977, S. 63 ff.

– Why Bakke has no case, New York Review of Books, v. 10.11.1977, S. 11 ff.

Easson, A. J.: Can Directives impose obligations on individuals?, European Law Review, 1979, S. 67 ff.

Eich, R.-A.: Das Gesetz über die Gleichbehandlung von Männern und Frauen am Arbeitsplatz, Neue Juristische Wochenschrift, 1980, S. 2329 ff.

Ellis, E./*Morrell,* Ph.: Sex discrimination in pension schemes: has community law changed the rules, Industrial Law Journal, 1982, S. 16 ff.

Ermacora, F.: Diskriminierungsschutz und Diskriminierungsverbot in der Arbeit der Vereinten Nationen, Wien 1971.

Europäisches Parlament: PE Dok. 46, L'état d'application du principe d'égalité de rémuneration à la date du 30 Juin 1962, Rapport interimaire fait au nom de la Commission Sociale du P. E., Document de séance du 25 Juin 1963, berichterstatterin: *Schouwenaar-Franssen.*

– PE Dok. 1-1229/83/C, Untersuchungsbericht des Untersuchungsausschusses zur Situation der Frau in Europa, Gesamtbericht aus 18 Sonderberichte, v. 5.1.84, Sitzungsdokumente 1983-84.

Thema:

Nr. 1: Anwendung der ersten beiden Richtlinien und Vorschläge zur Ergänzung dieser Richtlinien, 16.11.83, S. 5 ff., Berichterstatterin: *P. Gaiotti de Biase.*

Nr. 2: Stand der Durchführung der dritten Richtlinie „Soziale Sicherheit" in 1984 v. 8.11.1983, S. 59-82, Berichterstatterin: *I. van den Heuvel.*

Nr. 3: Die Situation der Frau in Griechenland, v. 21.10.83, S. 84 ff., Berichterstatterin: *K. Pantazi.*

Nr. 4: Verkürzung und Neugestaltung der Arbeitszeit, v. 7.11.83, S. 128 ff., Berichterstatterin: *H. Wieczorek-Zeul.*

Nr. 5: Berufsbildung der Frauen in Europa, v. 11.11.83, S. 153 ff., Berichterstatterin: *M. von Alemann.*

Nr. 6: Die Einführung neuer Technologien und die Auswirkungen auf die Beschäftigungslage der Frauen, v. 5.7.84, Berichterstatterin: *A. Spaak.*

Nr. 7: Die Situation der Frau im Rahmen der Reform des Europäischen Sozialfonds, v. 28.1.83, S. 205 ff., Berichterstatterin: *Maijweggen.*

Nr. 8: Frau und Gesundheit, v. 21.10.83, S. 229 ff., Berichterstatterin: *D. Eisma.*

Nr. 9: Wanderarbeitnehmerinnen und Frauen von Wanderarbeitnehmern v. 27.9.83, S. 237 ff., Berichterstatterin: *V. Squarcialupi.*

Nr. 10: Die Probleme der Frauen in den freien Berufen, insbesondere in Landwirtschaft, Handel und Handwerk, v. 1.6.83, S. 276 ff., Berichterstatterin: *S. Martin.*

Nr. 11: Stellung der Frauen in den Institutionen der EG, v. 7.9.83, S. 294 ff., Berichterstatterin: *M. Lenz.*

Nr. 12: Frauen der Dritten Welt und die europäische Hilfe, v. 5.7.83, 319 ff., Berichterstatterin: *A. M. Lizin.*

Nr. 13: Informationspolitik und die Frau v. 30.6.83, S. 356 ff., Berichterstatterin: *G. Hooper.*

Nr. 14: Mutterschaft, Elternschaftsurlaub und Infrastrukturen für Kleinkinderbetreuung, v. 5.7.83, S. 388 ff., Berichterstatterin: *S. Le-Roux.*

Nr. 15: Das Steuersystem: besondere Probleme der Frauen v. 21.7.83, S. 411 ff., Berichterstatterin: *S. Roberts.*

Nr. 16: Probleme von Frauen in benachteiligten Regionen, v. 28.10.83, S. 441 ff., Berichterstatterin: *S. de Valera.*

Nr. 17: Der Unterricht und die Bildung der Mädchen in der EG, v. 25.11.83, S. 470 ff., Berichterstatter: *N. Estgen.*

Nr. 18: Die Rolle der Frau in der Entscheidungszentren, v. 7.12.83, S. 506 ff., Berichterstatterin: *M. A. Macciocchi.*

- PE Dok. 1-1502/83, Bericht über den Vorschlag der Kommission für eine Richtlinie zur Verwirklichung des Grundsatzes der Gleichbehandlung von Männern und Frauen bei den betrieblichen Systemen der sozialen Sicherheit, v. 12.3.84, Berichterstatter: *H. Peters*, Sitzungsdokumente 1983-84.
- PE Dok. A 2-55/85, Bericht im Namen des Ausschusses für die Rechte der Frau über das Memorandum der Kommission an den Rat über Einkommensteuer und Gleichbehandlung von Männern und Frauen, v. 6.6.85, Berichterstatterin: *S. Roberts*, Sitzungsdokumente 1985-86.

Eurostat: Bildung und Ausbildung 1970/71-1977/78, Luxemburg 1980.

- Social Indicators in the European Community 1960-1978, Luxemburg 1980.
- Women 1981: Economic and Social Position of Women in the Community, Luxemburg 1981.

Evans, S.: Schutzmaßnahmen zugunsten der Frauen – Schutzmaßnahmen und Tätigkeiten, die nicht in den Anwendungsbereich der Richtlinie über die Gleichbehandlung fallen, Soziales Europa, Nr. 2, 1984, S. 56.

Forman, J.: The equal pay principle under community law – A commentary on article 119 EEC, Legal Issues of European Integration, 1982, S. 17 ff.

– Artikel 119, in Groeben/Boeckh/Thiesing/Ehlermann, EWG-Kommentar, Baden-Baden 1983, 3. Aufl., S. 2038 ff.

Foster, N.: Equal treatment and retirement ages, European Law Review, 1986, S. 222 ff.

Fredman, S.: Market forces and equal pay, Industrial Law Journal, 1984, S. 122 ff.

– Colletice agreements and sex discrimination, Industrial Law Journal, 1984, S. 119 ff.

Freedman, A. E.: Sex Equality, Sex Differences, and the Supreme Court, The Yale Law Journal, 1983, S. 913 ff.

Freestone, D.: Equal pay in the European Court, Modern Law Review, 1982, S. 81 ff.

Fuchs, A.: Reform of social security coverage for women survivors in the Federal Republic of Gemany, International Labour Review, 1982, S. 553 ff.

Gamillscheg, F.: Die mittelbare Benachteiligung der Frau im Arbeitsleben, in Festschrift für Hans Floretta, Wien 1983, S. 171 ff.

Garde-Emden, K.: Frauendiskriminierung sanktionslos – Europäischer Gerichtshof rügt deutschen Gesetzgeber, Kritische Justiz, 1984, S. 332 ff.

Gelber, S.: Social security and women: a partisan view, International Labour Review, 1975, S. 431 ff.

Genevois, B.: L'application du principe d'égalité de rémunération entre les hommes et les femmes au versement d'une indemité de logement, Droit Social, 1983, S. 138 ff.

Geraris, Ch.: [Der Grundsatz der Gleichberechtigung und das griechische öffentliche Recht], Vortrag zum Athener Kolloquium der Universität zu Athen und der Kommission der E.G. für die Gleichberechtigung von Frauen und Männern im Bereich der Beschäftigung und der sozialen Sicherheit am 12./13.12.1986, Vervielf. Mskr., Athen 1986.

Gitter, W.: Gleichberechtigung der Frau: Aufgaben und Schwierigkeiten – Eine Erörterung von Überlegungen über ein „Antidiskriminierungsgesetz", Neue Juristische Wochenschrift, 1982, S. 1567 ff.

Giuni, G.: [Die Diskriminierungen im Arbeitsverhältnis], Epitheorisi Ergatikou Dikaiou [Zeitschrift für Arbeitsrecht], 1982, S. 854 ff.

Godart, J.: Les clauses du travail dans le Traité de Versailles, Paris 1920.

Goldman, A. H.: Equality and Preferential Treatment, Princeton 1977.

– Justice and Reverse Discrimination, Princeton 1979.

Grabitz, E. (Hrsg.): Die Grundrechte in Europa und USA – Bd. I: Strukturen nationaler Systeme, Kehl am Rhein 1986.

Graig, C./*Garnsey,* E./*Rubery,* J.: Labour market segmentation and women's employment: A case-study from the United Kingdom, International Labour Review, 1986, S. 267 ff.

Graig, C./*Rubery,* J./*Tarling,* R./Wilkinson, F.: Labour Market Structure – Industrial Organisation and Low Pay, Cambridge 1982.

Green, N.: Directives, equity and the protection of individual rights, European Law Review, 1984, S. 295 ff.

Greenhalgh, C. A.: Male-female wage differentials in Great Britain: is marriage an equal opportunity?, Economic Journal, 1980, S. 751 ff.

Greighton, W. B.: Enforcing the Sex Discrimination Act, Industrial Law Journal, 1976, S. 42 ff.

Guest, S. / *Milne,* A. (Hrsg.): Equality and Discrimination: Essays in Freedom and Justice, Archiv für Rechts- und Sozialphilosophie, Stuttgart 1985.

Halimi, G.: Des municipales pour hommes?, in Le Monde v. 27.7.82.

Hanau, P.: Der gleiche Zugang zur Beschäftigung in der Privatwirtschaft nach deutschem Recht, in Festschrift für Sir Otto Kahn-Freund, München 1980, S. 457 ff.

- Die umgekehrte Geschlechtsdiskriminierung im Arbeitsleben, in Festschrift für Wilhelm Herschel, München 1982, S. 191 ff.

Hay, H. C.: The use of statistics to disprove Employment Discrimination, Labour Law Journal, 1978, S. 430 ff.

Hayes, F.: Studie der Kommission über Tendenzen in der Lehrlingsausbildung in der EG, CEDEFOP-Konferenz „Alternierende Ausbildung" v. 25.-27.6.80 in Berlin.

Hepple, B.: Judging Equal Rights, Current Legal Problems, 1983, S. 71 ff.

- Great Britain, in Blanpain (Hrsg.), 1985, S. 117 ff.

Höfer, R. / Küpper, P. / *Pisters,* M.: Rechtliche und finanzielle Überlegungen zur Witwerrente in der betrieblichen Altersversorgung, Der Betrieb, 1980, S. 1169 ff.

Hohmann-Dennhardt, Ch.: Antidiskriminierungsgesetz contra Grundgesetz? - Zum Abbau rechtlicher Schutzwälle gegen emanzipatorische Reformen, Zeitschrift für Rechtspolitik, 1979, S. 241 ff.

- Ungleichheit und Gleichberechtigung - Zur kompensatorischen Funktion von Frauenquoten in Rechts- und Sozialpolitik, Heidelberg 1982.

Hörburger, H. / *Rath-Hörburger,* F.: Europas Frauen - Gleichberechtigt? - Die Politik der EG-Länder zur Gleichberechtigung der Frau im Arbeitsleben, Düsseldorf 1983.

Hunold, W.: Gleichbehandlungsgrundsatz, Gleichbehandlungsgesetz und Gleichberechtigungssatz im Betrieb, Der Betrieb, 1984, Bl. 5.

Imbrechts, L.: L'égalité de rémunération entre hommes et femmes, Revue Trimestrielle de Droit Européen, 1986, S. 231 ff.

Janjic, M.: Diversifying women's employment: the only road to genuine equality of opportunity, International Labour Review, 1981, S. 149 ff.

Jansen, B.: Artikel 119, in Grabitz-EWG/Kommentar, 1 Grdlfg. Dez. 1983.

Janssen-Jurreit, M. (Hrsg.): Frauenprogramm - Gegen Diskriminierung: Gesetzgebung - Aktionspläne - Selbsthilfe, Reinbek 1979, mit Beiträgen von Meifort, Hegelheimer, Becker, Pinl, Zipfel, Dix, Martiny u. a.

Jones, E. J.: Reverse discrimination in employment - Judicial treatment of affirmative action programmes in the United States, International Labour Review, 1981, S. 453 ff.

Junter-Loiseau, A.: La condition juridique de la Femme au Travail, Diss., Rennes 1981.

- La division sexuelle des emplois à l'épreuve de la loi du 13 juillet 1983 relative à l'égalité professionnelle, Droit Social, 1987, S. 143 ff.

Kalogeropoulos, A.: [Frauenrechte und Gemeinschaftsrecht], Epitheorisi Ergatikou Dikaiou [Zeitschrift für Arbeitsrecht], 1982, S. 353 ff.

- [Gemeinschaftsrecht und Grundsatz der Gleichbehandlung der Geschlechter im Arbeitsverhältnis], Nomiko Vima [Rechtstribüne], 1984, S. 801 ff.
- [Grundsatz der Gleichberechtigung im EG-Recht], Vortrag zum Athener Kolloquium der Universität zu Athen und der Kommission der E.G für die Gleichberechtigung von Frauen und Männern im Bereich der Beschäftigung und der sozialen Sicherheit am 12./13.12.1986, Vervielf. Mskr., Athen 1986.

Knigge, A.: Gesetzliche Neuregelung der Gleichbehandlung von Männern und Frauen am Arbeitsplatz, Betriebs-Berater, 1980, S. 1272 ff.

Knolle, H.: Artikel 119 in Groeben / Boeckh / Thiesing, Kommentar zum EWG-Vertrag, 2. Aufl. 1974, S. 1952 ff.

Köbl, U.: Die Frau im Arbeitsrecht, München 1975.

- Der Versorgungsausgleich - Ordnungsaufgaben, Erfüllungsdefizite, Reformansätze, Die Angestelltenversicherung, 1984, Teil I, S. 434-439, Teil II, S. 477-483.

Kohl, A.: Observations sur la non-retroactivité de l'autorité de l'arrêt Defrenne prononcé le 8.4.86 par la Cour, Revue Critique de Jurisprudence Belge, 1977, S. 231 ff.

Kolotouros, V.: [Grundsatz der Lohngleichheit erwerbstätiger Männer und Frauen], Nomiko Vima [Rechtstribüne], 1984, S. 970 ff.

Kommission der EG: Berichte und andere Veröffentlichungen.

- KOM (75) 36 endg., Memorandum über die Lage der berufstätigen Frauen in der EG, Brüssel, 12.2.75.
- KOM (78) 711 endg., Bericht der Kommission an den Rat über den Stand der Anwendung des Grundsatzes des gleichen Arbeitsentgelts für Männer und Frauen zum 12. Februar 1978, Brüssel, 16.1.79.
- KOM D.G.V/148/80-DE, Diskriminierungen zwischen Männern und Frauen in der betrieblichen Altersversorgung, Februar 1980.
- KOM (80) 405 endg., Mitteilung der Kommission über die freiwillige Teilzeitarbeit, Brüssel, 17.7.80.
- KOM (80) 832 endg., Bericht der Kommission an den Rat über die Anwendung des Grundsatzes der Gleichbehandlung von Männern und Frauen beim Zugang zur Beschäftigung und beim Beruflichen Aufstieg, beim Zugang zur Berufsberatung und Berufsbildung, bei den Arbeitsbedingungen, Stand von 12. August 1980, Brüssel 9.2.1981.
- COM D.G.V/660/80-EN, Indirect Discrimination by the Use of Job Classification Systems: Ad Hoc Working Group (Social Partners) on Equal Pay and Job Classification Systems, Brüssel 10.3.1981.
- COM (81) 775 final, Proposal for a Council Directive on Voluntary Partime Work on 17.2.82, Brüssel, 22.12.81.
- COM (81) 758 final, Action Programme for equal opportunities for women 1982-1983, Brüssel, 9.12.81.
- COM D.G.V/707/3/82-FR final, Les dispositions protectrices et les acitivités soustraites au champ d'application de la directive sur l'égalité de traitement - analyses et propositions, par *Monique Halpern.*
- KOM (83) 217 endg., Vorschlag für eine Richtline (86/378) zur Verwirklichung des Grundsatzes der Gleichbehandlung von Männern und Frauen bei den betrieblichen Systemen der sozialen Sicherheit, Brüssel, 29.4.1983.

- COM D.G.V/30/83-FR, Document n. 34, Etude des programmes d'action positive en tant que strategies destinées à integrer les travailleurs feminins et d'autres groupes minorisés dans le marché du travail, Rapport de synthèse élaboré par le Centre National de Sociologie du Droit Social de Bruxelles sous la direction du Professeur *Eliane Vogel-Polsky*, Novembre 1982.
- COM (83) 781 final, Progress Report on the implentation of the Community Action Programme on the Promotion of Equal Opportunities for Women, Brüssel, 5.1.84.
- KOM (83) 793 endg., Zwischenbericht über die Anwendung der Richtlinie 79/7/EWG vom 19. Dezember 1978 zur schrittweisen Verwirklichung des Grundsatzes der Gleichbehandlung von Männern und Frauen im Bereich der sozialen Sicherheit, Brüssel, 6.1.84.
- COM D.G.V/564/84-FR, Analyse comparative des dispositions conçernant le droit de recours dans les Etats-Membres de la C.E.E. en ce qui concerne l'article 119 du Traité de Rome et les directives rélatives à l'égalité des rémunérations, à l'égalité de traitement et à la sécurité sociale, par *Jennifer Corcoran* et *Elaine R. Donnelly*.
- COM D.G.V/1035/84-EN, First Report of the network of experts set up to monitor the application of Community Equal Treatment Legislation (Action 1 of EEC's action programme on the promotion of equal opportunities for women 1982-1985), prepared by network co-ordinator *Angela Byre*.
- KOM D.G.V/1817/1/84, Zusammenfassender Bericht über die Diversifizierung der Berufswahl von Frauen, Brüssel 1984.
- KOM (84) 57 final, Bericht über eine Richtlinie des Rates zur Verwirklichung des Grundsatzes der Gleichbehandlung von Männern und Frauen, die eine selbständige Erwerbstätigkeit - auch in der Landwirtschaft - ausüben, sowie über den Mutterschutz.
- COM D.G.V/1142/85-FR, Deuxième Rapport des experts du réseau de la CEE mis sur pied pour controler l'application des directives communautaires en matière d'égalité, préparé par la coordinatrice du réseau *Angela Byre*.
- KOM (85) 587 endg., Bericht der Kommission an den Rat über den Stand der Anwendung des Prinzips der Gleichbehandlung von Männern und Frauen beim Zugang zur Beschäftigung, zur Berufsbildung und zum beruflichen Aufstieg, sowie in Bezug auf die Arbeitsbedingungen in Griechenland, Brüssel, 18.12.85.
- KOM (85) 641 endg., Bericht der Kommission an den Rat über die Durchführung des neuen Aktionsprogramms der Gemeinschaft zur Förderung der Chancengleichheit der Frauen (1982-1985), Brüssel, 29.11.1985.
- KOM (85) 801 endg., Chancengleichheit der Frauen - Mittelfristiges Programm der Gemeinschaft 1986-1990, Brüssel, 19.12.85.
- COM D.G.V/375/86-FR, Troisième Rapport du réseau d'experts chargé de contrôler l'application de la législation communautaire en matière d'égalité de traitement, coordinatrice *Angela Byre*.
- COM D.G.V/1511/86-FR, L'application des directives relatives à l'égalité, par *Ferdinand von Prondzynski*, Bruxelles, 27.4.1987.
- COM (87) 105 final, Protective Legislation for Women in the Member States of the European Community, Brüssel, 20.3.1987.
- KOM (87) 155 endg., Mitteilung der Kommission über die berufliche Bildung der Frauen, Brüssel, 3.4.1987.
- Network of experts on the implementation of the Equality Directives - Final consolidated report 1987, Coordinator: F. v. Prondzynski, Brüssel 1.5.1988.

- La dignité de la femme dans le monde du travail – Rapport sur le problème du harcèlement sexuel dans les Etats membres des Communautés européennes, Parties I-II, par *Michael Rubenstein*, Bruxelles 1988.
- KOM (88) 135 endg., Vorläufige Schlußfolgerungen zu den Maßnahmen der Mitgliedstaaten im Rahmen der Durchführung der Entschließung zur Bekämpfung der Frauenarbeitslosigkeit, Brüssel, 22.3.88.
- KOM (88) 150 endg., Zwischenbericht der Kommission über einige Aspekte der Durchführung des Mittelfristigen Programms 1986-1990 zur Förderung der Chancengleichheit von Männern und Frauen, Brüssel, 25.3.88.
- KOM (88) 370 endg., Bericht über die Verwirklichung der Empfehlung des Rates v. 13.12.84 zur Förderung positiver Maßnahmen für Frauen, Brüssel, 30.6.88.
- KOM (88) 713 endg., Bericht der Kommission über die Durchführung der Entschließung zur Bekämpfung der Frauenarbeitslosigkeit, Brüssel, 9.12.88.
- KOM (88) 769 endg., Bericht über die Anwendung der Richtlinie 79/7/EWG v. 19. Dezember 1978 zur schrittweisen Verwirklichung des Grundsatzes der Gleichbehandlung von Männern und Frauen im Bereich der sozialen Sicherheit, Brüssel, 16.12.1988.
- Kommission der EG – Frauen Europas
  Nachtrag Nr. 9 „Aktionsprogramm 1982-1985"
  Nachtrag Nr. 12 „Das Gemeinschaftsrecht und die Frauen"
  Nachtrag Nr. 15 „50 Fragen, 50 Antworten"
  Nachtrag Nr. 19 „Aktualisierung des Nr. 12 zum 31.01.85"
  Nachtrag Nr. 20 „Die Arbeitnehmerinnen in Europa"
  Nachtrag Nr. 21 „Das Wahlverhalten der Frauen"

Kontizas, D.: Vorschlag für eine Richtlinie des Rates zur vollständigen Verwirklichung des Grundsatzes der Gleichbehandlung von Männern und Frauen bei den gesetzlichen und betrieblichen Systemen der sozialen Sicherheit, Soziales Europa, Nr. 1/88, S. 37 ff.

Koopmans, T.: Retrospectivity Reconsidered, Cambridge Law Journal, 1980, S. 287 ff.
- Artikel 119, in Smit/Herzog (Hrsg.) 1978 (Loseblattausgabe), Bd. III.

Koukiadis, I.: [Frau und Arbeit – Neue Orientierung der Sozialpolitik], Epitheorisi Ergatikou Dikaiou [Zeitschrift für Arbeitsrecht], 1982, S. 362 ff.

Koukoulis-Spiliotopoulos, S.: [Gleichberechtigung der Geschlechter im Erwerbsleben – Fragen der Anwendung sowie der Verfassungsmäßigkeit und der Übereinstimmung mit dem Gemeinschaftsrecht des Gesetzes Nr. 1414/84], Nomiko Vima [Rechtstribüne], 1984, S. 786 ff.
- [Verpflichtungen der IAO-Mitgliedstaaten aus dem Übereinkommen Nr. 100 betreffend der Lohngleichheit], To Sintagma [Die Verfassung], 1983, S. 131 ff.

Kravaritis-Manitakis, G.: [Gleichberechtigung der erwerbstätigen Frau und Europäische Sozialcharta], Epitheorisi Ergatikou Dikaiou [Zeitschrift für Arbeitsrecht], 1985, S. 321 ff.

Kremlis, G./*Perrakis*, S.: L'application du principe communautaire de l'égalité de rémunération par les tribunaux helléniques, Diritto communitario e degli scambi internationali, 1985, S. 65 ff.

Kurz-Scherf, I./*Stahn-Willig*, B.: Gleiche Arbeit! Gleicher Lohn! – und wer macht die Hausarbeit? – Zur Frauenlohndiskriminierung in der Bundesrepublik, WSI-Mitteilungen, 1981, S. 212 ff.

Lahusen, A.: Tendenzen der Rechtsprechung zum Betriebsrentenrecht, Betriebs-Berater, 1985, S. 2248 ff.

Landau, C. E.: Recent legislation and case law in the EEC on sex equality in employment, International Labour Review, 1984, S. 53 ff.

- The rights of working women in the European Community, Brussels, European Perspectives, 1985.

Langkau, J.: Lohn- und Gehaltsdiskriminierung von Arbeitnehmerinnen in der BRD, Bonn 1979.

Lanquetin, M. T.: De l'égalité professionnelle entre femmes et hommes - A propos d'un projet de loi, Droit Social, 1983, S. 238 ff.

Laroque, P.: Women's rights and widows' pensions, International Labour Review, 1972, S. 1 ff.

Laufer, J.: Egalité professionnelle, principes et pratiques, Droit Social, 1984, S. 736 ff.

Laurent, A.: Une directive pour les années quatre-vingt, Droit Social, 1979, S. 243 ff.

- European Community Law and equal treatment for men and women in social security, International Labour Review, 1982, S. 373 ff.

- Le Droit Communautaire et les Droits des Etats Membres relatifs au principe de l'égalité de traitement en matière de sécurité sociale, in M. Verwilghen (Hrsg.), Bd. I 1986, S. 155 ff.

- The elimination of sex discrimination in occupational social security schemes in the EEC, International Labour Review, 1986, S. 675 ff.

Lester, A.: Equal pay and equal treatment without sex discrimination: community and United Kingdom law, in Verwilghen (Hrsg.), Bd. II 1986, S. 403 ff.

- Equal pay for work of equal value: the amending legislation, in Verwilghen (Hrsg.), Bd. II 1986, S. 415 ff.

Liberopoulos-Trifon, Ch.: [Versorgungsgleichheit im griechischen Recht], Vortrag zum Athener Kolloquium der Universität zu Athen und der Kommission der E.G für die Gleichberechtigung von Frauen und Männern im Bereich der Beschäftigung und der sozialen Sicherheit am 12./13.12.1986, Vervielf. Mskr., Athen 1986.

Linnenkohl, K. / *Utes*, P.: Vorgesehene Änderungen im Arbeitsschutz, Betriebs-Berater, 1982, S. 1672 ff.

Lorenz, M.: Gesetz über die Gleichbehandlung von Männern und Frauen am Arbeitsplatz und über die Erhaltung von Ansprüchen bei Betriebsübergang, Der Betrieb, 1980, S. 1745 ff.

Loschak, D.: Les hommes politiques, les „sages" (?) ... et les femmes (à propos de la décision du Conseil constitutionnel du 18 novembre 1982), Droit Social, 1983, S. 131 ff.

Louis, J.-V.: Politique Sociale, Bd. VII der Reihe „Le Droit de la Communauté économique Européenne", Mégret / Louis / Vignes / Waelbroeck (Hrsg.), Bruxelles 1973.

- Lohngleichheit vor dem Gerichtshof der Europäischen Gemeinschaften - Anmerkung zum Defrenne-Urteil des EuGH, Europäische Grundrechte-Zeitschrift, 1976, S. 178 ff.

- Organisations Europeennes - La Constitution et le Droit Communautaire, Bruxelles, 1982-83, 7. Auflage, S. 204 ff.

Löwisch, M. / *Gitter*, W. / *Mennel*, A.: Welche rechtliche Maßnahmen sind vordringlich, um die tatsächliche Gleichstellung der Frau mit den Männern im Arbeitsleben zu gewährleisten?, Gutachten D zum 50. Deutschen Juristentag, München 1974.

Lusseau, J.-F.: Vie maritale et droit de la sécurité sociale, Droit Social, 1980, S. 203 ff.

Lustgarten, L.: Problems of proof in employment discrimination cases, Industrial Law Journal, 1977, S. 212 ff.

- Legal Control of Racial Discrimination, London 1980.

Lyon-Caen, G.: Arrêt de la Cour du 25 mai 1971, Revue Trimestrielle de Droit Européen, 1972, S. 103 ff.

- Les Salaires, Bd. 4 der Traité de Droit de Travail, G. Kammerlynck (Hrsg.), 2. Aufl., Paris 1973.

Maier, H.: Bericht der Leitung der Fachvereinigung Pensionskassen, Betriebliche Altersversorgung, 1985, S. 105 f.

Maier, I.: Das Recht der Frau auf gleichen Lohn und gleiche Arbeitsbedingungen, in A. Renger (Hrsg.) 1977, S. 105 ff.

Maltz, E. M.: Sex discrimination in the Supreme Court – a comment on sex equality, sex differences and the Supreme Court, Duke Law Journal, 1985, S. 177 ff.

Marshall, S.: Reversing Discrimination, in Guest/Milne (Hrsg.) 1985, S. 61-76.

Martiny, D.: Gleichbehandlung im Arbeitsleben in Großbritannien – Eine rechtsvergleichende Betrachtung der neueren Gesetzgebung, Rabels Zeitschrift, 1978, S. 116 ff.

- Tarifautonomie und Gleichbehandlung, in Janssen-Jurreit (Hrsg.) 1979, S. 345 ff.

McCallum, I. M./*Snaith*, I.: EEC Law and United Kingdom occupational pension schemes, European Law Review, 1977, S. 266 ff.

McCrudden, Ch.: Legal remedies for discrimination in employment, Current Legal Problems, 1981, S. 211 ff.

- Equal Pay for Work of Equal Value: The Equal Pay (Amendment) Regulations, Industrial Law Journal, 1983, S. 197 ff.

- Ghanging notions of discrimination, in Guest/Milne (Hrsg.) 1985, S. 83 ff.

- La jurisprudence des Etats Membres en matière d'égalité de rémunération, in M. Verwilghen (Hrsg.), Bd. I 1986, S. 94 ff.

McGinley, G.: Judicial approaches to sex discrimination in the United States and the United Kingdom – A comparative study, Modern Law Review, 1986, S. 143 ff.

Megret, J.: Préambule – Principes, Bd. 1 der Traité de Droit de la CEE, Mégret/Louis/Vignes/Waelbroeck (Hrsg.), Bruxelles 1970.

Mercerau, F.: L'inegalité dans le chômage, Droit Social, 1977, S. 28 ff.

Mitsou, T.: Les voies d'application en Grèce du droit de l'égalité des hommes et des femmes, in M. Verwilghen (Hrsg.), Bd. II 1986, S. 194.

- [Gleichberechtigung und griechisches Arbeitsrecht], Vortrag zum Athener Kolloquium der Universität zu Athen und der Kommission der E.G für die Gleichberechtigung von Frauen und Männern im Bereich der Beschäftigung und der sozialen Sicherheit am 12./13.12.1986, Vervielf. Mskr., Athen 1986.

Moreu-Bourles, M. A./*Sineau*, M.: Les femmes et le statut des travailleurs: les discriminations au niveau de l'élaboration des normes, Droit Social, 1983, S. 694 ff.

Muth, R.: Entwurf der EG-Richtlinie zur Gleichbehandlung von Männern und Frauen in der betrieblichen Altersversorgung, Betriebliche Altersversorgung, 1984, S. 132 ff.

Neville Brown, N.: Air hostesses and discriminating employers, Modern Law Review, 1984, S. 692 ff.

Newell, D.: Discrimination and employment law, New Law Journal, 1984, S. 551 ff.

Nickell, S. J.: Trade Unions and the Position of Women in the Industrial Wage Structure, British Journal of Industrial Relations, 1977, S. 192 ff.

Nicolaysen, G.: Richtlinienwirkung und Gleichbehandlung von Männern und Frauen beim Zugang zum Beruf - Besprechung der EuGH-Urteile vom 10.4.1984 - Rs. 14/83 und Rs. 79/83, Europarecht, 1984, S. 380 ff.

- Keine horizontale Wirkung von Richtlinien-Bestimmungen, Europarecht, 1986, S. 370 ff.

Nielsen, R.: Equality Legislation in a comparative perspective - Towards State Feminism, Copenhagen 1983.

- Equality between women and men in danish labour law, in M. Verwilghen (Hrsg.), Bd. II 1986, S. 61 ff.

O'Donovan, K.: Affirmative Action, in Guest/Milne (Hrsg.) 1985, S. 78 ff.

Overbeck, H.: Auswirkungen der Neuregelung der Hinterbliebenenversorgung auf die betriebliche Altersversorgung, Betriebliche Altersversorgung, 1985, S. 102 ff.

Paoli, C.: Women workers and maternity: Some examples from Western Europe, International Labour Review, 1982, S. 1 ff.

Paschek, W.: Die Gleichbehandlung von Mann und Frau in der Direktversicherung, Betriebliche Altersversorgung, 1985, S. 129 ff.

Pescatore, P.: Les droits de l'homme et l'integration euroéenne, Cahiers de Droit Européen, 1968, S. 629 ff.

- The Doctrine of Direct Effect: An Infand Disease of Community Law, European Law Review, 1983, S. 155 ff.

Pfarr, H.: Zur Kritik des Entwurfs eines Gesetzes über die Gleichbehandlung von Männern und Frauen am Arbeitsplatz, Blätter für Steuerrecht, Sozialversicherung und Arbeitsrecht, 1980, S. 17 ff.

- Gleicher Lohn für gleichwertige Arbeit - Verantwortung der Tarifvertragsparteien oder Aufgabe von Gerichten, WSI-Mitteilungen, 1981, S. 269 ff.

- Betriebliche Altersversorgung bei Teilzeitarbeit - Zugleich eine Besprechung des Urteils des LAG Frankfurt vom 5.11.1982 - 6 Sa 664/82, Der Betrieb, 1983, S. 1763 ff.

- Quotierung und Rechtswissenschaft, in Däubler-Gmelin/Pfarr/Weg (Hrsg.) 1985, S. 86 ff.

- Mittelbare Diskriminierung von Frauen, Neue Zeitschrift für Arbeitsrecht, 1986, S. 585 ff.

Pfarr, H./*Bertelsmann,* K.: Lohngleichheit: Zur Rechtsprechung bei geschlechtsspezifischer Entgeltdiskriminierung, Schriftenreihe des Bundesministers für Jugend, Familie und Gesundheit, Bd. 100, Stuttgart 1981 (zit. Lohngleichheit 1981).

- Gleichbehandlungsgesetz: Zum Verbot der unmittelbaren und der mittelbaren Diskriminierung von Frauen im Erwerbsleben, Staatskanzlei Hessen (Hrsg.), Wiesbaden 1985 (zit. Gleichbehandlung 1985).

Pfarr, H./*Eitel,* L.: Equal opportunity policies for women in the Federal Republic of Germany, in Schmid/Weitzel (Hrsg.) 1984, S. 155 ff.

Pfeil, E.: „Männliche" und „weibliche" Rolle - Dynamik und unausgetragene Konflikte, Zeitschrift für Soziologie, 1975, S. 380 ff.

Phelan, E. J.: The Labor Proposals before the Peace Conference, in J. Shotwell (Hrsg.), Bd. I, 1934, S. 199 ff.

Philip, Ch.: Note sur l'arret Defrenne, Revue Trimestrielle de Droit Européen, 1976, S. 530 ff.

- La Cour de Justice des Communautés européennes et la notion de droits fondamentaux dans l'ordre juridique communautaire, Annuaire Français du Droit International, 1975.

Pike, M.: Segregation by Sex, earnings differentials and equal pay: an application of a job-crowding model to UK data, Applied Economics, 1982, S. 503 ff.

Pinl, C.: Das Arbeitnehmerpatriarchat - Die Frauenpolitik der Gewerkschaften, Köln 1977.

Pitschas, R.: Verfassungsmäßigkeit der Höhe der Witwerrente und Reform der Hinterbliebenenversorgung, Zeitschrift für Rechtspolitik, 1979, S. 119 ff.

Plender, R.: Equal pay for men and women: two recent decisions of the European Court, American Journal of Comparative Law, 1982, S. 627 ff.

Pollini, M. G.: The European Parliament and the situation of women: a survey, Il Politico, 1984, S. 501 ff.

Post, H.: New decisions of the European Court on Sex Discrimination, Legal Issues of European Integration, 1981, S. 77 ff.

Poulain, G.: Les conséquences de l'inégalité sur la situation juridique du travailleur, Droit Social, 1981, S. 754 ff.

Pramann, G.: Das Gleichbehandlungsgesetz im politischen Spannungsfeld, Der Betrieb, 1983, S. 1147 ff.

Psacharopoulos, G.: Sex discrimination in the Greek Labour Market, Modern Greek Studies, 1983, S. 2 ff.

Quintin, O.: L'égalité entre hommes et femmes: une réalisation spécifique de la politique sociale communautaire, Revue du Marché Commun, 1985, S. 309 ff.

- L'égalité de traitement des hommes et des femmes dans la Communauté Européenne, in M. Verwilghen (Hrsg.), Bd. I 1986, S. 111 ff.

- New Strategies in the EEC for Equal Opportunities in Employment for Men and Women, Working Parer No. 87/261, European University Institute, Florence, 1987.

Raetsen, M. J.: Positive Aktionen für Frauen, Soziales Europa, Nr. 2, 1984, S. 53 ff.

- Teilung der Pflichten im Beruf, in der Familie und in der Gesellschaft, Soziales Europa, Nr. 2, 1984, S. 57 ff.

Ramm, T.: Introduction, in F. Schmidt (Hrsg.) 1978, S. 17 ff.

- Discrimination: International development and remarks of legal theory, in F. Schmidt (Hrsg.) 1978, S. 491 ff.

Reid, J.: Women in employment - the new legislation, Modern Law Review, 1976, S. 432 ff.

Renger, A.: Gleiche Chancen für Frauen?, Heidelberg 1977.

Reuber, L.: Nochmals: Diskriminierung von Frauen bei Einstellung und Beförderung - Stellungnahme des Bundesministers für Arbeit und Sozialordnung zu Bertelsmann/ Pfarr in DB 1984, S. 1297 ff., Der Betrieb, 1984, S. 1476 ff.

Ribas, J. J.: L'égalité des salaires féminins et masculins dans la C.E.E., Droit Social, 1966, S. 556 ff.

Richards, M. A.: The Sex Discrimination Act – Equality for Women?, Industrial Law Journal, 1976, S. 35 ff.

Robinson, O.: Part-time employment in the European Community, International Labour Review, 1979, S. 229.

Rohmert, W./*Rutenfranz*, J.: Arbeitswissenschaftliche Beurteilung der Belastung und Beanspruchung an unterschiedlichen industriellen Arbeitsplätzen, Bonn 1975.

Rorarius, M./*Weprek*, A.: Ausdehnung des Altersruhegeldes wegen Vollendung des 60. Lebensjahres für Frauen auf Männer – Mögliche finanzielle Auswirkungen, Die Angestellenversicherung, 1984, S. 25 ff.

Rossi, D.: Emploi des femmes et mixité: droits et pratiques, Droit Social, 1987, S. 155 ff.

Rozés, S.: Les discriminations selon le sexe: droits et faits, in M. Verwilghen (Hrsg.), Bd. I 1986, S. 27 ff.

Rubenstein, M.: Discriminatory Job Evaluation Schemes and the Equal Pay (Amendment) Regulations, Industrial Law Journal, 1983, S. 121 ff.

– The Law of Sexual Harassement at Work, Industrial Law Journal, 1983, S. 1 ff.

Ruellan, R.: La femme et la sécurité sociale, Droit Social, 1976, S. 56 ff.

Ruland, F.: Die Auswirkungen der Reform der sozialen Sicherung der Frau und der Hinterbliebenen auf das Recht der betrieblichen Altersversorgung, in Festschrift für Georg Wannagat, Köln 1981, S. 391 ff.

Rust, U.: Vertragsverweigerung als Verstoß gegen das Benachteiligungsverbot des § 611 a BGB und der Anspruch auf Einstellung, Blätter für Steuerrecht, Sozialversicherung und Arbeitsrecht, 1982, S. 337 ff.

Sabourin, A.: Le travail des femmes dans la C.E.E., Paris 1984.

Sacks, V.: The Equal Opportunities Commission – Ten years on, Modern Law Review, 1986, S. 560 ff.

Saint-Jours, Y.: L'égalité de l'homme et de la femme en droit français de la sécurité sociale, in M. Verwilghen (Hrsg.), Bd. II 1986, S. 145 ff.

Savatier, J.: Les discriminations dans l'emploi à raison du sexe, Droit Social, 1984, S. 339 ff.

Schmid, G./*Weitzel*, R.: Sex Discrimination and Equal Opportunity, Aldershot, 1984.

Schmidt, F. (Hrsg.): Discrimination in Employment – A study of six countries by the Comparative Law Group, Stockholm 1978.

Schmidt, F.: Discrimination because of Sex, in Schmidt, F. (Hrsg.) 1978, S. 123 ff.

Schoden, M.: Mittelbare Benachteiligung der Frauen bei der betrieblichen Altersversorgung, Das Arbeitsrecht der Gegenwart, 1983, Bd. 20, S. 21 ff.

Scholtz, D.: Ungleichbehandlung in der Rentenversicherung auch nach 1984? – Gleichbehandlung von Männern, Frauen, Alleinstehenden und Verheirateten bei der Alterssicherung, Betriebs-Berater, 1980, S. 994 ff.

Scholz, R.: Rechtliche Benachteiligung des Mannes im Sozialrecht?, Zeitschrift für Rechtspolitik, 1984, S. 184 ff.

Seeland, R.: Das Gleichberechtigungssystem in den USA und in den Mitgliedstaaten der

EG unter besonderer Berücksichtigung des Verhältnisses von Männern und Frauen im Arbeitsleben, Zeitschrift für Vergleichende Rechtswissenschaft, 1982, S. 286 ff.

- Männer und Frauen im Arbeitsleben, Der Betrieb, 1983, S. 1430 ff.

Seeland, S.: Chancengleichheit in der Berufsbildung – Zusammenfassender Bericht über Maßnahmen der Berufsbildung für Frauen in der EG, CEDEFOP (Hrsg.), Berlin 1982.

Seguret, M. C.: Women and working conditions: prospects for improvement?, International Labour Review, 1983, S. 295 ff.

Servais, J.-M. : Egalité de rémunération entre les hommes et les femmes, Diss., Brüssel, 1970.

Shaw, J.: Worringham and Hamphreys v. Lloyds Bang, Industrial Relations Law Review, 1979, S. 440.

- Sex discrimination and the European Court: can community law lead to more effective enforcement?, Modern Law Review, 1984, S. 348.

Shotwell, J. (Hrsg.): The Origins of the International Labor Organisation, 2 Bd., New York 1934.

Shrubsall, V.: Sex discrimination: retirement and pensions, Modern Law Review, 1985, S. 373 ff.

Sieg, K.: Anmerkung zum BAG-Urteil vom 6.4.1982, Sammlung Arbeitsrechtlichen Entscheidungen, 1982, S. 256 ff.

Slupik, V.: Der Entwurf eines Gesetzes über die Gleichberechtigung von Frauen und Männern am Arbeitsplatz, Kritische Justiz, 1980, S. 58 ff.

- Verrechtlichung der Frauenfrage – Befriedungspolitik oder Emanzipationschance?, Kritische Justiz, 1982, S. 348 ff.

Smit, H. / *Herzog,* P.: EEC-Commentary, 1978 (Loseblattausgabe), Bd. III.

Snaith, I.: Two more equal pay cases from the UK: Worringham – Jenkins, European Law Review, 1981, S. 193 ff.

Söderblom, K.: Die Hinterbliebenenrenten in Dänemark, Die Angestelltenversicherung, 1984, S. 446 ff.

Sousi-Roubi, B.: Reflexions sur les discriminations sexistes dans l'emploi – à propos du jugement du tribunal d'instance d'Orléans du 27 avril 1979, Droit Social, 1980, S. 31 ff.

- L'égalité professionnelle entre les hommes et les femmes: étude comparative, reflexions sur un projet de loi, Gazette du Palais, 1981, S. 167 ff.

Steiner, J. M.: Direct applicability in EEC-law: a chameleon concept, Law Quarterly Review, 1982, S. 229 ff.

- Sex discrimination under UK and EEC law: two plus four equals one, International and Comparative Law Quarterly, 1983, S. 399 ff.

- EEC-directives: a new route to enforcement?, Law Quarterly Review, 1985, S. 491 ff.

Stocker, O.: Le second arrêt Defrenne – L'égalité des rémunerations des travailleurs masculins et des travailleurs féminins, Cahiers de Droit Européen, 1977, S. 180 ff.

Stumpf, H.: Die betriebliche Altersversorgung in der Rechtsprechung und Rechtspraxis, RWS-Seminarskript, Nr. 89/1981.

Sullerot, E.: L'emploi des femmes et ses problèmes dans les Etats membres de la CEE, Bruxelles 1970.

– Equality of remuneration for men and women in the member states of the EEC, International Labour Review, 1975, S. 87 ff.

Sutter, C.: Du droit de la maternité au droit à la procréation, Droit Social, 1981, S. 710 ff.

– Vers l'égalité concrète: une deuxième phase dans la conquête de l'égalité, CFDT-Aujourd'hui, 1983, S. 25 ff.

– L'égalité professionnelle dans les droits nouveaux, Droit Social, 1983, S. 684 ff.

Szyszczak, E.: Differences in pay for part-time work, Modern Law Review, 1981, S. 672 ff.

– Occupational pension schemes and article 119 EEC, New Law Journal, 1981, S. 527 ff.

– Problems of equal pay within the EEC Perspective, New Law Journal, 1981, S. 39 ff.

– Pay inequalities and equal value claims, Modern Law Review, 1985, S. 139 ff.

Tamburi, G. / *Mouton*, P.: The uncertain frontier between private and public pension schemes, International Labour Review, 1986, S. 127 ff.

Taquet, M. / *Wautiez*, C.: L'égalité de rémunération des travailleurs masculins et feminins, Journal des Tribunaux du Travail, 1976, S. 138 ff.

Teyssié, B.: Le travail à „temps partiel" (ordonnance n. 82-271 du 26 mars 1982), Droit Social, 1982, S. 396 ff.

Thomas, G. / *Ecker*, V.: L'évolution de l'égalité juridique des hommes et des femmes au Grand-Duché de Luxembourg, in M. Verwilghen (Hrsg.), Bd. II 1986, S. 287.

Thomson, J. M. / *Wooldridge*, F.: Equal pay, Sex Discrimination and European Community Law, Legal Issues of European Integration, 1980, S. 1 ff.

Thönnessen, W.: Frauenemanzipation, Politik und Literatur der deutschen Sozialdemokratie zur Frauenbewegung 1863-1933, Frankfurt a. M. 1969.

Tillie, P.: L'égalité des rémunérations entre les hommes et les femmes, Droit Ouvrier, 1981, S. 367 ff.

Timmermans, C. W. A.: Directives: Their effect within the national legal systems, Common Market Law Review, 1979, S. 553 ff.

Toledano-Laredo, A.: Le contentieux en matière d'égalité de rémunération devant la Cour de Justice des Communautés Européennes, in M. Verwilghen (Hrsg.), Bd. I 1986, S. 73 ff.

Treu, T.: Le contentieux communautaire et la jurisprudence des Etats Membres concernant l'égalité de traitement, in M. Verwilghen (Hrsg.), Bd. I 1986, S. 125 ff.

Trieschmann, G.: Gleichbehandlung von Frauen und Männern am Arbeitsplatz – Zur Umsetzung von EG-Richtlinien in der BRD, Recht der Arbeit, 1979, S. 407 ff.

Twellmann, M.: Die Frauenbewegung im Spiegel repräsentativer Frauenzeitschriften – Ihre Anfänge und erste Entwicklung. 1843-1889, 2 Bd., Meisenheim 1972.

Uebelhack, B.: Zur Gleichbehandlung in der betrieblichen Altersversorgung, Betriebliche Altersversorgung, 1985, S. 213 ff.

Valtikos, N.: Droit International du Travail, 2. Aufl., Paris 1983.

Van Droogenbroeck, J. / *Denis*, P.: L'égalité de l'homme et de la femme en droit belge de la sécurité sociale, in M. Verwilghen (Hrsg.), Bd. II 1986, S. 41.

Van Gerven, W.: Contribution de l'arrêt Defrenne au développement du droit communautaire, Cahiers du Droit Européen, 1977, S. 131 ff.

Van Lint, R.: L'égalité des rémunérations entre les travailleurs masculins et les travailleurs féminins pour un même travail, Cahiers de Droit Européen, 1969, S. 375 ff.

Vedel, G.: Le quota aux élections municipales - Les 20 % de femmes et la constitution, in Le Monde v. 3.2.79, S. 9.

Vellieux, P.: Les limites de la notion de salaire: Oeuvres sociales et cotisations sociales, Droit Social, 1984, S. 720 ff.

Veron-Claviere, C.: L'égalité professionnelle entre les femmes et les hommes et la protection des femmes qui travaillent après la loi du 13 Juillet 1983, Gazette du Palais, 1983, S. 513 ff.

Verwilghen, M. (Hrsg.): L'Egalité Juridique entre Femmes et Hommes dans la Communauté Européenne, Actes du Colloque Européen organisé à Bruxelles et Louvain-la-Neuve (21-24 mai 1985) par la Commission des Communautés Européennes, le Centre Interuniversitaire Belge de Droit Comparé et le Centre de Droit Patrimonial de l'Université Catholique de Louvain; Bd. I: Rapports Généraux - Bd. II: Rapports Nationaux, Louvain-la-Neuve 1986; Bd. III: Recueil de Textes, Louvain-la-Neuve 1987.

Vogel-Polsky, E.: De l'efficacité du droit international du Travail, Journal des Tribunaux, 1972, S. 89 ff.

- Les Conditions de travail de femmes salariées dans les six Etats membres de la Communauté Européenne, Bruxelles 1972, (COM D.G.V/165/73).

- Les programmes d'action positive en faveur des femmes: Analyse théorique et pratique, Revue Internationale du Travail, 1985, S. 267-280 und 413-429.

- L'égalité entre hommes et femmes dans le droit du travail en Belgique, in M. Verwilghen (Hrsg.), Bd. II 1986, S. 15 ff.

Von Maydell, B.: Die soziale Altersversicherung der Frau im internationalen Vergleich, Die Angestellten Versicherung, 1981, S. 222 ff.

Von Prondzynski, F.: Sex Discrimination: Law and Practice in Ireland, in M. Verwilghen (Hrsg.), Bd. II 1986, S. 227 ff.

Waelbroeck, M.: La Cour de Justice - Les actes des institutions, Bd. Nr. 10 der Reihe Le Droit de la Communauté Economique Européenne, J. Mégret/J.-V. Louis u.a. (Hrsg.), Brüssel 1983.

Waldron, J.: Indirect discrimination, in Guest/Milne (Hrsg.) 1985, S. 93 ff.

Wallington, P.: Position of part time workers - „Handley v. H. Mono Ltd.“, Industrial Law Journal, 1979, S. 237 ff.

Warner, J. P.: The relationship between European Community Law and the national laws of Member States, Law Quarterly Review, 1977, S. 348 ff.

Weiler, P.: The wages of sex: the uses and limits of comparable worth, Harvard Law Review, 1986, S. 1728 ff.

Wiedemann, H./*Stumpf,* H.: Kommentar zum Tarifvertragsgesetz, 5. Aufl., München 1977.

Winter, J. A.: Direct applicability and direct effect: two distinct and different concepts in Community Law, Common Market Law Review, 1972, S. 425 ff.

Wolter, H.: Probleme der Lohngleichheit zwischen Männern und Frauen, Arbeit und Recht, 1981, S. 129 ff.

Wooldridge, F./*Thomson,* J. M.: Equal pay, part-time workers, and european law, Law Quarterly Review, 1982, S. 186 ff.

Wyatt, D.: The Direct Effect of Community Social Law - Not Forgetting Directives, European Law Review, 1983, S. 241 ff.

- Article 119 EEC: definition of Pay, European Law Review, 1976, S. 414 ff.

- Article 119 EEC: equal pay for female successor to male worker, European Law Review, 1980, S. 374 ff.

Zecchini, L.: Le projet de loi sur le „quota" de femmes aux élections municipales - Que restera-t-il de l'égalité de tous les citoyens?, Le Monde v. 23./24.11.80, S. 15.

Zorbas, G.: Gleichheit von Männern und Frauen - ein neuer Richtlinienvorschlag, Soziales Europa, Nr. 2, September 1984, S. 32.

Zuleeg, M.: Gleicher Zugang von Männern und Frauen zu beruflicher Tätigkeit, Recht der Arbeit, 1984, S. 325 ff.

Anhang I

Gemeinschaftsrechtliche Normen

Primäres EG-Recht

Artikel 119 EWGV - Grundsatz des gleichen Entgelts für Männer und Frauen.

Abgeleitetes EG-Recht

Richtlinie 75/117/EWG - zur Angleichung der Rechtsvorschriften der Mitgliedsstaaten über die Anwendung des Grundsatzes des gleichen Entgelts für Männer und Frauen, ABl. Nr. L 45 v. 19.2.75, S. 19-20.
Kommissionsvorschlag: ABl. Nr. C 114 v. 27.12.1973, S. 46-47.
PE-Stellungnahme: ABl. Nr. C 55 v. 13.5.74, S. 43-47.
WSA-Stellungnahme: ABl. Nr. C 88 v. 26.7.74, S. 7-9.

Richtlinie 76/207/EWG - zur Verwirklichung des Grundsatzes der Gleichbehandlung von Männern und Frauen, ABl. Nr. L 39 v. 14.2.1976, S. 40-42.
Kommissionsvorschlag: ABl. Nr. C 124 v. 4.6.1975, S. 2.
PE-Stellungnahme: ABl. Nr. C 111 v. 20.5.1975, S. 14-17.
WSA-Stellungnahme: ABl. Nr. C 286 v. 15.12.1975, S. 8-19.

Richtlinie 79/7/EWG - zur schrittweisen Verwirklichung des Grundsatzes der Gleichbehandlung von Männern und Frauen im Bereich der sozialen Sicherheit, Abl. Nr. L 6 v. 10.1.79, S. 24-25.
Kommissionsvorschlag: ABl. Nr. C 34 v. 11.2.1977, S. 3-4.
PE-Stellungnahme: ABl. Nr. C 299 v. 12.12.1977, S. 13-15.
WSA-Stellungnahme: ABl. Nr. C 180 v. 28.7.1977, S. 36-39.

Richtlinie 86/378/EWG - zur Verwirklichung des Grundsatzes der Gleichbehandlung auf dem Gebiet der betrieblichen Systeme sozialer Sicherheit, ABl. Nr. L 225 v. 12.8.86, S. 40-42.
Kommissionsvorschlag: ABl. Nr. C 134 v. 21.5.83, S. 7-9.
PE-Stellungnahme: ABl. Nr. C 117 v. 30.4.84, S. 171-174.
WSA-Stellungnahme: ABl. Nr. C 35 v. 9.2.84, S. 7-12.

Richtlinie 86/613/EWG - zur Verwirklichung des Grundsatzes der Gleichbehandlung von Männern und Frauen, die eine selbständige Erwerbstätigkeit - auch in der Landwirtschaft - ausüben, sowie über den Mutterschutz, ABl. Nr. L 359 v. 19.12.86, S. 56-58.
Kommissionsvorschlag: ABl. Nr. C 113 v. 27.4.84, S. 4-6.
PE-Stellungnahme: ABl. Nr. C 343 v. 24.12.84, S. 1-3.
WSA-Stellungnahme: ABl. Nr. C 172 v. 2.7.84, S. 80-82.

Richtlinienvorschläge

Vorschlag für eine Richtlinie des Rates zur ergänzenden Verwirklichung des Grundsatzes der Gleichbehandlung von Männern und Frauen bei den gesetzlichen und betrieblichen Systemen der sozialen Sicherheit, ABl. Nr. C 309 v. 19.11.87, S. 10-13.
WSA-Stellungnahme: ABl. Nr. C 95 v. 11.4.88, S. 4.

Vorschlag für eine Richtlinie des Rates zur Beweislast im Bereich des gleichen Entgelts und der Gleichbehandlung von Frauen und Männern, ABl. Nr. C 176 v. 5.7.88, S. 5-7.
PE-Stellungnahme: ABl. Nr. C 12 v. 16.1.89, S. 177-180.
WSA-Stellungnahme: ABl. Nr. C 337 v. 31.12.88, S. 58-60.

Anhang II

Urteile des EuGH

Rs. 80/70, *Gabrielle Defrenne g. Belgischen Staat (Defrenne-I),* Urteil v. 25. Mai 1971, Slg. 1971, S. 445-463.

Rs. 20/21, *Luisa Sabatini-Bertoni g. Europäisches Parlament,* Urteil v. 7. Juni 1972, Slg. 1972, S. 345-361.

Rs. 32/71, *Monique Chollet-Baudin g. Kommission der E.G.,* Urteil v. 7. Juni 1972, Slg. 1972, S. 363-372.

Rs. 21/74, *Jeanne Airola g. Kommission der E.G.,* Urteil v. 20. Februar 1975, Slg. 1975, S. 211-234.

Rs. 37/74, *Chantal Van den Broeck g. Kommission,* Urteil v. 20. Februar 1975, Slg. 1975, S. 235-246.

Rs. 43/75, *Gabrielle Defrenne g. Societé anonyme belge de navigation aérienne Sabena (Defrenne-II),* Urteil v. 8. April 1976, Slg. 1976, S. 455-493.

Rs. 130/75, *Vivien Prais g. Rat der E.G.,* Urteil v. 27. Oktober 1976, Slg. 1976, S. 1589-1610.

Rs. 149/77, *Gabrielle Defrenne g. Société anonyme belge de navigation aérienne Sabena (Defrenne-III),* Urteil v. 15. Juni 1978, Slg. 1978, S. 1365-1390.

Rs. 257/78, *Evelyn Kenny-Levick, Ehefrau des Herrn Jacques Devred g. Kommission der E.G.,* Urteil v. 14. Dezember 1979, Slg. 1979, S. 3767-3793.

Rs. 129/79, *Macarthys Ltd., g. Wendy Smith,* Urteil v. 27. März 1980, Slg. 1980, S. 1275-1297.

Rs. 90/80, *Susan Jane Worringham und Margaret Humhreys g. Lloyds Bank Ltd.,* Urteil v. 11. März 1981, Slg. 1981, S. 767-808.

Rs. 96/80, *J. P. Jenkins g. Kingsgate (Clothing Productions) Ltd.,* URteil v. 31. März 1981, Slg. 1981, S. 911-939.

Rs. 12/81, *Eileen Garland g. British Rail Engineering Ltd.,* Urteil v. 9. Februar 1982, Slg. 1982, S. 359-376.

Rs. 19/81, *Arthur Burton g. British Railways Board,* Urteil v. 16. Februar 1982, Slg. 1982, S. 555-592.

Rs. 58/81, *Kommission der E.G. g. Großherzogtum Luxemburg,* Urteil v. 9. Juni 1982, Slg. 1982/2, S. 2175-2186.

Rs. 61/81, *Kommission der E.G. g. Vereinigtes Königreich Großbritannien und Nordirland (UK-I),* Urteil v. 6. Juli 1982, Slg. 1982, S. 2601-2625.

Rs. 75 und 117/82, *C. Razzouk und A. Beydoun g. Kommission der E.G.,* Urteil v. 20. März 1984, Slg. 1984, S. 1509-1542.

Rs. 163/82, *Kommission der E.G. g. Italienische Republik,* Urteil v. 26. Oktober 1983, Slg. 1983, S. 3273-3298.

Rs. 165/82, *Kommission der E.G. g. Vereinigtes Königreich Großbritannien und Nordirland (UK-II)*, Urteil v. 8. November 1983, Slg. 1984, S. 3431-3460.

Rs. 14/83, *Sabine von Colson und Elisabeth Kamann g. Land Nordrhein Westfalen*, Urteil v. 10. April 1984, Slg. 1984, S. 1881-1920.

Rs. 23/83, *W.G.M. Liefting und g. Directie van het Academisch Ziekenhuis bij de Universiteit van Amsterdam und andere*, Urteil v. 18. September 1984, Slg. 1984, S. 3225-3247.

Rs. 79/83, *Dorit Harz g. Deutsche Tradax GmbH*, Urteil v. 10. April 1984, Slg. 1984, S. 1921-1944.

Rs. 143/83, *Kommission der E.G. g. Königreich Dänemark*, Urteil v. 30. Januar 1985, Slg. 1985, S. 427-437.

Rs. 184/83, *Ulrich Hofmann g. Barmer Ersatzkasse*, Urteil v. 12. Juli 1984, Slg. 1984, S. 3047-3088.

Rs. 248/83, *Kommission g. Bundesrepublik Deutschland*, Urteil v. 21. Mai 1985, Slg. 1985, S. 1459-1490 *(DB 1985, S. 2150)*.

Rs. 151/84, *Joan Roberts g. Tate & Lyle Industries Ltd.*, Urteil v. 26. Februar 1986, Slg. 1986, S. 703-722.

Rs. 152/84, *M.H. Marshall g. Southampton & South West Hampshire Area Health Authority (Teaching)*, Urteil v. 26. Februar 1986, Slg. 1986, S. 723-751 (EuR 1986, S. 265).

Rs. 170/84, *Firma Bilka-Kaufhaus GmbH g. Karin Weber von Hartz*, Urteil v. 13. Mai 1986, Slg. 1986, S. 1607-1631 (NZA 1986, S. 599).

Rs. 222/84, *Marguerite Johnston g. Chief Constable of the Royal Ulster Constabulary*, Urteil v. 15. Mai 1986, Slg. 1986, S. 1651-1694.

Rs. 262/84, *Vera Mia Beets-Proper g. F. van Lanschot Bankiers N.V.*, Urteil v. 26. Februar 1986, Slg. 1986, S. 773-793.

Rs. 30/85, *J.W. Teuling-Worms g. Bedrijfsverening voor de Chemische Industrie*, Urteil v. 11. Juni 1987, Slg. 1987, S. 2497-2524.

Rs. 71/85, *Niederländischer Staat g. Federatie Nederlandse Vakbeweging (FNV)*, Urteil v. 4. Dezember 1986, Slg. 1986, S. 3855-3878.

Rs. 150/85, *Jacqueline Drake g. Chief Adjudication Officer*, Urteil v. 24. Juni 1986, Slg. 1986, S. 1995-2012.

Rs. 192/85, *George Noel Newstead g. Department of Transport und Her Majesty's Tresury*, Urteil v. 3. Dezember 1987, Slg. 1987, S. 4753-4787.

Rs. 233/85, *Anna Bonino g. Kommission der E.G.*, Urteil v.12. Februar 1987, Slg. 1987, S. 739-760.

Rs. 237/85, *Gisela Rummler g. Dato-Druck GmbH*, Urteil v. 1. Juli 1986, Slg. 1986, S. 2101-2119.

Rs. 286/85, *Norah McDermott und Ann Cotter g. Minister for Social Welfare und Attorney General*, Urteil v. 24. März 1987, Slg. 1987, S. 1453-1469.

Rs. 384-85, *Jean Borrie Clarke g. Chief Adjudication Officer*, Urteil v. 24. Juni 1987, S. 2865-2882.

Rs. 111/86, *Evelyne Delauche g. Kommission der E.G.*, Urteil v. 16. Dezember 1987, Slg. 1987, S. 5345-5365.

Rs. 157/86, *Mary Murphy u.a. g. An Bord Telecom Eireann*, Urteil v. 4. Februar 1988, Slg. 1988, S. 673-691.

Rs. 312/86, *Kommission der E.G. g. Französische Republik*, Urteil v. 25. Oktober 1988 (unveröffentlicht).

Rs. 318/86), *Kommission der E.G. g. Französische Republik*, Urteil v. 30. Juni 1988, Slg. 1988, S. 3559-3583.

Rs. 80/87, *A. Dik, A. Menkutos-Demirei und H. G. V. Laar-Vreeman g. College van Burgemeester en Wethouders in Arnhem und Winterswijk*, Urteil v. 8. März 1988, Slg. 1988, S. 1601-1618.

Rs. 48/88, 106/88 und 107/88, *J. E. G. Achterberg-te Tiele, M. A. Bernsen-Gustin und K. Egbers-Reuvers g. Soziale Verzekeringsbank*, Urteil v. 27. Juni 1989 (unveröffentlicht).

Rs. 102/88, *L. Ruzius-Wilbrink g. Bedrijfsvereniging voor Overheidsdiensten*, Urteil v. 13. Dezember 1989 (unveröffentlicht).

Rs. 171/88, *Ingrid Rinner-Kühn g. FWW Spezial-Gebäudereinigung GmbH & Co. KG*, Urteil v. 13. Juli 1989 (unveröffentlicht).

FSC
www.fsc.org
MIX
Papier | Fördert gute Waldnutzung
FSC® C083411

Kolibri 360 GmbH
Ferdinand-Jühlke-Straße 7
99095 Erfurt, Deutschland
produktsicherheit@kolibri360.de

Druck:
CPI Druckdienstleistungen GmbH
im Auftrag der
Kolibri 360 GmbH
Ferdinand-Jühlke-Str. 7
99095 Erfurt